国家"十四五"重点出版物出版专项规划
重大出版工程项目

国家出版基金项目

总主编
李振宏

论语 学术史

沈骅 臧知非 著

济南出版社

图书在版编目（CIP）数据

《论语》学术史 / 沈骅，臧知非著. -- 济南：济南出版社，2025.1. --（中华元典学术史 / 李振宏主编）. -- ISBN 978-7-5488-6865-1

Ⅰ. B222.25

中国国家版本馆 CIP 数据核字第 2025J2E955 号

《论语》学术史
LUNYU XUESHUSHI

沈　骅　臧知非　著

出 版 人　谢金岭
图书策划　朱孔宝　张雪丽
责任编辑　李　晨
装帧设计　牛　钧

出版发行　济南出版社
地　　址　山东省济南市二环南路1号（250002）
总 编 室　0531-86131715
印　　刷　山东临沂新华印刷物流集团有限责任公司
版　　次　2025年1月第1版
印　　次　2025年1月第1次印刷
成品尺寸　148 mm×210 mm　32开
印　　张　15.25
字　　数　329千
书　　号　ISBN 978-7-5488-6865-1
定　　价　88.00元

如有印装质量问题 请与出版社出版部联系调换
电话：0531-86131716

版权所有　盗版必究

总　序

从春秋战国到秦汉之际，中国历史经历了一个长达六百年的大动荡、大变革时代。在这场深刻的历史变迁中，此前思想文化领域中各种处于萌芽状态的意识形态、哲学观念、历史意识、宗教神学、文化科学等，都以成熟的形态凝聚、荟萃，而涌现出一批文化元典，为后世中华文化的发展，奠定了一个义域广阔的开放性基础。这些文化元典，包括传统所谓"六经"和先秦诸子之书，历史地奠定了中国文化的发展道路，塑造了中国文化的精神面貌，中国传统文化的文化基因，就深埋在这批文化典籍之中。

这批文化典籍以及后世原创性的具有开创意义的文化典籍，传统称之为"中华经典"，从20世纪90年代开始，人们改用"元典"的称谓。这一改变确有深意，但却为人留下疑惑。以笔者之见，这一称谓的改变，反映着文化观念的一大进步。"经典"表征着典籍的神圣性和权威性，经典思想意味着它的只能遵循而不能分析和质疑的属性，经典思维束缚了思想的发展。我们知道，马克思主义哲学的本质属性是其革命性和批判性，它要求我们以科学理性的态度对待传统文化，要求我们从对

"经典"膜拜和盲从的传统积习中解放出来,以更科学的态度对待传统,以更理性的态度研究传统。从"经典"到"元典",这一典籍称谓的改变,意味着我们对传统文化的研究,正在走上更为科学而理性的道路。那么,何谓"元典"?

元者,始也,首也,意谓"第一"和"初始"。这是中国最早的一批文化典籍,对于后世思想文化的发展,具有初始意义。

元者,大也,意谓宏大而辽阔。这批文化典籍提供的思想场域,涵盖了后世中国思想发展的诸多问题意识,具有全覆盖的特点。

元者,善也,吉也,有美好、宝贵和嘉言之意。这批文化典籍提供了后世中国最宝贵、善良和美好的思想修养资源。

元者,基也,根也,具有基础、根本、本源之意。这批文化典籍是后世中国文化的基础和出发点,一切思想元素都来源于此,一切思想的发展都以此为根基。

元者,要也,有主要、重要之意。这批文化典籍不是中国文化典籍的全部,但却是中国文化中最重要、最核心的部分。

总之,"元典"包含有始典、首典、基本之典及大典、善典、宝典等意蕴。"元典"称谓,既在某种程度上包含了传统的圣典、经典之义,又避开了对传统典籍非理性尊崇的嫌疑。

这是笔者以前曾经做过的表述,转述于斯。这批文化元典,包含了中国文化的基本要义，奠定了后世中华文化的发展方向，但并不意味着由文化元典所奠定的文化精神是一成不变的。从先秦元典到现代的中华文化，是一个生成、发展、传承、演变而不断提升的历史过程，是一个思想发展的生生不息的过程。

思想发展的动力何在？马克思、恩格斯说过："思想的历史除了证明精神生产随着物质生产的改造而改造，还证明了什么呢？"（《马克思恩格斯选集》第1卷，人民出版社1995年版，第292页）的确如此，中国元典精神的发展，就是和中国社会经济的发展、中国历史进程的演变，平行而进的。中国历史的每一次变革，以至每一个新的历史时代，都催促当时代哲人从元典著作中寻找答案，并从新的历史条件出发，对元典著作做出符合新时代需要的创造性阐释，为时代的发展提供精神动力。这种不断地返本开新的思想创造活动，就形成了生生不息的元典文化的学术史、思想史。

历代学人对元典精神的时代性阐释，都是元典文化精髓在更高层次上的发扬和转换，是将原有文化元典本已蕴含的文化意蕴在新形势下重新发现、重新唤起，并赋之以新的生命活力。这样，历代学人对文化元典的重新阐释，就构成了中华文化精神的发展史。我们今人所继承的中华文化传统，就是这样伴随着时代的发展在不断阐释中形成的。中国文化精神，不仅深埋在固有的文化元典中，也活跃在历代学人对元典不断阐释的学术史之中。而要认识今天中国文化的基本精神，理解这种文化的思维特性，洞彻我们的民族心理，就需要下功夫去做元典学术史的研究工作，并把研究的成果向社会推广。济南出版社策划出版的这套《中华元典学术史》丛书，立意就正在这里。本丛书的组织者，希望我们的社会大众，能够在这套书中，看到我们民族文化的精髓和内核，了解中国思想文化发展的历史轨迹，明白民族文化的发展趋势和历史走向，从而更加科学而理性地看待我们所传承并将继续发扬光大的民族文化传统。

从这样的著述宗旨出发，我们要求著述者坚持学术史研究最重要的方法论思想，深刻揭示元典著作被不断阐述、返本开新的时代内涵，从中国历史的发展过程中阐释元典精神的生命力；

从学术史著述的基本特性出发，我们要求著述者严格遵循传统的"辨章学术、考镜源流"的学术史逻辑，清晰地描述元典精神发展演变的历史线索，以揭示中国文化精神的思想轨迹；

从本丛书的社会使命出发，我们要求著述者偏重从思想史的角度，梳理元典思想发展的线索，而不囿于传统元典研究的文献考订方面，将读者定位于社会大众，希望社会读者能够真正得到思想的启发；

从本丛书的预期效果出发，我们要求著述者恪守"学术著作、大众阅读"的著述风格，要求在坚持学术性的同时强调可读性，把适合大众阅读作为在写作方面的基本原则。

经过几年的努力，本丛书终于要和读者见面了。自我检视，这些著述已经实现了丛书设计者的初衷，达成了预期目标，可以放心地交给社会大众去接受检验了。当然，文化著述的最终评判者是读者，是真正喜欢它们的社会大众。我们真诚地希望丛书可以唤起人们对元典文化的热爱，唤起人们对自我文化传统学术史和思想史的关注，从民族文化的历史脉络中汲取营养，从而更自觉地承担起传承中华民族优秀文化传统的历史使命。

李振宏

2022 年 7 月 20 日

序

传世《论语》计20章512节，是孔子与其弟子及时人言论集，由孔门弟子回忆辑录而成。

在中华文明史上，没有任何一个人像孔子这样受到人们广泛的崇敬，也没有任何一本书像《论语》这样既是学童启蒙读物，又是儒家核心经典；既是历朝历代的治国纲领，又是社会各阶层的修身箴言；既是官私教育的核心内容，又是教育理论和教育方法的最高指导，为社会各个阶层普遍研读，知识分子固然耳熟能详，大字不识的贩夫走卒、匹夫匹妇也知其一二。《论语》是实实在在的家喻户晓的东方圣经！

孔子的时代还没有著书立说的意识，也不存在著书立说的条件，《论语》是一本孔子与学生时人的问答记录，内容是修身、为人、治国之道，孔子根据提问者的知识能力和需求，给予相应的解答，因而，同一个问题往往会有不同的答案，言简意赅，上下文之间没有逻辑关联。而在简牍时代，弟子门人在回忆辑录和抄写传授过程中，文字讹误、简牍错乱在所难免，即使孔门弟子要准确理解孔子思想也存在客观上的难度。孔子逝后，百家争鸣，孔子传人也分为不同的学术群体，在战国时代曾经分为八个群体，就是因为彼此之间对包括《论语》在内的儒家文献的理解存在着不同。当然，这八个群体还属于一个大派，即同是儒家，彼此之间即使有分歧还不至于南辕北辙。而战国百家争鸣的过程也是相互吸收、自我丰富和完善的过程，《论语》对于其他诸子也有重要意义，诸子百家同样阅读阐发《论语》，他们对《论语》文意、孔子思想的理解与孔门差异更大。那要明确什么是真孔子，什么是真《论语》，也就是孔子思想本意究竟是什么，就需要对《论语》文本及其思想予以系统的整理、阐释、传承。在儒学意识形态化之后，对《论语》的理解和运用关乎国家政治、文化建设，对《论语》文本整理、思想阐释尤其重要，对《论语》的系统研究和传承形成专门的学术，历朝历代，绵延不绝，构成《论语》学术史。

汉武帝"罢黜百家，表章六经"之后，儒学由民间之学而国家意识形态化，儒家文献成为钦定经典，《诗》《书》《易》《礼》《春秋》《乐》是为六经。研治六经是士人的职业，汉代因此被称为"经学时代"。《论语》没有被列为"经"，但作为孔子思想之"传""说""语"在社会各阶层广泛传播，是士人必读书，其社会影响远在诸经之上。而《论语》之所以没有列入"经"的序列，大约是因为经学分今文与古文，相互排斥，《论语》文本尽管有今文古文之别，因为是所有士人必读之书，今文古文《论语》内容没有什么差异，没必要特别入经，因为事实上已经在"经"中。东汉民间学者就是这样把《论语》视为"七经"之一。

中国古代的思想与学术，依附于政治，因政治变迁而变迁，适应政治需要的同时影响着政治发展。魏晋以降，玄学兴盛，佛学发展，道教官方化，经学一枝独秀的风光不再。但《论语》以其孝悌之道与门阀政治之伦理需求的暗合，则继续受到世人的垂青，玄学家也好，文学家也罢，道门学者，佛陀传人，无不熟读《论语》，《论语》研究在方法和义理上均发展到新的阶段，继承汉学，走出汉学，而富于哲学的思辨性。

隋唐一统，经济发达，文化开放，是佛学中国化的时代，也是道教理论的顶峰时期，因而学者曾用"佛学时代"指称隋唐的思想特色。以"佛学时代"代表隋唐思想特色是否确切暂且不论，有一点则是肯定的：隋唐时代，社会价值多元，士人个性张扬，追求生命价值的自我实现，比较而言，儒学地位不如佛教、道教显赫。但是，儒家思想是统一王朝的国宪，作为大一统王朝制度建设、法律建设、伦理建设的思想核心地位并没有位移，相反，更加刚性地渗入国家力量运行的各个层面，最为突出的表现就是通经是科举的前提，士人必须通经才有科举资格，《论语》虽然不是科举考试之经书，但确是参加考试的前置条件，是中央到地方各级官学和私学教学的必修课，深刻地影响着社会各阶层的日常生活。因而，《论语》研究尽管不如佛学彰显，但其普及度则无与伦比。

历经唐末五代的大分裂，宋代统治者汲取历史教训，重文轻武，在制度建设上加强中央集权，优遇士人，保证君权无上性。士人则在哲学层面融汇释道的思维方式和范畴的同时，在思想内容方面高举儒家政治思想、伦理道德大旗，以"道统"的担当者自居，阐释儒家学说，维护现实秩序，形成独具特色的"道学"，将儒家思想学说"天理"化，或者内化为与生俱来的"良知"，中国思想学术进入"道学"或者"理学"时代。儒家经典的研读阐释臻于时代巅峰，在新的起点上，《论语》不仅继续其士人必读的历史传统，更成为理学家重点解读的经典，列为十三经之一。尽管无法以计量或者其他直观的方式展现《论语》与其他诸经之于政治建设、社会影响的大小强弱，但度以当时教育体系、科举考试、历史背景和人情世故，完全有理由说：《论语》影响远大于其他经典——"半部论语治天下"和朱熹《四书集注》的问世已经从一个侧面说明了这一点。

元朝统一，因为民族隔阂和文化差异，中原士人深受歧视，虽然部分士人以各种途径进入统治集团，但缺少制度支持，大部分士人被排除在官僚队伍之外，《论语》研究主要是私人爱好。直到元仁宗时恢复实行科举考试，以朱熹的《四书集注》作为经义内容，《论语》才获得官方鼓励。

明朝建立，科举考试以朱熹《四书集注》之义理为本，文体固定化，士子应试为文，代圣人立言，只能以《四书集注》为标准，从而僵化了《论语》研究，《论语》研究的学术性远非元朝可比，《论语》研究缺少新意。至明朝后期，阳明之学兴起，强调从内心体悟孔孟之道，而有"体悟"之理论和方法，《论语》研究才有新的突破。

清朝对士人恩威并济，一方面沿用明朝科举制度，完善严密考试程序，严格考试内容，给士人入仕以制度保障，开博学鸿词科，尽可能将明朝遗老拉入统治队伍；另一方面屡兴文字狱，罗织罪名，严厉禁止士人以任何方式发表不利于现实统治神圣性的言论，日常生活中的情感宣泄也会招致灭门之灾，使士人生活于高度恐惧之中，对大清王朝只能有敬畏而不敢有任何的疑惑。参加科举考试者只能在朱熹《四书集注》里寻找答案，治学者只能效法东汉的章句训诂以考据为志业，乾嘉之学因此而兴，是为汉学或者朴学。从学术而言，清朝成就不容忽视，成就突出，千百年以来的史地、小学、经义等学科中的种种谜团，绝大部分得以厘清，或者奠定了良好的学术基础，其实证性颇有些近代的"科学"特色。学者们皓首穷经，集大成式的注疏、集解不断问世，历朝历代学者研究儒家典籍过程中发生的各种歧义大多得以澄清，经典本意由此显现，《论语》研究也是如此。但就"思想"而言，清朝则是萎缩僵化的时代，学术与思想两分，知识分子丧失了"思想"功能，"孔孟思想"彻底地变成了"孔孟之道"，士人不自觉地成为孔孟之道的辩护人和维护者，彻底丧失了分析现实、批判现实、疗救现实疾病的历史使命，在欧洲自然科学、工业革命以摧枯拉朽之势冲破旧藩篱的时候，巍巍清朝，"万马齐喑"，思想文化、科学技术，迅速衰落。

晚清西学东渐，民国国门大开，特别是五四新文化运动之后，西方各种社会思潮纷至沓来，对传统儒学的分析评判、继承发展，各种分歧，云泥霄壤。遗老遗少们视孔孟之道为国粹，西化学派主张彻底抛弃传统，继续"中学为体，西学为用"者则试图从旧传统中找到现代公民社会的历史基础……就是在这一思潮激荡之中，马克思主义史学发展壮大，亦成为《论语》研究方法和理论的指导，《论语》研究进入科学时代。

一部《论语》研究史，既是一部学术史，也是一部思想与政治关系史。梳理《论语》研究史，揭示其演变机理和逻辑，必须把握孔子思想体系及历代思想学术与政治建设和王朝兴衰的关系。本书就是在这一思想指导下的初步尝试。

在撰写过程中，现任教于聊城大学的高海云副教授在搜集资料、校对文稿等方面付出辛勤劳动，前三章文稿全部由高海云校对，特此致谢。文稿中存在的问题，则由我负责。

臧知非

2023 年 8 月

目 录

第一章 孔子生平和《论语》成书 / 01
  第一节 孔子生平述略 / 02
  第二节 《论语》成书及初传 / 39

第二章 《论语》所见孔子思想 / 55
  第一节 核心概念:"仁"与"礼" / 56
  第二节 治国理念:为政以德 / 70
  第三节 道德修养:反省与自觉 / 79
  第四节 教育思想 / 92

第三章 经学时代的《论语》学 / 107
  第一节 儒学的意识形态化 / 108
  第二节 西汉《论语》的广泛传播 / 131
  第三节 东汉《论语》传播及其特点 / 146

第四章 玄学时代的《论语》学 / 171
  第一节 魏晋学术思想与《论语》研究 / 172
  第二节 承汉余绪的《论语》研究 / 177
  第三节 玄学思潮下的《论语》研究 / 185

第四节　会通儒玄佛的《论语》研究／196

第五章　重振儒学：隋唐《论语》学／203
　　第一节　隋唐学术思想与《论语》研究／204
　　第二节　承袭训诂传统的《论语》研究／210
　　第三节　儒学复兴背景下的《论语》研究／219

第六章　诸派竞起：两宋《论语》学／231
　　第一节　宋代学术思想与《论语》研究／232
　　第二节　新经义派的《论语》研究／240
　　第三节　元祐党人的《论语》研究／250
　　第四节　"北宋五子"的《论语》研究／262
　　第五节　朱学与《论语》研究／275
　　第六节　心学、事功学派与《论语》研究／286

第七章　朱学初尊：元代《论语》学／297
　　第一节　元代学术思想与《论语》研究／298
　　第二节　不唯朱学是尊的《论语》研究／304
　　第三节　辅翼朱熹的《论语》研究／313

第八章　朱学是尊：明代《论语》学／321
　　第一节　明代学术思想与《论语》研究／322
　　第二节　《四书大全》统摄下的《论语》研究／328
　　第三节　阳明学派与《论语》研究／339
　　第四节　考据视野下的《论语》研究／346

第五节　其他学者的《论语》研究 / 355

第九章　经世与考据并重：清代《论语》学 / 365
　　第一节　清代学术思想与《论语》研究 / 366
　　第二节　经世学风与《论语》研究 / 372
　　第三节　理学家的《论语》研究 / 385
　　第四节　考据学风与《论语》研究 / 398
　　第五节　今文经学与《论语》研究 / 408

第十章　调和中西：民国《论语》学 / 417
　　第一节　西学激荡下的民国《论语》研究 / 418
　　第二节　经学立场的《论语》研究 / 425
　　第三节　新儒家的《论语》研究 / 433
　　第四节　融汇中西的《论语》研究 / 443

主要参考文献 / 462

第一章
孔子生平和《论语》成书

《论语》是孔子及其弟子的言行录,是广为人知的儒家经典,在中华文明史上,没有任何一个人像孔子这样家喻户晓,也没有任何一本书像《论语》这样广为人知。历经两千多年的历史演变,尽管中国的社会性质、文明程度发生了天翻地覆的变化,但直到今天,孔子仍以其强大的人格魅力、学术贡献以及学术精神为世人所敬仰,《论语》也以其丰富广博的文化内涵而被广泛传播。在介绍孔子思想和《论语》一书之前,首先要回顾一下孔子生平。

第一节　孔子生平述略

社会存在决定社会意识，人的思想以其所处时代为基础，必然带有思想者社会地位、阶级属性的痕迹和时代特点。孔子生活在2500年以前，其思想自然是以2500年前的社会为基础。而孔子思想之所以广泛影响着此后中国历史的发展，除中国社会发展特点之外，是因为这一思想具有超越时代的普适性，为人之为人提供着伦理指导和行为规范，为统治阶级治国理政提供理论纲领；同时，与历代学者不断阐释、赋予新的时代内容分不开。因此，在把握《论语》研究史之前，必须了解孔子生平和《论语》成书及其特点。

一、勤奋求学

孔子名丘，字仲尼，鲁国陬邑（今山东曲阜）人氏，生于公元前551年，卒于鲁哀公十六年（前479）四月己丑日，享年73岁。[①]

[①] 关于孔子生年，历史上有两说：一是战国时代解释《春秋》的两部著作——公羊高的《春秋公羊传》和穀梁赤的《春秋穀梁传》认为是鲁襄公二十一年即公元前552年；一是司马迁《史记·孔子世家》记载的鲁襄公二十二年即公元前551年。两千多年以来，众多学者为孔子生年的一年之差，争论不已，各执一词，耗费无数心血，现在一般从太史公说。

第一章　孔子生平和《论语》成书

孔子生活的时代，是宗族城邦向领土国家转型的时代。周天子丧失对诸侯的控制能力，成为诸侯争霸的工具，原来的等级秩序、社会结构变动剧烈。在大国争霸、小国图存的同时，各国内部亦上演着"绚烂多姿"的私门与公室之争，卿、大夫们利用手中权力扩大个人力量刮削公室，化公为私，国君权力处于急剧弱化之中。著名者如鲁国的孟孙、叔孙、季孙之三家专权；晋国的中行氏、智氏、范氏、韩氏、赵氏、魏氏之六卿专政，最后发展为韩、赵、魏三家瓜分晋室；在齐国，姜齐则被田齐取代。在这一过程中，原来作为尊卑等级外在规范的礼乐制度不再具有约束力，诸侯、卿、大夫随着实力的增长不断僭越。大夫用卿之礼乐、卿行诸侯之礼乐、诸侯用天子之礼乐，所在多有，所谓"礼崩乐坏"即此之谓。孔子一生，就是在不断阐释礼乐秩序、赋予礼乐秩序以新内涵，呼吁社会各阶层加强自我约束、学习礼乐制度、遵守礼乐制度，为恢复西周礼乐秩序奔走呼号于诸侯之间。

在介绍孔子生平之前，要简单介绍孔子家世，这有助于掌握孔子思想渊源。孔子是宋国宗室之后，本是子姓。宋国是商纣王同父异母兄长微子启的封国。微子启曾多次劝谏批评纣王无果，而归附周武王。武王灭纣，封微子启于商丘（现河南商丘，商朝故都之一），国号宋，统治商朝遗民。孔子是微子启的十四世孙，其历代先祖都是宋国统治集团的核心成员，七世祖正考父曾辅助戴公、武公、宣公三位国君，以谨慎谦逊著称。《左传》昭公七年载正考父在家庙中的鼎上铸有治家格言："一命而偻，再命而伛，三命而俯，循墙而走，亦莫余敢侮。饘于是，鬻于是，以糊余口。"意思是说每逢接受任命、职位提升时，都越来越谦卑恭敬，始而低头，再而曲背，三而弯腰，连走路都小心翼翼地靠着墙边。能做到这些，便没有什么事情能对自己构成侮辱。即使家贫，只能用这只鼎煮粥糊口，聊以充饥，也要记住这句话。作为一个三朝元老，如此谦恭，应当有不得已的原因，可能是朝中争权激烈，为了避祸才如此。在世族世官制下，正考父身居高位，是因其家族使然，也是正考父的谨慎勤勉和谦卑赢得他人尊重所致。正考父死后，其子即孔子六世祖嘉以孔为氏，名为孔父嘉，遂以孔为姓。孔父嘉深度参与宗室内部权力之争，和宋殇公一起被华父督所杀，其子木金父为了避难逃到相邻的鲁国，定居于鲁国昌平乡陬邑。按当时传统，贵族后裔逃往他国者，虽然没有了权力，但仍然属于贵族，享受着原来的生活待遇，当然，避居异国意味着在政治上难有作为。木金父四传至叔梁纥，孔氏家族才有起色。

叔梁纥是个勇士，曾在两次战役中立有军功。第一次是偪阳之战。鲁襄公十年（前563），晋国联合几个诸侯国进攻一个叫作偪阳（在今山东枣庄市南）的小国，准备把偪阳作为礼物送给宋国大夫向戌，因为向戌曾调解争霸诸侯国的关系，使之握手言和。鲁国也参加了这次进攻偪阳的战役。叔梁纥当时是鲁国贵族孟献子手下的武士，在孟献子率领下参与作战。不过，偪阳并非如想象的不堪一击，相反是上下一心，同仇敌忾，顽强抵抗诸侯的联合进攻。偪阳守将诱敌深入，先放诸侯军队进城，中途突然将悬吊着的城门放下，将诸侯军队拦腰切断，而后攻击入城部队。就在进城部队即将被一分为二、将士们不知所措之际，叔梁纥托起城门，使先入城的部队得以退出，避免了被分割歼灭的厄运。孟献子庆幸军队化险为夷，由衷赞叹叔梁纥"《诗》所谓'有力如虎'者也"[1]。当然，以区区一个偪阳，根本无法和诸侯联军对抗，终究难逃亡国的命运。但是，当诸侯联军要把偪阳送给向戌时，向戌不接受，遂把偪阳送给宋平公。宋平公大喜过望，自然对晋国感激不尽。宋国本来是叔梁纥的故国，由于叔梁纥的功劳，再加上宋平公得到一份意外的礼物，因此无论是在晋国还是在鲁国、宋国，叔梁纥都获得了"勇士"的美名。

第二次是驻守防邑。孟献子见叔梁纥勇武过人，即派叔梁纥到鲁国北部的防邑驻守。防邑是鲁国北大门，齐、鲁冲突必争之地。鲁襄公十七年（前556）秋，齐国兵分两路，大举进攻鲁国。当时，被围在防邑的有鲁国大夫臧纥、臧畴、臧贾兄弟和叔梁纥。臧氏和鲁君同宗，都属于姬姓，后来以氏为姓而姓臧，是鲁国贵族，鲁国当然不能坐视不救。但是，鲁国援兵至防邑附近却迟迟不前。叔梁纥再次扮演孤军救主的角色。夜半时分，叔梁纥率领三百甲士，带着臧畴、臧贾，护卫臧纥，突出重围，又独自一人返回防邑。如果说突围成功是齐军防守不严所致，去而复返则让齐军目瞪口呆。齐军挥军猛攻，不料小小防邑，在叔梁纥指挥下，防守严密，齐国无奈撤军。此役之后，叔梁纥名声大振。但叔梁纥和鲁国宗室没有血缘关系，战功虽大，政治地位并没有改变，加上年事已高，防邑战后，63岁的叔梁纥解甲归田。

叔梁纥先与施氏女结婚，生有9个女儿；后娶一妾，生有

---

[1] 杨伯峻：《春秋左传注》襄公十年，北京：中华书局，1990年，第975页。

一子，叫作伯尼（又名孟皮），是先天残疾。在宗法社会里，不仅重男轻女，男子如果有残疾也难以支撑家族门面。此时的叔梁纥身份虽然还是士，但任陬邑大夫，享有一定的社会声望，迫切需要有一个健壮的儿子光大门楣，于是又与颜氏女征在结合，于鲁襄公二十二年即公元前551年生下一子，即孔子。据说叔梁纥曾经"祷于尼丘"而生孔子，于是取名为丘。成年以后，字曰仲尼。

《史记·孔子世家》谓"纥与颜氏女野合而生孔子，祷于尼丘得孔子"。"野合"的一般理解是非婚结合，如果这样，孔子就是个私生子。但在古人心目中，孔子既然是圣人，把"野合"理解为非婚生子不体面，遂把"野合"之"野"理解为不符合礼仪的行为。按照礼仪，门当户对、年龄相仿、依照规定程序结合的婚姻才是正常，但叔梁纥和颜氏征在，一个是年逾花甲的老翁，一个是青春少女，二者不合礼仪，故称之为"野合"。今人多采后一种说法。

若历史地看问题，当时并没有后世的道德观念，男女交往远较后世随便。一夫多妻、老夫少妻在贵族阶级中也普遍存在，根本不受什么年龄的限制。传世的《仪礼》中关于婚姻程序的各种规定，其适用范围是有限的。它只适用于正妻，至于纳妾是不管什么程序合理与否的。即使叔梁纥将颜征在正式娶进门，颜征在的名分也只能是妾，所以后人谓"野合"为不合礼仪的婚配只能是牵强之词。站在时代高度，跳出传统观念，孔子即使是个私生子，也丝毫不影响孔子的历史地位。

叔梁纥老年得子，自然宠爱有加。不幸的是，孔子3岁时，叔梁纥去世。按宗法制，孔子庶出，没有资格继承叔梁纥的名分，孤儿寡母，在孔家自然受到排挤，而颜氏是曲阜大族，所以，颜氏在办完丈夫丧事之后即回到曲阜，居于阙里。阙里因此成为孔子故居。正是在曲阜，孔子接触到大量文物典章，使孔子在青少年时代就遨游于传统知识的海洋，汲取营养。

鲁国是西周初年周公姬旦的封地。因为周公要留在宗周辅佐成王处理朝政，遂遣长子伯禽到鲁地建国。伯禽在建国过程中，处处按照西周的礼制建城立邑，分职定位，移风易俗，用了整整三年时间才完成这个艰难的过程。因而，在周初分封的一百多个诸侯国中，鲁国保存西周文化最系统、最完整。正是这个得天独厚的条件，为孔子的学习提供了无可比拟的基础。

孔子没有辜负曲阜这片热土对他的厚望，在少年时代，就表现出过人的求知欲，对眼前的一切处处观察、事事留意，贪婪地学习。《史记·孔子世家》说："孔子为儿嬉戏，常陈俎豆，设礼容。"这里的"俎豆"是礼器通称，"礼容"是各种礼仪程序。礼仪是身份标识，是上流社会人人必备的文化知识。这当然是孔子母亲颜征在教育的结果。颜氏本来是曲阜大族，有相当的文化素养。颜征在对礼乐制度有一定的了解，她明白，要摆脱孤儿寡母的贫困生活，只有教育孔子，让孔子成为有用之才。礼乐制度是文化的核心，将礼器做玩具符合儿童的心理，故而孔子年龄虽小，对俎豆、礼容特别感兴趣。

孔子十六七岁时，母亲去世。处理完丧事，孔子自以为学有所成，有一定的社会影响，可以踏入上层社会，恰逢季孙氏大宴鲁国贵族，孝服未除的孔子，自以为是叔梁纥之子，属于士一级，完全有资格参与宴会，结果被拒之门外。负责接待的季孙氏家臣阳虎极其轻慢地对孔子说:"季氏飨士,非敢飨子也。"① 从字面上看,是说季氏请的是士,不敢请你,好像是说孔子身份比士高,实际是说你孔子不是士,不够资格参加宴会。这有两种可能:一是孔子虽然是叔梁纥之子,但因为庶出,没有士的身份;二是孔子不足20岁,还没有成年,不能参加宴会。无论哪一种原因,这对于孔子以后的自我定位、思考人生都是一个深刻的体验。孔子明白,要改变处境必须依靠个人奋斗,努力学习。

孔子勤奋学习过程,可从他成名以后对待学生的要求上窥见一斑。首先就是抓紧一切时间,不舍昼夜。《论语·公冶长》记云:"宰予昼寝。子曰:'朽木不可雕也,粪土之墙不可圬也;于予与何诛?'"宰予是孔子学生,白天睡觉。孔子大发雷霆,说宰予像一块朽木,不能雕刻成器,如粪土垒成的墙壁不能粉刷,对于这样的人已经无话可说,不值得责备,因为责备也没有用。批评如此严厉,看来孔子是反对白天睡觉的,为什么?因为白天是学习、做事的时间,不是用来睡觉的。孔子实际上是以自己的标准要求宰予。

其次是留心观察,虚心请教,精益求精。如下几件事最能反映孔子的学习精神。鲁昭公十七年(前525,孔子27岁),鲁国东南方邻国郯国的国君郯子到鲁国。在宴会上,鲁国大夫昭子向郯子询问上古时代少皞时期以鸟名官的情况,郯子回答详尽。少皞是传说人物,其官名制度后人并不清楚,传说甚多;

---

① [汉]司马迁:《史记》卷四十七《孔子世家》,北京:中华书局,1959年,第1907页。

而郯国是个小国,被看作落后的蛮夷之邦,不懂得中原礼乐制度。昭子问郯子,带有一些刁难成分。但当孔子听说郯子知道少暤时代事,立即向郯子请教。郯子则一一作答。孔子满载而归,感慨地对别人说:"吾闻之,'天子失官,官学在四夷',犹信。"① 意思是说,我听说,天子手下已经没有管理这类历史文化事务的人了,在天子那里已经看不到的学问,却还保存在蛮夷那里。现在看来,这个说法是有事实依据的。

孔子第一次进入鲁国太庙,尽显好学本色。太庙是祭祀开国之君的宗庙,鲁国的开国之君是周公,许多礼器为其他庙里所无,孔子是首次看到,不停地寻根问底。此时的孔子已经以博学闻名,在一般人的心目中孔子应该无所不知。所以,孔子走后,有人议论说"孰谓鄹人之子知礼乎?入太庙,每事问"。意思是说,谁说这个"鄹人"(指叔梁纥,叔梁纥任鄹②邑大夫,按当时惯例,以某人称某邑大夫)之子懂得礼呢?到了太庙里面什么都不懂,什么都问。人们把这句话传给孔子,孔子回答说:"是礼也。"③ 不懂就问,本身就是礼。

《史记·孔子世家》记载孔子向鲁国乐官师襄学琴,一首曲子学了十几天。师襄对他说"可以益矣",让孔子学习下一首。孔子回答说"未得其数也",即曲调是学会了,但演奏的技巧还没学好。数日后,师襄又说"已习其数,可以益矣",孔子回答称"未得其志",即尚未领会曲子的意境神韵。数日后师襄又说"已习其志,可以益矣",孔子回答称"未得其为人也",意思

---

① 杨伯峻:《春秋左传注》昭公十七年,北京:中华书局,1990年,第1389页。
② 《史记·孔子世家》:"孔子生鲁昌平乡陬邑。""鄹"系"陬"的异写。
③ 《论语·八佾》,杨伯峻:《论语译注》,北京:中华书局,1980年,第28页。

是尚未体会到这首曲子的作者是谁，其为人如何、风貌怎样。此后，孔子仰望蓝天，若有所悟地说："丘得其为人……非文王其谁能为此也！"师襄闻言，大惊失色，连连作揖致敬，称他老师说过这首曲名就叫《文王操》。这则故事，当然有夸饰成分，但以基本事实为基础，从中可见孔子学琴的认真程度。正是因为对音乐的执着，才能领会音乐的奥妙，据说孔子在齐国听到《韶乐》，如醉如痴，三月不知肉味。

孔子学习目的是分析现实，对鲁国时事固然留意，对各国之间的关系以及各国发展情况也有深刻洞察。如鲁昭公二十年（前522），孔子刚好30岁，齐国国君景公和大夫晏婴来鲁国访问。这时的秦国在秦穆公的治理下已经由一个小国成为西方霸主，齐景公有些不理解，向孔子请教。孔子回答说："秦，国虽小，其志大；处虽辟，行中正。身举五羖，爵之大夫，起累绁之中，与语三日，授之以政。以此取之，虽王可也，其霸小矣。"[①] 孔子归纳了三条原因：一是有大志，国家虽然小，但志向远大，有了志向，就有了奋斗目标；二是行为端正，不做不该做的事；三是重视人才，这是孔子最为赞赏的一点。"身举五羖，爵之大夫，起累绁之中，与语三日，授之以政"便是指秦穆公重用百里奚的事情。百里奚本来是虞国大夫，后虞亡于晋，百里奚成为晋国俘虏，变成奴隶。秦晋联姻，晋献公女儿嫁给秦穆公，百里奚作为陪嫁一起来到秦国，不甘于做奴隶而逃亡，被楚国所获。秦穆公听说百里奚才干出众、品德优秀，后悔没

---

① ［汉］司马迁：《史记》卷四十七《孔子世家》，北京：中华书局，1959年，第1910页。

有及早发现,本想用重金把百里奚赎回,又担心楚国识破自己的真正目的不同意,故意用五张公羊皮("羖"即"公羊")赎回百里奚,拜百里奚为大夫,委以国政,使秦国迅速走上称霸之路。在孔子心中,像秦穆公这样不拘一格使用人才,不仅能称霸,而且能称王。这段话,发前人所未发,说得齐景公连连称是。所有这些,当然是靠勤学精思而来。

二、仕途艰难

西周时代,学在官府,只有贵族子弟才有入学受教育的权利,目的是培养官僚。这是世族世官制的制度保证。这一传统,到孔子时代并没有发生实质性改变。孔子精研西周礼乐制度,以恢复西周礼乐秩序为最高目标,致力于实现君臣有序、尊卑有等,以改变混乱的现实,朝思暮想的就是踏入仕途,实现理想。但在当时的鲁国,孔子仕途可谓艰难。当时鲁昭公在位,鲁国实权掌握在桓公后裔季孙氏、叔孙氏、孟孙氏三大家族(即三桓)手中。昭公无奈,只能采用相互制衡的办法,用其他贵族分割、抑制这三家势力。公元前517年,季平子与另一个贵族郈氏因为斗鸡发生矛盾,昭公趁机联合郈氏进攻季孙氏。三桓一荣俱荣、一损俱损,季孙氏被灭,接下来就会轮到叔孙氏和孟孙氏,所以三家联合起来对付昭公。郈氏兵败而亡,昭公逃至齐国避难,后又奔晋国,过着流亡生活。于是孔子来到齐国寻求政治出路。

当时的齐国是景公在位。孔子曾和齐景公讨论秦国内政,得到景公认可,自以为在齐国入仕比较容易。然而,时过境迁,孔子以一介书生要见到齐景公并非易事,于是先在高昭子家做一个家臣。高昭子是齐国的贵族，名声欠佳。孔子以博学之名而为高昭子家臣，颇受物议。后来孔子终于见到齐景公，两次讨论现实政治问题。第一次，齐景公问治国根本是什么，孔子回答说："君君，臣臣，父父，子子。"意思是说一个国家要使君臣父子尊卑有序，不能以下犯上。齐景公听了十分赞赏，说："善哉！信如君不君，臣不臣，父不父，子不子，虽有粟，吾得而食诸？"① 不守君臣父子之道，国君不成其为国君，有再多的财富，也无法享受。所以，齐景公高度赞同孔子主张。第二次是讨论财政问题，孔子的回答是"政在节财"。齐景公听后也非常高兴，"将欲以尼溪田封孔子"，准备将"尼溪"给孔子做封地。如果此事成功，孔子就名副其实地成为贵族。但这遭到相国晏婴极力反对，理由是："夫儒者滑稽而不可轨法；倨傲自顺，不可以为下；崇丧遂哀，破产厚葬，不可以为俗；游说乞贷，不可以为国。自大贤之息，周室既衰，礼乐缺有间。今孔子盛容饰，繁登降之礼，趋详之节，累世不能殚其学，当年不能究其礼。君欲用之以移齐俗，非所以先细民也。"② 看来晏婴极度排斥孔子，说话是如此刻薄：这些儒生行为脱离现实，又自视甚高，处处以人师自居；推崇厚葬，一场丧事，常使人倾家荡产，所宣传的一套绝对不能成为风俗；他们到处游说，靠别人施舍过日子，不能用这样的人治理国家。古代的大贤已经逝去，周王室已经衰落，周代的礼仪已经残缺不全，真相无从知晓。现在孔子大整仪仗，设立繁杂的进退升降的礼节，整年

---

① 《论语·颜渊》，杨伯峻：《论语译注》，北京：中华书局，1980年，第128页。
② ［汉］司马迁：《史记》卷四十七《孔子世家》，北京：中华书局，1959年，第1911页。

累月地专门学习也学不完。如果用这样的人为官、用这样的礼仪整齐齐国风俗，是万万行不通的，民众也不会接受。

历史地分析，晏婴这套说辞和景公要重用孔子的依据，风马牛不相及。景公要封孔子是因为孔子主张加强君权：一是君臣有等，二是加强国家财政建设，而不是因为孔子的儒生身份。晏婴却拿孔子儒生身份说事，认为孔子是儒者，繁文缛节，复古倒退，不合时宜，这显然是欲加之罪，何患无辞。之所以如此，是因为若孔子掌权，势必改变齐国统治集团的权力格局，影响晏婴等现有权贵的既得权益。晏婴是既得利益集团的代表，又不能直接反对孔子主张，遂拿孔子身份来说事。结果，景公只好让步，放弃了任用孔子的念头。过了一段时间，齐景公坦率地对孔子说："奉子以季氏，吾不能。以季孟之间待之。"意思是说要我把你尊奉得像鲁国的季氏那样，我做不到，但可以让你享有季、孟之间的名位。就在这时，传来有人要杀害孔子的消息，景公又明确表示："吾老矣，弗能用也。"[①] 当然，这只是托词，当时景公并不老。孔子明白，在齐国入仕无望，只好返回鲁国。

孔子返鲁，大约37岁，在公元前515年左右。此时的鲁国政局是"陪臣执国命"，就是国家政令掌握在"陪臣"——家臣手中。身处上卿的季孙氏把家务事交给阳虎管理，阳虎是季孙氏大管家。鲁定公五年（前505），季平子病死，继承上卿职位的季桓子觉得阳虎虽然资格老，但不过是个家臣而已，不把

---

① ［汉］司马迁：《史记》卷四十七《孔子世家》，北京：中华书局，1959年，第1911页。

阳虎看在眼里。阳虎遂囚禁季桓子，迫使季桓子将大小事务都委予自己，才放了他。这就形成了这样的政治格局：鲁国政事掌握在季桓子手中，季桓子权力掌握在阳虎手中，此即"陪臣执国命"。在陪臣执国命的时代，孔子是不愿意出来做官的，因为只要出来，就不可避免地要听命于季桓子，也就等于听命于阳虎。这不符"君君，臣臣，父父，子子"之道。对于阳虎而言，孔子是闻名遐迩的学问家，如果能请孔子为官，无疑是个巨大的政治资本，于是主动求见孔子。这个阳虎就是曾经将孔子挡在季孙氏家宴之外的那个阳虎。孔子明白，阳虎找自己的目的纯粹是利用自己，扩大权势，故避而不见。按礼俗，大夫送礼物给士，士如果因为当时不在家而由他人代收，士要登门致谢。阳虎虽然是家臣，但代表的是季氏，身份高于士，他趁孔子不在时将一个蒸熟的乳猪送给孔子，使孔子不得不到他家来道谢。如此，便有机会见面交谈了。孔子明白阳虎的意图，也选一个阳虎不在家的时候去道谢，不料在返回的途中碰见了阳虎。为了劝孔子出仕，阳虎有一番自问自答，称"怀其宝而迷其邦"的人不可谓"仁"，即德才兼备却放任国事混乱的人不能算仁人，再称"好从事而亟失时"的人不可谓"知"，即好入仕却屡屡错失机会的人不能算智者。阳虎的意图非常明确，无言推托的孔子只好回答说："诺；吾将仕矣。"[①]

不过，孔子之语只是和阳虎不期而遇的应付之词，此后埋头于传道授业解惑的事业中，"退而修诗书礼乐，弟子弥众，至

[①] 《论语·阳货》，杨伯峻：《论语译注》，北京：中华书局，1980年，第180页。

自远方,莫不受业焉"①。出仕固然重要,但政治信念更不可动摇。孔子曾坚定地宣布:"危邦不入,乱邦不居。天下有道则见,无道则隐。邦有道,贫且贱焉,耻也;邦无道,富且贵焉,耻也。"② 意思是说不要进入政局危机的国家,也不要居住在纲纪混乱的国家。政治清明就出来做官,否则就隐居不仕。国家政治清明而自己贫贱是一种耻辱,国家政治黑暗而自己富贵也是一种耻辱。

大约在孔子50岁时,孔子仕途出现转机。鲁定公八年(前502),阳虎发动叛乱,试图杀掉季氏,完全取而代之。第二年,鲁国国君和季氏联合讨伐阳虎,阳虎兵败出逃,季桓子得以亲自执政。此时之孔子出仕不再存在"陪臣执国命"的尴尬,他正式开始在鲁国为官的生涯。

孔子在鲁国做的第一个官职是中都宰,就是中都长官。一年之后为司空,不久又升任大司寇,负责全国的司法工作。孔子在这个位置上做了三年多(鲁定公十年至十三年,孔子52—55岁)。当时还没有后世的法律明文,案件处理靠贵族官吏依据传统习惯和个人理解。孔子处理案件实事求是,是非分明,结果举国上下,政平讼理。由于大司寇位为上卿,内外重要政务都可以参加,为孔子施展才华提供了充分的舞台,也大大提高了孔子在鲁国的地位,其中最突出的就是孔子在夹谷之会上为鲁国赢得实质性的胜利。

鲁定公十年(前500)夏,齐、鲁两国国君在夹谷(今山

---

① [汉]司马迁:《史记》卷四十七《孔子世家》,北京:中华书局,1959年,第1914页。
② 《论语·泰伯》,杨伯峻:《论语译注》,北京:中华书局,1980年,第82页。

东莱芜区内）举行盟会。齐是大国，兵强马壮，盟会由齐景公提出。有人建议齐景公，说鲁国用孔子，对齐国可能不利，要早作对策。齐景公就提出两国盟会，试图在盟会上展示自己的大国力量，使鲁国无条件地做齐国附庸。当时诸侯盟会十分重视礼仪，国君要有专门人员相礼，也就是司仪，一般要由上卿出任。孔子就被鲁定公指定为鲁国的相礼。鲁定公像平常出行一样，准备带着仪仗和随从赴会。对齐国意图有所预料的孔子提醒鲁定公"有文事者必有武备，有武事者必有文备"，于是鲁定公同意了孔子带上掌军政的"左右司马"随行的建议。孔子认为齐国在这次会盟中很可能会以势压人，所以要有所准备以防不测。事态发展果如孔子预料，盟会伊始，双方行礼如仪，随后齐国随员请求演奏"四方之乐"，结果是"旍旄羽袚矛戟剑拨鼓噪而至"。"四方之乐"即夷狄歌舞，演奏"四方之乐"的目的是显示齐国幅员辽阔，夷狄归附，国势显赫。但是，这些头戴羽毛、手持剑戟的乐人并非夷狄，而是由武士装扮，目的是威逼鲁君。孔子看出其中的玄机，挺身而出，直视齐景公，挥动衣袖，慷慨而言："吾两君为好会，夷狄之乐何为于此！请命有司！"意谓两国国君盟会，演奏"夷狄之乐"有违礼制，应该命令他们退下。不过，演奏"夷狄之乐"是齐景公意思，并非"有司"可以改变，结果"有司却之，不去"。左右把目光投向晏婴和景公。景公知道所为不妥，"心怍，麾而去之"。齐国随从又请奏宫中音乐，于是"侏儒为戏而前"。盟会是正式的外交活动，一切要按照诸侯身份行礼作乐，庄严典雅，而齐国的"四方之乐"和所谓的宫廷之乐，完全不合礼制，把庄严的盟会变成了杂耍娱乐场。孔子严肃批评说:"匹夫而营惑诸侯者罪当诛!请命有司!"意思是用这些侏儒迷惑诸侯的人应处以死罪。在国君盟会这种庄严的场合,侏儒登场,确实违背礼制,齐景公无奈,只好按照孔子说的办。齐景公是大国之君,在盟会上大失颜面,回到驻地,很是恼怒,责备左右:"鲁以君子之道辅其君,而子独以夷狄之道教寡人。"① 后来缔结盟约,齐国提出在齐国出兵打仗时,鲁国要出动三百辆战车相随,否则就是破坏盟约。这实际上是要鲁国承认自己是齐国的附庸,而且若答应齐国要求,鲁国还要得罪另一个大国——晋国。孔子见状,立即予以反驳,要求齐国归还以往侵占的鲁国土地,否则就是没有诚意。齐景公无奈之下,只好答应鲁国条件。

孔子对外壮大鲁国国威的同时,对内则加强君权,试图拆掉三桓都邑:季孙氏的费邑、叔孙氏的郈邑、孟孙氏的成邑。这三个都邑的建筑规模都超过礼制规定,而且三桓自己住在曲阜,这三个城邑分别由各自家臣掌握。这些家臣成为三都的实际控制人,其势大以后,不仅违背主人命令,甚至直接干预国政。孔子利用三桓对其家臣的不满,建议三桓在适当的时候拆掉都邑,削弱家臣力量。三桓接受孔子建议,在孔子指挥下,很顺利地拆掉了叔孙氏的郈邑。当拆毁季孙氏费邑时,遇到些挫折:季孙氏家臣公山不狃为费邑宰,拒绝执行命令,组织军队,先发制人地攻占曲阜,被孔子打败,公山不狃逃往齐国,费邑被拆。当拆孟孙氏成邑时,情况发生变化。孟孙氏本来同

---

① [汉]司马迁:《史记》卷四十七《孔子世家》,北京:中华书局,1959年,第1915—1916页。

意拆掉成邑，但成邑宰公敛处父对孟孙氏说：拆掉成邑对您和鲁国都是不利的，因为成邑是鲁国的北大门，更是孟孙氏封邑的保障；如果把成邑拆掉，齐国军队可以长驱直入鲁国境内，孟孙氏封邑也就失去了依托。一语惊醒梦中人，孟孙氏一改过去的态度，表面上不动声色，暗中支持成邑宰公敛处父武装抵抗。季孙氏和叔孙氏明白了孔子目的是削弱自己，转而支持孟孙氏，鲁定公亲自指挥军队进攻成邑，因为三桓联合抵制，成邑始终没有拆掉，此事最终不了了之。

堕三都虽然没有完成，但毕竟三都去其二，三桓势力受到削弱，定公权力强化，因而孔子由大司寇摄行相事，即代理丞相，"诛鲁大夫乱政者少正卯。与闻国政三月，粥羔豚者弗饰贾；男女行者别于涂；涂不拾遗；四方之客至乎邑者不求有司，皆予之以归"①。鲁国朝政，秩序井然，大有礼乐复兴之势。齐国看到鲁国在孔子的治理下国势蒸蒸日上，担心"孔子为政必霸，霸则吾地近焉，我之为先并矣"。为了阻止鲁国势力崛起、消解鲁国君臣意志，"于是选齐国中女子好者八十人，皆衣文衣而舞《康乐》，文马三十驷"，以两国修好的名义，"遗鲁君。陈女乐文马于鲁城南高门外"。定公喜出望外，沉溺其中，"往观终日，怠于政事"。② 孔子见定公本人不要国君的尊严和权力，恢复礼乐秩序的理想无法实现，在鲁国已无意义，遂离开鲁国，开始了长达 14 年的周游列国生涯。

---

① ［汉］司马迁：《史记》卷四十七《孔子世家》，北京：中华书局，1959 年，第 1917 页。
② ［汉］司马迁：《史记》卷四十七《孔子世家》，北京：中华书局，1959 年，第 1918 页。

三、周游列国

鲁定公十四年（前496，孔子56岁），孔子率领几十位学生，离开故土，踏上游历列国之路，第一站选择卫国。

鲁国是周公之后，卫国是康叔之后，周公和康叔是兄弟，鲁、卫是兄弟之邦，对西周文化同样有较多保留；除此之外，孔子学生子路的妻兄颜浊邹是卫国大夫，名声颇佳；卫国还有著名贤士蘧伯玉可以论道，卫国国君卫灵公有礼贤下士的称誉；同时，卫国人口众多，国力也算强大。这种种原因汇合在一起，卫国成为孔子出游的第一个目的地。

通过颜浊邹的引荐，卫灵公对孔子的到来表示了少有的欢迎，很快接见孔子并待以上卿之礼，给孔子在鲁国为司寇时一样的薪俸，"奉粟六万"。这一待遇完全可以让孔子一行过上优渥的生活，但是，孔子离乡背井不是为了追求物质生活的舒适，而是为实现政治理想，将仁义德治的理念化成现实。但此时的卫灵公已经执政38年，早没有了刷新政治的兴趣，一心沉溺于享乐之中。他欢迎孔子，是因为孔子名气大，可以为自己增加礼贤下士的光环，所以对孔子表面上客气，实际上只是把孔子当作一个名士养起来。就在这时，大约是有人眼红孔子所享受的待遇太高，在卫灵公跟前说孔子坏话，卫灵公就派人监视孔子的活动。孔子觉得在卫国无所作为，可能面临危险，于是离开卫国，前往陈国。

孔子前往陈国，途中遭遇匡人围攻。因为孔子和阳虎长得很像，阳虎当年曾经进攻过匡，行为十分残暴，匡人痛恨阳虎，遂包围孔子一行，必欲杀之而后快。弟子们心急如焚，孔子则镇定自若,说:"文王既没,文不在兹乎?天之将丧斯文也,后死者不得与于斯文也;天之未丧斯文也,匡人其如予何?"① 意思是文王已死,古典文化不是都在我这里了吗?上天要毁灭这些文化,我就不能传授这些文化;要是上天不想毁灭这些文化,匡人又能把我怎样?后来匡人发现是误会,孔子才得以离开。但是,不知是出于什么原因,孔子离开匡以后,并没有前往陈国,而是返回卫国。

孔子回到卫国,住在蘧伯玉家中。蘧伯玉是名士,社会声望高,但并不参与朝政,对朝中权贵不构成任何威胁。卫灵公也许意识到监视孔子不妥,有些惭愧,对孔子的态度也积极起来。孔子参政的热情迅速高涨,希望能真正得到重用,但是随后的事态演变让孔子再度失望。

先是孔子见南子。卫灵公沉迷于享乐,朝中大权掌握在夫人南子手中,南子有"小君"之称。鉴于孔子的声望,南子很想见孔子,派人对孔子说:"四方之君子不辱欲与寡君为兄弟者,必见寡小君。寡小君愿见。"意思是想结好卫君,必须先见"寡小君"也就是南子。孔子开始不想去见南子,走夫人路线毕竟不够理直气壮,而且这个南子生活不守礼制,名声不佳。犹豫再三,孔子还是决定去见南子。见面时,孔子向北施礼,南子在帷帐中还礼。"夫人自帷中再拜,环佩玉声璆然。"孔子见南子盛装接见,礼节隆重,很是满意,得意地说:"吾乡为弗见,见之礼答焉。"子路听到以后,对老师十分不满,认为老师去见南子是有辱斯文,急得孔子对天发誓说:"予所不者,天厌

---

① 《论语·子罕》,杨伯峻:《论语译注》,北京:中华书局,1980 年,第 88 页。

之！天厌之！"意思是说如果做了不该做的事，会遭上天惩罚。再是孔子陪游。孔子见过南子月余，卫灵公和南子有一次出游，共乘一辆车，让宠信的宦官雍渠"参乘"（陪乘在右侧），而让孔子"次乘"（坐在随从的车子上）。孔子认为这是对自己的不敬，不符合为君之道，说："吾未见好德如好色者也。"① 认为这是耻辱，便再次带领弟子们离开卫国。

孔子第二次离开卫国，先到卫国邻国曹国（今山东定陶一带），曹国君臣不予理会。孔子只好转往宋国，结果更糟，宋国大夫桓魋竟然要杀掉孔子。孔子和弟子们在一棵大树下练习礼仪，桓魋派人把孔子包围起来，又命令人将树砍倒。学生们劝孔子赶紧离开。孔子从容不迫，说："天生德于予，桓魋其如予何！"② 意思是我高尚的德行是上天赐予的，桓魋能把我怎么样！

在宋国难以立足，孔子转往郑国，同样狼狈。刚到郑国，人地生疏，孔子和学生走散，一个人凄凄惶惶地站在郑国国都东门外，不知所措。弟子们四处寻找，有人对子贡说："东门有人，其颡似尧，其项类皋陶，其肩类子产，然自要以下不及禹三寸，累累若丧家之狗。"子贡见到孔子以后，如实转告这段话。孔子毫不介意，说："形状，末也。而谓似丧家之狗，然哉！然哉！"③ 随后孔子一行离开郑国，转往陈国。在陈三年，无所作为，最后返卫。

---

① ［汉］司马迁：《史记》卷四十七《孔子世家》，北京：中华书局，1959 年，第 1920—1921 页。
② ［汉］司马迁：《史记》卷四十七《孔子世家》，北京：中华书局，1959 年，第 1921 页。
③ ［汉］司马迁：《史记》卷四十七《孔子世家》，北京：中华书局，1959 年，第 1921—1922 页。

就在回卫途中，孔子又一次经历危险。孔子途经蒲，正赶上公叔氏据蒲叛卫。蒲人知道孔子要回到卫国，就把孔子扣住。孔子弟子公良孺，急公好义，勇力过人，带着五辆车子追随孔子，对大家说："吾昔从夫子遇难于匡，今又遇难于此，命也已。吾与夫子再罹难，宁斗而死。"而后率领众人奋力拼杀。蒲人被公良孺的勇敢所震慑，和孔子约定，只要不去卫国，就放他们走。孔子答应了蒲人的要求。但是，一出大门，孔子就直奔卫国而去。子贡很不理解，急问孔子说："盟可负邪？"意思是和人定下的盟约能反悔吗？孔子回答说："要盟也，神不听。"①受要挟、强迫定下的盟约，神是不会理会的。

这是孔子第三次来到卫国，年迈的卫灵公并没有不高兴，亲自到郊外迎接，但在政治上仍然没有重用孔子的任何表现，只是偶尔咨询，也仅仅是咨询而已。孔子看到卫国政治江河日下，自己无能为力，只好感叹说："苟有用我者，期月而已，三年有成。"②遗憾的是，卫灵公不仅不用他，在和他谈话的时候，还心不在焉，一边和他说话，一边抬头看着天上的飞雁。这是孔子无法容忍的，于是前往陈国。

孔子居陈期间，卫国和鲁国政局都发生变化。卫灵公在位时，以嫡长子蒯聩为太子，后来蒯聩得罪南子，被迫奔晋，卫灵公立蒯聩之子蒯辄为太子。卫灵公死后，蒯辄成为国君，是为卫出公。晋国为了控制卫国，遂支持蒯聩回国继承君位。齐

---

① ［汉］司马迁：《史记》卷四十七《孔子世家》，北京：中华书局，1959 年，第 1923 页。
② ［汉］司马迁：《史记》卷四十七《孔子世家》，北京：中华书局，1959 年，第 1924 页。

国则支持卫出公，对抗晋国。双方争斗不已，卫国上下，一片惶惶。就在这时，鲁国掌权的季桓子病死，季桓子临终前，可能对以往的做法有所反省，觉得对不起孔子，影响了鲁国的强盛，要求接替掌权的季康子迎回孔子。最终，季康子接受属下建议，没有召孔子，而是召回了孔子的学生冉求。冉求又称冉有，当时31岁，在孔子学生中，以行政能力出众闻名，也一直受到孔子的重视。在鲁国使者到来的时候，孔子语重心长地对冉求说："鲁人召求，非小用之，将大用之也。"① 孔子心系故国，了解鲁国内情，明白季康子用意，说这番话的目的是希望冉求回国从政以后不要忘记老师，有朝一日能把老师请回去。冉求回到鲁国后，确实得到了重用，却一直没有向孔子发出邀请。

孔子居陈无所事事，遂前往蔡国，因战乱又转往叶国，和叶公讨论治国之道，后返回蔡，途中受到长沮、桀溺等隐士的奚落。孔子使子路上前询问渡口方位，长沮问子路说："彼执舆者为谁？"子路称是孔丘。长沮又追问："是鲁孔丘与？"在得到肯定的回答以后，冷冷地说："是知津矣。"意思是鲁国的孔丘那么大学问，到处转悠，应该知道渡口在哪里，根本不用问别人。子路转而问桀溺，桀溺也不告诉他，而称："悠悠者天下皆是也，而谁以易之？且与其从辟人之士，岂若从辟世之士哉！"整个天下都像洪水泛滥一样乱糟糟的，任何东西在滔滔洪水中都不可能保持什么清白，你们同谁一起去改变它？你与其跟着

---

① [汉] 司马迁：《史记》卷四十七《孔子世家》，北京：中华书局，1959年，第1927页。

孔丘那种逃避无道君主的人四处流浪，还不如跟着我们这些避世者过隐居生活！孔子听说以后对子路说："鸟兽不可与同群。天下有道，丘不与易也。"意谓人不能在山林中和鸟兽为伍，我们不同世人在一起又和谁在一起？如果天下政治清明，也就不用我们改革了。几天之后，子路又和孔子走散。子路寻找孔子时遇到一位荷蓧丈人，即用拐杖挑着除草工具的老丈。子路问他见到过孔子没有，这位老丈不屑一顾地说："四体不勤，五谷不分，孰为夫子！"①说完就把拐杖插在田头，自顾自地除草。子路见这位老丈出语不凡，就恭恭敬敬地垂手站在一旁等待答案。老人见子路懂得礼貌，留子路在家里过夜，杀鸡款待，并让他的两个儿子拜见子路。第二天，子路找到孔子并把遭遇告诉孔子。孔子说，这是个隐者，让子路再去寻找，但老丈已经离开，不知所终。子路感慨说："不仕无义。长幼之节，不可废也；君臣之义，如之何其废之？欲洁其身，而乱大伦。君子之仕也，行其义也。道之不行，已知之矣。"②意谓一味拒绝出去做官是不对的，长幼之间的礼节不可废弃，君臣之间的礼仪更不能废弃。君子出去做官就是为了实现应尽之责，至于君子的政治主张难以实现，是早就知道的结果。子路的这段话，是批评老丈为了自己所谓的名声不顾君臣大义，反而说别人做得不对。

楚昭王听闻孔子在陈、蔡不得意，即礼请孔子。陈、蔡当政者不愿孔子到楚国，派人把孔子围困在荒野。孔子意志坚定，

---

① ［汉］司马迁：《史记》卷四十七《孔子世家》，北京：中华书局，1959年，第1928—1929页。
② 《论语·微子》，杨伯峻：《论语译注》，北京：中华书局，1980年，第196页。

尽管断水断粮、饥肠辘辘，依然弦歌不绝。可是学生们却忍受不了饥饿，有抱怨之声。子路抱怨孔子不想办法摆脱困境，很不高兴地说："君子亦有穷乎？"君子在面临困境的时候一点办法也没有吗？孔子回答称："君子固穷，小人穷斯滥矣。"① 意谓君子面临困境也不会改变操守和信念，而小人就会放弃初衷。孔子知道弟子们有想法，决定利用这个特殊时刻开导他们的思想认识。孔子先问子路："《诗》云'匪兕匪虎，率彼旷野'。吾道非邪？吾何为于此？""匪兕匪虎，率彼旷野"出自《诗经·小雅·何草不黄》，意思是说既不是兕也不是虎，怎么到了旷野之中？孔子以此追问是不是自身的信念有问题。子路答称："意者吾未仁邪？人之不我信也。意者吾未知邪？人之不我行也。"意谓并非我们没做到仁，而是别人不信任我们；并非我们没有达到智，而是别人不让我们改变现状。孔子认为子路的见解还不够深入，又追问："譬使仁者而必信，安有伯夷、叔齐？使知者而必行，安有王子比干？"② 假若是仁者就会使四方信服，怎么还会有伯夷、叔齐不食周粟之事？假如是智者就能处事通行，怎么还会有比干被剖心之事？换言之，仁者、智者不被人家理解和接受是正常的，不能因此而怨天尤人，更不能放弃理想。

随后孔子又问子贡同样的问题。子贡回答说："夫子之道至大也，故天下莫能容夫子。夫子盖少贬焉？"意谓孔子志向过于

---

① ［汉］司马迁：《史记》卷四十七《孔子世家》，北京：中华书局，1959 年，第 1930 页。
② ［汉］司马迁：《史记》卷四十七《孔子世家》，北京：中华书局，1959 年，第 1931 页。

高远，以至于天下无法相容，可以适当降低一些。孔子听后不高兴地称："良农能稼而不能为穑，良工能巧而不能为顺。君子能修其道，纲而纪之，统而理之，而不能为容。今尔不修尔道而求为容。赐，而志不远矣！"[1] 意谓良农善于耕种但不一定得到好收成，良工擅长技艺但不能让每个人都满意，君子能守道义、统纲纪，未必能为天下所容，但不能因此而改变自己的主张，所以孔子批评子贡的志向行之不远。

最后，孔子又问颜回同样的问题。颜回又称颜渊，他的回答与子贡断然不同，称："夫子之道至大，故天下莫能容。虽然，夫子推而行之，不容何病，不容然后见君子！夫道之不修也，是吾丑也。夫道既已大修而不用，是有国者之丑也。"意谓哪怕不为天下相容，依然要直道而行，不加改变，这才是君子本色。君子的任务就是修道，不修道是君子的耻辱；修道而不被任用，是国君大臣们的耻辱。颜回的这番话掷地有声，正契合孔子的境界，他兴奋地称："有是哉颜氏之子！使尔多财，吾为尔宰。"[2] 好一个颜氏之子，如果你有钱，我愿意做你的家宰。孔子的欣慰之状、满意之情，溢于言表。确实，在孔子所有弟子中，颜回以安贫乐道著称，到老死也没富过。

楚国位于南方，周成王时，楚人首领熊绎被正式封为子爵，定都丹阳（今湖北秭归）。先秦时期的南方地区不被中原人所重视，被视为环境恶劣的蛮夷之地，但楚人筚路蓝缕、以启山林，

---

[1] ［汉］司马迁：《史记》卷四十七《孔子世家》，北京：中华书局，1959年，第1931页。
[2] ［汉］司马迁：《史记》卷四十七《孔子世家》，北京：中华书局，1959年，第1932页。

随着国力日益强盛,成为与晋、秦、齐等并称的大国。楚昭王是一位有为之君,听说孔子到来,打算把七百个书社(里的别称)作为孔子封地,以表示对孔子的尊敬,但遭到令尹子西的强烈反对。不久楚昭王病死,孔子在楚国只能仰首长空,浩叹岁月之悠悠!

公元前489年,63岁的孔子应卫出公邀请,从楚国回到卫国。孔子以为这次回到卫国一定能施展抱负,一路上兴高采烈,谈锋甚健。子路向孔子请教:"卫君待子而为政,子将奚先?"孔子说出了心中的打算:"必也正名乎!"所谓"正名",就是按照西周制度整顿社会秩序,包括君臣名分。这在当时是行不通的。卫出公是在父亲尚在的情况下,在祖母即卫灵公夫人南子的扶持下登上君位,这不符合君位继承制度,而且,在现实社会中,绝大多数公卿大夫的行为都不符合君臣父子之道。所以子路认为老师的看法太迂腐,感慨称:"有是哉,子之迂也!奚其正?"居然有这样迂腐的认识!天天正名,从哪儿正起啊!孔子见子路居然这样对自己说话,勃然大怒,说:"野哉,由也!君子于其所不知,盖阙如也。名不正,则言不顺;言不顺,则事不成;事不成,则礼乐不兴;礼乐不兴,则刑罚不中;刑罚不中,则民无所错手足。故君子名之必可言也,言之必可行也。君子于其言,无所苟而已矣。"[①] 意思是子路太鲁莽,君子对自己不懂的事情大都采取存疑态度,怎么能乱说呢!所谓名分不正,说话就不顺当;说话不顺,事情就办不成;事情办不成,礼乐教

[①] 《论语·子路》,杨伯峻:《论语译注》,北京:中华书局,1980年,第133—134页。

化就无法从起；礼乐教化不兴，刑罚就不当；刑罚不当，老百姓就会坐立不安，连手脚怎样摆放都不知道。所以君子确定名分一定要有道理，言之成理一定可以实行。君子对待自己说的每一句话都不能随便。孔子的话是不错，但是，正如子路说的那样，过于迂腐，注定要碰壁。

孔子怀着一腔热情来到卫国。卫出公并没有像他想象的那样向他问政，更没有委任他任何职务，只是把他养起来，于是孔子的政治热情迅速衰退。如果说卫灵公在世时，孔子还有和卫灵公一起议论政治的机会，那么和卫出公则连这样的机会都没有了。

鲁哀公十一年（前484）春，冉有率领军队大败前来进攻的齐军，这是鲁国少有的军事胜利。执政的季康子十分高兴，冉有借机荐请孔子回国，并提醒季康子要礼敬孔子，不能像对待常人那样对待孔子。季康子当然知道孔子，季桓子临终时曾再三叮嘱，一定要把孔子请回国，任命孔子为相，但后来因为公子鱼反对没有实施，而是把冉有召回鲁国。不过，反对孔子回国的人仍然不少。于是，季康子把反对孔子回国的公华、公宾、公林等赶出鲁国，而后派专使携带厚礼到卫国迎接孔子。

孔子回国伊始，鲁哀公和季康子都曾恭恭敬敬地向他咨询国政。哀公问孔子："何为则民服？"孔子回答："举直错诸枉，则民服；举枉错诸直，则民不服。"提拔正直的人，放在邪曲之徒上面，民众就会服从；提拔邪曲的人，放在正直的人上面，百姓就不会服从。这实际上是批评鲁国用人不当，导致百姓不服是自找的结果。季康子也向孔子请教如何"使民敬、忠以劝"的问题，孔子回答说："临之以庄，则敬；孝慈，则忠；举善而教不能,则劝。"① 处理政事的态度严肃认真,民众就会恭敬对待政令;自身孝顺父母、慈爱幼小,民众就会尽心竭力;提拔好人、教育能力弱的人,民众就会相互劝勉。季康子又向孔子请教如何处理政事,孔子回答说:"政者,正也。子帅以正,孰敢不正?"当权者自己带头走正路,谁也不敢不走正路。季康子又问:"如杀无道,以就有道,何如?"孔子回答说:"子为政,焉用杀?子欲善而民善矣。君子之德风,小人之德草。草上之风,必偃。"② 你执政处事,哪里用得着刑杀?你自身行善事,民众自然行善。君子的品德好比风,小人的品德好比草,风朝哪边吹,草就往哪边倒,平民行为以当权者为榜样。

季康子时为鲁国正卿,作为年轻后辈,是实实在在地向孔子请教,真心地希望从孔子那里得到解决现实问题的良方妙计,但孔子总是以批评教训的口吻,给出的答案过于抽象。在权力面前,道德说教能为权力服务,才能受到掌权者的支持,否则,只能招致反感。显然,孔子的有些话是不受欢迎的,结果是哀公、季康子和孔子的关系日渐疏远。

孔子对哀公和季康子也看不顺眼,连带着对他的一些出仕学生也不满。季康子要改变原来的赋役制度,把按"丘"征赋变为按田亩数征赋,以增加军赋的数量,于是派冉求(即冉有)征求孔子意见。但是孔子避不回答,冉求有些着急地对孔子说:"子为国老,待子而行,若之何子之不言也?"可孔子还是不表态。待冉求走后,孔子大发议论:"君子之行也,度于礼:施取

---

① 《论语·为政》,杨伯峻:《论语译注》,北京:中华书局,1980年,第19—20页。
② 《论语·颜渊》,杨伯峻:《论语译注》,北京:中华书局,1980年,第129页。

其厚，事举其中，敛从其薄。如是，则以丘亦足矣。若不度于礼，而贪冒无厌，则虽以田赋，将又不足。且子季孙若欲行而法，则周公之典在；若欲苟而行，又何访焉？"① 孔子以实行周礼为己任，对改变军赋制度这样的大事，当然不会同意，可他心里明白，自己反对也没用，与其说了没用，不如不说。但是，自己内心的观点还是要表达的。孔子一生遵循周代制度，评判当权者的标准就是看是否符合周礼。按照周礼，要宽厚待民，事役要适当，军赋要尽量少，按"丘"征收军赋已经足够。如果贪得无厌，即使是按田征收军赋也不够用。显然，孔子坚决反对季康子的新政。后来，季康子和冉求推行新法，孔子十分生气，声称冉求"非吾徒也。小子鸣鼓而攻之，可也"②。诸如此类的事情，孔子和他的弟子之间经常发生，有些是孔子晚年回鲁以后的事情，有些则在以前就发生过。

尽管如此，孔子一有机会还是不遗余力地推荐学生踏上仕途。季康子向孔子询问仲由（即子路）、端木赐（即子贡）、冉求是否适合出仕，孔子答以"由也果""赐也达""求也艺"。③ 在外人面前，孔子对自己的弟子们还是颇为赞赏的，认为仲由果敢决断，端木赐通情达理，冉求多才多艺，虽然他们性格各有差异、术业各有专长，但都适合步入政坛。对待已经入仕的弟子，孔子依然诲而不倦，有问必答。如仲弓为季氏家宰，向孔子请教如何执政。孔子答以"先有司，赦小过，举贤才"，要他凡事身体力行，不计较手下细小的过错，选拔选用贤良人

---

① 杨伯峻：《春秋左传注》哀公十一年，北京：中华书局，1990年，第1668页。
② 《论语·先进》，杨伯峻：《论语译注》，北京：中华书局，1980年，第115页。
③ 《论语·雍也》，杨伯峻：《论语译注》，北京：中华书局，1980年，第58页。

才。仲弓又问如何挑选优秀人才："焉知贤才而举之？"孔子回答说："举尔所知；尔所不知，人其舍诸？"意为选拔你知道的那些人才，你不知道的人才，别人也不会埋没。子夏为莒父宰，向孔子请教如何执政，孔子说："无欲速，无见小利。欲速，则不达；见小利，则大事不成。"意为不能图快、贪图小利，否则事倍功半。对受到季康子重用的弟子冉有，孔子有过埋怨，但还是很关心他的从政状况，一次冉有办公回来较晚，孔子问他晚归原因，冉有答称："有政。"孔子说："其事也。如有政，虽不吾以，吾其与闻之。"① 孔子指出冉有用词不当，"政"是政务，为国家公事，"事"是一般性事务，暗指季氏把持鲁国国政。

孔子的弟子出仕众多，尽管不能完全按照孔子的教诲去施政，毕竟都能一展才华，领时代风骚，遇到大事要事，还能恭恭敬敬地向孔子请教，对此，孔子很是高兴和满足。但是，对于孔子个人来说，暮年回到鲁国后目睹弟子们的政治实践，以及面临的诸多纠葛，使孔子深深地感到了时代的沧桑，与自己的理想渐行渐远。孔子遂彻底地放弃了从政念头，把全部精力放在整理文献典籍上。

四、整理文献

孔子是我国历史上第一个伟大的文献学家，目前我们看到的文化典籍《诗》《书》《易》《礼》《春秋》，和已经失传的

---

① 《论语·子路》，杨伯峻：《论语译注》，北京：中华书局，1980年，第133、138—139页。

《乐》，都是经过孔子编订的。没有孔子的编订整理，以及孔子门人的保存和宣传，恐怕早已失传。这六部书，后世儒家学者称为"六艺"，而把孔子教育学生的六种技能即礼、乐、射、御、书、数称为"小六艺"。通过典籍整理，孔子完成了传递文化的历史使命，也借此表达自己的政治理念，将自己的思想寄托在这些典籍之中。

诗起源于民间谣谚，是人们的口头咏唱。有些诗在传唱的时候还伴以歌舞，用文字记录下来以后，就成了文学作品。西周的统治者为了丰富自己的文化生活，同时了解民间疾苦，常组织专人定时到民间采风，记录下来的民间歌谣，加以整理，汰芜存精，保留、提倡那些符合统治阶级需求的内容，删除不符合统治需要的内容，久而久之，就形成了《诗》。《诗》的内容分为风、雅、颂三类。风指国风，采集诸侯国的民歌，少数为贵族作品。雅分大雅和小雅，是王室附近地区的篇章，所谓正声雅乐，内容大都是贵族的政治生活状况。颂，是歌颂先祖丰功伟绩的诗歌，深沉肃穆，是祭祀时的专用诗歌。可见，《诗》有很高的文学价值和史学价值，既反映了贵族们的思想和政治状况，更记录了各诸侯国的民风民俗、生产活动、经济建设等内容，有着丰富的社会、自然、生活属性。

春秋时，《诗》被贵族们用作交往的工具。贵族交往，往往吟诵某一首诗来表达自己的想法和要求，对方也以同样的方法回应。通过吟诵诗篇，来表示或欣然同意、或微有难处、或明确反对，甚至提出其他建议，所谓"《诗》言志"就是此意。可以说，用《诗》婉转表达自己的想法既是文化品位、身份的象征，也是社会等级尊卑的体现。但是，到春秋后期，战乱频仍，周室不能再像以往那样定时到民间采风，原有《诗》的篇章残乱不全，重复错讹。有鉴于此，孔子乃把整理《诗》作为一项重要任务，既用作教育学生的教材，也作为自己的政治寄托。根据《史记·孔子世家》的记载，孔子曾收集三千多篇，而后校勘核对，删除重复，按照乐曲的正确音调和诗词内容，调整篇章，使雅归雅、颂归颂、风归风，最后确定三百零五篇，简称《诗》三百，就是今天我们看到的样子。

关于《乐》，当时被世人看作和《诗》同等重要。人们日常吟诗时本来就是半唱半诵，在正式场合吟诗时必须奏乐，因而诗歌和音乐是浑然一体的。职是之故，孔子整理诗必然要对乐作出相应整理。孔子本人就是一个造诣很深的音乐家，对音乐理论、演奏技巧和功能有着超出常人的认知，很清楚音乐在陶冶性情、深化人的道德修养方面有着不可替代的作用。孔子曾经简明扼要地说"兴于《诗》，立于礼，成于乐"①，意谓诗有助于振奋精神，礼有助于立身处世，乐有助于完美情操。所以，他理所当然地将乐也整理出来作为教育学生的教材。遗憾的是，《乐》没有保存下来，今人已经无从知晓《乐》的具体内容。

孔子删定《礼》的情况比较复杂。现存的《礼》有三种：《周礼》《仪礼》《礼记》。《周礼》讲的是各种官制，《仪礼》讲的是典礼仪式，《礼记》则专门讨论礼仪的性质、意义和作用，部分是仪礼细则。考古资料和研究证实，这"三礼"实际的成书时间都要晚于孔子，现在看到的列于儒家十三经中的三

---

① 《论语·泰伯》，杨伯峻：《论语译注》，北京：中华书局，1980年，第81页。

礼都不是孔子删定的原版，而是包括孔子以后儒家学者的加工创造成分在内。但是，可以肯定的是，这些礼书都曾经过孔子之手。

《书》又称《尚书》，本是上古流传下来的文书统称，孔子整理编订以后成为专有名称。孔子之前已经有《夏书》《商书》《周书》流传，主要内容为以往的治国理论和实践情况。孔子热衷政治，对此自然高度重视，自然予以整理。当然，孔子整理过的《书》并不一定是今人看到的篇目顺序，现在传世的篇目顺序和内容已经改变很多。

《易》本来是一部占筮的书，并非成于一时，其内容陆续增加，人们不断发挥，把对现实世界的观察和人生的思考不断补充进去，使《易》的内容不断丰富，尤其注重探讨归纳事物发展变化的理论与方法，在统治阶级中十分流行。孔子对此也十分重视，据说孔子好《易》，翻阅频繁，编连《易》的革绳多次朽断。特别是到晚年，孔子对《易》的理解、对人生的思考达于新的境界，在整理过程中把自己的体悟也加入其中。所以，后世有学者认为，现存《易》的理论探讨部分也就是所谓的"传"——共有十篇即《十翼》，是孔子所作。不过，从历史角度看，《十翼》是孔子所作的证据并不充分，但孔子整理过《易》则无疑问。

对后世影响最大，也最为学界所推崇的是孔子编订的《春秋》一书。春秋时代，各诸侯国都有专门人员记述国家大事，列国史籍各有称谓，晋国称《乘》，楚国称《梼杌》，鲁国史书称《春秋》。不过，孔子编《春秋》的目的不是保存史料，而是表达自己的政治观点。现存《春秋》记载的是鲁隐公元年到鲁哀公十四年（前722—前481）242年的历史，文字极其简略，单纯从纪事角度而言难以反映历史过程。事实上，孔子编订《春秋》在于表达自己的思想，这一思想的核心就是"正名"，即将那些犯上作乱的人放到原来的历史坐标中去。《史记·孔子世家》记述孔子语云："弗乎弗乎，君子病没世而名不称焉。吾道不行矣，吾何以自见于后世哉？""乃因史记作《春秋》，上至隐公，下讫哀公十四年，十二公。据鲁，亲周，故殷，运之三代。约其文辞而指博。故吴楚之君自称王，而《春秋》贬之曰'子'；践土之会实召周天子，而《春秋》讳之曰'天王狩于河阳'。推此类以绳当世。贬损之义，后有王者举而开之。《春秋》之义行，则天下乱臣贼子惧焉。"君子担心的是去世后，名字泯然于众人，而后人之所以能记住君子之名，还在于君子的主张和思想。所以孔子很清楚，他的观点和想法不被当时人所理解，更无法付诸实践，但这无关紧要，关键是要使后人知道自己的观点和想法。正是出于这一目的，孔子编订《春秋》时，以鲁国史料为基本依据即"据鲁"；以周王室之制度礼乐为标准，该尊者尊、该卑者卑，即"亲周"；作为殷商之后，又不忘殷商之制度即"故殷"①。三者统一，是为《春秋》史笔。

具体而言，对历史人物的称谓，不是根据人物自我标榜和客观行为定位，而是根据周朝尊卑等级定位。如楚君自己称王，用周天子之号，但在孔子笔下，则称之为"子"，因为楚君在建

---

① 后世的经学家，因为宋国是孔子故国，又是商朝宗室之后，在叙述孔子编撰《春秋》主旨时，将"故殷"改为"故宋"。

国时是子爵。① 又如，晋文公在践土盟会诸侯，周天子被迫前往，等于承认晋文公霸主地位的合法性。在孔子眼里，天子是不能受诸侯召唤参加会盟的，于是在《春秋》中把这件事写作"天王狩于河阳"，表示周天子不是参加践土会盟而是巡狩，从而摆正了天子与诸侯之间的位置。这就是《春秋》笔法，尊天王、贬诸侯、讥世卿，令那些犯上作乱的僭越者受到史笔的鞭笞，即所谓"乱臣贼子惧"。当然，孔子的这一做法，是以牺牲史实为代价的，因此遭到强调秉笔直书的史家的批评，如唐代刘知几就指出"观夫子修《春秋》也，多为贤者讳"，没有做到"爱而知其丑，憎而知其善"。② 这是孔子的历史和价值观局限使然，今人应该引以为戒。

由于《春秋》文字过于简略，不但书中记载历史事件的详情后人无从知晓，孔子所要表达的微言大义也难以真正理解，于是后世学者专门为《春秋》一书作补充，或补充历史事实，或发掘孔子的微言大义，即《春秋》所用文字背后究竟有什么深刻意义，这些著述统称为"春秋传"。目前流传下来的有三部"春秋传"，因为作者不同而分别命名，即以记载历史史实为主的《春秋左氏传》，以阐释微言大义为主的《春秋公羊传》和《春秋穀梁传》，简称"春秋三传"，都是儒家经典，列于十三

---

① 商周的最高统治者均称王。周朝建立后，建立起完整的礼法制度，周王称为周天子，是天下共主，天子以下是公侯伯子男五等爵位，如宋国始封国君是公爵、鲁国始封国君是公爵、楚国始封国君是子爵，各自封邦建国。春秋时周天子威望犹存，只有楚、吴、越三国国君以蛮夷为由，僭越称王。战国初期，周天子名存实亡，礼乐崩坏，公元前334年，魏齐会盟，互相承认对方为王，史称"徐州相王"，后各国纷纷称王。

② [唐] 刘知几撰，黄寿成校点：《史通》，沈阳：辽宁教育出版社，1997年，第114页。

经之中。

哀公十六年（前479）四月，孔子的身体状况每况愈下。他的学生子贡听说以后前去探望。子贡到时，孔子正拄着拐杖倚门而立，仰望长空，若有所思，看到子贡到来，颤巍巍地对子贡说："赐，汝来何其晚也？"孔子不是嫌子贡来得太晚影响自己对子贡的嘱托，而是感叹自己人生无多、师徒相聚时日有限，如果子贡早点来，聚的时间可以长一些。随后孔子低声吟唱："太山坏乎！梁柱摧乎！哲人萎乎！"意谓巍巍的泰山快要崩颓，耸立的梁柱就要折断，深邃的哲人即将去世！唱完以后，孔子老泪纵横、唏嘘不已地对子贡说："天下无道久矣，莫能宗予。夏人殡于东阶，周人于西阶，殷人两柱间。昨暮予梦坐奠两柱之间，予始殷人也。"[①] 意谓天下不行王道已经太久，没有人能按照我说的执行。三代葬礼各不相同，夏人埋在东面台阶下，周人埋在西面台阶下，殷人埋在中间。昨天我梦见自己坐在两柱之间，属于殷人葬礼，看来我是殷人啊。

孔子73岁逝世，葬在曲阜城北约一里的泗水旁，弟子们服丧三年，子贡则在孔子的墓旁盖一间茅草屋，又守丧三年才离去。有一百多户人家因为追念孔子，把家搬到孔子墓旁定居，人们就把这个新形成的居民点叫作孔里。

孔子逝世，汉代史学家司马迁为孔子立传并列入"世家"。"世家"是《史记》五体之一，主要记载诸侯王公以及同级别的贵族人物。孔子并非诸侯王公，但他对中国社会的影响远远

[①] ［汉］司马迁：《史记》卷四十七《孔子世家》，北京：中华书局，1959年，第1944页。

超过任何一位帝王、诸侯,因此司马迁为其作《孔子世家》,体现出太史公的远识卓见和对孔子的崇敬之情。司马迁谓:"余读孔氏书,想见其为人。适鲁,观仲尼庙堂车服礼器,诸生以时习礼其家,余祗回留之不能去云。天下君王至于贤人众矣,当时则荣,没则已焉。孔子布衣,传十余世,学者宗之。自天子王侯,中国言六艺者折中于夫子,可谓至圣矣!"①"至圣"二字恰当地概括了孔子的历史地位。

---

① [汉]司马迁:《史记》卷四十七《孔子世家》,北京:中华书局,1959年,第1947页。

第二节 《论语》成书及初传

《论语》一书，是孔子与当时社会各阶层及其弟子们的言行录，是研究孔子思想的最核心依据之一，其成书有一个历史的过程。把握这个过程，是把握《论语》研究史的必要前提，也是把握儒学发展史的必要环节。因此，了解《论语》研究史，首先要从《论语》的成书说起。

一、《论语》成书

就目前所见，最早叙述《论语》成书过程的是东汉班固的《汉书》。《汉书·艺文志》云："《论语》者，孔子应答弟子时人及弟子相与言而接闻于夫子之语也。当时弟子各有所记。夫子既卒，门人相与辑而论纂，故谓之《论语》。"班固是史学家，也是经学家，《汉书·艺文志》是根据刘向、刘歆父子二人编纂的我国第一部目录学著作《七略》改编而来。刘向、刘歆父子之书实际上也是一部先秦西汉学术史，总结了战国以来思想学术发展流变及其分野。

秦始皇燔书，民间典籍多毁于秦火。汉初开放文禁，"改秦之败，大收篇籍，广开献书之路。迄孝武世，书缺简脱，礼坏乐崩，圣上喟然而称曰：'朕甚闵焉！'于是建藏书之策，置写书之官，下及诸子传说，皆充秘府"。但无论是民间主动献书还是官方搜集而来，誊抄之后，并没有分类，杂乱无章地堆放在一起，保管也比较粗放，以至于丢失严重。汉成帝"以书颇散亡"，诏令谒者陈农向天下人搜求遗书，光禄大夫刘向负责校经传诸子、诗赋之书，步兵校尉任宏校兵事之书，太史令尹咸校数术之书，侍医李柱国校方技之书。每校对完一本，刘向都要罗列篇目、概述内容，"辄条其篇目，撮其指意，录而奏之"。刘向卒后，汉哀帝复令刘向之子刘歆继承父业，"歆于是总群书而奏其《七略》，故有《辑略》，有《六艺略》，有《诸子略》，有《诗赋略》，有《兵书略》，有《术数略》，有《方技略》。今删其要，以备篇籍"。[①] 刘向为汉家宗室，又是经学大家，既通今文经，更重视古文经；既通"诸子诗赋"，对经书的编纂和流变有过系统的校理和研究，亦晓兵书方技，所以成为校书总负责人。刘歆继续其父未竟之业，最后完成《七略》的编纂。班固即以《七略》为基础，"删其要"，即"删去浮冗，取其指要"，重新分类，而成《艺文志》。《艺文志》对典籍的介绍则多本自刘氏父子，"《论语》者，孔子应答弟子时人及弟子相与言而接闻于夫子之语也"，即录自刘向、刘歆的《七略》。也就是说，《艺文志》所录《论语》成书和性质诸语，是刘向、刘歆父子在西汉后期得出的结论，班固同意刘向、刘歆父子二人的看法。

就《论语》成书而言，《艺文志》所载"孔子应答弟子时

[①] ［汉］班固：《汉书》卷三十《艺文志》，北京：中华书局，1962年，第1701页。

人及弟子相与言而接闻于夫子之语也"有三层含义：一是孔子回答弟子问题之语；二是孔子和"时人"即弟子之外的其他人的交谈之语；三是孔子"弟子相与言而接闻于夫子之语"，也就是孔子的学生相互讨论，孔子知道后予以评论之语。这些对话，在不同时间、不同场合，由不同的人记录下来，彼此之间，没有分工，也没有固定主题和思想核心，一切决定于谈论对象和讨论内容。所有这些都是孔子去世之后弟子、门人的回忆，不一定是向孔子请教时的即时记录。"门人相与辑而论纂"则表明，《论语》成书是在孔子去世相当一段时间之后的事情，其间有一个整理、比勘、讨论的过程。"门人"不同于弟子，弟子是直接受业者，门人则包括再传或者三传、四传弟子在内，不局限于直接受业的学生。因而，"门人相与辑而论纂"并非一次性完成，而有一个长期过程，经过多次反复整理，每次参与的"门人"数量、人员不一定相同，最终达成基本一致的意见，《论语》才得以成书。

具体而言，《论语》成书有三个步骤，即"辑""论""纂"。一是"门人"发起回忆整理工作，根据各自掌握的孔子之言和事迹，录为文本，彼此对照，也就是汇编资料，是为"辑"。二是就所汇集内容，讨论思想内涵，辨别错讹。因为"门人"是在孔子死后一段时间才予整理，即使孔子弟子，也并非人人都一直跟随孔子，有的跟随时间长，有的时间短，有的发现问题去当面请教孔子，请教完毕即离开。弟子之间，有时所提问题相同，但因为身份地位和文化层次不同，孔子因材施教，给出的答案有别；又因为"门人"记忆不全，所录不一定完整，甚至夹杂了个人的理解，这就需要判定错讹与真伪，这个过程是为"论"。三是最终将回忆记录和讨论结果编定成策，是为"纂"。所以，"门人相与辑而论纂"的准确理解应为"门人相与辑而论、纂"。而《论语》一书的"论"，即讨论，既有孔子师徒之间的讨论，也有孔子和"时人"之间的讨论，同时有"门人"对所录内容的讨论："讨论之语"结集成册、编定顺序而为《论语》之书。

刘向、刘歆、班固虽然明确了《论语》性质和成书，但何以名为《论语》的问题，都没有进一步的说明。因为在刘向、刘歆和班固眼里，这不成其为问题，没有什么深刻含义需要特别说明。但随着经学的发展，孔子地位越来越高，甚至已经不是一般"圣人"之称可以形容，而是汉家之师，是"素王"，具有通天彻地之能。在经学家的眼里，孔子所说的话当然不能按照字面含义去理解，而是要深入发掘其微言大义，《论语》的每一句话、每一个字都有高深幽远的含义，作为孔子言论集的"论语"二字当然也有着深奥的义理。故从东汉开始，学者们即从伦理层面解释"论语"二字的含义。刘熙《释名》云："《论语》，记孔子与诸弟子所语之言也。"又称："论，伦也，有伦理也。""语，叙也，叙己所欲说也。"刘熙是目前所见最早从经学立场而非训诂层面解释《论语》书名含义的人。后人把刘熙的"伦"解释为两层含义：其一是指次序、条理；其二是指伦理原则。据此，"论语"一词是指将孔子所说的话、所阐释的儒家伦理道德规范有条理地表述出来。萧梁时人刘勰从刘熙之说，在其《文心雕龙·论说》云："圣哲彝训曰经，述经叙理曰论。论者，伦也；伦理无爽，则圣意不坠。昔仲尼微言，门人追记，故仰其经目，称为《论语》。"类似理解不止一人，皇侃在《论语义疏·自序》中总结各家训释云：

> 第一舍字从音为"伦"，说者乃众，的可见者不出四家：一云"伦"者，次也，言此书事义相生，首末相次也；二云"伦"者，理也，言此书之中蕴含万理也；三云"伦"者，纶也，言此书经纶今古也；四云"伦"者，轮也，言此书义旨周备，圆转无穷，如车之轮也。第二舍音依字为"论"者，言此书出自门徒，必先详论，人人佥允，然后乃记。记必已论，故曰"论"也。第三云"伦""论"无异者，盖是楚夏音殊、南北语异耳。南人呼"伦事"为"论事"，北士呼"论事"为"伦事"，音字虽不同，而义趣犹一也。

皇侃总结全面，各家解释都是儒学经学化以后围绕着"伦理"这个核心展开，皇侃也沿着这个路数解释《论语》书名含义，云：

> 三途之说，皆有道理，但南北语异如何似未详，师说不取，今亦舍之。而从音、依字二途并录以会成一义。何者？今字作"论"者，明此书之出不专一人，妙通深远，非论不畅。而音作"伦"者，明此书义含妙理，经纶今古，自首臻末，轮环不穷。依字则证事立文，取音则据理为义，义文两立，理事双该。圆通之教，如或应示。

以历史学的眼光看，皇侃所总结的各家注释，以语音之别说明

"论"读为"伦"最具合理性。在现代资讯条件下，方言之异，不啻霄壤，古代封闭性远超今日，同字不同音可以想见，更何况论、伦音别本微。但皇侃囿于经学义理，以"师说不取"而舍弃"南北语异"说，以义理为核心，掺杂着玄学和佛学的思维，把一部通俗易懂的对话录解释成贯通古今、经天纬地、无所不有、无所不能的玄之又玄之书，穿凿附会地以秦人衣冠绘虞夏之图像。降至唐代，经学降温，笼罩经典的神秘外衣逐步褪去，陆德明著《经典释文》卷一以《汉书·艺文志》解释《论语》的由来和含义，云：

> 《论语》者，孔子应答弟子及时人所言，或弟子相与言而接闻于夫子之语也。当时弟子各有所记。夫子既终，微言已绝，弟子恐离居已后各生异见，而圣言永灭，故相与论撰、因辑时贤及古明王之语，合成一法，谓之《论语》。

比较《汉书·艺文志》文，陆德明所云虽然有着自己的理解成分在内，但基本上延续班固之说。入宋以后，理学、心学迭兴，学者们继续皇侃的理路，对《论语》书名的含义作出种种阐释。清代经学复兴，在复兴汉学的潮流中，古文经、今文经跌宕起伏，继续着经学思维，发掘《论语》书名的微言大义，穿凿甚多，而现代学者亦有从其说者，不能不说是一种倒退，实不足取，因无新意，不予叙述。

《论语》是孔子与其弟子及时人言行录的汇编，出自多人之手，篇章之分是为了方便阅读、减少错简，具体成书时间，古今学者都曾试图给出具体的说明。① 目前比较一致的意见是由曾参的学生最终编订，最明显的证据是《论语》书中提到曾参时无一例外地都称为曾子而不称曾参，而提到孔子其他学生时或者称名或者称字。春秋时代，"子"是尊称，下对上、卑对尊称"子"，上对下绝不称"子"，称曾参为"子"的只能是曾参门徒，是其弟子或者再传弟子。《泰伯》所载"曾子有疾"是《论语》中可以推知时间的最晚记录。其一曰："曾子有疾，召门弟子曰：'启予足！启予手！《诗》云："战战兢兢，如临深渊，如履薄冰。"而今而后，吾知免夫！小子！'"其一曰："曾子有疾，孟敬子问之。曾子言曰：'鸟之将死，其鸣也哀；人之将死，其言也善。君子所贵乎道者三：动容貌，斯远暴慢矣；正颜色，斯近信矣；出辞气，斯远鄙倍矣。笾豆之事，则有司存。'"这两则记载，明显是曾子死后收入《论语》的。根据《史记·仲尼弟子列传》，曾参是孔子最年轻的学生之一，小孔子46岁，年27岁时孔子去世，曾参大约在公元前436年去世，则《论语》的成书应当在此之后，也就是战国初年。至于哪一位学生于哪一年最终编定，实难确定。现代学者或以为是曾子弟子、孔子嫡孙子思完成，理由是子思是孔子嫡孙，有传承孔

---

① 关于《论语》结集较早的说法，出自刘向、刘歆父子，他们认为《论语》是"门人相与辑而论纂"，是由孔子弟子编纂的。东汉学者大多承袭此说，如赵岐《孟子题辞》云："七十子之畴，会集夫子所言以为《论语》。"王充《论衡·正说篇》云："夫《论语》者，弟子共纪孔子之言行。"魏晋以后学者如刘勰、陆德明以及《隋书·经籍志》均采用此说。东汉《论语崇爵谶》谓："子夏六十四人，共撰仲尼微言。"郑玄将主持撰集工作者明确为"仲弓、子游、子夏等人"。另有《论语》成于孔子再传弟子说，以皇侃《论语义疏·自序》为代表。近世朱维铮《〈论语〉结集脞说》（《孔子研究》1986年创刊号）认为《论语》应成书于汉代景、武之际。

子学问的自觉和责任；而曾参以大孝著称，传承老师思想是孝道体现，子思受学于曾参，既是孔子再传弟子，又是孔子嫡孙，有召集孔子门人得天独厚的条件。笔者以为，此解亦属推论，聊备一说，用历史眼光看问题，在现有资料条件下，与其追求"精准"，不若模糊言之，以曾子门徒编定为佳。

二、战国时期的《论语》传布

孔子生活于礼崩乐坏的时代，鲁国同样存在着礼乐颓坏问题，但就文化传承而言，鲁国是保存西周礼乐制度最为系统之邦。孔子正是凭借这一资源优势，立足现实问题，赋予西周礼乐制度以新的含义。

孔子重新阐发礼乐制度中"仁"的内涵，从个人修养入手，从具体事项做起，以"复礼"为己任，以弘扬周礼之"道"为终极目标，历尽艰难而矢志不渝，深为世人所景仰。孔子又是儒家学派的创始人，儒学发源于鲁地，但孔子周游列国 14 年，历经卫、陈、曹、宋、郑、蔡、楚诸国，其思想主张不仅随着孔子的脚步在各地传播，而且随着弟子足迹传到其他地区。但就战国时期《论语》的传播而言，主要是在洙泗之间、齐鲁之地。因为战国时代，诸子兴盛，各国应时变革，大多以实用为主，而孔子之学，从批评现实君主贵族不守礼法出发，主张复礼，不符合各国现实需要，只是作为子学的一种，在战国诸子争鸣过程中发展嬗变。《史记·儒林列传》总结云：

  自孔子卒后，七十子之徒散游诸侯，大者为师傅卿相，小者友教士大夫，或隐而不见。故子路居卫，子张居陈，

> 澹台子羽居楚，子夏居西河，子贡终于齐。如田子方、段干木、吴起、禽滑釐之属，皆受业于子夏之伦，为王者师。是时独魏文侯好学。……于威、宣之际，孟子、荀卿之列，咸遵夫子之业而润色之，以学显于当世。

太史公所言是孔子门徒影响之大者，或为高官，或为大学者，隐士固然不在其中，就是普通儒生也不在其列。若就数量而言，普通儒生是大多数，他们分为不同的派别，彼此之间同样争鸣不已，甚至相互谩骂，如《荀子·非十二子》就谓子张氏、子夏氏、子游氏为"贱儒"。荀子是尊孔的，在他心目中孔子地位极高，是仅次于尧舜的"圣人"，但他认为其后学名为传孔子之学，实际上背离孔子之道。子张、子游、子夏虽是孔子弟子，在荀子眼里与孔子之道相违，故为"贱儒"。即使孔子之孙子思及其门人孟子，名满天下，号为孔子嫡传，实际上所传也并非孔子主张，子思、孟轲不过是孔子"之罪"人而已。[①] 荀子"贱儒"之评，是其思想立场使然，是非对错，另当别论，但至少说明孔子之学传播广泛。

当然，战国后期，《论语》传承远远不止荀子所讥讽诸人。《韩非子·显学》谓"儒分为八"："自孔子之死也，有子张之儒，有子思之儒，有颜氏之儒，有孟氏之儒，有漆雕氏之儒，有仲良氏之儒，有孙氏之儒，有乐正氏之儒。"韩非概括的"儒分为八"也只是大要，并非针对孔子弟子而言，而是对整个战

---

① ［清］王先谦撰，沈啸寰、王星贤点校：《荀子集解》，北京：中华书局，1988年，第105、95页。

国时期的儒家分化而言。但是,无论评价如何、派别多少,均从一个方面说明孔学之"显"。儒家各派均源于孔子,立说以孔子言论为据,来自《论语》之书,这以《孟子》最为突出。

顾炎武曾谓:"《孟子》书引孔子之言凡二十有九,其载于《论语》者八。又多大同而小异,然则夫子之言其不传于后者多矣。故曰:'仲尼没而微言绝。'"所举"《论语》者八"为"学不厌而教不倦""里仁为美""君薨,听于冢宰""大哉尧之为君""小子鸣鼓而攻之""吾党之小子狂简""乡原,德之贼""恶似而非者"。① 实际上,《孟子》所引见于《论语》者不止八处,如《孟子·公孙丑上》称:

> 孟子曰:"矢人岂不仁于函人哉?矢人唯恐不伤人,函人唯恐伤人。巫匠亦然。故术不可不慎也。孔子曰:'里仁为美。择不处仁,焉得智?'夫仁,天之尊爵也,人之安宅也。莫之御而不仁,是不智也。不仁、不智,无礼、无义,人役也。人役而耻为役,由弓人而耻为弓,矢人而耻为矢也。如耻之,莫如为仁。仁者如射,射者正己而后发;发而不中,不怨胜己者,反求诸己而已矣。"

而《论语·里仁》载:"子曰:'里仁为美。择不处仁,焉得知?'"又《孟子·滕文公上》称:

---

① [清]顾炎武著,[清]黄汝成集释,秦克诚点校:《日知录集释》卷七《孟子引论语》,长沙:岳麓书社,1994年,第263页。

> 孟子曰："不亦善乎！亲丧，固所自尽也。曾子曰：
> '生，事之以礼；死，葬之以礼，祭之以礼，可谓孝矣。'
> 诸侯之礼，吾未之学也。虽然，吾尝闻之矣。三年之丧，
> 齐疏之服，飦粥之食，自天子达于庶人，三代共之。"
>
> 孟子曰："然。不可以他求者也。孔子曰：'君薨，听于
> 冢宰。歠粥，面深墨，即位而哭，百官有司莫敢不哀，先
> 之也。'上有好者，下必有甚焉者矣。君子之德，风也；小
> 人之德，草也。草尚之风，必偃。"

按孟子所引"生，事之以礼"是孔子原话，见诸《论语·为政》："子曰：'生，事之以礼；死，葬之以礼，祭之以礼。'"曾子学于孔子，以孝著称，孟子所记是曾子转述孔子之言。"三年之丧"源于《论语·宪问》："子张曰：'《书》云："高宗谅阴，三年不言。"何谓也？'子曰：'何必高宗，古之人皆然。君薨，百官总己以听于冢宰三年。'""君子之德风"引自《论语·颜渊》："季康子问政于孔子曰：'如杀无道，以就有道，何如？'孔子对曰：'子为政，焉用杀？子欲善而民善矣。君子之德风，小人之德草。草上之风，必偃。'"

又《孟子·滕文公上》载：

> 孔子曰："大哉尧之为君！惟天为大，惟尧则之，荡荡
> 乎民无能名焉！君哉舜也！巍巍乎有天下而不与焉！"尧、
> 舜之治天下，岂无所用其心哉？亦不用于耕耳。

对尧舜的赞扬，源于《论语·泰伯》："子曰：'巍巍乎，舜禹

之有天下也而不与焉！'子曰：'大哉尧之为君也！巍巍乎！唯天为大，唯尧则之。荡荡乎，民无能名焉。巍巍乎其有成功也，焕乎其有文章！'"

又《孟子·滕文公下》载：

> 阳货欲见孔子而恶无礼。大夫有赐于士，不得受于其家，则往拜其门。阳货瞰孔子之亡也，而馈孔子蒸豚。孔子亦瞰其亡也，而往拜之。当是时，阳货先，岂得不见？曾子曰："胁肩谄笑，病于夏畦。"子路曰："未同而言，观其色赧赧然，非由之所知也。"由是观之，则君子之所养，可知已矣。

"阳货欲见孔子"源于《论语·阳货》："阳货欲见孔子，孔子不见，归孔子豚。孔子时其亡也，而往拜之。"

又《孟子·离娄上》载：

> 孟子曰："求也为季氏宰，无能改于其德，而赋粟倍他日。孔子曰：'求非我徒也，小子鸣鼓而攻之可也。'由此观之，君不行仁政而富之，皆弃于孔子者也，况于为之强战？"

这段话引自《论语·先进》："季氏富于周公，而求也为之聚敛而附益之。子曰：'非吾徒也。小子鸣鼓而攻之，可也。'"

又《孟子·离娄下》载：

>大人者，言不必信，行不必果，惟义所在。
>
>源泉混混，不舍昼夜。
>
>禹、稷当平世，三过其门而不入，孔子贤之。颜子当乱世，居于陋巷，一箪食，一瓢饮；人不堪其忧，颜子不改其乐，孔子贤之。孟子曰："禹、稷、颜回同道。禹思天下有溺者，由己溺之也；稷思天下有饥者，由己饥之也，是以如是其急也。禹、稷、颜子易地则皆然。"

这几段分别来自《论语》之《子路》《雍也》《子罕》。《子路》云："言必信，行必果，硁硁然小人哉！"《雍也》云："贤哉，回也！一箪食，一瓢饮，在陋巷，人不堪其忧，回也不改其乐。贤哉，回也！"《子罕》云："逝者如斯夫！不舍昼夜。"

又《孟子·万章下》载：

>万章曰："孔子，君命召，不俟驾而行，然则孔子非与？"

这句引自《论语·乡党》："君命召，不俟驾行矣。"

又《孟子·尽心下》载：

>万章问曰："孔子在陈曰：'盍归乎来！吾党之小子狂简，进取，不忘其初。'孔子在陈，何思鲁之狂士？"
>
>孟子曰："孔子'不得中道而与之，必也狂狷乎！狂者进取，狷者有所不为也'。孔子岂不欲中道哉？不可必得，故思其次也。"

"敢问何如斯可谓狂矣?"

曰:"如琴张、曾皙、牧皮者,孔子之所谓狂矣。"

"何以谓之狂也?"

曰:"其志嘐嘐然,曰:'古之人,古之人。'夷考其行,而不掩焉者也。狂者又不可得,欲得不屑不洁之士而与之,是獧也,是又其次也。孔子曰:'过我门而不入我室,我不憾焉者,其惟乡原乎!乡原,德之贼也。'"

曰:"何如斯可谓之乡原矣?"

曰:"何以是嘐嘐也?言不顾行,行不顾言,则曰'古之人,古之人。行何为踽踽凉凉?生斯世也,为斯世也,善斯可矣'。阉然媚于世也者,是乡原也。"

万子曰:"一乡皆称原人焉,无所往而不为原人,孔子以为德之贼,何哉?"

曰:"非之无举也,刺之无刺也。同乎流俗,合乎污世。居之似忠信,行之似廉洁,众皆悦之,自以为是,而不可与入尧、舜之道,故曰'德之贼'也。孔子曰:'恶似而非者,恶莠,恐其乱苗也;恶佞,恐其乱义也;恶利口,恐其乱信也;恶郑声,恐其乱乐也;恶紫,恐其乱朱也;恶乡原,恐其乱德也。'君子反经而已矣。经正则庶民兴,庶民兴,斯无邪慝矣。"

这一段话是对孟子和万章就如何理解孔子狂狷、乡原含义的讨论,分别见于《论语》之《公冶长》《子路》《阳货》等篇。《公冶长》云:"子在陈,曰:'归与!归与!吾党之小子狂简,斐然成章,不知所以裁之。'"《子路》云:"子曰:'不得中行而与之，必也狂狷乎！狂者进取，狷者有所不为也。'"《阳货》云："子曰：'乡愿，德之贼也。'""子曰：'恶紫之夺朱也，恶郑声之乱雅乐也，恶利口之覆邦家者。'"

在先秦诸子中，孟子对孔子思想阐发最多，被后世尊为"亚圣"。就思想体系而言，孟子将孔子的"性相近也，习相远也"[1]发展为"性善论"，并以此为基础，将孔子的仁学从人性和制度等不同层面阐发为既有新的理论特点又有可操作性的仁政体系，同时将孔子的君臣观推进到新的阶段，进一步发挥了孔子的批判现实精神，而对孔子的"复礼"追求则有所淡化，从而形成自己的理论体系。由于孟子思想本之于孔子，因此其社会地位远不及当年的孔子，但因为孟子立论多引用《论语》，故对扩大《论语》影响、推动《论语》传播厥功至伟。

当然，孔子后学无论是课徒授众还是著书立说，都会直接引用《论语》，否则难以称为"儒"。荀子批评子游、子张、子夏为"贱儒"，批评子思、孟子之发挥孔子思想是对孔子的歪曲、是孔子思想的"罪人"，正说明荀子对孔子之学的重视，对《论语》有着系统的掌握和领会。荀子是战国末年东方至少是齐鲁大地的学术领袖，曾三为稷下学宫祭酒，构建了一套系统完整的思想体系，包括性恶论、制天命而用之、隆礼重法、法后王、以谏争辅拂为特色的君臣关系等政治思想和伦理主张，以及以"化性起伪"为核心的教育理论等，但其根源仍然是孔子思想。荀子其实是站在时代高度，以新的知识结构为基础，对孔子思想进行实证性发展，这是以对孔子学说的深刻研究为前

---

[1] 《论语·阳货》，杨伯峻：《论语译注》，北京：中华书局，1980年，第181页。

提的。所以，荀子对《论语》的传播更有着不可替代的作用。

　　孟子、荀子活跃于齐鲁大地，但《论语》传播并不限囿于齐鲁地区。郭店楚简有些简文和《论语》相近或相同，如《语丛二》"小不忍败大势"①，和《论语·卫灵公》"小不忍，则乱大谋"相近。《语丛三》"志于道，狎于德，依于仁，游于艺"，和《论语·述而》"志于道，据于德，依于仁，游于艺"只差一个字。《语丛三》"毋意，毋固，毋我，毋必"②，和《论语·子罕》"子绝四——毋意，毋必，毋固，毋我"意思完全相同。郭店楚简，是战国中期楚地文献，说明《论语》在其时之楚地已经流传，为学者引用，那么齐鲁之外的北方地区，儒学基础厚于楚地，流传更广于楚地也是可以推知的，即使唯法是尚的秦国，最迟在战国末年，也不乏《论语》的传播，《吕氏春秋》对儒家思想的采择即有源自《论语》者，虽然不是直接引用，至少从一个侧面体现了《论语》传播的广泛性。

---

① 刘钊：《郭店楚简校释》，福州：福建人民出版社，2005年，第207页。
② 刘钊：《郭店楚简校释》，福州：福建人民出版社，2005年，第221页。

第二章
《论语》所见孔子思想

　　孔子时代，还没有私人著书立说的风尚，也不存在系统著书立说的条件，所以孔子没有专门著书立说、系统阐述自己的思想，他的思想均散见于和学生以及各国执政者的言谈之中。因为学生各有特点，执政者也是各有所需，所以孔子在不同时期根据不同情况，表达自己主张时，针对同一个问题往往会有不同的解答。同一问题的不同解答、对政事人伦的观点表达，基本上收录于《论语》，但因为上下文之间缺少联系，后人理解难免会出现歧异。这就需要站在历史的高度，对《论语》所透露的孔子思想作出系统分析，才能明晰《论语》何以成为两千多年以来家喻户晓的东方圣经，才能明白历代学人研究《论语》的特点、贡献和局限。

第一节　核心概念："仁"与"礼"

《论语》一书谈论最多、出现频率最高的两个词，一个是"仁"，出现109次；另一个是"礼"，出现75次。尽管人们对孔子仁学的具体理解和评价，还存在着诸多差异，但有一点基本一致，那就是仁是孔子思想的核心，礼是仁的外在行为标准和仁的政治目标，二者是形式与内容的关系。

先看孔子关于"仁"的主要论述：

"樊迟问仁。子曰：'爱人。'"① 仁就是"爱人"，具体爱什么人、爱的方法和内容有什么限定和要求，没有明确。

"颜渊问仁。子曰：'克己复礼为仁。一日克己复礼，天下归仁焉。为仁由己，而由人乎哉？'"其具体做法是"非礼勿视，非礼勿听，非礼勿言，非礼勿动"。② 使自己的语言行动都符合礼的要求就是仁。一旦自己能够实践礼，天下人都会称许你是一个仁人。行仁，不在于别人而在于自己。在日常生活中，不合于礼的东西不看，不合于礼的话不听，不合于礼的话不说，

---

① 《论语·颜渊》，杨伯峻：《论语译注》，北京：中华书局，1980年，第131页。
② 《论语·颜渊》，杨伯峻：《论语译注》，北京：中华书局，1980年，第123页。

不合于礼的事不做。一切都按照礼要求自己。在这里，孔子首次点明周礼是"仁"的外在规范，"仁"是周礼的历史内涵。

"孝弟也者，其为仁之本与！"① 孝顺父母、恭敬兄长大约就是仁的根本。

"夫仁者，己欲立而立人，己欲达而达人。能近取譬，可谓仁之方也已。"② 仁是什么？自己要树立奋斗的目标、确立追求的信念，推及他人，帮助别人也树立奋斗的目标、确立追求的信念；自己想实现某个目标，也帮助别人实现。能够从眼前的小事中明白大道理，就是明白实现仁的方法。

"仁者先难而后获，可谓仁矣。"③ 遇到困难的时候挺身而出，抢先去做，遇到有名有利的事情则退后，这样做就是仁。

"仲弓问仁。子曰：'出门如见大宾，使民如承大祭。己所不欲，勿施于人。在邦无怨，在家无怨。'"④ 做任何事情都要认真谨慎，按照事情的要求一丝不苟。平时出门要像接待贵宾那样恭敬，役使百姓要像承担大祀典那样小心谨慎，不能有任何疏忽。自己不喜欢的事物就不要强加给别人，无论是在朝廷还是在家里，都没有不满和怨言。

"司马牛问仁。子曰：'仁者，其言也讱。'"⑤ 仁是什么？仁就是说话的时候慢一些，深思以后再说。

"巧言令色，鲜矣仁！"⑥ 花言巧语、伪装和善，这种人很少

---

① 《论语·学而》，杨伯峻：《论语译注》，北京：中华书局，1980年，第2页。
② 《论语·雍也》，杨伯峻：《论语译注》，北京：中华书局，1980年，第65页。
③ 《论语·雍也》，杨伯峻：《论语译注》，北京：中华书局，1980年，第61页。
④ 《论语·颜渊》，杨伯峻：《论语译注》，北京：中华书局，1980年，第123页。
⑤ 《论语·颜渊》，杨伯峻：《论语译注》，北京：中华书局，1980年，第124页。
⑥ 《论语·学而》，杨伯峻：《论语译注》，北京：中华书局，1980年，第3页。

有仁德。反之，表里如一、真诚待人，就接近于仁。

"刚、毅、木、讷近仁。"① 刚强、果断、质朴、言语谨慎，有这四种品德的人，接近于仁。

"樊迟问仁。子曰：'居处恭，执事敬，与人忠。'"② 在家态度恭敬，办事严肃认真，对人忠心诚实，就是仁。

"子张问仁于孔子。孔子曰：'能行五者于天下为仁矣。''请问之。'曰：'恭，宽，信，敏，惠。恭则不侮，宽则得众，信则人任焉，敏则有功，惠则足以使人。'"③ 能身体力行庄重、宽厚、诚信、勤敏、慈惠这五种德行于天下，这样的人可以算得上仁了。庄重不会招致别人的侮辱，宽厚能得到众人的拥护，诚信能受到众人的任用，勤于思考、勉力实践则事业有成，慈惠能很好地使用他人。

以上是孔子根据学生所问内容和行为特点，因人而异地对仁的解答，有的十分简练和抽象，有的又非常具体。如樊迟三次问仁，孔子三次回答的内容各不相同，就是因为樊迟三次发问的内涵、目的不同，解决问题的方法也不同。在当时来说，学生理解没有多大困难，但给后人理解带来许多困扰，带来许多分歧。在以上众多解释中，仁的核心含义究竟是什么？当面临着错综复杂的社会矛盾、人际关系时究竟怎样做才符合仁的要求？如此等等，学者见仁见智，争论不休。

仁的核心内容，可以从抽象和具体的不同层面来把握。现代学者一般都是从抽象的、哲学的层面论述孔子仁学的内容和

---

① 《论语·子路》，杨伯峻：《论语译注》，北京：中华书局，1980年，第143页。
② 《论语·子路》，杨伯峻：《论语译注》，北京：中华书局，1980年，第140页。
③ 《论语·阳货》，杨伯峻：《论语译注》，北京：中华书局，1980年，第183页。

意义，即"仁者爱人"。许慎在《说文解字》中解释仁字的含义时说"仁，亲也。从人从二"。因而，抽象地说，仁就是处理人际关系的最高准则和境界。孔子关于仁的一切论述都是为了建立亲密、和谐的人际关系，对内要求加强自我道德修养，注意内省的功夫。人人都要认识到，在现实社会生活中，自己是人，别人也是人，除了自己之外，还有他人存在。自己和他人属于同一个类，具有相同的性质、尊严、愿望、追求，对他人应该同情、爱护、关心。对外则时时刻刻以建立和谐的人际关系为目的。上举孔子对仁的各种解释中间都渗透着"爱人"的基本精神。孝悌固然明确表达了对父母之爱，"居处恭，执事敬，与人忠"则是通过对具体事情的态度表述出对他人的尊敬和友爱。即便是"巧言令色，鲜矣仁"这句批评性的话，也从反面说明了仁的"爱人"特质：诚实是对他人最好的爱！

但是，"爱人"毕竟太抽象，在日常生活中实在难以把握。在当时的历史条件下，公开打出"爱人"的旗帜也会使人们无法理解。所以在方法论上，孔子提出了一个基本原则，就是"己欲立而立人，己欲达而达人""己所不欲，勿施于人"。一句话，待人犹己。

人是社会性动物，人的思想感情和人的生活经历、知识结构紧密相连。人生活在家庭里，成长于父母兄弟的养育呵护下，因而，"爱人"首先自亲者始。"孝弟也者，其为仁之本与"，孝敬父母、尊敬兄长是仁的根本。孔子说："弟子，入则孝，出则悌，谨而信，泛爱众，而亲仁。"[1] 在家孝敬父母，外出敬爱

---

[1] 《论语·学而》，杨伯峻：《论语译注》，北京：中华书局，1980年，第4—5页。

兄长，做事谨慎小心，广泛爱护大众而亲近有仁德的人。作为一个国君、一个贵族，只要对自己的亲人好，平民就会按照仁的要求去做，"君子笃于亲，则民兴于仁"①。这就是"己欲立而立人，己欲达而达人"的具体体现。这里，孔子从实践的层面说明了仁的具体内涵，有助于对孔子说的"仁者爱人"这句话的理解。

孔子关于"仁"的其他论述因为内容比较具体，人们理解的分歧还不大。但是，因为"仁者爱人"这句话太抽象，"爱人"之"人"是泛称一切人，还是有特指？长期以来学术界有不同认识。一种观点认为，在阶级社会里，人属于一定的阶级，因而孔子说的"仁者爱人"之"人"是有一定范围的，并不是所有人。另一种观点认为，孔子所说的"仁者爱人"之"人"是一个类概念，泛指所有人，所谓"己所不欲，勿施于人""己欲立而立人，己欲达而达人"也是指所有人。这是现代多数学者的意见，并由此认为孔子主张人人平等。

历史地看，孔子"仁者爱人"的提出，是一个伟大的进步。从文字上理解，把"仁者爱人"之"人"理解为一个类概念，泛指一切人，没有问题，但在当时的历史条件下，是不可能指一切人的。孔子的政治理想就是实现西周的礼治社会，在礼治社会里，人按照宗族血缘关系分为不同阶级和等级，尊卑有别、长幼有序、贵贱有等，不得逾越。在这样一个社会结构内，只能是爱有等衰，而不存在现在人们所理解的抽象的爱一切人。"孝弟也者，其为仁之本与"已经说明"仁之本"是以血缘关

---

① 《论语·泰伯》，杨伯峻：《论语译注》，北京：中华书局，1980年，第78页。

系为前提。孔子把"孝弟"作为"仁之本"是因为"其为人也孝弟，而好犯上者，鲜矣；不好犯上，而好作乱者，未之有也。君子务本，本立而道生"①，是为了避免犯上作乱这个政治目的。其余关于"仁"的各种解说都有着一定的适用对象。

现代学者常常举两件事作为孔子"爱人"是爱一切人的证据。一是《论语·乡党》记载马厩失火的事。马厩失火，孔子第一反应是"'伤人乎？'不问马"。"伤人乎"之"人"是饲养马匹、管理马厩的人。用阶级分析的方法看，这饲养马匹和管理马厩的人属于劳动者，是下层的"小人"。孔子关心他们在火灾中的安危，正是孔子"爱人"的体现。另一件事是孔子反对人殉。在西周时代，用活人殉葬是正常行为。春秋时代人们开始用人俑代替活人陪葬，这是一个巨大的进步，反映出当时人们对生命的重视。但是，孔子也反对用俑陪葬，批评说："始作俑者，其无后乎！"② 用俑陪葬虽然是一个进步，但是把俑做得和真人一样，依然反映了贵族们对下等人的轻视。孔子认为应该制止，这样做的人会断子绝孙！这两条资料确实反映了孔子有一颗仁慈之心。但是，仍然不能以此作为"仁者爱人"是爱一切人的依据。"'伤人乎？'不问马"，人和马相比较，当然是人重要，即使这个人是地位最卑贱的奴隶。因为这个奴隶和马一样都是主人的财产，但奴隶是能增值的财产，其经济价值比马高得多，任何一个有理智的人都会先问人，后问马。这和"爱人"根本是两回事！与其这样为孔子辩护不如不辩护。至于

---

① 《论语·学而》，杨伯峻：《论语译注》，北京：中华书局，1980年，第2页。
② 《孟子·梁惠王上》，杨伯峻：《孟子译注》，北京：中华书局，1960年，第9页。

反对用俑陪葬，和"爱人"根本扯不上关系。

　　当然，我们现在读《论语》，将孔子的"仁者爱人"赋予新的含义，是完全可以的。因为在公民社会里，人人平等，从现实出发，汲取先贤的精神营养，是完全必要和应该的，我们完全可以而且应该抛弃孔子思想中的历史局限性，赋予其普遍意义。这是思想史发展固有的特点，是思想发展的历史性和时代性的统一。但是，我们决不能把我们现在理解的内容说成是孔子的原意，否则，孔子九泉有知，肯定反对，因为这种理解混淆了礼治社会的等级界限，把一个亲疏有别、尊卑有等的社会变成了一个人人平等的公民社会！

　　现在看"礼"的问题。孔子说"克己复礼为仁"，而且要求颜渊"非礼勿视，非礼勿听，非礼勿言，非礼勿动"。"克己复礼"是理解孔子仁学的关键。

　　在现代人的心目中，"克己复礼"就是克制自己的欲望去实现或者恢复周礼。这已经成为常识，几乎目前所有的哲学史、思想史、文化史以及各种读本都这么解释。但是，这是个误解。从文字学上讲，"克"和"肩"意思相通，《说文解字》谓"克，肩也"。人们用肩扛物，把物体放在肩上，人能够把物体扛走就是"肩"。所以"克"的本来意思是能够、胜任。这在文献中多有使用。如《诗经·大雅·荡》有"靡不有初，鲜克有终"，《尚书·尧典》有"克明俊德"，《尚书·多方》有"克堪用德"等。这里的"克"都是能够的意思。现在的成语"克勤克俭"还保留这个用法。现在人们使用的克制、战胜、抑制等含义都是在能够、胜任这个基础上引申而来。所以不能把孔子的"克己复礼"之"克"仅仅理解为克制自己私欲去恢复或者实践周礼。正确的理解应是自己能够实践周礼就是仁，能从自己做起，以礼作为自己的行为准则，就是仁。这看上去和"克制自己按照周礼的要求去做"没有什么区别，但是实际距离相去甚远。克制自己然后实践周礼表明人的内心还存在着不合周礼的欲望和冲动，要时时加强自身修养，这是一种被动式的"复礼"，而自己能够实践周礼则是主动地"复礼"，二者的境界完全不同。这句话不仅表明了孔子对仁的一种解释，而且表明了他的奋斗目标：人人都能实践周礼、按照周礼的要求去做，仁就可以变成现实。所谓"一日克己复礼，天下归仁焉"，其主语是指天下所有人，各个阶级、各个阶层都能清楚地按照自己的地位角色做好自己的事情，君君、臣臣、父父、子子，秩序井然。这就是仁的理想国。

"克己复礼"之"克己"问题既明，现在再来看"复礼"的理解问题。目前人们对"复"字有两种理解：一是实践，二是恢复。从文字学上讲，这两说都通。《说文解字》谓"复，行故道也"。所以，可以将"复礼"理解为践行礼制，也可以说是恢复礼制。在《论语》中，"复"字有重复、反复、复归诸义，所以，"克己复礼"可以翻译为自己主动践行周礼或恢复周礼，二者都通。这些，不妨碍我们对"克己复礼"含义的把握。现在要探究的是所复之"礼"的内容究竟是什么。

孔子所说的"礼"是周礼。周礼在早期阶段，是周人在文明时代初期形成的一整套行为习惯，是周人典章制度礼仪习俗的综合体，属于习惯法。它从生产、生活的不同方面具体而详尽地表达宗族之间、个体之间、个体和群体之间约定俗成的关系准则。这本来是所有民族共同经历的历史过程，各族都有自己的习惯法。周取代商,周人习惯法的性质和功能发生了质变。本来是团结本族成员的、维护本族成员内部秩序的礼仪,转变为周王朝建立国家政治结构的组织原则。一些本来是表达宗族成员共同的喜怒哀乐之情以及举行各种祭祀庆祝活动的乐舞、进退揖让、先后缓趋之礼,成为区分上下尊卑等级贵贱差别的政治规范。因为周天子是天下共主,周人是统治宗族,这些礼仪及其原则遂成为国家原则和统治阶级专利。那些处于被统治地位的部族是不能享受"礼"的待遇的,所谓"礼不下庶人"就是这个意思。与此相应,各种典礼使用的礼器、仪仗的多少、组合、名称等都有详备的等级规定,这些等级反映着主人身份的差别,称为"名器"。所谓"唯器与名,不可以假人,君之所司也"[1],如果这"器与名""假人"了,就意味着统治权力的丧失。但是,周本来是商朝的"小邦周",其文化礼俗多少受到商的影响,所以孔子说"殷因于夏礼,所损益,可知也;周因于殷礼,所损益,可知也。其或继周者,虽百世,可知也"[2]。这儿的"礼"就是指社会制度,包括职官、刑罚、礼仪、舆服、音乐、宗教等。这本来没有什么争议。但是,在现代孔子研究中,有的学者为了说明孔子思想在现实生活中仍有着无可替代的意义,把孔子之"礼"抽象为"周代社会行为规范、仪式的总称",有的干脆说孔子的"礼""主要指伦理道德原则和规范",具有跨时空性和历史的继承性,西周的伦理道德具有较多的"仁"性。这样一来,孔子"克己复礼"就不能简单地说孔

---

[1] 杨伯峻:《春秋左传注》成公二年,北京:中华书局,1990年,第788页。
[2] 《论语·为政》,杨伯峻:《论语译注》,北京:中华书局,1980年,第21—22页。

子历史观是向后看的。这显然是错误的,不仅违背了"礼"的真实含义,而且混淆了伦理和制度的功能。社会行为规范、伦理道德和社会制度的性质是有区别的,社会制度反映着社会行为规范和伦理道德,但是二者决不等同。社会行为规范和伦理道德不具有强制性,是人们自觉遵守的行为规范,而社会制度是具有强制性的,是人们必须遵守的。违背了礼的要求,不仅要受到舆论谴责,更要受到刑罚制裁。西周时代,尽管有刑不上大夫之说,但是违背了礼制,就要面临丧失其政治地位的制裁。所以我们万万不可把社会制度和伦理道德混为一谈。

孔子的政治理想是西周的礼治社会,其核心是以宗法血缘关系为基础的君君、臣臣、父父、子子的等级秩序,其基本原则是亲亲尊尊,其仁与礼是一而二、二而一的关系,是同一个问题的不同表述,仁是内容,礼是形式。"人而不仁,如礼何"和"克己复礼"表达的是同一个意思,违背礼也就不存在仁。公元前513年,晋国曾铸刑鼎,就是把刑罚条文铸在鼎上,让社会各阶层都能知道刑罚的内容,知道哪些能做、哪些不能做。孔子听说以后,大发雷霆,说:"晋其亡乎!失其度矣。夫晋国将守唐叔之所受法度,以经纬其民,卿大夫以序守之,民是以能尊其贵,贵是以能守其业。贵贱不愆,所谓度也……今弃是度也,而为刑鼎,民在鼎矣,何以尊贵?贵何业之守?贵贱无序,何以为国?"[①] 在孔子眼里,铸刑鼎是"失度"之举,这儿的"度"就是尊卑有等的传统制度。刑罚是贵族掌握的治民密器,是贵族对"民"有绝对处分权的保证,秘不示人,方能使

---

① 杨伯峻:《春秋左传注》昭公二十九年,北京:中华书局,1990年,第1504页。

"民"对贵族保持敬畏之心，绝对服从贵族。现在把刑罚铸在鼎上，公之于众，"民"知道了自己哪些能做、哪些不能做，也就知道了贵族们的权力边界，甚至会议论刑罚是否得当。以贱议贵，贵族们的权威下降，在孔子眼里是传统秩序消亡的标志，所以说晋国快要灭亡了。

孔子向往西周的礼治社会，对奠定西周制度基础的周公特别尊崇和怀念，做梦都以梦见周公为快。孔子晚年曾深情地感叹说："甚矣吾衰也！久矣吾不复梦见周公！"[①] 史称孔子祖述尧舜、宪章文武，言必称周公，他的历史观是向后看的。他毕生的奋斗目标就是恢复西周的礼治社会。

有的学者为了说明孔子不是一个复古主义者，极力说明孔子主张变革。孔子说："殷因于夏礼，所损益，可知也；周因于殷礼，所损益，可知也。其或继周者，虽百世，可知也。"[②] 殷朝继承夏朝的制度，废除和增加了什么是可以知道的；周朝继承了商朝的制度，废除和增加了什么是可以知道的。用这个方法推断以后的制度，即使一百代以后，也是可以知道的。有损有益，是继承和发展，正说明了孔子是主张变革的，不是一个保守主义者。其实，这个分析是有问题的，是望文生义，只看到损益的表面意思，而没有看到孔子以三代为据所要说明的损益内容。在孔子心目中，殷因于夏礼，周因于殷礼，损和益都是在"因"的基础上进行的。损益都是次要的，"因"才是主要的，损益的目的是完善"因"的内容。到了西周，礼制已经

[①] 《论语·述而》，杨伯峻：《论语译注》，北京：中华书局，1980年，第67页。
[②] 《论语·为政》，杨伯峻：《论语译注》，北京：中华书局，1980年，第21—22页。

十分完善了,"周监于二代,郁郁乎文哉!吾从周"①,这表明了孔子的理想。"虽百世,可知也"的前提是制度的核心、主体不能变,如果核心、主体变了,也就不"可知"了,主体不变,核心依旧,即使百代以后,也是可知的。

说孔子"复礼"是向后看,并不是说孔子反对社会进步。相反,凡是已经证明有益于社会进步的东西,尽管礼制所无,孔子也表示赞成。这最集中地反映在对管仲的评价上。一次,孔子和学生们讨论管仲是否懂礼问题。孔子先是说管仲气量很小。有学生问管仲是否节俭,孔子说管仲有自己专门的仓库贮藏钱币财物,而且不止一处,哪里谈得上什么节俭。又有学生问管仲是否知礼。孔子批评说:"邦君树塞门,管氏亦树塞门。邦君为两君之好,有反坫,管氏亦有反坫。管氏而知礼,孰不知礼?"②"塞门"是大门口的照壁,"反坫"是用来放置酒器的台子。按照礼制,这两样建筑只有国君才能使用,"树塞门"即立照壁以表示宫室威严,立"反坫"是为了"两君之好",即"反坫"是专门用来招待别国国君的。可是管仲身为人臣,也在自家堂前"树塞门",堂上立"反坫",是典型的僭越。这样的人如果也算知礼的话,世上还有什么人不知礼!但是,孔子认为,尽管管仲有这些越礼的行为,和他的历史贡献比起来,管仲仍然是一个"仁人"。一次,子路问孔子:"桓公杀公子纠,召忽死之,管仲不死。"这不能算是仁吧?公子纠是齐桓公之兄,为了争夺国君的位置,齐桓公杀掉了公子纠。召忽和管仲

---

① 《论语·八佾》,杨伯峻:《论语译注》,北京:中华书局,1980年,第28页。
② 《论语·八佾》,杨伯峻:《论语译注》,北京:中华书局,1980年,第31页。

原来都是公子纠的师傅兼扈从,帮着公子纠和齐桓公争位。公子纠死后,召忽自杀。但是,管仲不仅没有像召忽那样自杀,相反,投到齐桓公门下,做了齐桓公的国相,这怎能算是"仁"呢?孔子回答说:"桓公九合诸侯,不以兵车,管仲之力也。如其仁,如其仁。"① 齐桓公九次召集天下诸侯盟会,而没有使用任何武力,都是管仲辅佐的结果,像这样的人当然是仁人!后来子贡又问同样的问题,孔子回答说:"管仲相桓公,霸诸侯,一匡天下,民到于今受其赐。微管仲,吾其被发左衽矣。岂若匹夫匹妇之为谅也,自经于沟渎而莫之知也?"② 这次的回答更具体:管仲做齐桓公的相国,帮助齐桓公成为诸侯的霸主,匡正天下,天下百姓到如今还享受着他的好处。如果没有管仲,我们现在怕都要像蛮夷那样披散着头发、衣襟向左边开了。这样有大智大勇大功劳的人,难道也要像普通男女那样遵守一些细节,最后因为一些细节不能遵守或者无法遵守而在山沟里上吊、在河塘里投水自杀而没有人知道吗?成大事者不拘小节,大事功成,没必要计较小节。管仲固然越礼,但是他帮助齐桓公完成霸业,而齐桓公是打着"尊王攘夷"的旗号称霸的。"尊王"在诸侯中重新树立了周天子的威信,起码是让诸侯们知道周天子这张牌不能扔,维护了周天子的尊严;"攘夷"维护了华夏礼乐文明的传统。否则,就会被蛮夷征服,在蛮夷的统治之下,成为蛮夷一部分。这些和管仲密不可分,管仲当然称得上"仁人"!

---

① 《论语·宪问》,杨伯峻:《论语译注》,北京:中华书局,1980年,第151页。
② 《论语·宪问》,杨伯峻:《论语译注》,北京:中华书局,1980年,第151—152页。

综上所述，孔子的仁学就是要求人们以慈爱之心，在家孝敬父母、尊敬兄长，由近及远地推及亲戚朋友（春秋时代的朋友是贵族成员之间如同学、同僚等的总称，本文则是泛称）和其他社会成员；在处理人际关系时，要用换位思考的方式，不能只从自己的立场出发、只考虑自己的利益和感受，要站在他人的立场，想一想他人的利益和感受。做到这些，无论是在朝为官还是在野为民，都能尽心职守、礼敬君长、尊重他人，君臣之间、上下级之间、同僚之间、同事之间也会尊卑有等、彬彬有礼、彼此谦让，从而建设一个亲疏有别、尊卑有等、高低有序的礼治社会。当然，国家兴亡、社会治乱，并不决定于平民百姓，而是决定于掌权者，特别是国君。孔子反复教导学生，鼓励学生做官，就是希望学生能够把自己的主张贯穿于日常政务之中；他周游列国，游说人主，就是希望各国国君能够接受自己的主张，以身作则，遵守礼制，以仁待人，以德治国。

第二节　治国理念：为政以德

孔子是中国历史上第一个系统提出"以德治国"的思想家，认为"为政以德，譬如北辰居其所而众星共之"①。用道德治理国家，就能得到百姓发自内心的拥护，百姓拥护国君，就像群星环绕北极星那样永恒不变："道之以政，齐之以刑，民免而无耻；道之以德，齐之以礼，有耻且格。"②治理百姓有两种选择，一种是使用行政命令指挥百姓，用刑罚强制百姓。这样做的结果虽然也能使百姓服从，使百姓不敢犯法，但是，百姓并不知道犯法是一件可耻的事情。另一种是用德来治理百姓，用礼约束百姓，百姓就会知道犯法是一件可耻的事情而自觉地避免犯错，犯错也会自觉改正。这是孔子德治思想的总纲。这是建立在仁学基础之上的政治主张，也是《论语》一书流传千古的内在原因之一。

"德治"的具体内容，大体说来，表现在如下几个方面：

第一，征敛有度，爱惜民力。孔子说："道千乘之国，敬事

---

① 《论语·为政》，杨伯峻：《论语译注》，北京：中华书局，1980年，第11页。
② 《论语·为政》，杨伯峻：《论语译注》，北京：中华书局，1980年，第12页。

而信，节用而爱人，使民以时。"① "千乘"是大国代称，这里指国家。意思是说，治理国家，做事要谨慎，一道政令、一件事情，要慎重决策。一旦付诸实践，就不要改变。要节约开支，要爱惜民力，要在不影响农事的前提下征发民力。有两件事可以说明这个问题。"季氏富于周公，而求也为之聚敛而附益之。子曰：'非吾徒也。小子鸣鼓而攻之，可也。'"② 求是冉求，是孔子最为得意的学生之一，孔子对冉求的仕途最为看好，冉求出仕季氏是孔子同意的。但孔子没想到的是，冉求到了季氏手下竟然帮助季氏聚敛财富，于是大怒，要把冉求逐出门墙，并要其他的学生鸣鼓而攻之。

另一件事是有若和鲁哀公的对话。"哀公问于有若曰：'年饥，用不足，如之何？'有若对曰：'盍彻乎？'曰：'二，吾犹不足，如之何其彻也？'对曰：'百姓足，君孰与不足？百姓不足，君孰与足？'"③ 有若是孔子的学生，鲁哀公问有若年成不好、国家钱粮不够用该怎么办，有若建议用彻法，大约是十分之一的税率。哀公说我已经加倍征收了，没办法采用彻法了。有若回答说：如果百姓够用，您怎么会不够用？如果百姓不够用，您又怎么能够用？一句话，老百姓有国君才能有，否则，国君是不可能有的。即使有了，也是不会长久的。因为只有控制征敛，保障百姓基本生活，百姓能够安心生产，国家才能财源充足，才能富起来。否则，百姓无法生产，纷纷破产逃亡，国家还找谁收税？根本就不存在足与不足的问题。有若说的是

---

① 《论语·学而》，杨伯峻：《论语译注》，北京：中华书局，1980年，第4页。
② 《论语·先进》，杨伯峻：《论语译注》，北京：中华书局，1980年，第115页。
③ 《论语·颜渊》，杨伯峻：《论语译注》，北京：中华书局，1980年，第127页。

孔子的德治主张。

　　第二，富而后教，诚信第一。治国首先要保证民生，民生富足，然后才谈得上守礼。孔子到卫国去，冉有驾车，看到卫国人口众多、市井繁荣，孔子赞叹说："庶矣哉！"冉有问："既庶矣，又何加焉？"孔子回答说："富之。"冉有又问："既富矣，又何加焉？"孔子说："教之。"① 人口多寡是国家强弱的前提，治国首先要增加人口，有了人就要让他们过上富足生活，生活富足了再行教化。孔子和冉有没有进一步讨论教化民众的具体内容，也许这在师徒二人之间根本没有讨论的必要，冉有自然知道教的内容。但是，我们从孔子一生的教育事业来看，可以肯定的是：这里"教"的内容应该属于礼乐系统。因为在孔子的教学内容中是没有农业、手工业、商业等生产技术和经济内容的。如樊迟曾向孔子请教如何种庄稼，孔子很不高兴地回答说："吾不如老农。"樊迟很不知趣，又问如何种菜，孔子仍然是面无表情地说："吾不如老圃。"樊迟没有问到答案，见老师又不高兴，只好闷闷不乐地退出。孔子看着樊迟的背影，愤怒地说："小人哉，樊须也！上好礼，则民莫敢不敬；上好义，则民莫敢不服；上好信，则民莫敢不用情。夫如是，则四方之民襁负其子而至矣，焉用稼？"② 意思是说，这个樊迟（即樊须）真是个没有出息的小人，要学什么种庄稼、种菜的知识。治国以礼，遵守礼，老百姓就不敢不尊敬你；办事合理，老百姓就不敢不服从；讲信用，老百姓就不敢不说真话。如果做到

---

① 《论语·子路》，杨伯峻：《论语译注》，北京：中华书局，1980年，第136—137页。
② 《论语·子路》，杨伯峻：《论语译注》，北京：中华书局，1980年，第135页。

了这些，四面八方的百姓自然会扶老携幼前来投奔，哪里用得着自己去种庄稼。在西周时代，刑不上大夫、礼不下庶人，普通民众是没有受教育权利的。现在，孔子主张教导民众知礼守礼，尽管主观目的是巩固统治，但其在文化上的意义却十分了不起。以往人们往往抓住孔子轻视农业生产而批评孔子，忽略了孔子这种教普通民众以礼乐的意义，这是应予补充纠正的。不过，由此可以判定，孔子是不屑于教授生产知识的。

与富、庶、教相联，孔子提出了足食、足兵、取信于民的主张。子贡请教为政之道，孔子说："足食，足兵，民信之矣。"粮食充足、军备充足，百姓就会信任政府了。子贡又问："必不得已而去，于斯三者何先？"在万不得已的情况下一定要在这食、兵、信三项中减去一项，先减哪一项？孔子说"去兵"，即把军备去掉。子贡又追问："必不得已而去，于斯二者何先？"要在剩下的两项中减一项，先减哪一个？孔子说："去食。自古皆有死，民无信不立。"[①] 那就把"食"去掉吧。这里的"去食"之"食"是指国家的赋税，而不是一般理解的粮食、食品。"去食"是指国家减、免对粮食赋取，即国家少征或者不征粮食，即使因为不征粮食导致官僚们饿死，原来制定的制度、颁布的政令也不能改变。如果改变了，制度政令就丧失信用，国家统治也就难以继续。这是站在统治者的立场，要求统治者无论如何都要取信于民，民的信任高于一切。

古往今来，人们对"自古皆有死，民无信不立"多持批评态度。东汉王充首先对孔子的这段话提出反驳，认为治理国家，

[①] 《论语·颜渊》，杨伯峻：《论语译注》，北京：中华书局，1980年，第126页。

首先要使百姓免于饥荒,只有基本生活保障了,才能谈得上"信"。"传曰:'仓廪实,知礼节;衣食足,知荣辱。'让,生于有余;争,生于不足。今言'去食',信安得成?春秋之时,战国饥饿,易子而食,析骸而炊,口饥不食,不暇顾恩义也。夫父子之恩,信矣,饥饿弃信,以子为食。孔子教子贡去食存信,如何?夫去信存食,虽不欲信,信自生矣;去食存信,虽欲为信,信不立矣。"① 王充从历史实践的角度批评孔子"去食存信"的主张,是有一定道理的,为后来学者所首肯。存在决定意识,无数事实证明,在"易子而食,析骸而炊"的时代,是顾不上什么"恩义"的。正确的做法应该是反过来,"去信存食,虽不欲信,信自生"。但是,换一个角度思考,王充的批评未必全对,因为孔子说的并不是要求百姓饿着肚子、空讲什么信义,这儿的"信"并不是王充所说的父子之间的恩义,而是指执政者治国"取信于民"之"信"。"去食"并非要百姓不吃饭,而是指执政者在"信"与"食"发生矛盾时,应该放弃"食"——减免赋税而取信于民,和民共患难,做到信字第一,不欺骗百姓。"去食"并非去民之食,而是去官之食,即统治者自己要节衣缩食以至于挨饿受冻也要取信于民。就像"去兵"一样,"去兵"并非要百姓放弃武备,而是指国家减少武备支出。所以,"足食,足兵,民信之矣"不是对民众说的,而是对执政者说的。"民无信不立"的意思是君主要取得民众的信任,只有取得了民众的信任,国家才能稳定和发展,才能"立"下去。显然,

---

① [汉] 王充:《论衡·问孔》,北京大学历史系《论衡》注释小组:《论衡注释》第二册,北京:中华书局,1979年,第538页。

王充是误读了孔子,今人不察,应予纠正。

第三,正身律己,选贤任能。统治一个国家,要有相应的官僚队伍,正身律己不是一个人的问题,而是整个官僚队伍的共同准则,整个官僚队伍都能正身律己,才能起作用。国君的任务就是选拔那些能够正身律己的人为官,以保证官僚队伍的质量。季康子问政于孔子,孔子说:"政者,正也。子帅以正,孰敢不正?"① 政就是公正,你带头走得端、行得正,谁敢走歪门邪道!只要自己做到了,人们自然就会服从。否则,你说得再好,人们也不会理睬。"其身正,不令而行;其身不正,虽令不从",说的就是这个意思。孔子又进一步指出:"苟正其身矣,于从政乎何有?不能正其身,如正人何?"② 如果端正自己,管理政事没有什么困难;如果自己不能端正自己,又怎能去端正别人!鲁哀公问孔子如何使民服从,孔子回答说:"举直错诸枉,则民服;举枉错诸直,则民不服。"③ 选拔正直的人,安排在邪曲的人之上,则百姓服从;否则,把邪曲的人安排在正直的人之上,百姓就不服从。季康子问孔子如何使百姓尊敬、忠于统治者。孔子回答说:"临之以庄,则敬;孝慈,则忠;举善而教不能,则劝。"④ 你对他们态度庄重,他们对你就会恭敬;你自己孝顺父母、慈爱百姓,他们就会忠心;你选用品德高尚的人、教训品德差的人,他们就会自我劝勉。在孔子心目中,普通百姓的行为品德都是从统治者那里学来的。所谓君子行为

---

① 《论语·颜渊》,杨伯峻:《论语译注》,北京:中华书局,1980年,第129页。
② 《论语·子路》,杨伯峻:《论语译注》,北京:中华书局,1980年,第136、138页。
③ 《论语·为政》,杨伯峻:《论语译注》,北京:中华书局,1980年,第19页。
④ 《论语·为政》,杨伯峻:《论语译注》,北京:中华书局,1980年,第20页。

品德的优劣,直接决定着平民百姓的品德优劣。季康子曾经问孔子,把那些无道之人统统杀掉、亲近有道的人会怎样,孔子回答说:"子为政,焉用杀?子欲善而民善矣。"① 执政为什么非要用杀人的手段?自己想做好事,人民就会追随你做好事。

选贤任能,人人都懂。大凡执政者都会把选贤挂在嘴边,关键是如何识人、用人。孔子根据不同情况有不同回答。仲弓为季氏宰,问政于孔子。孔子回答说:"先有司,赦小过,举贤才。"即先要对相关负责人提出明确要求,使用具体人员时注意赦免犯小错误的人,选用贤良的人。仲弓又问怎么知道哪些人贤良而选用,孔子说:"举尔所知;尔所不知,人其舍诸?"② 意思是选用你所知道的人就行了,那些你不知道的人,人家是不会埋没他的。樊迟问孔子什么是"知",孔子回答说:"知人。"樊迟不明白怎样才是"知人"。孔子回答说:"举直错诸枉,能使枉者直。"意思是选用正直的人,废黜邪恶的人,能使邪恶的人变成正直的人。但樊迟还是没有明白,退出来以后,对子夏说:"乡也吾见于夫子而问知,子曰,'举直错诸枉,能使枉者直',何谓也?"子夏回答说:"富哉言乎!舜有天下,选于众,举皋陶,不仁者远矣。汤有天下,选于众,举伊尹,不仁者远矣。"③ 子夏理解了老师的话,认为孔子回答意义深远、内容丰富:舜有了天下,在众人中选用了大贤皋陶,那些不仁的人远离;汤有了天下,在众人中选用了伊尹,那些不仁的人远离。

---

① 《论语·颜渊》,杨伯峻:《论语译注》,北京:中华书局,1980年,第129页。
② 《论语·子路》,杨伯峻:《论语译注》,北京:中华书局,1980年,第133页。
③ 《论语·颜渊》,杨伯峻:《论语译注》,北京:中华书局,1980年,第131页。

贤与不贤的标准就是礼乐。孔子说："先进于礼乐，野人也；后进于礼乐，君子也。如用之，则吾从先进。"① 这段话直译的意思是：先学习礼乐而后做官，是野人；先做官而后学习礼乐的是君子。如果让我来选用的话，我用那些先学习礼乐的人。按照当时的传统，"君子"指贵族，是天然的统治群，有当官的特权。他们当官以后为了掌权的需要，才去学习礼乐。"野人"是没有资格学习礼乐的，更没有当官的资格。但是在孔子看来，君子和小人之间没有什么天然的鸿沟，君子和小人的差别就是对礼乐知道得多少与是否知道，一切都通过学习获得。只要懂得礼乐，君子和小人也就没有差别，小人就获得了当官的资格。相反，君子虽然出身高贵，但是，如果不懂得礼乐，也就没有资格当官。可见孔子举贤的标准就是礼乐。这看上去和孔子亲亲尊尊的原则相互对立，因为亲亲是以血缘关系为基础的，但是，这种表面上的对立在本质上是统一的：礼乐是亲亲尊尊的制度体现，没有了制度，亲亲尊尊就失去了规范。"后进"可能不是君子团队里的人，但是，"后进"掌权以后，会维护君子集团的共同利益，保证社会秩序的稳定。

第四，名正言顺，循名责实。"正名"即用西周的礼乐秩序匡正现实，使君君、臣臣、父父、子子井然有序。上文述及，孔子应卫出公邀请前往卫国，子路问孔子如果卫国国君让孔子执政，将先做什么。孔子回答说"必也正名乎"！这儿的正名，从文字上说是纠正那些命名不当的现象，就是使名实一致。子路根据卫国君臣易位、不合礼制的实际情况，认为孔子的"必

---

① 《论语·先进》，杨伯峻：《论语译注》，北京：中华书局，1980年，第109页。

也正名"是"迂",根本行不通,被孔子一顿训斥。孔子指出:"名不正,则言不顺;言不顺,则事不成;事不成,则礼乐不兴;礼乐不兴,则刑罚不中;刑罚不中,则民无所错手足。故君子名之必可言也,言之必可行也。君子于其言,无所苟而已矣。"① 名分不正,名实背离,说话就不顺,事情就办不成,礼乐就不能兴,刑罚就不能允当,老百姓就会坐立不安,连手脚都不知道朝哪儿放。所以,君子做任何一件事情都要有正当的名义和充分的理由。言之成理,必定可行。君子对于自己说的话,绝对不能随便、马虎。

其实,对孔子的正名说,子路是知道的,之所以批评孔子在卫国"正名"不合时宜,是因为卫国的现实状况实在无法"正名"。有些学者为了说明孔子"正名"并不是要用旧名分框定新现实,说孔子的上述一番话只是针对卫灵公父子之争,没有普遍意义。其实,就以这场父子之争而言,正充分说明孔子对正名的坚定。正因为孔子执着于正名,不愿放弃自己的正名理想,才一生不得志。齐景公和孔子讨论如何执政,孔子回答说:"君君,臣臣,父父,子子。"齐景公十分赞赏,说:"善哉!信如君不君,臣不臣,父不父,子不子,虽有粟,吾得而食诸?"② 正表明了孔子正名说的普遍意义。不过,齐景公理解的"正名"是片面的,所谓"虽有粟,吾得而食诸"是片面要求臣民尽义务,无视孔子正名说的君臣义务的统一性:国君"食粟"的前提是遵守君道。

---

① 《论语·子路》,杨伯峻:《论语译注》,北京:中华书局,1980年,第133—134页。
② 《论语·颜渊》,杨伯峻:《论语译注》,北京:中华书局,1980年,第128页。

第三节　道德修养：反省与自觉

面对礼崩乐坏的现实，孔子认为是人心不古、道德沦丧的结果，人的欲望冲破了伦理底线，而置礼乐秩序于不顾。这当然是表象，春秋时代社会关系的变迁是生产力进步、社会结构变迁的结果，是社会发展的必然。但是，孔子不可能理解这些，这是历史的局限。在孔子看来，人是有思想、有情感的，人的自然本性没有什么差异，而行为却千差万别，言行相悖，就是道德修养不同所致。如果人人为君子，小人的生存空间越来越小，礼乐社会自然成为现实。解决之道就是反省与自律，自觉地按照君臣、父子、夫妇之道去做，社会自然尊卑有序、礼乐和谐。所以，孔子极为重视人的反省与自觉，提高道德修养，做仁人君子。

一、修养目的与原则

做君子是孔子修养的目的。孔子把人分为君子和小人两类："君子怀德，小人怀土；君子怀刑，小人怀惠。""君子喻于义，小人喻于利。"[①] 意思是君子思考的是如何完善道德，而小人想

[①] 《论语·里仁》，杨伯峻：《论语译注》，北京：中华书局，1980年，第38—39页。

的则是如何增加田地；君子关心的是如何成为社会榜样，小人想的则是如何满足个人需求；君子处处以义为标杆，小人则以私利作为目标；君子把仁义贯彻于日常生活之中，其道德实践是个自然的过程。"君子无终食之间违仁，造次必于是，颠沛必于是。"① 无论客观情况如何变化，君子始终如一地信守仁道。至于具体做法，则根据具体情况随时调整："君子之于天下也，无适也，无莫也，义之与比。"② 天下事情复杂繁乱，情况千变万化，没有什么一定要怎样做，也没有什么一定不要怎样做，一切根据实际情况，适宜怎样就怎样做。"君子欲讷于言而敏于行"③，说话谨慎而行动迅速，仰无愧于天，俯无愧于地，所以胸怀坦荡。一次司马牛问什么样的人是君子。孔子回答说："君子不忧不惧。"司马牛追问说："不忧不惧，斯谓之君子已乎？"不忧愁、不恐惧的人就能算是君子吗？无知无畏，也会不忧不惧，他们能是君子吗？所以司马牛继续追问。孔子回答说："内省不疚，夫何忧何惧？"④ 孔子的"不忧不惧"是建立在内省的基础上的，自己问心无愧，当然不忧不惧了。所谓君子坦荡荡就是以"内省不疚"为前提的。要做到这一点，就要仁、智、勇相统一。孔子说："仁者不忧，知者不惑，勇者不惧。"⑤ 仁、知、勇三者统一了，就达到了君子的境界，不存在什么迷茫忧愁和恐惧，一切都能想得明白，应付裕如。当然，孔子心目中的君子，无论是思想境界还是道德实践，都是以周礼为标准的，

---

① 《论语·里仁》，杨伯峻：《论语译注》，北京：中华书局，1980年，第36页。
② 《论语·里仁》，杨伯峻：《论语译注》，北京：中华书局，1980年，第37页。
③ 《论语·里仁》，杨伯峻：《论语译注》，北京：中华书局，1980年，第41页。
④ 《论语·颜渊》，杨伯峻：《论语译注》，北京：中华书局，1980年，第124页。
⑤ 《论语·宪问》，杨伯峻：《论语译注》，北京：中华书局，1980年，第155页。

"克己复礼"概括了君子行为的一切内涵和外延，但是孔子所提出的一系列的君子为人处世之道是有积极意义的。

孔子认为人的本质相同，"性相近，习相远"，之所以有小人和君子之分，是"习"的不同。做君子不做小人，同时使小人成为君子，就要保持和提高道德修养，就要有正确的修养方式和内容。其方法论的核心就是自我反省、自我实践："吾日三省吾身——为人谋而不忠乎？与朋友交而不信乎？传不习乎？"①"三省吾身"之"三"并非实数，而是多的意思，即反复不断地反省自己是否尽心竭力为别人办事，同朋友往来是否诚实，新学的知识是否掌握，等等。这实际上包含了理论学习和自觉实践的各个层面，对这些层面都要不断反省。"为仁由己，而由人乎哉？"②"仁远乎哉？我欲仁，斯仁至矣。"③"克己复礼为仁。"说的都是这种自觉问题。

二、修养方法

人生活在现实社会，遇到的人和事千奇百怪、五花八门，和人的主观愿望、现实利益发生冲突是十分正常的事情。如何处理观念和现实利益的冲突、人际关系，用自己的行为影响别人而不被别人的不良行为所熏染，是一个看上去简单而实际上非常复杂的问题。细节决定大局，小问题都处理不好，面临大是大非，难免作出错误判断和选择。所以，自省也好、自觉也好、自律也好，都需要一定的方法。方法得当，就能达到既定

---

① 《论语·学而》，杨伯峻：《论语译注》，北京：中华书局，1980年，第3页。
② 《论语·颜渊》，杨伯峻：《论语译注》，北京：中华书局，1980年，第123页。
③ 《论语·述而》，杨伯峻：《论语译注》，北京：中华书局，1980年，第74页。

的道德境界，否则，会偏离甚至背离既定目标。在道德修养的方法方面，孔子给后人留下了丰厚的遗产，具有普遍意义。具体说来，有如下几点：

第一，慎交友。人是社会性动物，总要和别人打交道，除了生产生活所决定的各色人等如官僚、家人、老师、学生、奴隶等，人际关系最重要的就是朋友关系。孔子说："益者三友，损者三友。友直，友谅，友多闻，益矣。友便辟，友善柔，友便佞，损矣。"[①] 和三种人交朋友有益处，和三种人交朋友有坏处。同正直的人、诚实的人、见闻广博的人交朋友，对自己有益；和逢迎谄媚的人、当面恭维背后诋毁的人、花言巧语的人交朋友，对自己有害。俗话说"近朱者赤，近墨者黑"，孔子的这番话是有着十分明晰的针对性和实用性的。

第二，慎享乐。口腹之欲、耳目之好，是人之常情，任何人都有本能欲望，并以满足为快乐。但是，如何满足口腹之欲、耳目之好，则大有讲究。孔子指出："益者三乐，损者三乐。乐节礼乐，乐道人之善，乐多贤友，益矣。乐骄乐，乐佚游，乐宴乐，损矣。"[②] 意思是快乐是多样的，有益的快乐有三种，有害的快乐也有三种。得到礼乐的调节、宣扬别人的长处、多交贤良朋友，这三种快乐是有益的。所谓尊贵骄傲、游手好闲、宴饮无度的快乐是有害的。

第三，要善于把握说话时机。生活反复表明，说话的时机和态度，直接影响到他人对自己的看法。这反映出一个人的文

[①] 《论语·季氏》，杨伯峻：《论语译注》，北京：中华书局，1980年，第175页。
[②] 《论语·季氏》，杨伯峻：《论语译注》，北京：中华书局，1980年，第176页。

化修养和素质。孔子指出:"侍于君子有三愆:言未及之而言谓之躁,言及之而不言谓之隐,未见颜色而言谓之瞽。"① 在和君子相处时,人们常犯三种错误:君子还没有说到的时候,抢着说,叫作急躁;君子已经说到了,自己不说,叫作隐瞒;不看君子的脸色,贸然开口,叫作瞎眼睛。这里的君子,本来是指道德高尚的人,在这里泛指地位高于自己、年龄长于自己、社会声望高于自己的人。

第四,常持戒心,遇事多想,全方位思考,尤其是多想不利后果。孔子说:"君子有三戒:少之时,血气未定,戒之在色;及其壮也,血气方刚,戒之在斗;及其老也,血气既衰,戒之在得。"② 不同年龄段的性格特点不一样,要警惕不同年龄段容易犯错误的事情:年轻时,血气未定,要警惕贪恋玩乐;壮年时,血气方刚,要警惕争强好斗;年老时,血气已衰,要警惕骄傲自大。

关于思考问题的方法,孔子指出:"君子有九思:视思明,听思聪,色思温,貌思恭,言思忠,事思敬,疑思问,忿思难,见得思义。"③ 君子要考虑很多:看的时候要考虑是否看明白了,听的时候要考虑是否听清楚了,和人交往时要考虑表情是否温和,容貌态度要考虑是否恭敬,说话交谈要考虑是否发自内心,对待工作要考虑是否认真,遇到疑问要考虑是否该问和如何问,发怒的时候要考虑是否有后患,看见可以得到的东西要考虑是否应该得到。这一切,文字上看,都是指君子的行为,但是,

---

① 《论语·季氏》,杨伯峻:《论语译注》,北京:中华书局,1980年,第176页。
② 《论语·季氏》,杨伯峻:《论语译注》,北京:中华书局,1980年,第176页。
③ 《论语·季氏》,杨伯峻:《论语译注》,北京:中华书局,1980年,第177页。

普通人做到了这些也就成为君子。

三、修养内容

修养内容，极为丰富。概括而言，主要有如下几个方面：

第一，孝是人伦本原，亲亲为大。上已指出，孔子仁学的根本是孝悌。孝悌在孔子的伦理体系中是最核心内容，人的首要任务是学习、实践孝悌之道。回到家里孝敬父母，外出尊敬兄长，做事谨慎，诚实守信，能爱护他人而亲近有仁德的人。做到这些，再学习其他文化知识。关于孝悌之道的基本内容，孔子有具体的论述：

一是遵从父母志向，学习父母的行为。"父在，观其志；父没，观其行；三年无改于父之道，可谓孝矣。"[①] 父亲在世时，时时观察和思考父母的志向；父亲去世了则想着父亲生前的所作所为，不能随意改变父亲生前定下的规矩。

二是养而敬，时时刻刻按照周礼的要求诚心诚意、恭恭敬敬地伺候父母。"孟懿子问孝。子曰：'无违。'樊迟御，子告之曰：'孟孙问孝于我，我对曰，无违。'樊迟曰：'何谓也？'子曰：'生，事之以礼；死，葬之以礼，祭之以礼。'"[②] "无违"就是不违背礼制，生前日常起居、死后殡葬祭祀，都依礼而行。礼是孝道的外在体现，也是仁的外在体现。针对那些在物质上赡养父母就是尽孝的错误认识，孔子指出，养只是起码的义务，算不上孝，孝的真正要求是敬，敬远重于养。"子游问孝。子

[①] 《论语·学而》，杨伯峻：《论语译注》，北京：中华书局，1980年，第7页。
[②] 《论语·为政》，杨伯峻：《论语译注》，北京：中华书局，1980年，第13页。

曰：'今之孝者，是谓能养。至于犬马，皆能有养；不敬，何以别乎？'"① 饲养家畜都要用饲料，怎能把物质上的"养"作为孝的体现？所以，孝与不孝的标志是"敬"！敬的要求就是顺从父母的意志，即使发现了父母的想法和行为有不妥之处，也不能违抗父母之命，而是要在遵从的基础上委婉劝说，"事父母几谏，见志不从，又敬不违，劳而不怨"②。"几谏"就是谨慎委婉地劝说。如果父母不接受，仍然恭恭敬敬地遵从父母意愿而不违背触怒他们，内心只有忧愁而无不满之意，从心里表现出尊敬、幸福与真诚。"子夏问孝。子曰：'色难。有事，弟子服其劳；有酒食，先生馔，曾是以为孝乎？'"③ 尽孝的最大困难也是最高境界是以孝为乐，举手投足之间，不自觉地流露出幸福。社会上常常表彰推崇的如老师有事，学生代劳，美酒佳肴，老师先用，都算不上孝。同样行为的背后，有不同的感情和动机，只有发自内心的、本能的、以之为幸福的行为才算是孝！要达到这个境界，是有难度的。孔子说的"色难"就是这个意思。明白这一点，对孔子和叶公关于"直"的对话，可以有进一步的理解："叶公语孔子曰：'吾党有直躬者，其父攘羊，而子证之。'孔子曰：'吾党之直者异于是：父为子隐，子为父隐，直在其中矣。'"④ 从文字上看，叶公是站在国家的立场上和孔子辩论"直"的含义。叶公认为父亲偷羊、儿子指证是为"直"。孔子认为这违背了父子亲情，按亲情第一的原则，父子应该相互隐

---

① 《论语·为政》，杨伯峻：《论语译注》，北京：中华书局，1980 年，第 14 页。
② 《论语·里仁》，杨伯峻：《论语译注》，北京：中华书局，1980 年，第 40 页。
③ 《论语·为政》，杨伯峻：《论语译注》，北京：中华书局，1980 年，第 15 页。
④ 《论语·子路》，杨伯峻：《论语译注》，北京：中华书局，1980 年，第 139 页。引者重新标点。

瞒才是。孔子的"隐"并不是消极的"隐",而是在其"孝"的特定内涵下的"隐":父亲偷羊,儿子劝谏;父亲不接受,儿子也只能在心中着急和忧愁,但不能向官府揭发指证。这是一个伦理和国法的两难选择。从法理的角度看,"其父攘羊,而子证之"和"父为子隐,子为父隐,直在其中矣"属于相互对立的两个范畴。"其父攘羊,而子证之"虽然有伤亲情,但符合国家之"直",是对国家之忠;"父为子隐,子为父隐"虽保护了亲情但违反了法律。今人多依违其间,陷入两难。明白了孔子孝的体系,是不存在这一矛盾的:孔子的伦理体系是亲亲尊尊,先亲后尊,为亲者讳而后为尊者讳;"父为子隐,子为父隐"均以道德自觉和自律为前提,"隐"的过程是反省和改正的过程,所以说"直在其中矣"。

三是要从一点一滴做起。"父母在,不远游,游必有方。""父母之年,不可不知也。一则以喜,一则以惧。"[①] 为什么?就是因为远游之后,无法照顾父母的日常起居,同时还令父母牵挂。实在需要远游者,也要让父母知道确切的去处,尽快地回到父母身边。对父母的年龄要时刻挂在心上,不能不知道。既为父母的长寿而高兴,同时为父母因年龄的增长而衰老、生病、逝世的逼近而忧惧,平时更要小心谨慎地孝顺父母。

四是父慈子孝,兄友弟恭。孝并非子女对父母的单向义务,悌也不是弟弟对兄长的单向顺从,均有相对性。《论语》中"吾日三省吾身"是就所有人而言,无论什么身份都要不断地反思自己的行为是否符合身份要求,名、实是否一致,君父守君父

[①] 《论语·里仁》,杨伯峻:《论语译注》,北京:中华书局,1980年,第40页。

之道，臣子守臣子之道，兄弟之间也是如此。因而，孝是父慈与子孝、兄友与弟恭的统一。尽管孔子对此没有明确论述，但从孔子思想体系来看，这一点不难明白。

第二，移孝作忠，孝忠一体。孔子把"为人谋而不忠乎"作为日常反省的内容之一，可见他对忠的重视程度。这里所说的忠是指日常生活中对他人的态度，指的是尽心竭力。除为人谋要忠以外，更主要的是要"事君以忠"。在家行孝，在国尽忠，孝忠一体。"出则事公卿，入则事父兄。"① "迩之事父，远之事君。"② "孝乎惟孝，友于兄弟，施于有政。"③ "事父母，能竭其力；事君，能致其身。"④ 一句话，要以"事父兄"的态度和标准"事公卿"，以治家的标准治国事。这样就会井然有序，天下太平，所以说"其为人也孝弟，而好犯上者，鲜矣；不好犯上，而好作乱者，未之有也。君子务本，本立而道生。孝弟也者，其为仁之本与！"⑤ 在家尊敬父兄，在国尊敬国君，父子之道和君臣之道合一。

不过，要指出的是，孔子说的"事君以忠"是有条件的，就是"君使臣以礼，臣事君以忠"⑥，即君按照礼的规定使臣，臣对君忠心耿耿。合礼则忠，反之则否。这个礼的内涵丰富，指君主要按照周礼的标准和程序使用臣子，即君主守礼在先，为臣子作出榜样，臣子才能尽忠。否则，不存在臣子尽忠问

---

① 《论语·子罕》，杨伯峻：《论语译注》，北京：中华书局，1980年，第92页。
② 《论语·阳货》，杨伯峻：《论语译注》，北京：中华书局，1980年，第185页。
③ 《论语·为政》，杨伯峻：《论语译注》，北京：中华书局，1980年，第20—21页。
④ 《论语·学而》，杨伯峻：《论语译注》，北京：中华书局，1980年，第5页。
⑤ 《论语·学而》，杨伯峻：《论语译注》，北京：中华书局，1980年，第2页。
⑥ 《论语·八佾》，杨伯峻：《论语译注》，北京：中华书局，1980年，第30页。

题。"以忠"指忠于内心，发自内心地做应该做的事。国君作出表率，臣子尽心竭力。虽然孔子没有直接说明如果君主不能以身作则，做不到以礼使臣，臣就可以不忠于君，但我们还是看到了孔子主张的君臣关系的相对性，不是要臣下无条件地服从君主。孔子曾经说过什么是大臣："所谓大臣者，以道事君，不可则止。"① 用正道事奉君主，君主不接受，就辞职不干。这样的臣叫作大臣。子路问怎样事君，孔子回答说："勿欺也，而犯之。"② 不暗中欺骗，坚守正道，不怕冒犯君王权威。孔子一生即按照这一原则行事。这和后世的臣绝对服从于君是不能混为一谈的。孔子的时代，还有一些原始民主传统的遗留。

事君以忠的日常体现就是义。义者宜也，做好应该做的事情就是义。义是孔子伦理思想的重要范畴。孔子说："君子义以为质，礼以行之，孙以出之，信以成之。君子哉！"③ 君子以义为做人的根本，用礼仪规范它，用谦逊（"孙"通"逊"，谦逊解）的语言表述它，以忠诚的态度完成它。子路问孔子君子是否崇尚勇猛，孔子回答说："君子义以为上，君子有勇而无义为乱，小人有勇而无义为盗。"④ 君子以义为最高品德，君子有勇无义就会举止失度，小人有勇无义就会投机取巧。可见，义是一个人的行为节度，是否君子，就看行为是否符合义的要求。具体说来，在国家政治生活中，要尽心职守，效忠国家，危难

---

① 《论语·先进》，杨伯峻：《论语译注》，北京：中华书局，1980年，第117页。
② 《论语·宪问》，杨伯峻：《论语译注》，北京：中华书局，1980年，第153页。
③ 《论语·卫灵公》，杨伯峻：《论语译注》，北京：中华书局，1980年，第166页。
④ 《论语·阳货》，杨伯峻：《论语译注》，北京：中华书局，1980年，第190页。

之时，要有为国献身的精神，"可以托六尺之孤，可以寄百里之命，临大节而不可夺也——君子人与？君子人也"①。可以把孤儿的命运托付给他，可以把国家的命运托付给他，在生死存亡的危难关头，不动摇不屈服，这样的人就是君子，就是义。在社会活动当中，义是处理人际关系、判断是非曲直的准则。什么事该做、什么事不该做，什么事能做、什么事不能做，都要根据义来判断。"君子之于天下也，无适也，无莫也，义之与比。"② 君子对于天下的事情，没有说哪些一定要做、哪些一定不要做，而是根据义的原则确定做还是不做、做到什么程度。符合义的事情要积极主动去做，不符合义的事情坚决不做。

第三，忠恕之道，己所不欲，勿施于人。孔子和曾参讨论问题："子曰：'参乎！吾道一以贯之。'曾子曰：'唯。'子出，门人问曰：'何谓也？'曾子曰：'夫子之道，忠恕而已矣。'"③ 谓"忠恕"是孔子的"一贯之道"。这"一贯之道"是指处世为人的终身指导，具体实践就是"己所不欲，勿施于人"。"子贡问曰：'有一言而可以终身行之者乎？'子曰：'其恕乎！己所不欲，勿施于人。'"④ 忠是尽心，恕是推己及人，将心比心，严格要求自己，少责备他人，即"躬自厚而薄责于人"⑤。孔子谓"己欲立而立人，己欲达而达人"⑥，即自己想立再帮助别人立，自己想达到再帮助别人达到。反之，自己不想做或者做不到的，

---

① 《论语·泰伯》，杨伯峻：《论语译注》，北京：中华书局，1980年，第80页。
② 《论语·里仁》，杨伯峻：《论语译注》，北京：中华书局，1980年，第37页。
③ 《论语·里仁》，杨伯峻：《论语译注》，北京：中华书局，1980年，第39页。
④ 《论语·卫灵公》，杨伯峻：《论语译注》，北京：中华书局，1980年，第166页。
⑤ 《论语·卫灵公》，杨伯峻：《论语译注》，北京：中华书局，1980年，第165页。
⑥ 《论语·雍也》，杨伯峻：《论语译注》，北京：中华书局，1980年，第65页。

也就不要要求别人达到。自己做不到，却想着帮助别人做到，在事实上也只能是空想。这就是推己及人。

  以忠恕为指导，凡事都要把握关键，而后根据具体情况决定具体的行为方式，这就是中庸。要做到这一点是很困难的。孔子说："中庸之为德也，其至矣乎！民鲜久矣。"① 中庸是道德的高境界，很久以来，能够做到的很少。"中"的初文指旗帜，商周时期，旗帜所在是族人集中之地，立中即确立指挥中心，引申为枢要。庸者用也，庸、用相通。中庸之道就是枢要的具体运用，通俗表达，就是在坚守枢要的前提下把握好度。

  关于"中庸之为德也"的具体内容，孔子没有留下具体说明。一部《论语》中只有这一句话，但是，中庸之道对后世影响极大，被认为是儒家行为的基本方式和哲学方法。现代学者，或认为是折中主义。这个分析从形式上看有一定道理，但置于孔子思想体系中考察，则意有未达：

    子贡问："师与商也孰贤？"子曰："师也过，商也不及。"曰："然则师愈与？"子曰："过犹不及。"

    子路问："闻斯行诸？"子曰："有父兄在，如之何其闻斯行之？"冉有问："闻斯行诸？"子曰："闻斯行之。"公西华曰："由也问闻斯行诸，子曰，'有父兄在'；求也问闻斯行诸，子曰，'闻斯行之'。赤也惑，敢问。"子曰："求也退，故进之；由也兼人，故退之。"②

---

① 《论语·雍也》，杨伯峻：《论语译注》，北京：中华书局，1980年，第64页。
② 《论语·先进》，杨伯峻：《论语译注》，北京：中华书局，1980年，第114、117页。

子曰："质胜文则野，文胜质则史。文质彬彬，然后君子。"①

这三段对话，体现了孔子中庸思想，核心是无论做什么事都要保持一个合理的度，能抓住这个度，是德之大者。具体体现就是既反对不足，也反对过头，要恰到好处。处理问题如此，为人也是如此。过于质朴显得粗鄙，过于文采显得浮夸轻佻，文质均衡，才是君子。对处理问题来说，既承认矛盾双方的存在，又避免矛盾双方实力消长而发生质变，要找到双方的平衡点，使之共存下去。这就是和而不同。孔子谓："君子和而不同，小人同而不和。"②"和"与"同"有原则区别："和"是承认双方矛盾的存在，"同"是无原则地取消对立；"和"是有原则的，"同"是无原则的。现代部分学者所说的折中主义则是指无原则地折中调和，不管是非曲直，各打五十大板。孔子之中庸显然非是。

---

① 《论语·雍也》，杨伯峻：《论语译注》，北京：中华书局，1980年，第61页。
② 《论语·子路》，杨伯峻：《论语译注》，北京：中华书局，1980年，第141页。

第四节　教育思想

孔子是一位名副其实的伟大教育家,他的教育思想和教育实践,不仅对中国历史进步作出了巨大贡献,对人类文明发展也作出了巨大贡献,是人类文明的共同财富,中外学者无论对孔子的仁学、政治思想、伦理思想认识,因为立场、方法的不同,而存在着什么样的分歧,但对孔子教育思想和教育实践的看法则基本一致,有着充分的研究和认识。为了系统展现孔子思想体系,现从历史学的角度就孔子教育思想概述如下。

一、基本原则

孔子教学的基本原则是"有教无类"①,就是无论学生们出身是贵族还是平民,还是卑贱的奴隶,只要有心向学,孔子都一律收以为徒。这在现在看来,没有什么特别的,人人都有学习的权利,只要愿意学,老师都应该一视同仁,和家庭出身没关系。但在当时,这可是一个破天荒的行为,公开打出"有教无类"的旗帜,前无古人。可以说,这是一场教育制度的革命。

---

① 《论语·卫灵公》,杨伯峻:《论语译注》,北京:中华书局,1980年,第170页。

因为按照传统的等级制度,人的政治权利和义务决定于血缘亲疏和政治尊卑,贵族永远是贵族、永远是统治阶级,广大劳动人民注定要世代处于社会最底层。接受教育,是统治阶级的权利,被统治阶级是没有上学资格的,根本不配学习礼乐。当历史的车轮进入春秋以后,传统等级制度开始瓦解,许多贵族因为统治阶级内部争权斗争的失败或因为国家的消亡而沦为平民和普通劳动者,但是观念上君子与小人、贵族与平民、平民与奴隶的等级依然界限分明、壁垒森严,受教育仍然是贵族的特权。孔子看到,在现实生活中,许多贵族尽管血统高贵,但是并不遵守礼法,而许多下层民众却还能保留传统的纯朴和习惯;贵族不一定守礼,下层的小人、野人不一定不懂礼。相反,许多传统礼制在贵族中间被破坏了,在民间却还保留着。传统的教育观显然是错误的。所以,孔子不仅把教育作为宣传自己思想主张的有效途径,而且明确提出了"有教无类"的教育原则。

在孔子心目中,人的本性没有什么本质的差异,"性相近也,习相远也"[①]。人与人之间的差异是后天生活环境、受教育程度决定的。违背礼制、僭越犯上的人大都是那些曾经自认为天生高贵的宗室贵族,那些被贵族们看不起的庶人平民却能够遵守基本的礼法。春秋以来的社会变动已经雄辩地证明了这一点。平民庶人之所以"愚笨"是因为他们被剥夺受教育权利,没有受教育的机会,无从了解礼制社会的行为规范。如果了解了西周的礼乐制度、认识到西周礼乐制度的有序与和谐,那些"卑贱"者自然会自觉地遵守,"复礼"的理想就能实现,起码

[①] 《论语·阳货》,杨伯峻:《论语译注》,北京:中华书局,1980年,第181页。

有助于改变君不君、臣不臣的现实。正是基于这样的认识,孔子才身体力行地实践"有教无类"。

孔子"有教无类"主张的提出和实践,开创了文化下移和文化普及的新道路,为中国教育树立了一个新的里程碑。从此以后,学校教育正式走向民间,私人讲学兴起,教育内容也因人而异,民智的开启进入一个全新的时代。不仅如此,孔子的"性相近也,习相远也",强调后天教育的重要作用,对于运用教育手段改变人,提高人的知识水平、道德品质,缩小人与人之间的差距,具有重大的理论和实践意义。

但是,我们也应当看到,孔子"有教无类"存在着历史局限性,就是歧视女性。孔子的三千弟子中没有一个是女性。周武王曾说:"予有乱臣十人。"孔子说:"才难,不其然乎?唐虞之际,于斯为盛。有妇人焉,九人而已。"[①] 在古代汉语中,"乱"的本义是治。"乱臣十人"是指有十个治理国家的能臣。周武王说的这十个人是周公旦、召公奭、太公望、毕公、荣公、太颠、闳夭、散宜生、南宫适,还有一位女性,或者说是周文王的妻子太姒,或者说是周武王的妻子、姜太公的女儿邑姜。从逻辑上说应以邑姜为是。孔子认为人才难得,从唐尧、虞舜以来就是人才难觅,而周武王时代人才济济,确实了不起;但是,周武王说有十个治世能臣是不对的,因为其中一位是女性,不能算,只能说有九个。显然,孔子对女性的歧视已经到了不顾事实的地步。周武王自己都承认是十个,其中有一位女性。商末周初,女性地位甚高,甲骨卜辞已经充分说明了这一点。

---

① 《论语·泰伯》,杨伯峻:《论语译注》,北京:中华书局,1980年,第84页。

在春秋时代,孔子对这些事实多少应该了解,但他硬生生地将这位有功于周王朝兴起的女性排除在外,可见孔子男尊女卑思想之深,他认为占人口二分之一的女性是不在"受教"之内的。

孔子是历史的孔子,"有教无类"的理论意义和实践意义,在当时来说,孔子不一定能意识到。在主观上,当时的孔子怕也没有意识到要通过教育去改变人与人之间的差距。孔子课徒讲学的目的是宣传自己的学说,希望学生们通过各种途径实现自己的主张。所以,我们也不能因为"有教无类"说而任意拔高孔子,要看到其局限性。现在有些学者认为孔子是位人权主义者,他的"有教无类"是在主张人人都有受教育权,他的教育活动就是为了实现人人都应该享受受教育权,这显然是违背历史真实的。

二、教育内容和目的

孔子主要从四个方面培养学生:"子以四教:文,行,忠,信。"[①] 用现代的话说,就是文化知识、实践能力、道德修养。文化知识是基础,没有文化当然谈不上理解分析,也就谈不上是非原则,或者说,是非分析能力比较有限和浅薄。但是,教给学生文化知识并不是主要的,主要的还在于让学生们能够把学到的知识付诸实践,并成为道德高尚的人。

就教学的知识结构来说,孔子教授的知识体系是传统的延续:礼、乐、射、御、书、数。这就是"六艺",即六种知识和技能。礼、乐、射、御、书、数在西周时期就是贵族教育的内

---

① 《论语·述而》,杨伯峻:《论语译注》,北京:中华书局,1980年,第73页。

容，孔子把这些知识推向了民间。不过，孔子虽然开设了这六门功课，并不是说所有学生都要学习这六门课。这在实际上也是不可能的。孔子是根据需要和学生基础，因材施教，有的虽然重要，但并不一定适合学习。比如孔子虽然重视音乐，但是对于一个没有音乐基础又没有音乐天赋的人，是不适宜学习的。就孔子的主观意图来说，更注重的是对做人道理的灌输和从政能力的培养。孔门弟子中，"德行：颜渊，闵子骞，冉伯牛，仲弓。言语：宰我，子贡。政事：冉有，季路。文学：子游，子夏"[1]。颜渊、闵子骞、冉伯牛、仲弓以德行见长；宰我、子贡以言语见长；冉有、季路以政事见长；子游、子夏以文学见长。之所以如此，除个人的偏好以外，与教学内容的因人而异和孔子的教育主旨也有密切关系。

孔子的教育目的是培养政治人才，道德修养，射御书数，都是为了从政需要。子夏说："仕而优则学，学而优则仕。"[2] 子夏说的是孔子主张。现在一般把这里的"优"理解为"余力"，把这句话翻译为"做官有余力就去学习，学习有余力就去做官"。这显然不符合孔子原意，属于改字解经。这为那些专心做官、不愿意学习的人找到一个光明正大的借口：本职工作已经做不完，哪有时间去学习！无论是什么与本职工作有关的专业技能，还是什么先贤时哲的道德说教、古代圣王的治国遗文，都可以在这个借口之下统统束之高阁。学无止境，若学有余力的情况下才能为官，也等于把那些学业没有完成或者学业不好

---

[1] 《论语·先进》，杨伯峻：《论语译注》，北京：中华书局，1980年，第110页。
[2] 《论语·子张》，杨伯峻：《论语译注》，北京：中华书局，1980年，第202页。

的学生拒于官场之外。这显然和孔子的思想大相径庭。孔子主张贤人政治，人通过学习成为道德高尚、能力出众的人而后为官。这改变了过去按出身、血缘关系选拔官僚的传统，提高了官僚队伍的文化素质，改变了官僚队伍的知识结构，让人们懂得先王之道并身体力行，从而实现亲亲尊尊的礼乐社会。培养"君子"的目的，并不是要人们个个整天地埋头于人格的完善而不过问国家军政事务，任由一帮贪官污吏鱼肉百姓、糟蹋大好江山，任由礼崩乐坏的局面发展下去，而是希望君子们执掌政权，使天下归仁。所以，孔子说"三年学，不至于谷，不易得也"[1]。这里的"谷"是指俸禄，学习三年，学为君子，而后入仕，以道治国。"君子谋道不谋食。耕也，馁在其中矣；学也，禄在其中矣。君子忧道不忧贫。"[2] 一心向道，成为君子以后，不用刻意谋"食"，"食"自然会有。所以说"君子谋道不谋食"，有道自然有食。相反，有食无道也会失去已有之食，"耕也，馁在其中矣"说的就是这个道理。所以说"君子忧道不忧贫"。之所以"君子忧道不忧贫"是因为君子有道则自然不会贫，而不是说孔子教育学生个个都去做一个守穷的君子，不要去做官。孔子反对的是放弃道的理念和信仰、不顾廉耻地钻营官位的人，反对的是小人当官。所以说"学而优则仕"是什么"学习有余力就去做官"，是万万不能成立的。由此可知，"学而优则仕"的本义就是完成学业、成绩优秀就去做官，无论什么官都可以，原则是"忧道"。孔子奔波多年，对学生们做官的愿

---

[1] 《论语·泰伯》，杨伯峻：《论语译注》，北京：中华书局，1980年，第82页。
[2] 《论语·卫灵公》，杨伯峻：《论语译注》，北京：中华书局，1980年，第168页。

望从来都是支持态度，从实践的层面说明了这一点。所以，我们没有必要改字解经。也正因如此，孔子的"学而优则仕"客观上推动了官僚政治取代世族世官制的历史进程。

在当时的历史条件下，孔子主张君子当官、实现贤人政治是有利于社会发展的，通过教育提高官僚队伍的道德水准和行政能力更有利于社会进步。有文化总比没有文化好，水平高的人当官总比水平低的人当官好。人们之所以把"学而优则仕"理解为"学习有余力就去做官"，是见于"仕而优则学"在句法结构上和"学而优则仕"完全相同。若把"学而优则仕"理解为学业优秀而当官，对于"仕而优则学"则不好理解，说官当得优秀之后去学习显然有违孔子思想和教育实践。于是含糊其词，谓"仕而优则学，学而优则仕"为"做官有余力就去学习，学习有余力就去做官"。其实，子夏这番话，很可能是在特定的条件下，在和某一个具体的人就某一件具体的事讨论官与学的关系时说的。如在讨论一个人学到什么程度才能当官、一个当官的人要怎样为学，如何将二者统一起来的时候，子夏用了"仕而优则学，学而优则仕"概括之。既然当官，首先要尽职尽责，即做好本职工作以后再为学；作为学生，首先要把学业学好，掌握基本知识和技能再当官！也就是说，先做好本职工作，不能一心二用。当官的时候不好好当官，却一味地和什么社会名流、学问大家交往，而置本职工作于不顾，名义上是为了学问，实际上是沽名钓誉，博取好学的名声。这是错误的行为。不要说这样的行为本身就是虚伪的，就是确实是出于对学问的追求，也是不可取的。正确的做法应该是先按照岗位要求做好本职工作再谈论学问！同样道理，学生就应以学为本，学好了本领再去当官，否则即使当了官也是当不好的。

三、教育方法

概括而言，孔子的教育方法主要如下：

第一，学与思统一。孔子曾经说过："生而知之者上也，学而知之者次也；困而学之，又其次也；困而不学，民斯为下矣。"① 孔子还说过"惟上智与下愚不移"的话。看来，孔子是承认存在着"生而知之者"的。但是，孔子对那些"生而知之者"并不迷信，而且持的是怀疑态度，认为那只是少而又少的人。古往今来的绝大多数人都是通过后天的学习获得知识的。

孔子评价自己"非生而知之者，好古，敏以求之者也"，即自己并非生而知之，不过是善于从古人那里学习罢了。又说："盖有不知而作之者，我无是也。多闻，择其善者而从之；多见而识之；知之次也。"② 知识从何而来？多听多看就行。孔子认为自己是"知之次也"。但是，无论是"生而知之"，还是"学而知之"，只要达到了"知"这个效果，大家都是一样的。孔子说："好仁不好学，其蔽也愚；好知不好学，其蔽也荡；好信不好学，其蔽也贼；好直不好学，其蔽也绞；好勇不好学，其蔽也乱；好刚不好学，其蔽也狂。"③ 爱好仁德而不爱好学习，弊端是容易被人愚弄；爱好聪明而不爱好学习，弊端是不知所守而入歧途；爱好诚实而不爱好学习，弊端是容易被人利用而使自己受伤害；爱好率直而不爱好学习，弊端是说话尖刻刺人；

---

① 《论语·季氏》，杨伯峻：《论语译注》，北京：中华书局，1980年，第177页。
② 《论语·述而》，杨伯峻：《论语译注》，北京：中华书局，1980年，第72—73页。
③ 《论语·阳货》，杨伯峻：《论语译注》，北京：中华书局，1980年，第184页。

爱好勇敢而不爱好学习，弊端是容易违背制度而出乱子；爱好刚强而不爱好学习，弊端是狂妄不羁。一句话，学习可以弥补一切，可以改变一切。孔子说自己不是"生而知之者"，在逻辑上没有否定"生而知之者"的存在，但一句"性相近也，习相远也"在事实上否定了"生而知之者"的存在。这振聋发聩式的历史吼声，在理论上否定了"生而知之者"的存在，也把那些传说中的古贤圣王拉下了神坛！

要提高学习效率，就要讲究学习方法。这就是学与思的统一。学是掌握知识材料，包括直接的经验和间接的见闻，思是思考问题、明白道理。一个人整天不好好学习，只是苦思冥想，就会陷入瞎猜的境地，无论如何也不会有什么好处。孔子说："吾尝终日不食，终夜不寝，以思，无益，不如学也。"[1] 但是，一味埋头学习知识而不去思考也不行，掌握了知识材料以后，一定要进行分析思考，才能消化理解，明白其中的道理，将书本知识、别人的经验变成自己的知识和能力。这就是"学而不思则罔，思而不学则殆"[2]。学思统一，才能不罔不殆，并且乐在其中。

学思统一，有相应的方法，要沿着一定的思路才能有良好的效果。思考问题时，"毋意，毋必，毋固，毋我"[3]，不凭空猜想，不绝对肯定，不固执拘泥，不自以为是。要"多闻阙疑，慎言其余，则寡尤；多见阙殆，慎行其余，则寡悔"[4]。多听各

---

[1] 《论语·卫灵公》，杨伯峻：《论语译注》，北京：中华书局，1980年，第168页。
[2] 《论语·为政》，杨伯峻：《论语译注》，北京：中华书局，1980年，第18页。
[3] 《论语·子罕》，杨伯峻：《论语译注》，北京：中华书局，1980年，第87页。
[4] 《论语·为政》，杨伯峻：《论语译注》，北京：中华书局，1980年，第19页。

种意见，有怀疑的地方就暂时放下，有把握的问题谨慎地提出自己的看法，就可以少犯错误；多看各种事情，有迷惑不清楚的事情暂时放下，对有把握的事情谨慎地实行，就可以减少后悔。对于这些放下的疑问和事情怎么办？当然是深入思考，思考明白了再发表意见和实行。

第二，谦虚求实。孔子说的"毋意，毋必，毋固，毋我"已经包含了谦虚的学习态度。尺有所短，寸有所长，取长补短，就能学业精进。孔子说："三人行，必有我师焉：择其善者而从之，其不善者而改之。"① 对于老师教过的内容，要按时温习实践，要把新旧知识联系起来，形成自己的知识体系。"温故而知新"②"学而时习之，不亦说（悦）乎"③ 说的都是这个意思。

对于学习，要有实事求是的态度，知道就是知道，不知道就是不知道，不要不懂装懂："知之为知之，不知为不知，是知也。"④ 遇到自己不懂的问题，不仅要"多闻阙疑"，而且要讲究方法的有效性。孔子曾经叙述自己的学习方法说："吾有知乎哉？无知也。有鄙夫问于我，空空如也。我叩其两端而竭焉。"⑤ 我有知识吗？本来没有的。有些百姓问我问题，我也回答不上来。但是，我从不同方面了解情况以后，就能找到问题答案了。

学习无止境，固然要有恒心，以学为乐则最为主要，"知之者不如好之者，好之者不如乐之者"⑥。以学为乐，其乐无穷，

---

① 《论语·述而》，杨伯峻：《论语译注》，北京：中华书局，1980年，第72页。
② 《论语·为政》，杨伯峻：《论语译注》，北京：中华书局，1980年，第17页。
③ 《论语·学而》，杨伯峻：《论语译注》，北京：中华书局，1980年，第1页。
④ 《论语·为政》，杨伯峻：《论语译注》，北京：中华书局，1980年，第19页。
⑤ 《论语·子罕》，杨伯峻：《论语译注》，北京：中华书局，1980年，第89页。
⑥ 《论语·雍也》，杨伯峻：《论语译注》，北京：中华书局，1980年，第61页。

充满着学习的内动力，才能不断探索，才能做到"食无求饱，居无求安，敏于事而慎于言，就有道而正焉，可谓好学也已"①。意思是饮食不一定要求很满足，居住条件也不一定要很舒适，追求的是办事高效、说话谨慎、表达准确，向有学问、有道的人学习并不断改正自己的缺点，从而成为一个真正好学习的人。

第三，因材施教，循循善诱。孔子招收学生，没有具体的标准，老老少少、各色人等都有。学生们性格各异，理解能力千差万别。孔子教学则因人而异，在传授知识的同时，更注重学生思考能力的培养。子路问孔子："闻斯行诸?"意谓听到是否就要马上行动，孔子予以否定回答，理由是"有父兄在"。后来冉有问同样的问题，孔子却给以肯定回答。公西华对此不理解，问孔子为什么同一个问题有不同的答案，孔子回答说："求也退，故进之；由也兼人，故退之。"② 求即冉有，由即子路。冉有性格内向、遇事迟疑，所以鼓励他大胆地去行动；子路好勇过人、容易冲动，所以要他先控制自己的冲动。孔子总结说："中人以上，可以语上也；中人以下，不可以语上也。"③ 就是说，对于中等水平以上的人可以讲高深的学问；对于中等水平以下的人就不能讲高深的内容。这儿的"中人"可能是指学生的知识结构，也可能是指学生的理解能力。这是符合教育实践的基本原理的。

无论学生年龄、出身背景、阅历、性格差别多大，孔子的基本原则都是以培养学生的独立思考能力为主要目标。这除注

---

① 《论语·学而》，杨伯峻：《论语译注》，北京：中华书局，1980年，第9页。
② 《论语·先进》，杨伯峻：《论语译注》，北京：中华书局，1980年，第117页。
③ 《论语·雍也》，杨伯峻：《论语译注》，北京：中华书局，1980年，第61页。

意因材施教以外，就是循序渐进、循循善诱。通观《论语》全书中孔子和弟子们的交往与教学活动，我们不难发现孔子非常注意用形象思维的方式诱导学生，如用"逝者如斯夫"比喻时间一去不复返，以鼓励学生发奋图强、珍惜时间；用"岁寒，然后知松柏之后凋也"比喻人的节操。颜回曾经总结他老师的教学特点，谓"夫子循循然善诱人"[1]。

第四，启发式教学，触类旁通。因为孔子收徒主要在于传授做人从政的道理，因而平时讲授的内容并不局限于具体知识的多少，而是以培养学生思考和实践的能力为主；而前来求学的都是成年人，都有一定的生活阅历，对社会人生都有相当的感悟，所以孔子十分重视启发式教学。孔子说："不愤不启，不悱不发。举一隅不以三隅反，则不复也。"[2] 即不到学生苦思冥想、百思不得其解的时候，不去开导他；不到学生心里想说而口头表达不清的时候，不去启发他。告诉学生一个角落的情况而学生不能推断出其他三个角落的情况，就不再教了。这总的精神是强调教学生不能一味地灌输，而是要培养学生的主动性和积极性，要善于推导，举一反三。

第五，平等待人，教学相长。孔子"有教无类"的思想，主要体现在他平等地对待所有学生，平等对话、相互切磋。一部《论语》就是一部孔子和学生们的对话、讨论、争辩的全记录。孔子在感情上对学生没有亲疏厚薄之分，决不因为哪一位学生和自己走得近、比较对脾气就多讲一点，否则就少讲一点。

---

[1] 《论语·子罕》，杨伯峻：《论语译注》，北京：中华书局，1980年，第90页。
[2] 《论语·述而》，杨伯峻：《论语译注》，北京：中华书局，1980年，第68页。

典型的例子是孔子的学生陈亢曾经带着怀疑的口吻问孔子的儿子孔鲤："子亦有异闻乎？"意谓孔鲤有没有受到孔子的特殊传授。孔鲤以"未也"明确答复，并举了一个例子。有一天孔子独立庭院，孔鲤轻轻走过时，孔子问孔鲤："学诗乎？"孔鲤回答称没有，孔子称"不学诗，无以言"，于是孔鲤"退而学诗"；又一天，孔鲤再次轻轻走过庭院，孔子又问："学礼乎？"孔鲤回答称没有，孔子称"不学礼，无以立"，于是孔鲤"退而学礼"。陈亢听后高兴地称"问一得三"。[①] 陈亢只问了一个问题，却得到三个有助于他学业的答案，一是明白了学诗的重要性，二是明白了学礼的重要性，三是明白了君子对自己的儿子也不偏私。孔子是主张亲亲尊尊的，父子之间亲情重于一切，但是孔子并没有因为父子之情而偏私自己的儿子。

孔子主张师生在学术上平等对话，"当仁，不让于师"[②]，在真理面前，对老师也不要让步。在师徒谈学论道过程中，孔子和弟子之间丝毫看不出后世的师道尊严。如子路听到孔子到卫国"必也正名乎"的回答后，脱口而出"迂也"。作为一个学生，子路竟然当面说老师迂腐，但孔子并没有因此而指责子路不尊敬老师，而是详细说明"正名"的重要性。晋国大夫范中行的家臣佛肸发动叛乱，曾派使者请孔子前往，孔子准备答应，子路表示反对，举出孔子之前说过的一句话为理由："亲于其身为不善者，君子不入也。"意谓君子不去亲自做坏事的人那里。孔子承认自己说过这样的话，而后辩解说："不曰坚

[①] 《论语·季氏》，杨伯峻：《论语译注》，北京：中华书局，1980年，第178页。
[②] 《论语·卫灵公》，杨伯峻：《论语译注》，北京：中华书局，1980年，第170页。

乎，磨而不磷；不曰白乎，涅而不缁。吾岂匏瓜也哉？焉能系而不食？"① 意思是真正坚硬的东西是磨不破的，真正洁白的东西是染不黑的，所以孔子不愿意被当成一个葫芦，只能挂在那里给别人看。不过，孔子最终没去，究竟是子路反对的结果还是其他原因，我们不得而知。但是，从对话来看，师徒之间完全是平等的。

　　孔子的学生来自社会各个阶层、各个领域，每一个人都有自己的特点和长处，和弟子交流自然给孔子带来许多新的知识。所以孔子确实是把教学看作一个教学相长的过程。孔子在教育学生的过程中，确实是希望从学生那里获得新的知识，在学生成长的同时，使自己变得更加深邃。孔子曾经说过："回也非助我者也，于吾言无所不说（悦）。"② 回是颜回，是孔子最得意的学生之一，孔子却认为对自己没有什么帮助，原因是他对自己说的话没有不同意的，从来不提意见。言下之意，如果颜回能对自己的话提出不同看法，双方有交锋，对自己就会有帮助。子夏问孔子："'巧笑倩兮，美目盼兮，素以为绚兮。'何谓也？"孔子回答说："绘事后素。"子夏又问："礼后乎？"孔子说："起予者商也！始可与言《诗》已矣。"③ "巧笑倩兮，美目盼兮，素以为绚兮"是《诗经·卫风·硕人》里形容女子容貌美丽的诗句，大意是恰到好处的笑容真有魅力，美丽的眼睛真明亮，白嫩的脸蛋一打扮更漂亮。孔子是主张《诗》的教化作用的，认为诗的文字意思的背后，都启示着另一层意思。孔子和子夏

---

① 《论语·阳货》，杨伯峻：《论语译注》，北京：中华书局，1980年，第183页。
② 《论语·先进》，杨伯峻：《论语译注》，北京：中华书局，1980年，第111页。
③ 《论语·八佾》，杨伯峻：《论语译注》，北京：中华书局，1980年，第25页。

大概正在讨论《诗》的微言大义,所以子夏问孔子这几句诗的意思并不是指其文字意义,而是指文字背后的含义。孔子没有直接回答子夏的问题,而是说"绘事后素"。字面意思是"先有白色的底子,然后再绘画"。这个白色的底子指的是纯净的基础,先有纯净的基础,再施以不同的颜色,才能画出美丽的图画。对礼仪的学习和遵守也是如此,首先是排除对礼乐制度的一切先入之见,认识到礼乐制度的本质,认识到只有礼乐制度才是摆脱混乱的唯一途径,这是基础,这就是"素"。处理国事如此,处理人际关系如此,看一幅画也是如此。"巧笑倩兮,美目盼兮,素以为绚兮",意思是这样的美人确实动人,因为人人都有爱美之心,但面对这样美丽动人的少女,人们虽然心动,却要发乎情,止乎礼,不能面对少女的动人美丽而失去风度。孔子是在告诉人们牢记男女有别,举止要合礼。因此之故。子夏接着问:"礼后乎?"意思是可不可以说礼就是相当于"绘事后素"之"后素"?孔子听了很高兴,赞叹说:商(即子夏)啊,你真是个能启发我的人,现在可以和你谈论《诗》了。因为从子夏的提问得到启发,孔子当面赞扬学生,说明了孔子教学相长的观念与实践。这是值得后人认真总结和继承的。

第三章
经学时代的《论语》学

两汉是中央集权统一王朝大发展时期，也是儒学由民间走向官方、意识形态化的完成时期，儒学由子学而成为经学；儒生由思想者、批评者，转变为现实秩序的论证者和维护者；百家争鸣为"罢黜百家，表章六经"所取代，诸子传人逐步地融入汉儒队伍之中。要梳理两汉《论语》研究的历史及其特点，首先要了解两汉思想与政治建设的关系，对儒学意识形态化、经学化的历史过程有一个必要的把握。故本章首先就汉代文化政策与思想转型作一个简要梳理。

第一节 儒学的意识形态化

如所周知,先秦诸子争鸣,彼此诘抗,甚者势如水火,但其行为特点和目的又有着惊人的一致性:以君主师友自居,实现大一统,追求社会秩序化。因此之故,随着时间的推移、统一趋势的明朗化,彼此之间又相互吸取、不断创新,各善其说,供人君选择。秦始皇统一之初,尚能继续吕不韦的文化开放政策,对诸子兼收并蓄,使之服务于秦王朝。后因为以儒生为代表的士人部分地保留其独立思考、以理想裁量现实的传统,政治主张与现实制度发生分歧,而招致焚书之难,秦始皇有限的文化开放转为文化专制。这个转变促使儒生集团重新思考其思想内容与现实政治的关系,调适自身行为方式,促进了汉儒的自我改造,从反面推进了儒学意识形态化。

一、秦始皇从"悉召文学方术士甚众"到"焚《诗》《书》,坑术士"

秦始皇统一后,曾继续吕不韦的思想开放政策,"悉召文学方术士甚众，欲以兴太平"①。所谓"文学"，是指文章博学之士；"方术"，是指握有各种奇方秘术之士。"文学方术士"包括战国诸子传人及神秘术士各类人等，目的是"兴太平"，为秦王朝的长治久安服务。"兴太平"的途径无外乎二者：其一，有效治理国家，国民安居乐业；其二，知识分子兴学颂德，粉饰太平。秦始皇统一天下，自以为功高三皇、德逾五帝，自然不认为将秦国行之有效的法治传统推行于东方原六国地区有什么不妥，更不会认为自己的执政不能达到"兴太平"的政治目标。"悉召文学方术士"的目的是以"文学""方术"缘饰现实政治，为秦制、秦政出谋划策，为我所用，使"太平"盛世传之无穷。因此，在统一过程中，尽管现实需要的是外交上的纵横捭阖之士、战场上的攻城搴旗之将，但始皇并没有从纯功利的目的出发，排斥六国文学之士，相反是千方百计地招纳士人，甚至采用威逼利诱的两手迫使六国名士入秦。如李斯追随始皇不久，首献反间计，始皇"听其计，阴遣谋士赍持金玉以游说诸侯。诸侯名士可下以财者，厚遗结之；不肯者，利剑刺之"②。这些"名士"并不局限于长短纵横权谋之士，也包括文学之士在内。尽管在战争年代文学之士的作用不大，但是其社会号召力是不容忽视的，特别是在统一指日可待的历史时刻，把文学之士召归秦庭，无疑昭示着天下归心于秦，对于瓦解六国士庶意志有着不可替代的影响，对如何治理即将到来的统一帝国也

---

① ［汉］司马迁：《史记》卷六《秦始皇本纪》，北京：中华书局，1959年，第258页。

② ［汉］司马迁：《史记》卷八十七《李斯列传》，北京：中华书局，1959年，第2540—2541页。

有着重要意义。那些心有抱负、彷徨无所依归的六国士人也把天下太平的理想寄托在秦始皇的身上："天下之士斐然乡（向）风，若是者何也？……既元元之民，冀得安其性命，莫不虚心而仰止。"①

秦始皇"悉召文学方术士"，不是像战国各国那样仅仅以"客卿""宾萌"为形式的"养士"②，而是任以为官，将博士正式纳入官僚序列③，设70个博士席位，安置诸子代表人物。这70个博士，成分驳杂，涉及诸子、诗赋、术数、方技、神仙、儒生等诸领域，而以儒家学者为主。众所周知，方士侯生、卢生曾批评秦始皇"专任狱吏，狱吏得亲幸。博士虽七十人，特备员弗用"④，汉儒批评更是连篇累牍。但是，历史地看，侯生、卢生的批评是为了给自己求仙药无果而寻找借口。在当时的历史条件下，尽管秦朝博士没有担任军国重任，但以文学为博士依然是一个历史进步。放眼战国时代六国的文学、儒生与政治的关系，尽管诸子争鸣，热闹非凡，六国君主也曾对诸子传人

---

① [清]严可均：《全汉文》卷十六，北京：商务印书馆，1999年，第168页。
② 战国"养士"，往往以"客卿""宾萌"为称，"客卿"一词，如《史记》之《秦本纪》《楚世家》《苏秦列传》《张仪列传》《白起列传》《范雎蔡泽列传》《乐毅列传》等皆有记载。"宾萌"一词，如《吕氏春秋·离俗览》载："比于宾萌，未敢求仕。"高诱注："宾，客也。萌，民也。"（陈奇猷：《吕氏春秋校释》，北京：中华书局，1985年，第1246页）
③ 博士之职，战国时鲁国、魏国已经设立。《史记·循吏列传》："公仪休者，鲁博士也。以高弟为鲁相。"《汉书·贾山传》："祖父祛，故魏王时博士弟子也。"《文献通考·职官考》："博士，魏官也，魏文帝初置，晋因之。"此为鲁穆公、魏文侯时事。秦始皇之设立博士官系战国制度延续，使"博士"成为职官。王国维《观堂集林·汉魏博士考》（中华书局，2004年）有详述。
④ [汉]司马迁：《史记》卷六《秦始皇本纪》，北京：中华书局，1959年，第258页。

表现出极大的尊敬，视之为师友，诸如魏文侯礼段干木、师卜子夏、客田子坊，齐威王、齐宣王于稷下学宫征召诸子学人等，但是，尊敬归尊敬，任用归任用。各国尊敬文学诸生的目的是作为招揽人才的手段，扩大声誉，所用者依然以宗室贵族为主，部分地以功劳才干为依据。即使在齐威、宣之时，稷下学宫人才济济，也仅是"不治而议论"①，并没有哪一个国君因为文学儒生的名望而委以军国重任。《史记·田敬仲完世家》载："宣王喜文学游说之士，自如驺衍、淳于髡、田骈、接予、慎到、环渊之徒七十六人，皆赐列第，为上大夫，不治而议论。是以齐稷下学士复盛，且数百千人。"可知齐稷下先生的属性是有秩级、"为上大夫"，但并无固定职任，是不司实权的闲散官员，尚不是完全意义上的职官角色。除上述6人外，钱穆又考证出彭蒙、宋钘、尹文、季真、王斗、孟轲、邹奭、儿说、田巴、鲁仲连、荀况等11人，共计17人。② 他们可以就现实问题展开议论，提出解决社会问题的建议，因此太史公称稷下先生"各著书言治乱之事，以干世主"③。而秦朝博士官，则属于朝廷正式官僚序列。《汉书·百官公卿表上》："博士，秦官，掌通古今，秩比六百石。"博士既有秩禄，又有明确职守：通古今、辨然否、掌图书。④ 所以，我们完全有理由说，秦始皇以文学为博

---

① ［汉］司马迁：《史记》卷四十六《田敬仲完世家》，北京：中华书局，1959年，第1895页。"不治"即不司理实务，《盐铁论·论儒》"不仕职而论国事"，《新序·杂事二》"稷下先生，喜议政事"，皆可为"不治而议论"的注脚。
② 钱穆：《先秦诸子系年考辨》，上海：上海书店，1992年，第217页。
③ ［汉］司马迁：《史记》卷七十四《孟子荀卿列传》，北京：中华书局，1959年，第2346页。
④ 《史记·秦始皇本纪》载："非博士官所职，天下敢有藏《诗》《书》、百家语者，悉诣守、尉杂烧之。"可知秦博士有掌管图书的职责。

士，从"学而优则仕"的角度看应该说是一个进步。考以秦朝史实，诸如皇帝制度、礼仪制度、地方行政制度的讨论与推行，博士诸生均予其事。尽管在讨论和施行这些制度的过程中，博士儒生的意见不一定被采纳，但被否定的只是部分儒生意见，即使统一施行郡县制也获得了部分儒生支持，分封宗室为王也仅仅是部分儒生主张，而且是统一以来一直存在的争论，双方目的都是巩固秦朝统治，仅仅是具体方式不同而已。

焚书是因为郡县和分封之争引起的重大历史事件，是古今学者声讨秦始皇文化专制、专用法家学说的主要依据。其实，历史地看，焚书固然与思想学派之争有关，更主要的是权力之争。博士淳于越出于巩固皇权的考虑，总结春秋战国以来屡屡上演的宫廷政变的教训，为避免"卒有田常、六卿之臣，无辅拂"难以"相救"的可能性，以"师古"之名提出采用郡县制的同时要"封子弟功臣，自为枝辅"的建议。淳于越是真心实意为秦始皇权力千秋万代考虑而提出这个建议的，但是，这个建议等于说秦始皇身边存在着"田常、六卿之臣"。这不仅引起志得意满、睥睨三皇五帝的秦始皇不满，更引起以李斯为首的重臣责难："田常、六卿"所指为谁？谁的地位和"田常、六卿"相侔？衡以群臣，不就是指桑骂槐地说李斯等人有发动宫廷政变的可能性吗？这不是什么政见分歧，而是权力之争了。如果付诸实践，等于李斯承认存在着淳于越所说的可能性，也等于承认秦始皇的天下一家、传之万世的理想充满着变数！所以李斯避开"田常、六卿之臣"不谈，给儒生们扣上"以古非今"的帽子，提出"非博士官所职，天下敢有藏《诗》《书》、百家语者，悉诣守、尉杂烧之。有敢偶语《诗》《书》者弃市。

以古非今者族。吏见知不举者与同罪。令下三十日不烧，黥为城旦。所不去者，医药卜筮种树之书。若欲有学法令，以吏为师"①。秦始皇毫不犹豫地付诸实施，统一初期的文化开放转变为文化专制，这成为秦政残暴的标志之一。

"坑术士"和焚书、禁私学的性质不同。侯生、卢生为秦始皇求取仙药无果，犯了欺骗罪，要受到法律惩处，于是将原因归结为秦始皇"贪于权势"而逃亡。经过核查，参与毁谤和欺骗的术士有460人，全部被坑杀。这460人中有儒生，但是他们被坑杀时的身份是"术士"，被坑杀的原因是诽谤，而非因为儒生身份。所以司马迁笔下写的是"坑术士"②。班固在《汉书·儒林传》中称为"杀术士"，显然延续的是司马迁之说。《汉书·地理志》首次使用"焚书坑儒"之词，谓"昭王曾孙政并六国，称皇帝，负力怙威，燔书坑儒，自任私智"。这"坑儒"之称是汉儒批评秦政的泛称，从现代史学层面看，"术士"和"儒生"并不相同，尽管有的儒生与术士合体，但并不是所有儒生都是术士。"焚书"和"坑儒"是性质不同的两个事件。焚书是政治、文化事件，所焚之书不限于儒家的《诗》《书》，还包括"百家语"——诸子之书，民间藏书只有"医药卜筮种树之书"不在焚烧之列；禁私学不仅仅禁止儒家学派讲学，法家、墨家、阴阳家、黄老等，凡是私人讲学者，都在禁止之列。这一切，体现的是专制皇权对思想文化的绝对控制。"坑术士"

---

① [汉] 司马迁：《史记》卷六《秦始皇本纪》，北京：中华书局，1959年，第255页。
② 《史记·儒林列传》载："及至秦之季世，焚《诗》《书》，坑术士。"[汉] 司马迁：《史记》卷一百二十一《儒林列传》，北京：中华书局，1959年，第3116页。

是刑事案件，和焚书、禁私学是两回事。汉儒之所以把二者等同起来，合称"焚书坑儒"，是站在儒家立场的夸大之词。这在古人可以理解，现代学者不可不辩。①

二、儒生的"时变"和儒学转型

历史常常使人走错房间，秦始皇采纳了李斯的焚书建议，禁止儒生们以古非今，结果李斯和赵高合演了一出篡权夺嫡的历史活剧，证明了淳于越等儒生的先见之明。在秦亡汉兴的历史变局中，儒生们自然而然地加入了亡秦的潮流之中。不过，此时的儒生吸取了在秦朝的政治教训，明白了统一时代的帝王权威和战国时代的君主权势大不相同，和帝王打交道不能认为自己真理在握就可以颐指气使、以君王的师友自居，还要讲究方式方法，要意识到君臣有别，明白君尊臣卑。儒生们提意见也好，提建议也罢，要根据帝王的知识特点、接受能力、现实需要，提供具体的解决问题的方案，而不是奢谈大道理，更不要谈什么三皇五帝的仁政德治。也就是说：一切从现实出发，解决现实问题。这是汉初儒生的共同行为特征和思维基点。

刘邦集团出身文法吏，习惯于秦朝法律政令，崇尚现实功利，本能地看不起儒生。而儒生们目睹了秦朝的崩溃，面对刘邦，内心充满了自信的同时，所提的建议和意见均以实用为准则，而不是再像过去那样以三代之说、王者之政裁量现实。郦

---

① 关于秦文化政策与秦朝统治思想，参阅臧知非《秦思想与政治研究》（西北大学出版社，2021年）的相关论述。

食其、叔孙通、陆贾三个人的行为集中地体现了这一特征①，通过这三个人的作为可以看出当时儒生们由理想主义向现实主义转变的一斑。

众所周知，号为"狂生"的郦食其，身操里监门之役，却儒服儒冠，明知刘邦不喜欢儒生，依然以儒生的身份进见，并教训了刘邦的傲慢无礼。值得我们注意的是，郦食其尽管以儒生的身份进见刘邦，给刘邦说的却是"六国从衡时"事。在楚汉之争中，郦食其扮演的一直是谋略家而不是儒者，在出谋划策占领了陈留以后，"食其常为说客，驰使诸侯"②。

陆贾是汉初儒生的代表人物，"以客从高祖定天下，名有口辩，居左右，常使诸侯"③，扮演的也是权谋纵横家的角色。刘邦称帝、定都关中以后，陆贾才以儒生的身份、从儒学的角度陈述取天下与守天下的不同，《汉书·陆贾传》云：

> 贾时时前说称《诗》《书》。高帝骂之曰："乃公居马上得之，安事《诗》《书》！"贾曰："马上得之，宁可以马上治乎？且汤武逆取而以顺守之，文武并用，长久之术也。昔者吴王夫差、智伯极武而亡；秦任刑法不变，卒灭赵氏。乡使秦以并天下，行仁义，法先圣，陛下安得而有之？"高

---

① 班固曾总结汉高祖用人，将陆贾、郦食其、叔孙通并列，可见三人有其时代代表性，云："汉兴，高祖躬神武之材，行宽仁之厚，总揽英雄，以诛秦、项。任萧、曹之文，用良、平之谋，骋陆、郦之辩，明叔孙通之仪，文武相配，大略举焉。"（[汉]班固：《汉书》卷二十三《刑法志》，北京：中华书局，1962年，第1090页）

② [汉]班固：《汉书》卷四十三《郦食其传》，北京：中华书局，1962年，第2107页。

③ [汉]班固：《汉书》卷四十三《陆贾传》，北京：中华书局，1962年，第2111页。

帝不怿，有惭色，谓贾曰："试为我著秦所以失天下，吾所以得之者，及古成败之国。"贾凡著十二篇。每奏一篇，高帝未尝不称善，左右呼万岁，称其书曰《新语》。

陆贾谈《诗》《书》虽然遭到刘邦的谩骂，却显得十分自信，针锋相对地反问："马上得之，宁可以马上治乎？"前后行为之所以有如此的差别就是因为时移则事异：楚汉战争中，刘邦考虑的是如何在战场上取得胜利；统一以后，刘邦面临的则是如何巩固江山，防止秦朝短祚的悲剧重演。所以，陆贾面对刘邦的谩骂，才能理直气壮地反诘，并使刘邦接受自己的意见，同时改变了开国功臣们对儒生的态度，功臣们在听了陆贾的奏议以后由衷地发出了"万岁"的欢呼。若从《新语》的内容分析，陆贾立足现实的价值取向就更为明显。《新语》鉴于大战之后民生凋敝、满目疮痍的现实，以儒家政治伦理为主干，吸收道家的无为思想，以亡秦为鉴，指出当务之急是减省刑罚、与民休息，兴教化、倡仁义，以矫秦政以及战争所带来的不良政风和民俗。可以说，《新语》是一部解释新政的理论著作，是理论和实践、历史和现实相结合的代表作。在《新语》中，几乎看不到"今不如昔"的历史痕迹。陆贾甚至强烈抨击泥古守旧的思想，主张"善言古者合之于今，能述远者考之于近"，又说"书不必起仲尼之门，药不必出扁鹊之方，合之者善，可以为法，因世而权行"，表现出强烈的现实与理性倾向。[1]

---

[1] ［汉］陆贾：《新语·术事》，王利器：《新语校注》，北京：中华书局，1986 年，第 37、44 页。

叔孙通本来是秦始皇的待诏博士,曾和其他30个博士约定一起向秦二世进谏,请求秦二世发重兵镇压陈胜、吴广。博士诸生本着儒家君臣大义谓"人臣无将,将则反,罪死无赦。愿陛下急发兵击之",秦二世正沉溺在皇帝的梦幻之中,对造反之说很是反感,"二世怒,作色"。叔孙通急忙迎合秦二世,说:"诸生言皆非。夫天下为一家,毁郡县城,铄其兵,视天下弗复用。且明主在上,法令具于下,吏人人奉职,四方辐辏,安有反者!此特群盗,鼠窃狗盗,何足置齿牙间哉?郡守尉今捕诛,何足忧?"秦二世闻言大喜,要博士们表态。"诸生或言反,或言盗。于是二世令御史按诸生言反者下吏,非所宜言。诸生言盗者皆罢之。乃赐通帛二十匹,衣一袭,拜为博士。通已出,反舍,诸生曰:'生何言之谀也?'通曰:'公不知,我几不免虎口!'"随后,叔孙通立即逃离秦廷,回到故乡,辗转投到刘邦麾下:"通儒服,汉王憎之,乃变其服,服短衣,楚制。汉王喜。"在追随刘邦的过程中,"从弟子百余人,然无所进,剸言诸故群盗壮士进之。弟子皆曰:'事先生数年,幸得从降汉,今不进臣等,剸言大猾,何也?'通乃谓曰:'汉王方蒙矢石争天下,诸生宁能斗乎?故先言斩将搴旗之士。诸生且待我,我不忘矣。'"① 叔孙通明白,战争年代,刘邦需要的是冲锋陷阵的勇士,而不是饱读诗书的文人,更不能依仗自己通晓古今治乱兴衰的理论而对刘邦指手画脚,只有解决战争中所面临的实际问题,才能赢得刘邦的信任,故而向刘邦推荐的都是那些"群盗

---

① [汉]班固:《汉书》卷四十三《叔孙通传》,北京:中华书局,1962年,第2124—2125页。

壮士"等亡命徒。但是，当刘邦称帝以后，叔孙通就不再像战争年代那样处处看刘邦的眼色行事了。因为叔孙通知道，打天下和坐天下不同，儒学不能进取，但守成是离不开儒学的。

刘邦称帝，昔日的战友们并不认为称帝后的刘邦和以前有什么不同，并没有对刘邦这个皇帝表现出特别的尊敬，刘邦心有不怿而又无可奈何。叔孙通看准了机会，主动对刘邦说："夫儒者难与进取，可与守成。臣愿征鲁诸生，与臣弟子共起朝仪。"在刘邦的心目中，儒生都是些繁文缛节之士，对叔孙通的建议将信将疑，担心朝仪烦琐，要求叔孙通制定朝仪时要简便易行，不要太难。叔孙通回答说："五帝异乐，三王不同礼。礼者，因时世人情为之节文者也。故夏、殷、周礼所因损益可知者，谓不相复也。臣愿颇采古礼与秦仪杂就之。"叔孙通到鲁地召集儒生，商量起朝仪定礼乐事宜，有两位不愿意，认为叔孙通没有气节，批评叔孙通："公所事者且十主，皆面谀亲贵。今天下初定，死者未葬，伤者未起，又欲起礼乐。礼乐所由起，百年积德而后可兴也。吾不忍为公所为。公所为不合古，吾不行。公往矣，毋污我！"通笑曰："若真鄙儒，不知时变。"[①]另外30个儒生则随叔孙通西往关中，加入了叔孙通的礼乐团队。

叔孙通制礼仪，典型地说明了当时绝大多数儒生服务现实的政治追求。礼仪是儒学的核心内容，鲁地儒生尤其重礼，而礼仪制度的特点是遵守古制。叔孙通擅长礼仪，当然明白礼仪源自周制，但叔孙通更知道礼仪的功能是规范尊卑秩序，只要

[①] ［汉］班固：《汉书》卷四十三《叔孙通传》，北京：中华书局，1962年，第2126—2127页。

能够规范尊卑秩序，至于是否符合古礼倒是次要的，不存在什么遵守古制问题，事实上，也不存在一成不变的礼制。所以说"五帝异乐，三王不同礼。礼者，因时世人情为之节文者也。故夏、殷、周礼所因损益可知者，谓不相复也"，从而"颇采古礼与秦仪杂就之"。这是典型的古为今用！尤其值得注意的是持这种看法的不仅仅是叔孙通一个人，而是大多数儒生。叔孙通到鲁地征召32个儒生，只有两个人不愿意随行。这随行的30个儒生，是同意叔孙通儒学发展观的：根据现实需要，改变儒学传统。在新的历史形势下，再坚守什么传统，只能是食古不化的"鄙儒"了。这一类的"鄙儒"经过秦汉鼎革的洗礼，变得少而又少了。

从制度上说，汉承秦制。刘邦时代，法律上依然禁止私人藏书和讲学，秦朝"以吏为师，以法为教"的法条在汉初继续存在，虽然在朝野一片过秦声浪中，许多成为具文。然而，禁令既然存在，随时都有可能成为官家钳制思想的工具。中央高层虽然无视禁止诗书的律条，地方政府和基层官吏则未必。因为汉初地方基层官吏相当一部分是秦朝故吏，他们的职责是依法办事，只要法条存在，他们就有可能依法执行。而刘邦一方面因为文化水平的限制，意识不到文化建设和意识形态问题；一方面忙于稳定内外政局、巩固刘家江山，终其一生，在文化建设方面没有什么作为，对如何治国并没有什么明确的指导思想，只是鉴于战乱之后民生凋敝的现实，停止了秦朝的滥事徭役、酷苛百姓而已。刘邦听取了陆贾的分析，赞赏有加，群臣对陆贾也推崇不已，知道了仁义之道、德政无为对于治理天下的意义，但并不明白陆贾《新语》的思想价值。直到曹参接替萧何出任相国以后，最高统治集团才明确以黄老无为治理天下，真正地开始了古今所艳称的黄老时代。汉惠帝四年三月，"省法令妨吏民者；除挟书律"①，最终消除了学术传播的法律障碍，学者们从不同层面开始探讨治国理民之道。

如所周知，汉初推行黄老政治，其特点是无为，但是，这个无为是相对于秦朝的滥事徭役和思想控制而言，是就国家控制社会弱于秦朝而言。若就思想学术来说，西汉前期远非无为，而是大有为、大解放、大发展。黄老学说姑且不论，儒家、法家、阴阳家、纵横家等都因为思想禁锢的解除而活跃，著书立说、课徒授众，先秦学统得以延续，大有子学复兴之势。②

思想者的思维方式、思考内容、思考目的决定于思想环境。统一已经成为现实，也就成为思想家们思考问题的出发点和归宿，探讨巩固统一之道是知识分子的共同话题。这是西汉前期学术特点。其形而上者是究天人之际、通古今之变，在哲学层面探究现实的合理性；其形而下者则是讨论具体的理民之法，解决现实问题的具体措施。即使是像战国时代那样从事学理的讨论和传承的学者，也在默默地根据现实需要阐释自己的理论。无论是儒家、阴阳家、法家，还是黄老，在继续学统的同时都不约而同地把学术和现实政治紧密结合，服务现实。在这一历史过程中，儒家走在了时代最前沿。儒生们的历史使命感和社会责任感，要求他们思考现实问题，根据现实需要，从事理论创新。对此，只要对贾谊、贾山思想稍加留意就不难明白。

---

① ［汉］班固：《汉书》卷二《惠帝纪》，北京：中华书局，1962年，第90页。
② 关于汉初诸子余续复兴及演变情况，参见侯外庐等：《中国思想通史》第二卷，北京：人民出版社，1957年，第56—63页。

贾谊是西汉前期儒生新生代的代表，有着强烈的使命感和责任感，对刘家江山忠心耿耿，虽然对现实当政集团的文化特点认识不足，但是其讨论的问题无一不是当务之急。贾谊主要活动是在文帝时期，其时，社会经济经过近30年的休养生息有所恢复和发展，各种社会矛盾也逐渐凸显出来。在"过秦"的前提下，贾谊提出一系列改弦易辙的政治主张，如改正朔、易服色是为了使汉家的政统和道统相一致；对匈奴的威胁、诸侯王势力的膨胀、农民的苦难困境等问题的分析，也都是现实最为迫切的问题。贾谊认为，现实社会的各个领域，无论是治国理政，还是人们日常生活，皆须按"礼"行事，以建立上下尊卑分明的等级秩序。贾谊所提出的应对之策皆是基于客观形势的清醒认知，虽然有些书生气，但是其可操作性、思想上的启发性是毋庸置疑的，大部分主张被后世执政者付诸实践或者部分地付诸实践。贾山和贾谊同时，在"过秦"名义下，对黄老政治下滋生的新问题，提出过具体的建议，其主张的思想理路和贾谊毫无二致，为避免重复，同时限于讨论主旨，不予展开。

对贾谊、贾山的主张稍加留意就不难发现，其主张均以儒家思想为理论指导，所言内容大都是具体的现实问题，提出的解决方案是就事论事，属于"器"的层面，继续着陆贾、叔孙通等儒者"时变"的路径为汉家政治建设出谋划策，由先秦以理想裁量现实、追求三王之道的理想主义者转变为立足现实、解决现实问题的现实主义者。他们尚没有在学理上把儒学和汉家政治结合起来，还缺少理论高度，因而在理论层面难以和黄老思潮相对抗。这就需要从理论高度，进一步论证强化君权、加强中央集权的神圣性，为具体主张披上神圣外衣，使理论变成现实政治的工具,使儒学成为汉家的治国思想。为此,需要对先秦儒学予以系统改造升级,完成这一任务的是董仲舒。

三、董仲舒与经学时代的开启

董仲舒在景帝时为博士,明晰汉初统治思想以及以陆贾、贾谊、贾山等为代表的士人主张和功臣集团之间的矛盾冲突。他对黄老政治之下积累的社会矛盾有着清楚的认识,对各利益集团、中央与地方矛盾、周边各族特别是匈奴对中原的威胁洞若观火,深知要改变这一切,首先要统一认识,要以儒家思想为正宗,于是"治《公羊春秋》,始推阴阳,为儒者宗"①。即在阴阳五行思想指导之下,通过《公羊春秋》微言大义的阐发,把孔子之儒学改造为维护汉家统治之新儒学。这体现在如下几个方面:

第一,借助天的力量,提出系统的天人相合、天人感应说,论证汉家统治的合理与永恒,以春秋公羊学取代汉初以来的思想多元状态。天人感应学说并非董仲舒首创,在《尚书》《左传》《国语》《诗经》等先秦典籍中多有其说,先秦诸子如墨家学说等,曾明确提出天有赏善罚恶的功能,阴阳家的五德终始说则完全以天人感应为基础。董仲舒的突破是在理论层面综合以往天人感应说,明确提出"天人一也"②。这是我国古代"天人合一"这一神学化哲学命题的由来。董仲舒明确地认为天是

---

① [汉]班固:《汉书》卷二十七上《五行志上》,北京:中华书局,1962年,第1317页。
② [汉]董仲舒:《春秋繁露·阴阳义》,苏舆:《春秋繁露义证》,北京:中华书局,1992年,第341页。

有意志、有思想的百神之君，天制造了人，人之为人本于天，人间社会秩序是上天制定，君臣、父子、夫妇的尊卑关系犹如天地、阴阳、四时那样不可更改，"君臣、父子、夫妇之义，皆取诸阴阳之道。君为阳，臣为阴；父为阳，子为阴；夫为阳，妻为阴。阴道无所独行。其始也不得专起，其终也不得分功，有所兼之义"。一切都要服从"阳道"，故"王道之三纲，可求于天"。① 纲常伦理由天定，无论是人君还是普通平民的行为是否符合纲常伦理，上天都会有所反应："美事召美类，恶事召恶类，类之相应而起也。如马鸣则马应之，牛鸣则牛应之。帝王之将兴也，其美祥亦先见；其将亡也，妖孽亦先见。"② 君违背君道，臣子有劝谏职责，根据就是天意，即上天的各种警示。这一天人感应、天人合一的理论体系，使儒学成为天意的体现，论证了君权神授，明确了君臣之道，确定了王纲独断的神圣性。③

第二，确立孔子为"素王"，论证孔子为汉家之师。"素王"之称首见于《庄子·天道》："虚静恬淡寂漠无为者，天地之本……以此处下，玄圣素王之道也。"《史记·殷本纪》谓伊尹受汤之聘以后，曾向汤王进说"素王及九主之事"。这里的素王均指无王之爵称而具有王之道德才干的人。有王之爵称者未

---

① ［汉］董仲舒：《春秋繁露·基义》，苏舆：《春秋繁露义证》，北京：中华书局，1992年，第350—351页。
② ［汉］董仲舒：《春秋繁露·同类相动》，苏舆：《春秋繁露义证》，北京：中华书局，1992年，第358页。
③ 关于董仲舒"天人感应""天人合一"的分析，学界论述甚多，代表性论著可参阅侯外庐等：《中国思想通史》第二卷第三章，北京：人民出版社，1957年；黄朴民：《天人合一——董仲舒与汉代儒学思潮》，长沙：岳麓书社，1999年。

必有王之道德才干，故而素王更加受人仰慕效仿，君王更应向素王学习。在庄子和司马迁的笔下，素王并无确指，是一个政治的、道德的概念。① 董仲舒则第一次把孔子称为"素王"，把《春秋》称为"素王之文"，并明确提出这"素王之文"就是天意的体现，谓"孔子作《春秋》，上揆之天道，下质诸人情，参之于古，考之于今。故《春秋》之所讥，灾害之所加也；《春秋》之所恶，怪异之所施也。书邦家之过，兼灾异之变，以此见人之所为，其美恶之极，乃与天地流通而往来相应，此亦言天之一端也"②。孔子作《春秋》就是明确新王之治国方向和指导思想，《春秋繁露·玉杯》云："《春秋》之序道也，先质而后文，右志而左物。……是故孔子立新王之道，明其贵志以反和，见其好诚以灭伪。"《春秋繁露·三代改制质文》亦谓："《春秋》上绌夏，下存周，以《春秋》当新王。""以《春秋》当新王"就是以《春秋》作为新兴之王的治国纲领，汉家是应命的新王，自然要按《春秋》之道行事。董仲舒在对汉武帝第二道策问时云："孔子作《春秋》，先正王而系万事，见素王之文焉。"③《春秋》"垂空文以断礼义，当一王之法"④。"先正

---

① 《庄子·天道》的"素王"和《史记·殷本纪》所记载的伊尹向商汤王所言"素王及九主之事"的"素王"相同，均是理想中的圣王概念，并无确指。有的论者把《庄子·天道》的"玄圣素王"解为老子和孔子恐有未确，相关论述，参见张默生：《庄子新释》，济南：齐鲁书社，1993年，第326页。
② [汉]班固：《汉书》卷五十六《董仲舒传》，北京：中华书局，1962年，第2515页。
③ [汉]班固：《汉书》卷五十六《董仲舒传》，北京：中华书局，1962年，第2509页。
④ [汉]司马迁：《史记》卷一百三十《太史公自序》，北京：中华书局，1959年，第3299页。司马迁受学于董仲舒，倾心于公羊春秋，引壶遂语说孔子"垂空文以断礼义，当一王之法"当承于董仲舒，起码在体系上是一致的。

王"即给新王指出正确的为王之道,"为人君者,正心以正朝廷,正朝廷以正百官,正百官以正万民,正万民以正四方"①。王之正道就是以礼义断曲直,礼义的核心是德治与刑罚的结合,德主刑辅。曲直之断是否符合天意,《春秋》之微言大义都有所暗示,臣子之责就是准确领会《春秋》的微言大义以劝谏天子。

第三,系统论证大一统是《春秋》之道的核心,新王之政的核心就是上应天命、下顺人心,实现、巩固大一统。首先,从统一思想开始。思想统一、是非标准统一,百姓才能明白何去何从。董仲舒谓:"《春秋》大一统者,天地之常经,古今之通谊也。今师异道,人异论,百家殊方,指意不同,是以上亡以持一统;法制数变,下不知所守。臣愚以为诸不在六艺之科孔子之术者,皆绝其道,勿使并进。邪辟之说灭息,然后统纪可一而法度可明,民知所从矣。"② 这就是著名的春秋大一统论。孔子之言、孔子之道是唯一符合天意之道,其他学说均为"邪辟",只能扰乱人心。董仲舒说的"诸不在六艺之科孔子之术者,皆绝其道,勿使并进"并不是禁止"诸不在六艺之科孔子之术者"在社会上传播,而是在官方教育系统包括地方官吏教化百姓在内,只能以"六艺之科孔子之术"为准,同时作为选官标准。《汉书·艺文志》所列"六艺略"中,除"六经"外,还包括《论语》《孝经》与小学著作,大抵即是"六艺之科孔

---

① [汉]班固:《汉书》卷五十六《董仲舒传》,北京:中华书局,1962年,第2502—2503页。
② [汉]班固:《汉书》卷五十六《董仲舒传》,北京:中华书局,1962年,第2523页。

子之术"的范畴。① 汉武帝只为"五经"设置博士官,《论语》《孝经》与小学未列学官,但《论语》《孝经》与小学是学子进入太学必备的知识。这在当时尤其具有针对性和实践意义。汉初以来各家学说的兴起,从中央到地方都有使人莫之所从之感,任何一项变革,都有人以各种理由提出异议,即使社会问题、国家威权问题、边疆治理问题等交织在一起,错综复杂,急需改变,也因为思想认识不统一、找不到突破口,而举步维艰。董仲舒之论,为汉武帝打开政治局面提供了理论根据。

第四,以"天变"为依据,提出"更化"说。董仲舒明确指出:"道之大原出于天,天不变,道亦不变,是以禹继舜,舜继尧,三圣相受而守一道,亡救弊之政也,故不言其所损益也。繇是观之,继治世者其道同,继乱世者其道变。今汉继大乱之后,若宜少损周之文致,用夏之忠者。"② 治国之道定于天,符合天意,天则不变;反之,天变即表明治国之道偏离了天道,就要纠偏变政以符合天道。尧、舜、禹为大治之世,故而不存在变的问题;而继乱世者则要有"救弊之政",要改变治国之道,使之符合天道。"汉继大乱之后",大乱的根源是周"上文"之不足,须"更化"而后回到大禹时代的治世。大禹时代的治世是什么样子,孔子说不清楚,董仲舒也说不清楚,但有

---

① 需要指出的是,"六艺"所代表的是"古者王官之旧""王教之典籍",自孔子删定、整理"六经"后,儒家成为"六艺"的主要传习者,但并非仅有儒家传习,墨家、黄老、道家、名家,甚至法家等,皆时时称引"六经"文字。"六艺之科",是指以传承、研习、阐发"六艺"为治学旨趣的学术分类;"孔子之术",在汉时往往称作"周孔之道",而非后世的"孔孟之道",它主要是以《论语》《孝经》为主的学术内容,不包括孟子、荀子之学。
② [汉]班固:《汉书》卷五十六《董仲舒传》,北京:中华书局,1962年,第2518—2519页。

一点是肯定的，就是要"更化"，不能使汉初以来积累的各种矛盾继续下去。这为汉武帝内事兴作、外事征伐提供了理论依据。

第五，发掘《春秋》笔法，以孔子之名提出"义不讪上，智不危身"的立世格言。《公羊春秋》的特点是发掘《春秋》微言大义，通过对《春秋》字词句章的阐释，说明孔子对历史、现实的看法，供后人学习、弘扬孔子之道，掌握《春秋》笔法。但是，公羊高还没有从理论高度予以学理性总结，指导后人如何处理思想与实践，平衡个人主张与现实权势之间的关系，也就是如何从孔子那里学习处理"道"与"势"的关系，而这恰恰是君权神授、君权独尊时代任何一个儒生必须处理好的头等大事。

如所周知，孔子以恢复三代礼乐为理想，倾毕生精力为实现自己理想而奔走，是为大义，为后世传人作出了榜样。曾子、孟子也以人格独立为时人和后世所敬仰。他们著书立说，奔走呼号，批评时政，是为了实现其社会理想，而不是论证现存权力秩序的合理性。在他们心目中，只有他们的理念才代表社会发展方向，人君应该按照他们的学说去治理国家，而不是相反。他们是人君的师友，而不是俯首听命的臣子；学而优则仕，仕而行其学，不能为禄位而放弃自己的理想。但是，经过秦汉鼎革的儒生们明白，在大一统时代，皇权不容侵犯，理想必须服从现实！这就需要论证现实皇权神圣以得到皇权对儒学支持的同时，为儒生们撮供思想服务于现实的理论支持，也就是将先秦时代"道高于势"调整为"道事于势"提供正义依据。针对这一现实，董仲舒创造性地提出了"义不讪上，智不危身"的八字箴言，认为这是孔子遵守的行为准则。董仲舒阐释说，孔子把鲁隐公到鲁哀公总共12个国君的历史分为3个层次记述，即"《春秋》分十二世以为三等，有见，有闻，有传闻"①。孔子生活的哀、定、昭三世是"有见"之世；襄、成、文、宣四世距孔子生活的时代相近，是"有闻"之世；僖、闵、庄、桓、隐距孔子之世一个比一个远，是"传闻"之世。因为历史上的人物事件随着时间的远近而对后世影响有别，对孔子自身命运的影响也不同，故孔子以区别对待的态度表达自己的褒贬："于所见微其辞，于所闻痛其祸，于传闻杀其恩，与情俱也。"② 即对那些距离较远的国君行为，把自己的好恶褒贬表达得直接一些；对那些相距较近的国君行为，把自己的好恶善否表达得隐晦些；至于自己经历过的人和事，因直接牵涉自己的身家命运就要"微其辞"了。这就是"近近而远远，亲亲而疏疏也"，"贵贵而贱贱，重重而轻轻也"。《春秋繁露·楚庄王》云：

> 然则《春秋》，义之大者也。得一端而博达之，观其是非，可以得其正法。视其温辞，可以知其塞怨。是故于外，道而不显，于内，讳而不隐。于尊亦然，于贤亦然。此其别内外、差贤不肖而等尊卑也。义不讪上，智不危身。故远者以义讳，近者以智畏。畏与义兼，则世逾近而言逾谨矣。此定哀之所以微其辞。以故用则天下平，不用则安其身，《春秋》之道也。

---

① [汉]董仲舒：《春秋繁露·楚庄王》，苏舆：《春秋繁露义证》，北京：中华书局，1992年，第9页。
② [汉]董仲舒：《春秋繁露·楚庄王》，苏舆：《春秋繁露义证》，北京：中华书局，1992年，第10页。

为尊者讳，为亲者讳，为贤者讳，在公羊家笔下是《春秋》笔法。董仲舒精研《公羊春秋》，延续公羊家的思路，谓孔子修《春秋》"于外，道而不显，于内，讳而不隐。于尊亦然，于贤亦然。此其别内外、差贤不肖而等尊卑也"，并无特别深刻之处。不同的是，董仲舒把《春秋》别尊卑、序上下、差贤不肖看作孔子明哲保身的体现，以分春秋为"三世"，是遵循"义不讪上，智不危身"准则的实践，是为了保身，才"远者以义讳，近者以智畏。畏与义兼，则世逾近而言逾谨矣"。孔子是否如此，我们姑且不论，但董仲舒此论提出了如何处理理想追求与现实权势需求之间矛盾的准则——"义不讪上，智不危身"，"义"与"智"相统一，即要根据君权需要，为其所当为，为其所能为！对先秦以来儒家学术传统在理论上进行了修正，对儒生的社会角色予以新的定位。

在君权独尊时代，任何人都是君主的臣仆，儒生自不例外。"义不讪上，智不危身"的提出自然是对儒生历史命运总结的结果。从秦始皇焚书禁学，到汉武帝初期赵绾、王臧等人下狱，因"讪上"而致"危身"的史例太多了。若就此而论，"义不讪上，智不危身"作为一种为官之道、处世哲学而提出，自无什么特别深刻之处，不过是人情世故而已。但是，董仲舒的立足点不止于此。他不是以一个普通学者和官僚从为官之道的角度提出"义不讪上，智不危身"的，而是以一个儒学宗师的身份、通过对《春秋》之道的提炼、以孔子的名义提出的学术原则和政治原则，是"春秋之义"！其历史意义和影响就要广泛而深刻得多，标志着先秦时代"道高于势"到"道事于势"大转变的最终完成，而成为汉家儒生治学、为官的八字箴言，也成为以后历朝历代学者、思想家治学和为官的最高准则，标志着"思想"对权势的主动依附化和臣仆化。

董仲舒的思想学术，学界研究成果丰硕，笔者不避重复之讥，对其作一个简单概括，重点指出其"义不讪上，智不危身"的历史内涵，旨在说明儒学经学化首先以儒生价值观念的自我转化为前提，才使汉武帝"卓然罢黜百家，表章六经"①。其次是儒生由原来被动依附君王转变为主动迎合君王，根据君王需要提供治国之术，实现其利禄目的，使"六艺"成为"经"，成为官学教材，是士人、官僚的治学核心。《论语》是孔子及其弟子的言行录，是孔子思想的集中记录，虽然不在六经之列，却是把握孔子思想的核心，是治国纲要，是士人必读之书，也是帝王重臣必读之书。只是因为《论语》语言直白，说理明确，没有《诗》《书》《易》《礼》《春秋》《乐》那样巨大的发挥空间，而没有列为"经"，但其社会影响、政治影响、学术影响，绝不在六经之下。

从此以后，士人治学，立足于现实政治需要，按照董仲舒的路径，阐释儒家经典，中国学术进入了经学时代。因为依据文本的文字和解经路径、目的不同，而有古文经、今文经之分；因为对经义理解阐释不同，而有家法、师说之别；同一部经典，分为不同门派，《论语》之学亦然，等等，成为汉代学术的基本特色，并深刻地影响此后两千余年的学术发展。

---

① ［汉］班固：《汉书》卷六《武帝纪》，北京：中华书局，1962年，第212页。

第二节　西汉《论语》的广泛传播

秦朝焚书禁学，《论语》自在其间，但博士所藏，不在焚烧之列，民间私藏，亦未罹秦火。汉兴，《论语》遂逐步公开，汉惠帝废除挟书律，《论语》和其他典籍合法传布。而在汉初诸侯王专断王国军国政务的条件下，各诸侯王国纷纷招徕士人，为子学复兴提供新的政治空间。《论语》作为孔子和弟子的言行录，传播迅速，为学人广泛引用。

一、《新语》所见汉初《论语》传播

因资料限制，无法就汉初《论语》的传播情况作出统计式说明。但是，通过陆贾《新语》可以了解《论语》影响之一斑。如：

《新语·道基》："乡党以仁恂恂，朝廷以义便便。"语出《论语·乡党》："孔子于乡党，恂恂如也，似不能言者。其在宗庙朝廷，便便言，唯谨尔。"

《新语·道基》："陈力就列，以义建功。"语出《论语·季氏》："周任有言曰：'陈力就列，不能者止。'"

《新语·道基》:"君子以义相褒,小人以利相欺。"语出《论语·里仁》:"君子喻于义,小人喻于利。"

《新语·术事》:"季孙贪颛臾之地,而变起萧墙之内。"语出《论语·季氏》:"吾恐季孙之忧,不在颛臾,而在萧墙之内也。"

《新语·辨惑》:"昔哀公问于有若曰:'年饥,用不足,如之何?'有若对曰:'盍彻乎?'盖损上而归之于下,则忤于耳而不合于意,遂逆而不用也。"语出《论语·颜渊》:"哀公问于有若曰:'年饥,用不足,如之何?'有若对曰:'盍彻乎?'曰:'二,吾犹不足,如之何其彻也?'对曰:'百姓足,君孰与不足?百姓不足,君孰与足?'"

《新语·慎微》:"颜回一箪食,一瓢饮,在陋巷之中,人不堪其忧,回也不改其乐。"语出《论语·雍也》:"贤哉,回也!一箪食,一瓢饮,在陋巷,人不堪其忧,回也不改其乐。"

《新语·辨惑》:"夫言道因权而立,德因势而行,不在其位者,则无以齐其政,不操其柄者,则无以制其刚。"语出《论语·泰伯》:"不在其位,不谋其政。"

《新语·慎微》:"礼以行之,逊以出之。盖力学而诵《诗》《书》,凡人所能为也。"语出《论语·卫灵公》:"君子义以为质,礼以行之,孙以出之,信以成之。君子哉!"

《新语·慎微》:"孔子曰:'道之不行也。'言人不能行之。故谓颜渊曰:'用之则行,舍之则藏,惟我与尔有是夫。'言颜渊道施于世而莫之用。"语出《论语·微子》:"君子之仕也,行其义也。道之不行,已知之矣。"《论语·述而》："子谓颜渊曰：'用之则行，舍之则藏，惟我与尔有是夫！'"

《新语·本行》："君子笃于义而薄于利，敏于行而慎于言。"语出《论语·学而》："君子食无求饱，居无求安，敏于事而慎于言，就有道而正焉，可谓好学也已。"

《新语·本行》："不义而富且贵，于我如浮云。"语出《论语·述而》："饭疏食饮水，曲肱而枕之，乐亦在其中矣。不义而富且贵，于我如浮云。"

《新语·思务》："孔子曰：'行夏之时，乘殷之辂，服周之冕，乐则《韶》舞，放郑声，远佞人。'"语出《论语·卫灵公》："颜渊问为邦。子曰：'行夏之时，乘殷之辂，服周之冕，乐则《韶》《舞》。放郑声，远佞人。'"

《新语》是陆贾为刘邦总结秦所以失天下、汉所以得天下的12篇奏章的汇集。陆贾每上奏一篇，刘邦莫不拍手称善，群臣高呼万岁。陆贾引经据典，说明逆取顺守之理，得到了满朝文武的赞同。就思想内容而言，学者或以为陆贾是新道家的代表，或以为是杂家传人，或以为是汉代新儒家的开山人，各有依据。从学术史的角度看，无论属于哪一家哪一派，陆贾政治理论的核心是儒家则无疑问，对《论语》或者直接引用，或者间接引用，或者化其义而用之。该书12篇，据以上不完全统计，引用《论语》者就有十数条。

陆贾是楚人，对《论语》的研读是秦统一前后的事情。陆贾知道在刘邦取天下的过程中，奢谈《诗》《书》《论语》对刘邦没有意义，故直到刘邦称帝，面临如何巩固统治的时候，陆贾才据以分析逆取顺守之理，使得孔子之学得到刘邦及军功出身的公卿们的认可。这一方面说明秦朝焚书，不可能抹去士人对《论语》的记忆，相反，固化了《论语》等儒家经典的社会影响；另一方面使《论语》等正式获得朝堂的认可。此时叔孙通通过定朝仪，已使100多名弟子以及从曲阜征召的儒生入朝为官。这些儒生出身的官僚自然地承担起在朝堂传播《论语》的责任。

西汉实行郡国并行制，汉初诸侯王国有着相当的独立性，和"汉"是国与国的关系，百官设置、宫室仪制和汉相同，除太傅、相国由皇帝任命之外，王国百官均由诸侯王自行任命。朝廷公卿出自军功，以丰沛集团为核心，公卿属吏也多选自军功。他们尽管认为陆贾说得有道理，也山呼万岁，但限于文化水平和个人经历，对《论语》等儒家学说没什么兴趣。诸侯王国则不同，除由中央任命的相国等数人出身军功之外，其余大都是士人出身。在当时条件下，发展国力、谋取个人利益最大化是王国君臣共同目的，那些中央仕进无门的士人大多集中在诸侯王国，为诸侯王国谋发展、壮声势。所谓汉初"子学复兴"主要是就诸侯王国而言，儒生尤其活跃，儒家典籍的传播在诸侯王国迅速兴起。因而，在这一政治背景之下，《论语》以其经典的语言、明白的道理，迅速传播开来。孔子有云："君子之德风，小人之德草。草上之风，必偃。"[1] 朝廷和诸侯王国对《论语》的认可与引用，自然促进《论语》在民间传播。

---

[1] 《论语·颜渊》，杨伯峻：《论语译注》，北京：中华书局，1980年，第129页。

二、《论语》文本与传授

在简牍时代，典籍文献辗转抄写，或者口授记录，不同地域之间，因语音有异，所录文字难免不同，简编错乱亦在所难免。因而不同地域的学者集团，所传自然有别。秦朝虽然"书同文"，但焚书之后，民间藏书得以完整保存者有限，而官方藏书又遭战火之灾。因此，可以推断，汉初流传之《论语》多为民间私藏，篇章多少、文字差异，一时之间难以统一。《汉书·艺文志》载其事云：

> 《论语》古二十一篇。出孔子壁中，两《子张》。
> 《齐》二十二篇。多《问王》《知道》。
> 《鲁》二十篇，《传》十九篇。
> 《齐说》二十九篇。
> 《鲁夏侯说》二十一篇。
> 《鲁安昌侯说》二十一篇。
> 《鲁王骏说》二十篇。
> 《燕传说》三卷。
> 《议奏》十八篇。石渠论。
> 《孔子家语》二十七卷。
> 《孔子三朝》七篇。
> 《孔子徒人图法》二卷。
> 凡《论语》十二家，二百二十九篇。

《艺文志》是班固以刘向、刘歆父子的《七略》为基础而作，

《论语》版本与传承是西汉末年的总结。西汉初年《论语》文本要比《七略》《艺文志》复杂得多。根据《艺文志》，西汉末年《论语》总计12家229篇，其文本有三：所谓"《论语》古二十一篇。出孔子壁中"，即出自孔子旧居墙壁中以先秦古文字书写的《论语》，亦即一般所说的《古论》；"《齐》二十二篇"，即一般所说的《齐论》；"《鲁》二十篇"，即一般所说的《鲁论》。这《古论》《齐论》《鲁论》是为汉代《论语》的三大系统。从《论语》阐释而言，有《传》《说》《议奏》《传说》四种形式，是对《论语》的解说和评议；其流传因地域而有齐、鲁、燕之别。《孔子家语》晚出，所录内容多有后人托言；《孔子三朝》《孔子徒人图法》早佚，内容不详，但从西汉学术背景分析，系汉人伪造；因为这三部书和孔子相关，而并入《论语》一类，但三者不能视为《论语》文本依据。

　　所谓《古论》即以战国文字书写的《论语》。汉初，儒家典籍多由儒生凭借记忆以流行文字记录，统称今文，《鲁论》《齐论》都是今文文本，因为以齐、鲁地区传播而得名。① 与此同步，民间献书之路开启，战国典籍陆续问世。《汉书·景十三

---

① 对《齐论》《鲁论》形成时间，学者有不同看法，或认为是古文《论语》面世之后形成。参见郭沂：《〈论语〉源流再考察》，《孔子研究》1990年第4期。陈东：《关于定州汉墓竹简〈论语〉的几个问题》，《孔子研究》2003年第2期。本稿采用通行观点，因为从汉初到古文本面世，学者著述引用《论语》者甚多，除上举陆贾《新语》之外，贾谊《新书》、董仲舒《春秋繁露》以及奏议也多引用《论语》。而汉初儒生多集中在齐鲁地区，除叔孙通所召为鲁儒生之外，曹参治齐所召也有儒生，"参尽召长老诸生，问所以安集百姓，如齐故诸儒以百数，言人人殊，参未知所定"。因诸儒和曹参所思不合而未予采纳，后以盖公之"言治道贵清静而民自定"治齐（《史记》卷五十四《曹相国世家》），是为黄老之治。这些儒生首要要掌握的就是《论语》，这是《鲁论》《齐论》的形成基础。

王传》云：

> 河间献王德以孝景前二年立，修学好古，实事求是。从民得善书，必为好写与之，留其真，加金帛赐以招之。繇是四方道术之人不远千里，或有先祖旧书，多奉以奏献王者，故得书多，与汉朝等。是时，淮南王安亦好书，所招致率多浮辩。献王所得书皆古文先秦旧书，《周官》《尚书》《礼》《礼记》《孟子》《老子》之属，皆经传说记，七十子之徒所论。其学举六艺，立《毛氏诗》《左氏春秋》博士。修礼乐，被服儒术，造次必于儒者。山东诸儒多从而游。

刘德在景帝二年（前155）为王之后，重金搜求民间藏书，以"《周官》《尚书》《礼》《礼记》《孟子》《老子》之属"为主，"皆经传说记，七十子之徒所论"，数量和汉朝廷相差无几，同时立《毛氏诗》《左氏春秋》博士，加以整理研究。这些图书有的是当时流行文本，有的则是"先祖旧书"，当包括古文文本在内，《左氏春秋》就是古文抄写即后来的古文经。"七十子之徒"即孔子后学，所传之书包括《论语》篇章，也属于古文文本。王充《论衡·正说》有云："汉兴失亡，至武帝发取孔子壁中古文，得二十一篇，齐、鲁、河间九篇，三十篇。"[①] 这30篇都是古文《论语》。"齐、鲁、河间九篇"指的是刘德所得9篇，合计30篇。

---

① 北京大学历史系《论衡》注释小组：《论衡注释》第四册，北京：中华书局，1979年，第1598页。

孔壁之书，是指景帝子鲁恭王刘余在孔子旧居的墙壁中发现的以先秦文字抄写的文献，故称为古文。刘余在景帝二年封为淮阳王，次年徙封鲁王，治曲阜，"恭王初好治宫室，坏孔子旧宅以广其宫，闻钟磬琴瑟之声，遂不敢复坏，于其壁中得古文经传"①。景帝在位16年（前157—前141），刘余享王28年，于武帝元朔二年去世（景帝二年即前155年封淮阳王，次年即前154年徙封鲁王，去世在武帝元朔二年即前127年），其"好治宫室"在为鲁王之"初"，是景帝时事，则其得孔子壁中书最晚是武帝初年事。所得"古文经传"之"传"即《论语》21篇。当时流行的今文《齐论》22篇，《鲁论》20篇，两书合并为21篇，与孔壁书篇目可能相同。

就文本流传而言，西汉前中期的《论语》，无论是《齐论》还是《鲁论》以及其他传、说，都是今文文本。因为无论是河间9篇，还是孔壁中的21篇，都藏在秘府之中，在社会上流传甚少。直到刘向、刘歆父子受命整理皇家藏书，包括《论语》在内的古文典籍才得以系统传布。在察举选官、明经取士已经制度化的背景下，《论语》是儒生必读书，也可以说是儒生的启蒙之书，治经首先从读《论语》开始。在刘向校书之前，社会上流传的是今文文本。

元帝时黄门令史游曾作蒙学读物《急就篇》，有"宦学讽诗孝经论，春秋尚书律令文"②之语。《急就篇》是为了满足现实

---

① ［汉］班固：《汉书》卷五十三《景十三王传》，北京：中华书局，1962年，第2414页。
② ［汉］史游撰，［唐］颜师古注：《急就篇》，王云五主编：《丛书集成初编》第1052册，上海：商务印书馆，1936年，第289—290页。

官私教学需要而编撰，把现实必需的知识条理化和系统化，以其鲜明的现实性、百科全书式的内容、浅显易懂的表述、极具实用性的知识，满足社会需求。此书一经问世即迅速流行，远非以往蒙学读物、识字课本可以比拟。《急就篇》将《论语》列为蒙学必读之书，说明《论语》早已为社会所认可，已经普遍化。此时古文本《论语》还在秘府之中，还没有经过系统整理，社会上流传的只能是今文文本，或《齐论》，或《鲁论》。《汉书·艺文志》说"汉兴，有齐、鲁之说"之"汉兴"指的是汉兴以来，也就是从汉初至西汉后期古文经兴起，社会上流传的主要是《齐论》和《鲁论》。

《汉书·艺文志》对《齐论》《鲁论》传承有概括叙述：

> 传《齐论》者，昌邑中尉王吉、少府宋畸、御史大夫贡禹、尚书令五鹿充宗、胶东庸生，唯王阳名家。传《鲁论语》者，常山都尉龚奋、长信少府夏侯胜、丞相韦贤、鲁扶卿、前将军萧望之、安昌侯张禹，皆名家。张氏最后而行于世。

按《艺文志》，汉代传《齐论》者有王吉、宋畸、贡禹、五鹿充宗、庸生等。宋畸、五鹿充宗、庸生行状不详，《汉书》人物传中有零星记述，均为宣帝、元帝时期人物。王吉、贡禹均为西汉后期重要官僚和学者。

王吉，《汉书》有传，字子阳，琅邪皋虞（今山东即墨东北）人，少好学明经，以郡吏举孝廉为郎，昭帝时举贤良为昌邑王刘贺中尉，以直言敢谏著称。刘贺嗣位为帝，在位27日，因昏乱违礼被废,"昌邑群臣坐在国时不举奏王罪过,令汉朝不闻知,又不能辅道,陷王大恶,皆下狱诛。唯吉与郎中令龚遂以忠直数谏正得减死,髡为城旦"。宣帝即位,王吉为博士、谏大夫,上疏劝诫宣帝"承天心,发大业,与公卿大臣延及儒生,述旧礼,明王制,驱一世之民济之仁寿之域",不要以天子之尊"期会簿书,断狱听讼而已"。① 王吉主张与宣帝"霸王道杂之"的治国思想冲突,为宣帝疏远,遂托病辞官。元帝好儒,即位伊始即征王吉,但王吉年老,病逝于途中。本传谓王吉兼通《五经》,能为驺氏《春秋》,以《诗》《论语》教授,好梁丘贺说《易》,在为昌邑中尉时即以讲授《齐论》擅名,给刘贺讲授的主要是《论语》。刘贺被废,后被贬为海昏侯,徙豫章(今江西南昌),携带经籍主要是《论语》,海昏侯墓出土《论语》残篇是为证明。刘贺应该是受王吉影响而将《论语》携带左右,并作为陪葬品之一。

贡禹,《汉书》有传,字少翁,琅邪(今山东诸城)人,以明经洁行著闻,宣帝时先为博士、凉州刺史,因病免官;后以贤良为河南令,因事辞官。元帝时为谏大夫,直陈时弊甚多,卒于御史大夫任。《汉书·贡禹传》载贡禹上书多引《论语》,如:

"《论语》曰:'君子乐节礼乐。'"颜师古注:"《论语》称孔子曰'益者三乐,乐节礼乐,乐道人之善,乐多贤友'

---

① [汉]班固:《汉书》卷七十二《王吉传》,北京:中华书局,1962年,第3062—3063页。

也。"（语出《论语·季氏》）

"'当仁不让'，独可以圣心参诸天地，揆之往古，不可与臣下议也。"（"当仁不让"四字，语出《论语·卫灵公》）

按《艺文志》，传《鲁论》者有六位，分别是常山都尉龚奋、长信少府夏侯胜、丞相韦贤、鲁扶卿、前将军萧望之、安昌侯张禹。龚奋、鲁扶卿事迹不详，其余四人《汉书》有传。

夏侯胜，鲁（今山东曲阜）人，其父夏侯始昌通《五经》，以《齐诗》《尚书》教授，是董仲舒之后的大儒，深受武帝看重，任昌邑王刘髆（武帝少子、刘贺父亲）太傅。夏侯胜幼承家学，诸经兼通，尤明阴阳灾异，与霍光、张安世等废黜刘贺、拥立宣帝，官长信少府，爵为关内侯。宣帝时，因批评武帝"虽有攘四夷广土斥境之功，然多杀士众，竭民财力，奢泰亡度，天下虚耗，百姓流离，物故者半。蝗虫大起，赤地数千里，或人民相食，畜积至今未复"，反对宣帝在郡国为武帝立庙，以"非议诏书，毁先帝，不道"罪名下狱。在狱中依然讲经不绝，后大赦，为谏大夫给事中、长信少府，"受诏撰《尚书》《论语说》，赐黄金百斤。年九十卒官，赐冢茔，葬平陵"。夏侯胜以明经术为官，常谓诸生曰："士病不明经术；经术苟明，其取青紫如俯拾地芥耳。学经不明，不如归耕。"① 夏侯胜长于阴阳灾异，所撰《论语说》即以阴阳灾异为指导，是今文经的典型特色。

---

① ［汉］班固：《汉书》卷七十五《夏侯胜传》，北京：中华书局，1962年，第3156—3157、3159页。

韦贤，字长孺，鲁国邹（今山东邹城东南）人，出身儒学世家，通《礼》《尚书》，以教授《诗》闻名，为人质朴少欲。武帝时征为博士，号称邹鲁大儒，"给事中，进授昭帝《诗》，稍迁光禄大夫詹事，至大鸿胪"。宣帝初即位，"贤以与谋议，安宗庙，赐爵关内侯，食邑。徙为长信少府。以先帝师，甚见尊重。本始三年，代蔡义为丞相，封扶阳侯，食邑七百户"。地节三年（前67）以老病致仕，开丞相致仕先例，成为定制，"年八十二薨，谥曰节侯"。其四个儿子均通经为官，少子韦玄成官至丞相，故邹鲁谚曰："遗子黄金满籯，不如一经。"①

萧望之，字长倩，东海兰陵（今山东兰陵西南）人，徙杜陵（今陕西西安东南），家世以田为业，至望之，好学，治《齐诗》，事同县后仓，以令诣太常受业，复事同学博士白奇，又从夏侯胜问《论语》《礼服》，京师诸儒所称颂。以射策甲科为郎，累迁谏大夫，后代丙吉为御史大夫，左迁太子太傅，以《论语》《礼服》授皇太子。甘露三年（前51），主持石渠阁会议，评议儒生对《五经》同异的意见。宣帝病重，望之为前将军光禄勋，受遗诏辅政。元帝即位，萧望之以师傅深受敬重，后遭弘恭、石显等陷害，饮鸩自杀，年逾六旬。传其《论语》著名者有朱云。朱云，《汉书》有传，字游，先世鲁人，后徙平陵，本是五陵少年，以好勇斗狠出名，"年四十，乃变节从博士白子友受《易》，又事前将军萧望之受《论语》，皆能传其

---

① ［汉］班固：《汉书》卷七十三《韦贤传》，北京：中华书局，1962年，第3107页。

业"①，元帝时官至御史大夫。

三、《张侯论》的普及与《古论》

《汉书·艺文志》谓张禹所传之《鲁论》影响最大，是为《张侯论》，其他文本包括《齐论》逐步为《张侯论》所覆盖。

张禹，《汉书》有传，字子文，原籍河内轵（今河南济源东南），其父亲迁徙莲勺。张禹少年游荡，成年至长安游学，从沛郡施雠受《易》，从琅邪王阳、胶东庸生学《论语》，学有所成即课徒授众，举为郡文学。宣帝甘露年间因朝中诸儒推荐，为太子太傅萧望之所重，试为博士。元帝即位，受诏为太子刘骜即后来的汉成帝讲授《论语》，任光禄大夫。成帝即位，迁诸吏光禄大夫，秩中二千石，给事中，和大将军王凤共同领尚书事，实际上是外戚王氏集团之外朝官系统的领袖。张禹处处谦让王氏，在朝廷权力之争中得完其身。河平四年（前25），代王商为丞相，封安昌侯。为相六年以老病致仕，仍以列侯朝朔望，位特进，见礼如丞相，置从事史五人，益封四百户，前后赏赐以千万计。

张禹以治《论语》著名，为官三朝，致仕之后，仍然以特进为天子师，国家每有大政，必与定议，表面谨厚为人，内里敛财殖货，有泾、渭膏腴之地四百顷；门生遍布朝野，著名者如淮阳彭宣官至大司空，沛郡戴崇官至少府九卿，子孙均为高官。因其帝师加丞相的身份，习其所讲《论语》可获进身之阶，故"诸儒为之语曰：'欲为《论》，念张文。'由是学者多从张

---

① ［汉］班固：《汉书》卷六十七《朱云传》，北京：中华书局，1962年，第2912页。

氏，余家浸微"①。后世《论语》文本即源于此。

  《张侯论》之所以后来居上，逐渐取代其他文本，一是因为其帝师身份，所用文本是元帝、成帝认可阅读的钦定文本。史称"初，禹为师，以上难数对己问经，为《论语章句》献之"。这《论语章句》是元帝、成帝相继使用过的，起码朝中儒生无论以前使用的是什么文本，对此都不敢有异议。二是张禹所献《论语章句》具有综合诸家的优点，是经过比较、择善而从的文本。本来，无论《齐论》还是《鲁论》，以及同一文本不同经师的解说虽各有特点，都大同小异。但因为在经学背景下强调遵守师说，不能随便采用不同的解说；有的则是因为讯息限制，不了解其他文本的具体内容，无从比较，只能按照老师所传。张禹以其特殊的身份和条件，学兼数家，不拘一说，"始鲁扶卿及夏侯胜、王阳、萧望之、韦玄成皆说《论语》，篇第或异。禹先事王阳，后从庸生，采获所安，最后出而尊贵"。张禹学《论语》从《齐论》开始，并因此获誉，"琅邪王阳、胶东庸生问《论语》，既皆明习，有徒众，举为郡文学"②。而后研习《鲁论》，《齐》《鲁》兼修，诸家并举，无论是篇目，还是文本解说，详加比较，择善而从，定为善本，所谓"采获所安"即指此。而之所以由《齐》入《鲁》，最后以《鲁》为主，而被列为《鲁论》大家，大约鲁地是孔子故乡，鲁地儒生更具有孔子之学的正统性。

  其实，《齐论》《鲁论》之间，本无天堑，二者之分，是当

---

① ［汉］班固：《汉书》卷八十一《张禹传》，北京：中华书局，1962年，第3352页。
② ［汉］班固：《汉书》卷八十一《张禹传》，北京：中华书局，1962年，第3352、3347页。

时传播条件限制的无奈结果，就生徒而言，完全应该兼收并蓄。王吉以《齐论》闻名，是《齐论》的代表性学者，其子王骏传其学的同时也习《鲁论》。《汉书·艺文志》有"《鲁王骏说》二十篇"，王骏即王吉之子。这是大一统条件下文化发展的趋势使然。

《古论》传播，《汉书·艺文志》只是间接透露零星信息，谓鲁恭王"得《古文尚书》及《礼记》《论语》《孝经》凡数十篇"之后，孔安国"悉得其书，以考二十九篇，得多十六篇。安国献之。遭巫蛊事，未列于学官"①。这"以考二十九篇，得多十六篇""未列于学官"指《尚书》。孔安国是孔子之后，虽然所献《古文尚书》没有立为官学但仍然以治《古文尚书》显名，对《礼记》《论语》《孝经》应该有所整理和研究。何晏《论语集解》、陆德明《经典释文》均谓孔安国注《论语》21篇，应当是指《古论》，但在当时没有什么影响，至《张侯论》普及以后，更谈不上影响。刘向、刘歆系统整理图书，古文经影响扩大。但刘歆主张立古文博士未果，古文政治影响有限。至新莽代汉，古文才获得和今文同等地位。儒生的拥戴，是王莽代汉的重要原因，但王莽以天命圣王自居，在重儒名义之下，利用天命符瑞以代汉，利用《周礼》以改制，谈不上学术文化；儒生们依附王莽也不是出于学术思想的志同道合，而是为了仕途。故新莽时代，和政治疏远的古文《论语》淹没在一片喧嚣之中，只能在民间私相传授。

---

① ［汉］班固：《汉书》卷三十《艺文志》，北京：中华书局，1962年，第1706页。

第三节　东汉《论语》传播及其特点

东汉经学昌明,是为经学的极盛时期,但经学是政治的产物,随着政治变化而变化。所谓的"极盛"仅仅是就经学发展不同阶段而言,若就东汉来说,经学实际上经历了由鼎盛到衰落的变化过程。东汉一朝,分为前后两期,光、明、章、和四帝为前期,可以称之为经学的鼎盛时期;从安帝到东汉灭亡为后期,则是经学的衰落时期。这个"鼎盛"与"衰落"的轴心是经学与政治关系的变化,核心是通经入仕是否通达及其对学术风习的影响。

东汉前期,帝王重视儒术,通经是入仕的必要前提;后期随着外戚宦官专政,吏治黑暗,察举制度异化,选非其人,通经入仕受阻,博士倚席不讲,经书束之高阁,从中央到地方,士子游学,周流天下,相互标榜,品评人物,清议谈论为事,以谋仕途。尽管随着世家大族兴起,经术作为世家大族维系社会地位、提高声望的手段,诸多世家大族仍然治经不懈,有众多经学大家、儒宗地主,但经学不可挽回地处于衰落过程中。不仅昔日之师说家法、章句之学不再,经师们的治学旨趣也发生了转向——由儒学而兼黄老,并将黄老神格化,既催发道教的产生，也开玄学之先河。东汉后期士人的学术转向及道教形成与玄学发生等，不在本书叙述之列。本节内容仅限于《论语》的研究和传播。这要先从东汉经学盛衰及其原因说起。

一、东汉经学的盛与衰

刘秀太学生出身，熟悉儒学，目睹众多儒生为了仕途，曾为王莽代汉摇旗呐喊，明白要复兴汉室、重建并巩固刘氏王朝，首先要在思想舆论上恢复刘氏统治的正统性，必须得到儒生支持，给儒生以政治出路的同时，将儒生、儒学置于皇权绝对控制之下。因而，立国伊始即推崇儒学、以经治国。史称"光武中兴，爱好经术，未及下车，而先访儒雅，采求阙文，补缀漏逸。先是四方学士多怀协图书，遁逃林薮。自是莫不抱负坟策，云会京师，范升、陈元、郑兴、杜林、卫宏、刘昆、桓荣之徒，继踵而集。于是立五经博士，各以家法教授，《易》有施、孟、梁丘、京氏，《尚书》欧阳、大小夏侯，《诗》齐、鲁、韩，《礼》大小戴，《春秋》严、颜，凡十四博士，太常差次总领焉"。建武五年（29），"修起太学，稽式古典，笾豆干戚之容，备之于列，服方领习矩步者，委它乎其中"①。即使战火纷飞，也经常亲执讲筵，"每旦视朝，日仄乃罢。数引公卿、郎、将讲论经理，夜分乃寐"。为表示崇儒，光武帝还极力礼敬孔子及其后人，"封殷后孔安为殷绍嘉公""使大司空祠孔子""封孔子后志为褒成侯"②。明帝即位，"坐明堂而朝群后，登灵台以望云

---

① ［南朝宋］范晔：《后汉书》卷七十九上《儒林列传上》，北京：中华书局，1965年，第2545页。
② ［南朝宋］范晔：《后汉书》卷一《光武帝纪》，北京：中华书局，1965年，第85、38、40、63页。

物，祖割辟雍之上，尊养三老五更。飨射礼毕，帝正坐自讲，诸儒执经问难于前，冠带缙绅之人，圜桥门而观听者盖亿万计。其后复为功臣子孙、四姓末属别立校舍，搜选高能以受其业，自期门羽林之士，悉令通《孝经》章句，匈奴亦遣子入学。济济乎，洋洋乎，盛于永平矣！"① 重儒成为建武、永平故事的一大特色，为后世所津津乐道。

纯粹把刘秀父子重儒看作文化建设是肤浅的。《后汉书·光武帝纪》载刘秀治国方针是偃武兴文，"退功臣而进文吏，戢弓矢而散马牛"。"退功臣"即给予开国元勋高爵厚禄而不予典权，"进文吏"即授予儒生以实职实权。放眼刘秀一朝，"功臣并不用"，"列侯唯高密、固始、胶东三侯与公卿参议国家大事"。② 这三人仅以特进身份参与讨论国家大事，并不典权。这"退功臣而进文吏，戢弓矢而散马牛"，体现在制度建设上，就是完善、强化察举制度建设。应劭《汉官仪》云：

> 世祖诏："方今选举，贤佞朱紫错用。丞相故事，四科取士。一曰德行高妙，志节清白；二曰学通行修，经中博士；三曰明达法令，足以决疑，能案章覆问，文中御史；四曰刚毅多略，遭事不惑，明足以决，才任三辅令：皆有孝悌廉公之行。自今以后，审四科辟召，及刺史、二千石察茂才尤异孝廉之吏，务尽实核，选择英俊、贤行、廉洁、

---

① ［南朝宋］范晔：《后汉书》卷七十九上《儒林列传上》，北京：中华书局，1965年，第2545—2546页。
② ［南朝宋］范晔：《后汉书》卷十七《贾复传》，北京：中华书局，1965年，第667页。

平端于县邑，务授试以职。有非其人，临计过署，不便习官事，书疏不端正，不如诏书，有司奏罪名，并正举者。"①

"四科取士"本来是"丞相故事"②，也就是丞相选拔官僚的制度。刘秀鉴于"方今选举，贤佞朱紫错用"予以重申，同时规定对选举不实的处罚措施，凡违反规定、名实相悖，一经发现，应举者和举主同罪。这是"进文吏"的制度表现，针对的就是中央和地方选"文吏"过程中可能发生的徇私舞弊。公卿大臣、郡县长吏有具体的察举任务。建武十二年诏："三公举茂才各一人，廉吏各二人；光禄岁举茂才四行各一人，察廉吏三人；中二千石岁察廉吏各一人，廷尉、大司农各二人；将兵将军岁察廉吏各二人；监察御史、司隶、州牧岁举茂才各一人。"③ 这"三公举茂才各一人，廉吏各二人"云云是岁举常制，茂才、四行面向社会，不拘吏民，廉吏则在现任官吏中选举。其目的，一是全面贯彻偃武兴文的治国理念，尽快消解战争惯性对政治秩序的影响；二是把思想统一到汉室复兴正当性的理路上来，说明王莽代汉的荒谬，同时在制度层面将儒学纳入治国的轨道之中；三是强化君权。

"退功臣而进文吏"之于强化君权的内涵是全方位的。就经学与政治建设而言，突出的体现是儒生文吏化：经师一经为官就不再是经师，而是"吏"，不再以课徒传经、议经论事为业，

---

① ［南朝宋］范晔：《后汉书》卷一百一十四《百官志一·太尉》李贤注引，北京：中华书局，1965年，第3559页。
② 所谓"丞相故事"，据卫宏《汉旧仪》是指汉武帝元狩六年事。
③ ［南朝宋］范晔：《后汉书》卷一百一十四《百官志一·太尉》，北京：中华书局，1965年，第3559页。

变成了彻头彻尾的职业官僚,以"吏职"为天职,无条件地服从上意,按照规程,行使权力,完成岗位职责;不能自以为掌握圣人之言而指点江山、批评现实,更不能非议圣意。否则,即追究责任。桓谭因为对刘秀动辄以谶纬说事表示不满,公开表示"不读谶",被以"非圣无法"的罪名,"将下斩之"。① 后贬为六安郡丞,死于就职途中。建武初,朱浮任执金吾,见"帝以二千石长吏多不胜任,时有纤微之过者,必见斥罢,交易纷扰,百姓不宁",于建武六年上疏劝谏云"间者守宰数见换易,迎新相代,疲劳道路。寻其视事日浅,未足昭见其职,既加严切,人不自保,各相顾望,无自安之心。有司或因睚眦以骋私怨,苟求长短,求媚上意。二千石及长吏迫于举劾,惧于刺讥,故争饰诈伪,以希虚誉",指出"物暴长者必夭折,功卒成者必亟坏,如摧长久之业,而造速成之功,非陛下之福也"。② 申屠刚见"时(光武年间)内外群官,多帝自选举,加以法理严察,职事过苦,尚书近臣,至乃捶扑牵曳于前,群臣莫敢正言",申屠刚"每辄极谏,又数言皇太子宜时就东宫,简任贤保,以成其德,帝并不纳"。③《后汉书·第五伦传》称光武"承王莽之余,颇以严猛为政,后代因之,遂成风化"④。范晔曾总结其时之政风云:"建武、永平之间,吏事刻深,亟以谣言单

---

① [南朝宋]范晔:《后汉书》卷二十八上《桓谭传》,北京:中华书局,1965年,第961页。
② [南朝宋]范晔:《后汉书》卷三十三《朱浮传》,北京:中华书局,1965年,第1141—1142页。
③ [南朝宋]范晔:《后汉书》卷二十九《申屠刚传》,北京:中华书局,1965年,第1017页。
④ [南朝宋]范晔:《后汉书》卷四十一《第五伦传》,北京:中华书局,1965年,第1400页。

辞，转易守长。故朱浮数上谏书，箴切峻政，钟离意等亦规讽殷勤，以长者为言，而不能得也。所以中兴之美，盖未尽焉。"①华峤谓刘秀、明帝执政有汉宣帝之风，云："世祖既以吏事自婴，帝尤任文法，总揽威柄，权不借下。值天下初定，四民乐业，户口衣食滋植，断狱号居前世之十二。中兴已来，追踪宣帝。夫以钟离意之廉法，谏诤恳切，以宽和为首。以此推之，斯亦难以德言者也。"② 但细察之下，刘秀和宣帝有着质的不同。

如所周知，元帝在做太子时，"见宣帝所用多文法吏，以刑名绳下，大臣杨恽、盖宽饶等坐刺讥辞语为罪而诛，尝侍燕从容言：'陛下持刑太深，宜用儒生。'宣帝作色曰：'汉家自有制度，本以霸王道杂之，奈何纯任德教，用周政乎！且俗儒不达时宜，好是古非今，使人眩于名实，不知所守，何足委任！'"③宣帝所说的"霸王道杂之"体现在用人上就是文法吏和儒生并用，因为儒生"不达时宜，好是古非今，使人眩于名实，不知所守"，以治事而论，不如文法吏。在这里，儒生和文法吏是两个群体，宣帝根据实际需要，有的用儒生，有的用文法吏，更多的则是使用文法吏，霸道和王道是两条线，交叉运用。刘秀并不是因为儒生"不达时宜，好是古非今"而不用儒生，而是在任用儒生的同时，严格地课以吏职，凡不称职者、违法者一律严惩不贷，是"吏化"儒生。《后汉书·韦彪传》谓："世承

---

① ［南朝宋］范晔：《后汉书》卷七十六《循吏列传》，北京：中华书局，1965年，第2457页。
② 周天游：《八家后汉书辑注》，上海：上海古籍出版社，1986年，第512页。
③ ［汉］班固：《汉书》卷九《元帝纪》，北京：中华书局，1962年，第277页。

二帝（光武帝、明帝）吏化之后，多以苛刻为能。"① 宣帝说的"霸王道杂之"是文法吏和儒生并用，而刘秀则是把儒生变为文法吏，明帝继续其父传统。这"吏化"二字，含义丰富而深刻：通儒大家也好，普通书生也罢，无论曾是帝王之师还是帝王之友，入仕之后，君臣名分确定，即丧失其原来儒生身份，成为君主之臣，只能尽臣子之责，失去了昔日评议现实的自由！如果要保持些许自由、不屑于吏事或者吏事能力有限，只好避而不仕。这是当时隐逸之风兴起的根本原因。不过，在君王看来，儒生的避而不仕、归隐山林，对汉家统治仍不安全，因为异端思想在民间传播，亦不利于统治的稳定，也要予以控制，起码是要有效干预，遂有再三礼请之举。通过反复礼请表达慰勉之意，既对归隐表示尊重，也让隐者明白庙堂的要求，告诉隐居山林者要有清醒的自我认识：不为官、不任"吏事"值得嘉许，但不能成为汉家统治的异己力量。史不绝书的对隐逸、独行者的礼聘，是庙堂和山林之间的沟通方式，庙堂虽高、山林再远，沟通渠道是畅通的，二者的默契是无声的！

"学而优则仕"是孔子主张，但孔子"仕"的目的是行其"学"，其"学"不行，则弃衣冠如敝屣。这也是战国时代儒生价值观的基本特质。自汉武以降，仕而求其禄成为时代主流。班固曾概括地指出："自武帝立《五经》博士，开弟子员，设科射策，劝以官禄，讫于元始，百有余年，传业者浸盛，支叶蕃滋，一经说至百余万言，大师众至千余人，盖禄利之路然也。"②

---

① ［南朝宋］范晔：《后汉书》卷二十六《韦彪传》，北京：中华书局，1965年，第918页。
② ［汉］班固：《汉书》卷八十八《儒林传》，北京：中华书局，1962年，第3620页。

这"禄利之路然也"可谓一语道破了西汉儒学兴盛的原因和儒生的价值追求。西汉末年，儒生支持王莽，把王莽打扮为救世主，固然是谶纬迷信使然，认为王莽真的是应命之主，更多的则是因为长期的入仕无门而急于当官。王莽看到了这一点，毫不吝啬地向儒生开放"禄利之路"的大门。不过，王莽给予儒生的只是一张画饼，加之新朝命短，大多数儒生梦碎，弃王莽而去，以待明主。刘秀了解儒生、经师的追求，也了解经师们坚守其"经义"的目的，更明晰经术之于汉家政治建设的重要，"退功臣而进文吏"的同时亲执讲筵，要儒生们明白经义的标准答案是"圣意"。就儒生而言，为臣的目的已经达到，自然唯圣意是从。明帝时"诸儒执经问难于前"形象地说明了经师们对圣意的态度，并且认为这才是君臣同心、以经治国的常态，故有"济济乎，洋洋乎，盛于永平矣"。至章帝，"大会诸儒于白虎观，考详同异，连月乃罢。肃宗亲临称制，如石渠故事"。这就是著名的白虎观会议，今文、古文一并参加，分歧大者，由章帝圣裁，讨论结果由班固笔录整理为《白虎通义》。这《白虎通义》（又名《白虎通》《白虎通德论》）是根据圣意颁布的经义的标准答案。"又诏高才生受《古文尚书》《毛诗》《穀梁》《左氏春秋》，虽不立学官，然皆擢高第为讲郎，给事近署，所以网罗遗逸，博存众家"，从而在国家层面结束了今古文之争。和帝即位，"亦数幸东观，览阅书林"。[①]"览阅书林"的目的在于考察经师们讲学著述交往情况，了解经师动态，是否符合圣

---

① ［南朝宋］范晔:《后汉书》卷七十九上《儒林列传上》，北京：中华书局，1965年，第2546页。

意，而不是到东观去看书。以皇帝之尊，"览阅书林"是不必到东观的。博士也好，"讲师"也罢，以及太学生们，自然是沐浴在浩荡皇恩之下，发自内心地按照官家需要传承经义。何以如此？"禄利之路然也"！

正因为经学兴盛以仕进为前提，仕进之路的阻塞必然导致经学衰落。"邓后称制，学者颇懈。""安帝览政，薄于艺文，博士倚席不讲，朋徒相视怠散，学舍颓敝，鞠为园蔬，牧儿荛竖，至于薪刈其下。"顺帝虽然扩大太学规模，太学生至三万余名，然"游学"而已，"章句渐疏，而多以浮华相尚，儒者之风盖衰矣"。[1] 为什么？就是因为外戚宦官执政，通经入仕受阻。太学学风是国家学风的风向标，"博士倚席不讲"，太学生以"交游"为目的，"多以浮华相尚"，经学之衰落可以想见。

其实，就学术发展而言，"吏化"儒生已经预示着经学衰落的必然性。通经入仕，通经是入仕的工具，入仕之后首先是履行吏职，经学至多变成"经术"——"事君"与"治民"之术。无论是名重一方的大儒还是寂寂无闻的生徒，大多不以治学为志业，在掌握了必要的经学知识以后，即专心于为官之道。王充对此曾有分析：

> 世俗共短儒生，儒生之徒，亦自相少。何则？并好仕学宦，用吏为绳表也。
>
> 世俗学问者，不肯竟经明学，深知古今，忽欲成一家

---

[1] ［南朝宋］范晔：《后汉书》卷七十九上《儒林列传上》，北京：中华书局，1965年，第2546—2547页。

章句。义理略具，同趋学史书，读律讽令，治作情奏，习对向，滑习跪拜，家成室就，召署辄能。徇今不顾古，趋仇不存志，竞进不案礼，废经不念学。是以古经废而不修，旧学暗而不明，儒者寂于空室，文吏哗于朝堂。①

"好仕学宦"是普遍现象，名为"学问"，并"不肯竟经明学"，学得一点皮毛就"趋学史书"。这个"史书"指的是各种公文文体及其传递程序，指"读律讽令，治作情奏"等事。这是经学鼎兴时期的事情。在"博士倚席不讲"、外戚宦官交替专权时期，察举成为外戚宦官专权的工具，通经与仕进两分，经学衰微是历史的必然。不过，作为儒学的基本典籍，无论经学盛与衰，通经与仕进关系如何，《论语》传播均已经高度社会化，普及程度远远超过西汉。清末学者朱彝尊《经义考》著录东汉《论语》学者有刘辅《论语传》、包咸《论语章句》、何休《论语注训》、郑众《论语传》、马融《论语解》、郑玄《论语注》《古文论语注》《论语释义》、麻达《论语注》、周氏《论语章句》，计8家10种。唐晏《两汉三国学案》所列《论语》名家有包咸、包福、周氏、王尊、尹敏、范升、刘辅、贾逵、郑众、何休、马融、荀爽、盍氏、毛氏、郑玄、麻达，共16家。可见东汉《论语》传习谱系的明晰与广泛。

二、《论衡》所见《论语》的传播与特点

王充，字仲任，会稽上虞（今浙江上虞）人，生于光武帝

---

① ［汉］王充：《论衡·程材》，黄晖：《论衡校释》，北京：中华书局，1990年，第533、538页。

建武三年（27），卒于和帝永元年间，享年70余岁。据《论衡·自纪》和《后汉书》本传，王充出身"细族孤门"，祖父王汎、父亲王诵"以贾贩为事"，因与豪门结怨由钱唐（今属浙江杭州）迁居上虞。"为小儿，与侪伦遨戏，不好狎侮。侪伦好掩雀、捕蝉、戏钱、林熙，充独不肯。"六岁学识字，"八岁出于书馆，书馆小僮百人以上，皆以过失袒谪，或以书丑得鞭。充书日进，又无过失"。① "后到京师，受业太学，师事扶风班彪。好博览而不守章句。家贫无书，常游洛阳市肆，阅所卖书，一见辄能诵忆，遂博通众流百家之言。后归乡里，屏居教授。仕郡为功曹，以数谏争不合去。"李贤注引《袁山松书》谓："充幼聪朗。诣太学，观天子临辟雍，作《六儒论》。"②《自纪》谓"辞师受《论语》《尚书》，日讽千字"③，即在太学师从班彪而言。王充是东汉前期思想家，也是汉代最具批判精神的思想家，以其超群的理性和"疾虚妄"精神，著述终身，除了《论衡》，还有《讥俗》《政务》《实论》《养性》诸书，而以《论衡》传世。

王充生活的时代，是全面清除王莽影响、恢复汉家正统的时代。所谓拨乱反正，既有着"解王莽之繁密，还汉世之轻法"④的政治经济内容，也有着消除王莽据以代汉的"汉家尧

---

① [汉]王充：《论衡·自纪》，黄晖：《论衡校释》，北京：中华书局，1990年，第1187—1188页。
② [南朝宋]范晔：《后汉书》卷四十九《王充传》，北京：中华书局，1965年，第1629页。
③ [汉]王充：《论衡·自纪》，黄晖：《论衡校释》，北京：中华书局，1990年，第1188页。
④ [南朝宋]范晔：《后汉书》卷七十六《循吏列传》，北京：中华书局，1965年，第2457页。

后，有传国之运"① 等神学内容，目的是要将天命控制在巩固刘氏皇权者手中。但是，要将西汉后期兴起的谶纬神学、今文与古文之争统一于预定轨道，是一项复杂庞大的工程，在学术上必须正本清源。对此，王充有着切身的感受，《论衡·正说》云：

> 儒者说五经，多失其实。前儒不见本末，空生虚说；后儒信前师之言，随旧述故，滑习辞语，苟名一师之学，趋为师教授，及时蚤仕，汲汲竞进，不暇留精用心，考实根核。故虚说传而不绝，实事没而不见，五经并失其实。

五经"多失其实"的体现，一是经文文本在传播过程中以讹传讹，二是在解说过程中，固守"一师之学"。原因在于"及时蚤仕，汲汲竞进"，导致"虚说传而不绝，实事没而不见"。五经是经学核心，五经如此，作为孔子思想核心记录的《论语》更不例外。《论衡·正说》云：

> 说《论》者，皆知说文解语而已，不知《论语》本几何篇；但知周以八寸为尺，不知《论语》所独一尺之意。夫《论语》者，弟子共纪孔子之言行，敕记之时甚多，数十百篇，以八寸为尺，纪之约省，怀持之便也。以其遗非经，传文纪识恐忘，故但以八寸尺，不二尺四寸也。汉兴失亡，至武帝发取孔子壁中古文，得二十一篇，齐、鲁、河间九篇，三十篇。至昭帝读二十一篇，宣帝下太常博士。

---

① ［汉］班固：《汉书》卷七十五《眭弘传》，北京：中华书局，1962年，第3154页。

> 时尚称书难晓,名之曰传,后更隶写以传诵。初,孔子孙孔安国以教鲁人扶卿,官至荆州刺史,始曰《论语》。今时称《论语》二十篇,又失齐、鲁、河间九篇。本三十篇,分布亡失,或二十一篇,目或多或少,文辞或是或误。说《论语》者,但知以剥解之问,以纤微之难,不知存问本根篇数章目。温故知新,可以为师,今不知古,称师如何?①

王充在说明《古论》《齐论》《鲁论》文本由来的同时,阐释了两个问题:一是《论语》传播的普遍化。《论语》是儒生必读的入门书,属于"传"类,不同于"经",故而不像"经"那样用三尺简(按周制"八寸为尺",五经实际书写在二尺四寸简上),而是用一尺简抄写,以"纪之约省,怀持之便"。这说明《论语》在当时是随身携带之书,可视为史游《急就篇》的实践样本。二是生徒学习《论语》,不分今古文之别、篇章之异,也不留意原文文字是否错讹,只关心师说解读,了解大意而已。

王充是思想家,诸子百家的学说都是其思想源泉。他以儒家思想为主干,集诸家之长、辨认识之非,疾虚妄、求真知,比较分析而后从。无论是《论衡·自纪》还是《后汉书》本传均表明:王充之学,始于《论语》,对《论语》有着精深的研究。与经学家们固守章句不同的是,王充以通识文意,理解孔子思想的本来含义为旨归。纵览《论衡》一书,引用儒家经典,比比皆是,其中以《论语》频次最高。据笔者不完全统计,直

---

① [汉]王充:《论衡·正说》,北京大学历史系《论衡》注释小组:《论衡注释》第四册,北京:中华书局,1979年,第1598页。

接、间接引用《论语》者120余次,现存《论语》的一半以上见于《论衡》所引,或者作为论证依据,或者作为分析对象。现略以《问孔》篇为例,以见其一斑:

> 孟懿子问孝,子曰:"毋违。"樊迟御,子告之曰:"孟孙问孝于我,我对曰:'毋违。'"樊迟曰:"何谓也?"子曰:"生,事之以礼;死,葬之以礼,祭之以礼。"语出《论语·为政》。
>
> 孟武伯问孝,子曰:"父母,唯其疾之忧。"语出《论语·为政》。
>
> 孔子曰:"富与贵,是人之所欲也,不以其道得之,不居也;贫与贱,是人之所恶也,不以其道得之,不去也。"语出《论语·里仁》。
>
> 孔子曰:"公冶长可妻也,虽在缧绁之中,非其罪也。"以其子妻之。语出《论语·公冶长》。
>
> 子谓子贡曰:"汝与回也孰愈?"曰:"赐也何敢望回?回也闻一以知十,赐也闻一以知二。"子曰:"弗如也,吾与汝俱不如也。"语出《论语·公冶长》。
>
> 宰我昼寝,子曰:"朽木不可雕也,粪土之墙不可圬也。于予,予何诛?"语出《论语·公冶长》。
>
> 子曰:"始吾于人也,听其言而信其行;今吾于人也,听其言而观其行。于予,予改是。"语出《论语·公冶长》。
>
> 子张问:"令尹子文三仕为令尹,无喜色;三已之,无愠色。旧令尹之政,必以告新令尹。何如?"子曰:"忠矣。"曰:"仁矣乎?"曰:"未知,焉得仁?"语出《论语·公冶

长》。

哀公问:"弟子孰谓好学?"孔子对曰:"有颜回者,不迁怒,不贰过,不幸短命死矣!今也则亡,未闻好学者也。"语出《论语·雍也》。

孔子见南子,子路不悦。子曰:"予所鄙者,天厌之!天厌之!"语出《论语·雍也》。

孔子称曰:"死生有命,富贵在天。"语出《论语·颜渊》。

子贡问政,子曰:"足食,足兵,民信之矣。"曰:"必不得已而去,于斯三者何先?"曰:"去兵。"曰:"必不得已而去,于斯二者何先?"曰:"去食。自古皆有死,民无信不立。"语出《论语·颜渊》。

孔子曰:"凤鸟不至,河不出图,吾已矣夫!"语出《论语·子罕》。

子欲居九夷,或曰:"陋,如之何?"子曰:"君子居之,何陋之有?"语出《论语·子罕》。

"君子于言,无所苟矣。"语出《论语·子路》。

子适卫,冉子仆。子曰:"庶矣哉!"曰:"既庶矣,又何加焉?"曰:"富之。"曰:"既富矣,又何加焉?"曰:"教之。"语出《论语·子路》。

子路使子羔为费宰,子曰:"贼夫人之子。"子路曰:"有社稷焉,有民人焉,何必读书,然后为学?"子曰:"是故恶夫佞者!"语出《论语·先进》。

孔子曰:"赐不受命,而货殖焉,亿则屡中。"语出《论语·先进》。

颜渊死，子曰："噫！天丧予！"语出《论语·先进》。

颜渊死，子哭之恸。门人曰："子恸矣！""吾非斯人之恸而为？"语出《论语·先进》。

孔子曰："鲤也死，有棺无椁，吾不徒行以为之椁。"语出《论语·先进》。

蘧伯玉使人于孔子，孔子曰："夫子何为乎？"对曰："夫子欲寡其过而未能也。"使者出，孔子曰："使乎！使乎！"语出《论语·宪问》。

佛肸召，子欲往。子路不说，曰："昔者，由也闻诸夫子曰：'亲于其身为不善者，君子不入也。'佛肸以中牟畔，子之往也，如之何？"子曰："有是言也。不曰'坚乎磨而不磷'？不曰'白乎涅而不淄'？吾岂匏瓜也哉？焉能系而不食也？"语出《论语·阳货》。

公山弗扰以费畔，召，子欲往。子路曰："末如也已！何必公山氏之之也？"子曰："夫召我者，而岂徒哉？如用我，吾其为东周乎？"语出《论语·阳货》。

《问孔》是诘难孔子言论不足之处的专篇，但这并不等于王充否定孔子思想。实际上，王充地地道道地以儒学传人自居。《问孔》是讥时之作，针对的是当时的学风。自经学兴起以来，经师及其门徒神化孔子，将老师所传的孔子言论及其解释奉为神圣的绝对真理，每一个字、每一句话都是绝对正确，不允许有任何怀疑。他们无视孔子言论的具体意境以及内在矛盾之处，不能实事求是地理解孔子言论的准确含义，不过是牵强附会、各自为说罢了。王充有鉴于此，以《论语》为例，列举孔子之言,说明孔子之语及其自身行为也有不合情理甚至是自相矛盾之处,指出不应该把老师所传的孔子之语孤立地看作绝对真理。

就王充之"问"的思想内容而言,不无可商之处,这里不予讨论。需要指出的是,孔子之语,除《论语》一书之外,在其他文献中也不乏记述,其中有不少是不见于《论语》但确为孔子言语者。但在王充看来,《论语》所记可信度最高,最为系统,故《论衡》所列举的孔子言语,无一例外出于《论语》。《论衡》除《问孔》所引25条作为"问"的对象之外,其余各篇引用的上百条多是作为立论的依据。若从《论语》研究史的角度看,所引《论语》之文,对于把握东汉前期《论语》文本具有不可替代的参考意义。限于篇幅,这里不予举证。

王充师从班彪,未云所学之《论语》文本是古文还是今文、《齐论》还是《鲁论》,抑或是《张侯论》。其原因,一方面是王充追求的是"思想",不在于不同文本传承谱系;另一方面是东汉初年所谓今文、古文之争已然淡化。《论语》既然是儒生的入门读物,已经社会化,文本的差异对文意影响甚微,更没有高深玄奥的义理供人们发挥想象。《论语》的古文、今文之别已经淡出学者视野。

《论语》今、古文之别的消弭,在西汉末年已经开始。如包咸,"少为诸生,受业长安,师事博士右师细君,习《鲁诗》《论语》"。王莽末年,天下大乱,乃离开长安,"归乡里,于东海界为赤眉贼所得,遂见拘执。十余日,咸晨夜诵经自若,贼异而遣之。因住东海,立精舍讲授"。刘秀称帝之后,包咸回到故乡,"太守黄谠署户曹史,欲召咸入授其子。咸曰:'礼有来学,而无往教。'谠遂遣子师之"。刘秀敬重包咸的学问和为人,命包咸"入授皇太子《论语》，又为其章句。拜谏议大夫、侍中、右中郎将"，明帝对包咸尊重亦旧，"永平五年，迁大鸿胪。每进见，锡以几杖，入屏不趋，赞事不名。经传有疑，辄遣小黄门就舍即问"。① 这"经传有疑"之"经传"即《论语》及其"章句"。永平八年（65），包咸去世，享年72岁。其子包福继承父业，教授和帝《论语》。按照包咸卒年推算，包咸应该是成帝绥和二年（前7）出生，在长安求学和成名是在王莽时代。当时古文经事实上已经取得了和今文经相同的地位，史籍未明包咸所学《论语》是今文还是古文，就是因为二者边界已经模糊，没有必要专门说明。后世学者，或列为古文，或列为今文，各有证据，又难以周全，原因即在于此。

三、马融、许慎、郑玄的《论语》研究

东汉经学特点是今、古文汇通，训诂是经学家们的基础。所有经学家对《论语》都有相应研究，人物众多，最具代表性的是马融、许慎、郑玄。略述如次，以明基本面貌。

马融，字季长，扶风茂陵（今陕西兴平）人，东汉名将马援族孙，为人貌美善言，才华出众。从关中大儒挚恂游学，博通经籍。安帝永初二年（108），大将军邓骘闻其才名，召为舍人。马融初不应命，客居凉州武都、汉阳一带，后逢羌乱，从邓骘之召，拜为校书郎中，诣东观典校秘书。鉴于"俗儒世士，以为文德可兴，武功宜废，遂寝搜狩之礼，息战陈之法，故猾

---

① ［南朝宋］范晔：《后汉书》卷七十九下《儒林列传下》，北京：中华书局，1965年，第2570页。

贼从横,乘此无备",马融以为"文武之道,圣贤不坠,五才之用,无或可废",于元初二年(115)上《广成颂》讽谏邓太后和邓骘,引起邓氏家族不满,沉滞不迁。安帝即位,出任河间王厩长史,后拜郎中。顺帝即位,以病为郡功曹。阳嘉二年,诏举敦朴,征诣公车,拜议郎,因大将军梁商推荐,任从事中郎,转武都太守。桓帝时为南郡太守,因忤违大将军梁冀,髡徙朔方,"得赦还,复拜议郎,重在东观著述,以病去官"。①

马融出身高门世家,长于音乐,能鼓琴,善吹笛,"达生任性,不拘儒者之节"。以儒术仕进,官至郡守二千石,但政绩乏善可陈,对当时和后世的影响在于经学。其贡献,一是课徒授众,利用其官僚身份,广招生徒,"融才高博洽,为世通儒,教养诸生,常有千数。涿郡卢植,北海郑玄,皆其徒也"。课徒讲经的最大特点是与享乐并举:"居宇器服,多存侈饰。常坐高堂,施绛纱帐,前授生徒,后列女乐,弟子以次相传,鲜有入其室者。"二是博通群经,兼及老庄辞赋,"著《三传异同说》。注《孝经》《论语》《诗》《易》《三礼》《尚书》"②,兼注《列女传》《老子》《淮南子》《离骚》,另外著有赋、颂、碑、诔、书、记、表、奏、七言、琴歌、对策、遗令,计21篇传世。

马融早年读书驳杂,好老庄,羡慕老庄特别是庄子的人生哲学,第一次拒绝做邓骘舍人,并非和邓骘有什么志趣不同,而是嫌舍人地位太低。在客居凉州,尝过战乱所带来的生活困

---

① [南朝宋]范晔:《后汉书》卷六十上《马融传》,北京:中华书局,1965年,第1954、1972页。

② [南朝宋]范晔:《后汉书》卷六十上《马融传》,北京:中华书局,1965年,第1972页。

苦之后，回身投在邓骘门下，理由是"今以曲俗咫尺之羞，灭无赀之躯，殆非老庄所谓也"①。所谓"达生任性，不拘儒者之节"，就是源自庄子，读经、授徒、注经都是为了"达生"，因而其对群经的理解也就通达而不拘门户，对《论语》也是如此。因而，从逻辑上判断，马融所注之《论语》文本，应该不限于经学家们所守的《鲁论》《齐论》《张侯论》，也不一定限于古文或者今文。后世学者或认为马融注释的是古文《论语》，或认为今文《论语》。如何晏、陆德明认为马融所注是《古论》。何晏《论语序》云："《古论》唯博士孔安国为之训说，而世不传。至顺帝时，南郡太守马融亦为之训说。"②陆德明《经典释文·序录》谓："《古论语》者，出自孔氏壁中，凡二十一篇，有两《子张》，篇次不与齐、鲁论同，孔安国为传，后汉马融亦注之。"皇侃在训释何晏《论语集解·序》时则认为"汉有马氏亦注张禹《鲁论》也"，其《论语义疏·自序》云："至汉顺帝时，有南郡太守扶风马融字季长、建安中大司农北海郑玄字康成，又就《鲁论》篇章，考《齐》验《古》，为之注解。"③从历史背景分析，皇侃所持更接近实际。不过，从马融行事风格分析，在主观上，马融可能并不看重今古之别，后人给马融排队，可能有强加古人的嫌疑。

许慎，字叔重，汝南召陵（今河南召陵）人，性淳笃，所著《说文解字》是千古名著。许慎是文字学家，这众所周知，

---

① ［南朝宋］范晔：《后汉书》卷六十上《马融传》，北京：中华书局，1965年，第1953页。
② ［晋］何晏等撰，［清］黎庶昌编：《论语集解》（古逸丛书），上海：华东师范大学出版社，2017年，第5—6页。
③ ［梁］皇侃撰，高尚榘校点：《论语义疏》，北京：中华书局，2013年，第5页。

无须多说。要说明的是，许慎也是一位经学家，而且是一位学通群经、今古兼擅的经学家。史称许慎"少博学经籍，马融常推敬之"，"以《五经》传说臧否不同，于是撰为《五经异义》，又作《说文解字》十四篇，皆传于世"。就当时影响来说，许慎不是以《说文解字》而是以《五经异义》称誉当世，"时人为之语曰：'《五经》无双许叔重。'"[1]

许慎著《说文解字》，是为了训解经文。在许慎看来，理解经文从正确理解文字开始，文字是经义的基础，"文字者，经艺之本"[2]。而文字形、音、义因时而异，古今变化甚大，士人之所以争论不休、各执己见，就是因为不能把握文字的正确含义。这就要对文字的形、音、义正本清源。文字时代越早，越能表达其本来含义，许慎自然地重视古文经，作为训释依据。《说文解字·叙》在叙述文字起源、秦始皇统一文字，"书有八体"及其在汉代的流传和使用状况以后，指出王莽改定古文，给俗儒鄙夫妄说文字、错乱经义提供了方便，需要以正确的古文字正之，云：

及亡新居摄，使大司空甄丰等校文书之部，自以为应制作，颇改定古文。时有六书：一曰古文，孔子壁中书也；二曰奇字，即古文而异者也；三曰篆书，即小篆，秦始皇帝使下杜人程邈所作也；四曰左书，即秦隶书；五曰缪篆，

---

[1] ［南朝宋］范晔：《后汉书》卷七十九下《儒林列传下》，北京：中华书局，1965年，第2588页。
[2] ［汉］许慎：《说文解字·叙》，［清］段玉裁：《说文解字注》，上海：上海古籍出版社，1981年，第763页。

所以摹印也；六曰鸟虫书，所以书幡信也。壁中书者，鲁恭王坏孔子宅，而得《礼记》《尚书》《春秋》《论语》《孝经》，又北平侯张苍献《春秋左氏传》，郡国亦往往于山川得鼎彝，其铭即前代之古文，皆自相似。虽叵复见远流，其详可得略说也。而世人大共非訾，以为好奇者也，故诡更正文，乡壁虚造不可知之书，变乱常行，以耀于世。①

甄丰校定文书，是为王莽代汉制造天命依据，对于孔壁中书改定甚多以合王莽需要，开世人妄改壁中书之先河。流风余韵，至东汉而不绝。要纠正这一不良风习，必须以古文为依据。因而，许慎所著《五经异义》依据古文，所读之《论语》也是古文。《说文》全书引用《论语》30余条，或直接引用，或间接引用。可以说，许慎是东汉研究古论的第一人。

郑玄是东汉经学代表人物，字康成，北海高密（今山东高密）人，生于顺帝永建二年（127），卒于献帝建安五年（200），八世祖郑崇在汉哀帝时官至尚书仆射，进入东汉以后，郑氏家道中落，但仍是地主之家。青年时，郑玄曾为乡啬夫，"常诣学官，不乐为吏"，后至太学受业，以京兆第五元先为师，习《京氏易》《公羊春秋》《三统历》《九章算术》；又从东郡张恭祖受《周官》《礼记》《左氏春秋》《韩诗》《古文尚书》。后以为山东无足问，乃西入关，师事扶风马融。其时马融名重关中，"门徒四百余人，升堂进者五十余生。融素骄贵，玄在门

---

① ［汉］许慎：《说文解字·叙》，［清］段玉裁：《说文解字注》，上海：上海古籍出版社，1981年，第761—762页。

下,三年不得见,乃使高业弟子传授于玄",但郑玄无怨无悔、不卑不亢,"日夜寻诵,未尝怠倦"。马融召集"诸生考论图纬,闻玄善算,乃召见于楼上,玄因从质诸疑义,问毕辞归。融喟然谓门人曰:'郑生今去,吾道东矣。'"郑玄先后游学十余年,回归故乡,"家贫,客耕东莱,学徒相随已数百千人"。第二次党锢祸起,郑玄列为党人,"遂隐修经业,杜门不出"。当时公羊学家何休著《公羊墨守》《左氏膏肓》《穀梁废疾》,批评古文经学;郑玄发《墨守》,针《膏肓》,起《废疾》,反驳何休,"义据通深"。何休看后感叹说:"康成入吾室,操吾矛,以伐我乎!"从此以后,建武以来的今古文之争,画上句号,"由是古学遂明"。黄巾军起,党锢解禁,大将军何进征郑玄,不得已应征。何进对郑玄极尽礼遇之能事,但郑玄"一宿逃去。时年六十,弟子河内赵商等自远方至者数千"。北海相孔融深敬郑玄,屣履造门,"告高密县为玄特立一乡",名为"郑公乡",高大其门,可以容车,名为"通德门"。董卓乱起,徐州牧陶谦待郑玄以师友之礼。建安元年,郑玄自徐州还高密,道遇黄巾数万,"见玄皆拜,相约不敢入县境"。[1] 建安五年,郑玄卒于家。

郑玄平生无意于官场权势,醉心于学术,谓"游学周、秦之都,往来幽、并、兖、豫之域,获觐乎在位通人,处逸大儒,得意者咸从捧手,有所受焉。遂博稽《六艺》,粗览传记,时睹秘书纬术之奥",目标是"述先圣之元意,思整百家之不齐"。一生以治学为乐趣,"注《周易》《尚书》《毛诗》《仪礼》《礼

---

[1] [南朝宋]范晔:《后汉书》卷三十五《郑玄传》,北京:中华书局,1965年,第1207—1209页。

记》《论语》《孝经》《尚书大传》《中候》《乾象历》，又著《天文七政论》《鲁礼禘祫义》《六艺论》《毛诗谱》《驳许慎五经异义》《答临孝存周礼难》，凡百余万言"。[1] 关于《论语》，陆德明谓"郑玄注十卷"，其文本"就《鲁论》、张、包、周之篇章，考之《齐》《古》"[2]。分别指《鲁论》《张侯论》和包咸所传之《论语》，以及《齐论》和《古论》，唯"周"事不详，应是东汉周氏学者所注之《论语》，史籍阙载，难考其详。郑玄博研群经，兼通图纬，著述宏富，是汉学代表，其学术特点是训诂义理相统一，重古文而不拘，是古文经和今文经的大统一，其《论语注》十卷，也是如此。《鲁论》《齐论》《张侯论》是今文，包咸所治学派不明，郑玄"就《鲁论》、张、包、周之篇章，考之《齐》《古》"，则是以今文为主，考之《古论》，说明郑玄治经是择善而从，正是东汉今古文之学趋于统一的历史体现。于是，"郑《论语注》行而齐、鲁《论语》不行矣"[3]，郑氏《论语注》遂成为主流。

---

[1] [南朝宋] 范晔：《后汉书》卷三十五《郑玄传》，北京：中华书局，1965年，第1209、1212页。
[2] [唐] 陆德明撰，张一弓点校：《经典释文》，上海：上海古籍出版社，2012年，第20页。
[3] [清] 皮锡瑞著，周予同注释：《经学历史》，北京：中华书局，2004年，第101页。

第四章
玄学时代的《论语》学

从220年曹丕代汉开始,到589年隋文帝统一南陈,历时369年,是为三国两晋南北朝时期。这一时期是中国历史上大分裂、大动荡,民族矛盾、阶级矛盾尖锐复杂的历史时期,同时是中国文化迅速更新的时期。王朝分裂,门阀垄断权力,豪强纵横地方,皇权不振,国家权力弱化,思想相对自由:佛教传播高歌猛进,其理论系统传入中国并开始融入中国文化;道教由民间走向官方,与佛教争夺世俗权力,于是有人们耳熟能详的佛道之争。在这一时代大势之下,儒学独尊的风光不再,兼融互通成为学术特色,玄学则独领风骚。虽然儒学失去了独尊地位,但统治者尊孔重儒的传统并没有大的改变,制度设计、法律更新、道德伦理继续以儒学为纲,而且儒学在与玄学、佛学的激荡中不断补充新鲜血液,因此,这一时期的儒家经典诠释呈现出丰富多彩的态势,直接影响着《论语》研究。

第一节　魏晋学术思想与《论语》研究

魏晋南北朝是儒家经学相对受冷遇的历史时期。首先，从外部政治环境看，魏晋时期南北幅裂，除西晋短暂统一外，大多数时间都处于分裂割据状态，与儒家崇尚的大一统正恰相反。更重要的是，曹氏篡汉、司马氏篡魏完全弃纲常于不顾，他们登位之后自然无法理直气壮地以儒家纲常理论去要求别人，再加上战乱频仍，经济遭受严重破坏，朝廷无力大规模举办教育，因此，从整体上看，儒学的基本价值观受到了严重质疑，在人们心目中的地位大不如昔；汉代官学体系也没有得到完全恢复，使得儒学的影响大大缩减。其次，从儒学自身发展看，自汉武帝罢黜百家之后，儒学意识形态化，由子学发展为经学，跟随五经博士研习儒家经典者多如过江之鲫。但是，儒学定于一尊其实是一把双刃剑，这固然可以极大地提升儒学的社会地位和影响力，但随着儒学的官学化、经学化，尤其是东汉白虎观会议后，对儒家经典的解释权完全掌握于官方手中，于是儒学义理的吐故纳新越来越困难，也不再接受来自其他学理的质疑和批评，导致自身的学理色彩日益淡薄，换言之，作为一种理论体系的儒学逐渐失去了创新的内在动力。其三，从学术思想史角度看，魏晋时期盛行玄学，玄学以阐释《老子》《庄子》和《周易》为主，注重思辨与分析，与同样擅长义理的佛学有相通之处，两者常彼此激荡、相互熏染，儒学反倒被忽略。汤用彤指出，魏晋佛学中的般若学蔚为流行，名僧名士辈出，"西方教理登东土学术之林，其中关键，亦在乎兹"，甚至隐隐掌握了学术界的话语权，"天下学术之大柄，盖渐为释子所篡夺也"。① 于是，引玄入儒、引佛入儒成为趋势，成为魏晋南北朝《论语》研究的一大特色。

魏晋时期的儒家经典中，除《周易》《论语》外，其他如《春秋》《诗经》《礼记》等均不大受重视，研究者较少。《周易》本是占筮之书，其抽象和神秘性给人以巨大的思辨和哲理展开空间，深受当时人的欣赏。魏晋玄学的代表人物之一王弼尽扫汉代烦琐的象数谶纬之学，从思辨哲学的高度去诠释《周易》，在经学上开创了一代新风。有意思的是，《论语》也同样受到魏晋时人的关注。从数量上看，魏晋南北朝时期的《论语》诠释著作较之汉代明显增多，据朱彝尊《经义考》和历代正史统计，达到84部。究其原因，和《论语》一书语句简短、叙述生动，又是描述作为圣人的孔子的一手资料，符合晋人不喜穷经的阅读和研究旨趣有关。除此之外，还有一个更深层次的原因，在于《春秋》《诗经》《礼记》大多宣扬儒家纲常和忠君理论，正触及统治者不可明说的忌讳处，而《论语》所载孔子的生平言说多体现孝悌二字，正迎合了统治者强调以孝治天下以

---

① 汤用彤：《汉魏两晋南北朝佛教史》，北京：北京大学出版社，2011年，第153、136页。

保持门阀优势的价值取向，因此，魏晋南北朝注释《论语》的学者比肩继踵。

魏晋时期的《论语》学首先是对汉代《论语》研究成果的总结和创新。曹魏陈群著有《论语义说》，王肃撰有《论语注》十卷、《论语释驳》三卷，蜀汉谯周著有《论语注》十卷，孙吴则有虞翻、张昭为《论语》训注，程秉著《论语弼》等。不过上述著作大多亡佚，后世只有部分辑佚本。例如虞翻是会稽余姚（今浙江余姚）人，曾任会稽太守王朗的功曹，后仕孙策，孙权时屡犯颜谏争，后被贬交州而卒。虞姓是江东著姓，会稽"虞、魏、孔、谢"与吴郡"顾、陆、朱、张"并称。虞翻五世家传今文孟氏《易》，推论象数之学，曾经有过"经之大者，莫过于《易》"①之说，因此，虞翻已经亡佚的为《老子》《论语》《国语》训注的著述中，引《易》入《论语》的立场是可以推知的。

不仅如此，这一时期南北分裂、争战不歇，不同学者站在各自的立场阐释己论，加上各种地区性的记载增多，歧义纷出，于是就有学者采取广集诸说、求同存异的集解注经方式，这与汉末以来不拘泥于一家之言、不墨守家法师说的解经方式也相一致，于是《论语》注释的多元化趋势更加明显。具体而言，就是两汉时期《论语》著述的体例多为"说""注"，而魏晋时期以"集解""集注"为主。如卫瓘《集注论语》、崔豹《论语集义》、孙绰《论语集解》、江熙《论语集解》等，大量征引旧

---

① ［晋］陈寿撰，［宋］裴松之注：《三国志》卷五十七《吴书十二·虞翻传》，北京：中华书局，2000年，第977页。

说，集诸家之善，间下己意。其中，对后世影响最大的是魏晋何晏等人所著的《论语集解》，该书不宗一家、兼采诸说，保留了大量汉魏学者解经的观点和内容，对于后人了解汉魏《论语》学乃至经学特色都大有裨益。

何晏与王弼同为正始之音的代表人物，他们以老庄思想糅合儒家经义，推崇儒家的《易》和道家的《老子》《庄子》，倡导虚无为本、自然无为，谈玄析理、盛于洛下，因此，何晏等的《论语集解》尽管兼采诸说，仍然有着较为显著的玄学特色。当然，引玄释儒最为典型、堪称开一代新风的要数王弼，他著有《论语释疑》，探讨礼乐与真性、性与情的关系及其日常运用，开启了道家的本体论与儒家的伦理观念、礼乐制度融合的端绪，成为魏晋学者的主要探讨话题。王弼之后，又有被誉为"王弼之亚"的郭象著《论语隐》《论语体略》，注重义理发挥，尤重用老庄之旨阐释《论语》，或者说借诠释《论语》而构建自己的玄学体系。

玄风炽盛的同时，大乘佛教的奠基之作《般若经》多种译本传入中原，引起士族阶层的研习兴趣。佛教学者和士大夫借用老庄玄学去解释《般若经》，名士若不能谈般若学，则失诸名士风范；名僧若不能言玄学，则失诸名僧身份。这使得印度佛教般若理论与中国玄学思潮逐渐融会贯通。由于中原地区兵燹不歇，佛教徒纷纷选择南下传教译经，佛教在长江流域传播迅速，其注重义理阐发，东晋南朝的涅槃学、地论学、摄论学、成实学、三论学先后流行，盖因于此。佛教与儒学在思想观念层面产生冲突的同时，也在不断地相互吸引和融合。唐代诗人杜牧《江南春》云"南朝四百八十寺，多少楼台烟雨中"，虽有夸张，但的确是南朝江南佛法昌盛的生动写照。只是，这一文学化的描摹，多少遮盖了六朝时期佛学相对注重思辨、义理之风盛行的事实。隋唐时期中国佛教摆脱印度佛教的影响，纷纷开宗立派，创立中国化的佛教宗派，根底在很大程度上在于魏晋南北朝时学者僧侣在佛理领域持续深入的研习和开拓。

  结合个人体悟，撰注义疏以解佛，对儒家经典的诠释也产生了重要影响。儒家学者吸收了佛教徒以义疏解释佛经的方式，即对儒家经典的相关内容详加解说、补充、修正、阐释和发挥，重心在补充和解释旧注。义疏注解体例出现后，很快引入《论语》诠释领域，出现了褚仲都《论语义疏》、刘炫《论语述义》、徐孝克《论语讲疏文句义》和张冲《论语义疏》等著述，后皆不传，"惟皇侃《论语义疏》一书，颇仿佛典疏论体制，确为当时义疏形式之一"[①]，内容方面也玄释并收，有着较为明显的融通色彩。

[①] 张恒寿：《六朝儒经注疏中之佛学影响》，《中国社会与思想文化》，北京：人民出版社，1989年，第390页。

第二节　承汉余绪的《论语》研究

汉代经学，有今文经学和古文经学之分，两派为应付对方的挑战，又互相研究对方的经典而出现合流态势，涌现出融会贯通的大学者，以马融、郑玄等为代表，他们遍注先秦儒家经典，兼采今、古文之说，使得汉代经学呈现出既重文字训诂、又重微言大义的特点。魏晋时期的《论语》研究在一定程度上继续着这一特点，不少学者延续马融、郑玄的《论语》研究风格，既训诂章句，又发挥大义，如曹魏王朗之子王肃。此外，还出现了汇集诸家观点的集解注经方式，以何晏的《论语集解》为代表。

一、王肃的《论语》研究

王肃（195—256），字子雍，东海郡郯县（今属山东临沂）人，三国时期曹魏大臣、经学家。父亲王朗官至曹魏司徒，是经学大家，遍注《周易》《春秋》《孝经》等。王肃少时师从汉末儒家学者宋忠，历官散骑常侍、崇文观祭酒、广平太守、太常、光禄勋等。司马氏得势后，王肃为大将军司马师平定毌丘俭之乱出谋划策，又嫁女给西晋王朝的奠基人之一、逝后追谥为晋文王的司马昭，去世后获赠卫将军。王肃学识渊博、遍注群经，曾为《尚书》《诗经》《三礼》《左氏春秋传》《论语》等儒家经典作注。《隋书·经籍志》著录其作品20余种190余卷，但皆亡佚，马国翰《玉函山房辑佚书》辑录15种21卷，《全三国文》也收录他的各类疏、表、议、书等多篇。

就政治立场而言，王肃有着较为典型的儒家民本传统。王肃一生居庙堂之高，可以说是帝王近臣，也常常上书议政、建言献策，内容多为简宫室、重节俭、轻徭役、安百姓、慎刑罚、重信用等，表现出鲜明的儒者色彩。例如劝阻大司马曹真率军伐蜀汉，劝谏魏明帝顾惜民力，少建宫室、减轻徭役、宽省刑罚，不能过于随意，让民众有更多从事农业生产的时间。又在与魏明帝的讨论中，认为东汉白马令李云露布直谏，固然有偏激之处，但汉桓帝将他处死，表现得不够宽宥。魏明帝认为司马迁受宫刑后心怀怨恨而撰《史记》以诋毁武帝，王肃则认同班固观点，称司马迁为有良史之才，《史记》不虚美、不隐恶，堪称实录，是武帝看完景帝和自己的本纪后心怀不满，后借李陵事处罚司马迁。王肃仕历魏晋，父亲为曹魏重臣，他却与司马氏走得很近，让后世一些正统儒者颇有微词，但综观他的政治主张和学术见识，完全够得上陈寿所说的"亮直多闻"[1] 这四个字的评价，更何况在今人眼中，魏晋两朝就立国而言，很难评判高下。唐贞观年间，唐太宗李世民下令历代先贤先儒22人配享孔子，其中就包括王肃。

---

[1] [晋]陈寿撰，[宋]裴松之注：《三国志》卷十三《魏书十三·王肃传》，北京：中华书局，2000年，第318页。

王肃与其父王朗,在经学领域承两汉余绪,王肃后又总领五经博士,借助司马氏政权的力量,把自己及其父亲的一系列经注都列于学官,在西晋王朝影响极大,直到永嘉之乱后影响才逐步衰微。就治学倾向而言,王肃好汉儒贾逵、马融之学,不喜郑玄之学,他对郑注的批驳较为广泛,对郑玄礼制领域的论述尤为不满,《全三国文》收录他多篇讨论礼制的上书和文章,其中就有反驳郑玄的地方。但就具体内容而言,他的著述同样体现马、郑两位大家的会通特色,即不管今文经学还是古文经学,都汇铸于一炉,因此,王肃的《论语》注也有不少与郑玄一致的地方。如泰伯是孔子非常赞许的人物之一,《论语·泰伯》载他"三以天下让,民无得而称焉",够得上"至德",郑玄注释时,先详细说明泰伯"三让"的过程:主动奔吴越之地采药,周太王(即古公亶父)殁而不返,季历主持丧礼,是为"一让";季历遣人告讣,泰伯不去奔丧,是为"二让";效仿土著居民风俗,断发文身,示不可用,是为"三让",从而得出"三让之美名皆隐蔽不著,故人无得称焉"[1]的结论。郑玄所说的"三让"过程,其实大有可疑之处,王肃却没有提出疑问,他在注《论语》这一句时,虽然没有像郑玄那样详说"三让"过程,但同样称"故泰伯以天下三让于王季,其让隐,故民家无得而称言之者"[2],与郑玄的观点完全一致。

司马炎称帝,士大夫的政治选择和立场就成为一个问题,

---

[1] 《玉函山房辑佚书》所收《论语郑氏注》,《续修四库全书》第1202册,上海:上海古籍出版社,2002年,第719页。
[2] 《玉函山房辑佚书》所收《论语王氏义说》,《续修四库全书》第1203册,上海:上海古籍出版社,2002年,第23页。

他们往往借孔子所提的管仲事齐桓公来表达各家观点。儒家强调纲常伦理，其中君臣之义当然是重点，管仲、召忽辅佐公子纠即齐桓公之兄，公子纠后被齐桓公处死，召忽自尽，而管仲为齐桓公相，并建立起一番功业。《论语·宪问》载子贡对此不理解，询问孔子，孔子则强调，管仲为相，"一匡天下，民到于今受其赐"，自然没有必要和召忽一样自杀了。王肃身为儒学名臣，对此段记载当然重点关注，并给了另一种解释。王肃认为管仲、召忽对公子纠，"君臣之义未正成"，即公子纠尚未登君位，自然不存在君臣名分，因此召忽自尽"未足深嘉"，管仲不死也"未足多非"①，两人的不同选择都说得过去。王肃这样的解释自有其苦心，后人可以理解，毕竟他本人就作出了与管仲相近的选择，但是，他将原因归结于"君臣之义未正成"，当不如孔子所赞誉管仲执政，民受其泽，理由更为冠冕堂皇，更符合儒家民本特色。而且，曹魏与王氏，君臣之名分无疑是成立的，那么王肃这一解释似乎反而陷自己于困境了。

二、兼采众说的《论语集解》

何晏，生年不详，卒于249年，南阳郡宛县（今河南南阳）人，曹魏大臣、玄学家，东汉大将军何进之孙（或为何进弟何苗之孙）。何晏姿仪俊美，面容至白，令魏明帝怀疑为抹粉，典故"傅粉何郎"的主角就是何晏。父亲早逝，母亲尹氏被曹操纳为妾，他也被曹操收养，好老庄之学，娶曹操之女金乡公主。

---

① 《玉函山房辑佚书》所收《论语王氏义说》，《续修四库全书》第1203册，上海：上海古籍出版社，2002年，第24页。

何晏少时就以才名，但言行举止不够沉稳，魏文帝曹丕、魏明帝曹叡均嫌其虚浮，不予重用。到大将军曹爽当政时，何晏受到赏识，累官至侍中、吏部尚书，封列侯，但在曹爽与司马懿的政争中落败，被夷灭三族。

在经学领域，何晏与孙邕、郑冲、曹羲、荀顗诸人共同编撰有《论语集解》，其中何晏当居主导地位。梁任公胞弟梁启雄教授曾指出，作为"今世全帙具存之最古《论语》注本""汉魏两朝研治《论语》集大成之本"的《论语集解》，本为五人共同完成，"而何晏总领其事而裁成之"，这在历史上并非孤例，如宋代《资治通鉴》的作者本为刘攽、刘恕、范祖禹、司马光等，而以司马光总领其事，因此"今之言撰《通鉴》者独举司马光，与言撰集《论语集解》者独举何晏，其例正同也"。① 何晏等在奏进《论语集解叙》时，先概述鲁、齐、古三家《论语》在汉魏之世的发展源流，较之《汉书·艺文志》更为详尽，可以看成第一篇叙述汉代《论语》学发展史的文字。再解释编撰《论语集解》的原因，在于汉人谨守师法、家法，容易导致门户之见，到三国时期政权割据，学者各作训解，诸说并行，遂参订异同，形成风气。但这些训解"所见不同，互有得失"，因此何晏等人"集诸家之善说，记其姓名，有不安者颇为改易，名曰《论语集解》"，即将汉魏诸儒所说集于一书，互参得失、并下己意，成为"集解"之称的滥觞。

历史上何晏以玄学名士著称，但《论语集解》的玄学倾向并不特别强烈，这既和《论语集解》的编撰体例为综合诸家之

---

① 梁启雄：《论语注疏汇考》，《燕京学报》1948 年第 34 期。

说有关，也和《论语集解》并非成于何晏一人之手有关。从内容上看，《论语集解》侧重于对《论语》文义的疏通训释，于文字训诂偶尔为之，或者说抛弃了汉儒烦琐的章句训诂之学。名为"集解"，自然是包罗诸家，汉代孔安国、包咸、马融、郑玄等，三国陈群、王肃、周生烈等的观点均有采择，此外还有"旧说""或说""又一说""一曰"等，如此较为集中地保存了汉魏古注，玄学色彩自然不会过于强烈。《论语集解》于每一句原文，一般只引一位学者的观点，如"君子喻于义，小人喻于利"，下注引"孔安国曰：'喻，犹晓也。'""道不行，乘桴浮于海，从我者其由也与？"下注引"马融曰：'桴，编竹木也。大者曰筏，小者曰桴。'""子路闻之喜"，下注引"孔安国曰：'喜与己俱行矣。'"这种注法简洁明了，也暗示着何晏等人同意所引学者之说。当然也有采用多位学者观点的，上例孔子随后说"由也好勇过我，无所取材"，下注先引"郑玄曰：'子路信夫子欲行，故言好勇过我也。无所取材者，言无所取桴材也。以子路不解微言，故戏之耳也。'"再增加与郑说相异的"一曰：'子路闻孔子欲浮海便喜，不复顾望，故孔子叹其勇，曰过我，无所复取哉。言唯取于己也，古材哉同。'"① 郑玄认为子路未解孔子乘桴浮海只是一句感慨，所以释"材"为"桴材"，认为"无所取材"为孔子戏言；而何晏另引一说，释"材"为"哉"，这就是认为孔子赞赏子路之勇，认同子路跟随之意了。

当然，何晏毕竟是开玄学风气之先的名士，因此《论语集

---

① ［晋］何晏等撰，［清］黎庶昌编：《论语集解》（古逸丛书），上海：华东师范大学出版社，2017年，第62、70—71页。

解》中确实有援老入儒，即用玄学观点发挥孔子微言大义的内容，而且这一类注释，与孔安国、郑玄、马融、王肃等七位学者均无涉，明显是何晏等学者的观点。《论语·雍也》载"有颜回者好学，不迁怒"，下注为："凡人任情，喜怒违理。颜渊任道，怒不过分。"《庄子·骈拇》在肯定现实人生的立场上，提出"任其性命之情"，又在《在宥》篇中提出"安其性命之情"，任道无为则是汉初黄老学说的重要观点，所以这两句都是站在道家立场的诠释。又《论语·公冶长》载"夫子之言性与天道，不可得而闻也"，清代学者钱大昕在《潜研堂文集》卷九《论语答问》中明确指出，郑玄等汉儒对"天道"一词均有明确解释，可释为"吉凶阴阳之道"，圣人有所不知，故称"命也"，而"性与天道"，犹言"性与天合也"。然而，何晏对这些阐释一概弃之，下注为："性者，人之所受以生也；天道者，元亨日新之道也。深微，故不可得而闻也。"[1] 元为始、亨为通，这是以自然日新说天道，实为《周易》化生万物之道，也是《老子》以无为本、隐而无名之道，所以深微不可得闻。可见，何晏在这里完全放弃了汉代儒者的阴阳、灾异之说，转而探求形而上之义理，玄学化的迹象已经清晰可触。

何晏等学者引老庄入儒，深层次原因是当时政权更迭，而儒学本身学理式微，难以解释现实社会中诸多不守纲常名教的行为，于是转向《周易》《老子》《庄子》三书搜求理论奥援，玄学由此而兴。这就引起儒学维护者的严重不满，东晋儒家学

---

[1] ［晋］何晏等撰，［清］黎庶昌编：《论语集解》（古逸丛书），上海：华东师范大学出版社，2017年，第87、76页。

者范宁，就将当时风俗"浮虚相扇，儒雅日替"的原因归咎于王弼、何晏，言辞激烈地指责"二人之罪深于桀纣"。① 清代学者陈澧也有"何注始有玄虚之语"，"自是以后，玄谈竞起"之说。② 但如上所述，细绎《论语集解》，保存汉魏古说者居多，玄学色彩固然有，但并不彰显。故钱大昕专作《何晏论》，有力反驳了范宁之论，称读过何晏的疏奏后，甚至"以为有大儒之风"，如果魏主能用斯言，或"可以长守位而无迁废之祸"，并为世人将何晏打上清谈虚浮的标记而鸣冤："此岂徒尚清谈者能知之而能言之者乎！"对《论语集解》一书，指出："论者又以王、何好《老》《庄》，非儒者之学。然二家之书具在，初未尝援儒以入《庄》《老》，于儒乎何损？且平叔之言曰：'鬻庄躯，放玄虚，而不周于时变，若是，其不足乎庄也。'亦毋庸以罪平叔矣。"③ 钱氏之论，可谓持平中肯。

---

① 《晋书》卷七十五《范宁传》，北京：中华书局，2000年，第1319页。
② [清]陈澧：《东塾读书记》，上海：国学整理社，1936年，第12页。
③ [清]钱大昕：《潜研堂文集·何晏论》，陈文和点校：《嘉定钱大昕全集》第九册，南京：江苏古籍出版社，1997年，第28—29页。

第三节 玄学思潮下的《论语》研究

魏晋玄学是汉末时期清谈演变的产物。东汉末期，宦官、外戚轮流当政，朝政腐败，大批士人仕进无门，于是转而品核公卿、裁量执政，形成党锢之祸。入魏以后，清谈中讥评具体时政的因素渐渐淡出，玄学家们相继引道入儒、引佛入儒，就才性四本、圣人标准、言能否尽意、声有无哀乐以及性情、有与无、本与末、生与死、名教与自然等展开争论，但中心话题集中在天人关系即宇宙本体上。玄学大体上可分为四个发展阶段，开创期称"正始之音"，正始为曹魏齐王曹芳的年号，主要代表人物正是何晏和王弼。第二期为竹林时期，代表人物为阮籍和嵇康等。第三期是西晋元康时期（291—299），元康为晋惠帝司马衷的年号，代表人物是裴頠、郭象。第四时期是玄佛合流时期，两晋时期的佛教发展迅猛，玄学与佛教哲学之间有不少共同话语，东晋以后，借佛谈玄、引玄释佛成为潮流，由此导致玄学与佛学趋向合流。就玄学对《论语》研究的影响而言，何晏《论语集解》开其端，但《论语》学真正意义上的玄学化，是由王弼开启的，如学者王晓毅所指出的："何晏的《论语集解》标志着汉代经学《论语》研究的终结，王弼《论语释疑》则宣告了玄学《论语》研究时代的开始。"① 但如果单从《论语》学发展史的角度看，保存诸多古注的《论语集解》，地位在引领玄学化风气的《论语释疑》之上。此后，《论语》成为魏晋南北朝学者最为关注的典籍之一，玄学化程度也逐步加深。

一、调和儒道的王弼《论语释疑》

王弼（226—249），字辅嗣，曹魏山阳（今河南焦作）人，一说山阳高平（今山东微山）人。出身官僚世家，曾外祖父是东汉末号称"八俊"之一的荆州牧刘表。天资聪明，通辩能言，十余岁即好老子之言，得到当时不少名士的赏识。曹爽秉政时，王弼也得到推荐，但他志向在学术领域，被曹爽认为不谙政务，于是不受重视。249年高平陵政变后，王弼基本上未受牵连，殊为遗憾的是同年遇疾而逝，年仅23岁。这确实是一位不可思议的天才式人物，生命诚如白驹过隙，却为后人留下了《周易注》《周易略例》《老子注》《老子指略》《论语释疑》等具有创见卓识和理论深度的学术著述，堪称当时最有影响的思想家之一，论其人生的短暂和耀眼程度，用流星粲然来形容恐怕是最为恰当的。

王弼以老庄思想为主，建立起体系完备、抽象思辨的玄学哲学，提出了很多新观点、新见解，对后世影响极大。例如王弼在《老子注》第四十章中，注称"天下之物，皆以有为生。有之所始，以无为本"②，不过，王弼所说的无，并非一般意义

---

① 王晓毅：《王弼评传》，南京：南京大学出版社，1996年，第314页。
② ［魏］王弼著，楼宇烈校释：《王弼集校释》，北京：中华书局，1980年，第110页。

上的有无之无，而是指现实世界背后的无形本体，是事物存在的逻辑依据，有形有相的现实世界，不过是这个无形本体的具体体现。王弼"贵无论"提出后，影响所及，朝野上下竞谈虚无，直到裴颁著《崇有论》加以批判，提出无不能生有，有系自生。从这个意义上说，魏晋玄学以前的中国哲学，注重的是宇宙生成问题，也即宇宙本原，而魏晋玄学关注的却触及了宇宙本体问题。由宇宙精神下落到社会人生领域，名教与自然的关系遂成为魏晋玄学家的最重要话题之一。名教是指儒家礼教，自然则为老庄之学所崇尚。大体而言，魏晋玄学家除嵇康、阮籍外，大都主张调和儒与道、名教与自然的关系。王弼也不例外，从他的本体论出发，自然为本，名教为末，名教为自然的表现，两者既是本末、体用关系，又是统一的。

在《论语》研究领域，王弼著有《论语释疑》三卷，后佚失，清代学者马国翰有辑本收入《玉函山房辑佚书》，楼宇烈重作辑录校订，收录于《王弼集校释》中。《论语释疑》一书以道释儒、援道入儒，或者说孔老互训、调和儒道两说，具有明显的玄学色彩。

具体而言，王弼对《论语》的解读与汉儒有着根本不同。《论语·述而》载孔子有"志于道"之说，郑玄注称"道，谓师儒之（所以）教诲者"[1]，师儒所教诲的具体内容，朱熹《论语集注》释为"人伦日用之间所当行者"，可以理解为与现实社会紧密相关的道德伦理和礼仪制度之类，其实就是儒家礼教。

---

[1] 斯坦因六一二一号写本，转引自王素：《唐写本论语郑氏注及其研究》，北京：文物出版社，1991年，第75页。

即便是"天道",也是有迹可以推断的,《论语郑氏注》卷三注《论语·公冶长》所载"夫子之言性与天道,不可得而闻也"时,称"性,谓人受血气以生,有贤愚吉凶。天道,七政变动之占也","七政"即七曜,古人将荧惑星(火星)、辰星(水星)、岁星(木星)、太白星(金星)、镇星(土星)称为五星,又称五曜,加上太阳星(日)、太阴星(月),全称七曜。七曜变动即星象变化,从中可探知世事、趋吉避凶,故《周易·系辞上》称"天垂象,见(现)吉凶,圣人象之",《尚书正义·舜典》称"此日月五星有吉凶之象,因其变动为占,七者各自异政,故为七政。得失由政,故称政也"。这些都是汉儒对道、天道的理解和阐释,而王弼则注称:"道者,无之称也,无不通也,无不由也。况之曰道,寂然无体,不可为象。是道不可体,故但志慕而已。"① 以无释儒家之道,既为无,则通达四方,且道既为无,则无体无象,所以无法体悟,只能心之所向,这就把儒家的人伦日用之道替换成了道家之道,也就是《老子》第十四章所说的"视之不见""听之不闻","是谓无状之状,无物之象"。当然,以无释道并不代表着无高于道,两者其实是处于一个维度的,不仅如此,无、道、本、体在王弼的思想体系中都是属于同一层次的,与之相对的则是有、德、末、用。如《论语·阳货》载孔子语"予欲无言",王弼注称"予欲无言,盖欲明本。举本统末,而示物于极者也",无与本同,也就是说,立言垂教、寄旨传辞,都不可能真正起到作用,所以"天地之心见于不言""不言之令行乎四时",上天又岂是"谆

---

① [魏]王弼著,楼宇烈校释:《王弼集校释》,北京:中华书局,1980年,第624页。

谫者"呢!①

可以看出，道家和儒家在王弼这里都被统一起来了，更准确地说，王弼是用道家的观念体系，去重新诠释儒家，从而打通道、儒两家的沟堑，从这个意义上说，王弼是在调和道、儒两家，在一定程度上实现了儒道两家的同根同型。因此，在王弼的思想体系中，道、儒是统一而非矛盾的，道家为儒家提供了更为充分的、形而上的理论依据，也就是名教出于自然，且名教与自然绝不截然对立。如果说，无、道、本、体与自然对应，那么有、德、末、用就与名教对应，名教出于自然，有、德、末、用的依据在于无、道、本、体。

明乎此，就可以解释玄学在当时蔚为流行而不为统治者所忌的原因了。汉末以来，儒家纲常伦理屡遭破坏，偏偏中国传统社会自先秦时期起，就只衍生出君主制这一种统治方式，而儒学从理论上阐释尊卑有序、上下有别的神圣性，历代统治者都重视儒学的社会教化功能。只是自汉末以来，作为经学的儒学自身义理停滞，又陷入谶纬化的泥沼，再加上现实社会中权臣篡位，导致强调纲常伦理的儒学无论是在理论上，还是在实践上，都难以令人信服和选择。王弼以道释儒的努力说到底，是为重建儒学义理的合理性，为名教找到一块坚实的基石。所以在魏晋学者中，持名教出于自然，即名教与自然相统一观点者居多，哪怕是强烈反对名教的嵇康，在《释私论》中声称要"越名教而任自然"②，但实际上，嵇康反感的名教只是司马氏集

---

① [魏]王弼著，楼宇烈校释：《王弼集校释》，北京：中华书局，1980年，第633—634页。
② [魏]嵇康撰，戴明扬校注：《嵇康集校注》，北京：人民文学出版社，1962年，第234页。

团所宣扬的那一套儒家礼教，其令世人瞠目结舌的激烈言行也大都是针对司马氏集团统治的，对维护等级纲常的名教本身他并不反对，所以著《释私论》号召以不隐藏自身欲望为真、为公，倡导率真诚意，这说明嵇康其实不是真正反对礼教本身。这正如鲁迅在《魏晋风度及文章与药及酒之关系》这一演讲中所说的，嵇康等反对礼教的人，"他们倒是迂夫子，将礼教当作宝贝看待的"。

二、崇尚"独化"的郭象《论语体略》

郭象（约252—312），字子玄，河南洛阳人，西晋时期的玄学家，历任司徒掾、黄门侍郎、太傅主簿等。少有才理，以注《庄子》知名。但郭象口碑不佳，受到魏晋名士的鄙视，《晋书》郭象本传称他"任职当权，熏灼内外，由是素论去之"，意思是他热衷于追名逐利。在学术史上，郭象的《庄子注》是否窃取向秀之作是一段公案，源自《晋书》向秀本传和郭象本传记载歧异，向秀本传称郭象取向秀注"述而广之"，而郭象本传则称他"窃以为己注"，此外，《世说新语·文学》也持后论，并称郭象"为人薄行"。今人冯友兰、冯契、任继愈等学者赞同"述而广之"说，认为今传《庄子注》是两人之作，钱穆、侯外庐等学者认为郭象是剽窃者，汤一介、萧萐父、庞朴等学者认为向秀和郭象各有《庄子注》，但今本当为郭象之作。① 本文暂同意向秀本传的"述而广之"法，视今本《庄子注》为两人

---

① 参见康中乾：《对向、郭〈庄子注〉疑案的一种判定》，《人文杂志》2005年第5期。

之作。

前述王弼倡无，但纯粹的无是无法解释世界的，还要进一步落到"无为"上。郭象在此基础上，进一步提出独化论，他否认万物存在一个统一的或是根本性的本原和共同依据，所谓无为也不过是各依其性、率性而动的结果。也就是说，天地万物都是自然自为、独自生成变化的，世间事物的发展变化没有任何原因，外不借助于道，内不依赖自身，完全是事物自足其性的自得之果，这就是独化论。郭象从根本上否定了事物之间的联系和本质区别，认为有为和无为都是相同的，实际上是庄子相对主义的进一步发展，最后落入命定论的窠臼。但郭象的逻辑论证颇为精致完善，故影响极大，他所提出"自生""自得""自尔"等说法也风行一时。

郭象的《论语》学著述体现了上述思想观点。郭象著有《论语隐》一卷、《论语体略》二卷，今只有《论语体略》辑佚本流传。《论语·先进》载颜回早逝后，孔子"哭之恸"，并回答别人称："有恸乎？非夫人之为恸而谁为？"意思是不为这样的人伤心，还为什么样的人伤心呢！很显然，孔子的伤感情绪十分强烈。玄学家自何晏起，倡圣人无喜怒哀乐即无情，可以不受外物影响，但并未展开论证，在《论语集解》中仅引孔安国注曰"不自知之悲哀之过也"。郭象予以更进一步的论证，他注称："人哭亦哭，人恸亦恸，盖无情者与物化也。"本来孔子最为器重颜回，故颜回41岁而卒（一说31岁卒），令孔子悲伤不已，郭象却把孔子的悲伤说成"物化"，即与物具化，伤则伤之、恸则恸之，不萦于心、不牵于物，反而成为圣人无情的表现，儒家孔子也就成了《老子》第五章所说的"圣人不仁"、

《庄子·德充符》所说的"人故无情",即成了玄学化的孔子。郭象对孔子形象的玄学化解读,后来被梁时学者皇侃所接受。

又《论语·宪问》载子路问何为君子,孔子答以"修己以敬""修己以安人""修己以安百姓"之说,并认为"修己以安百姓,尧舜其犹病诸",意思是可能尧舜都没有完全实现达兼天下。孔子这段话,正是儒家修身齐家、治国平天下的具体路径,也是儒家"己欲立而立人,己欲达而达人"的具体呈现,然而郭象的注释却赋予其另一种含义:

> 夫君子者不能索足,故修己(者)索己。故修己者仅可以内敬其身,外安同己之人耳,岂足安百姓哉?百姓百品,万国殊风,以不治治之,乃得其极。若欲修己以治之,虽尧舜必病,况君子乎?今尧舜非修之也,万物自无为而治,若天之自高,地之自厚,日月之明,云行雨施而已,故能夷畅条达,曲成不遗而无病也。[①]

郭象认为,君子修己仅能内修自身,如果推而广之,那么只能泽及与自己相类似之人,"外安同己之人耳",这就是说,平治天下、惠及百姓是不可能的,毕竟百姓百家、品性各异,所以只能实施无为而治。如果要通过内修其身进而实现兼治天下,那么就连尧舜也难以做到,更不要说君子了。在这里,郭象把后世宋儒所推崇的《大学》修齐治平之道给完全否定了。那么

[①] 《玉函山房辑佚书》所收《论语体略》,《续修四库全书》第1203册,上海:上海古籍出版社,2002年,第47页。

如何解释尧舜善治天下呢？还是无为而治罢了，天自高、地自厚、日月自明、云雨自施，顺其自然就能通达无滞，也正如《周易·系辞上》所称"曲成万物而不遗"，天生万物，各乘其变、各循其道，无不周备完善。可见，郭象的这一诠释与其天地万物自然自为的独化论正相一致。

郭象同一儒道之旨，但事实上儒道毕竟有诸多对立观点，学和思就是其中之一。孔子说过不少关于学和思的话题，例如《论语·卫灵公》载："吾尝终日不食，终夜不寝，以思，无益，不如学也。"而老庄强调绝学、弃智，所以这一矛盾必须予以正面回应。郭象对此注称："圣人无诡教，而云不寝不食以思者何？夫思而后通，习而后能者，百姓皆然也。圣人无事而不与百姓同事，事同则形同，是以见形以为己异，故谓圣人亦必勤思而力学。此百姓之情也，故用其情以教之。则圣人之教，因彼以教彼，安容诡哉？"[①] 据战国末年道家门徒记载老子言语的《文子》一书载，"圣人无屈奇之服，诡异之行"[②]，说明圣人肯定是言行一致的，或者说和民众并无根本性差异。由此出发，郭象认为对民众来说，思而后通、习而后能，这是正常的，于是认为圣人也如此。而圣人不与百姓相异，事同、形同，甚至情同，既然民众以为圣人也需要勤思力学，那么圣人就"因彼以教彼"，即因顺百姓之情，采用老百姓能够理解的勤思力学的方式，去教化民众，这里，仍然体现出顺时应变、各循其道的道家原则。这样，郭象就在一定程度上解决了儒家和道家在学

---

① 《玉函山房辑佚书》所收《论语体略》，《续修四库全书》第1203册，上海：上海古籍出版社，2002年，第47页。
② 《文子·符言》，王利器撰：《文子疏义》，北京：中华书局，2000年，第199页。

和思问题上的歧异。

通常认为,郭象主张名教即自然,但细翻他的著述,郭象并没有明确提过这样的说法,而且从他的独化论出发,在逻辑上也很难推导出名教即自然的观点。如果把名教的主要内容概括为传统社会的仁义道德、礼教制度,那么郭象确实是认为名教虽为外在规范,实质上是符合人的自然本性的;人本性的自然发挥,也必定符合名教。因此,只要人们各依天性而行,名教所要求的秩序和规范自在其中,如郭象在《庄子注》中称"夫仁义自是人之情性,但当任之耳","恐仁义非人情而忧之者,真可谓多忧也"。但是,郭象所说的仁义只是人之天性、本性,而非自然。自然这一概念在魏晋玄学中相对复杂,有时可以指人性,但更多时候是指大道,或指一种率性、自为的状态。更关键的是,郭象认为仁义道德为外在规范,为人主动追求的结果,而且,不同历史时期的仁义道德有着不同的内涵,黄帝固然为圣人,但他并没有刻意追求仁义,"夫黄帝非为仁义也",他所处时代的仁义也不能成为后世的标准,如果后人强求,"是亦黄帝之迹使物撄也",撄者,缠绕、扰乱。正因为如此,郭象认为圣人各个时代都有,但圣人所持的仁义各不相同、随世而变,仁义不过是古时圣贤因时而显的外在行迹,"圣人一也,而有尧舜汤武之异。明斯异者,时世之名耳,未足以名圣人之实也。……是以虽有矜愁之貌、仁义之迹,而所以迹者故全也"。[①]

郭象认为仁义可以是人之性,更确切地说,符合人之本性、

[①] [晋]郭象注,[唐]成玄英疏:《庄子注疏》,北京:中华书局,2011年,第174、204—205页。

依人之本性行事的仁义，方为自然，但仁义本身，显然不能等同于自然，更遑论礼教了。这一点仍可以从郭象的《论语》注中得到佐证。《论语·为政》载："道之以政，齐之以刑，民免而无耻；道之以德，齐之以礼，有耻且格。"郭象《论语体略》把"齐之以礼"改成了"齐之以体"，这一改动很关键，可以从中窥见郭象对名教的看法。郭象认为，统治者为了维护统治，设立各种制度、制定各种法律，"立常制以正民""兴法辟以割物"，但无论是制度还是法律、刑法，都是外物，不能让民众从内心真正信服，只有让民"各任性"，方为"正民"，所以教化作用有限。解决之道有二：一曰德，即仁义道德，但需源自人内心深处，即为人之本性；二曰礼，即礼教，但需要"体其情者"，即要体谅人的情感，而不是冷冰冰的、不顾人情，尤其是内涵与时代完全脱节的礼教，这就是郭象换"齐之以礼"为"齐之以体"的初衷。可见，源自"人之情性"的仁义，固然是"自然之迹"，能够"体其情者"的礼教，方能为"自然之迹"。

第四节　会通儒玄佛的《论语》研究

中国以农立国,但是地域广袤的空间决定了这个"农业结构"又具有多样性的特点,在王朝分裂、游牧民族南下的条件下,受到游牧经济和文化影响尤其明显,而域外文化的影响同样突出,尤其是在游牧民族大规模南下的历史时期。魏晋南北朝时期,游牧民族入主中原,为佛教流行并开始中国化提供了文化的、政治的、民族的、空间的有利条件,并深刻地影响着中国文化走向。陈寅恪即指出,佛教传入后,影响所及最初为义理之学,此后汗漫遍及文学、诗歌、绘画、音乐、建筑、医学等,这些来自域外的新知识传入中土后,"而中国之学问,立时增长元气,别开生面"[1]。这在与玄学相互激荡的同时,也明显地渗透到儒学研究之中,表现为儒玄释的会通。

儒玄释的会通同样对《论语》学研究产生了重要影响。释僧智的《论语略解》、应琛的《论语藏集解》皆是援佛解儒之作,更为典型的是南朝梁皇侃为何晏等《论语集解》所作的义疏,即《论语义疏》。皇侃(488—545)或作皇偘,南朝梁吴郡(今江苏

---

[1] 吴学昭:《吴宓与陈寅恪》,北京:清华大学出版社,1992年,第10页。

苏州）人，曾任国子助教、员外散骑侍郎等。少好学，师事五经博士贺玚，尽得其传，《梁书·儒林列传》称他"尤明《三礼》《孝经》《论语》"，后撰有《礼记义疏》《礼记讲疏》《孝经义疏》和《论语义疏》，但前三本均佚，仅《论语义疏》传世。皇侃性至孝，"常日限诵《孝经》二十遍，以拟《观世音经》"[1]，这个细节透露出，《观世音经》在当时已经广为流传，皇侃身为儒家知名学者，自然不可能去每天诵读，但作为孝子为母亲日诵《孝经》，这一举动当是佛教诵经祈福风气迁染的结果。

皇侃所著《论语义疏》计十卷，所谓义疏，即疏解经义，泛指解释和补充旧注的疏证，这一体例的出现，与当时学者们好讲经释义有关。马宗霍的《中国经学史》指出，"缘义疏之兴，初盖由于讲论"，因为魏晋时人尚清谈，把麈树义，谈玄谈经，南北朝时佛教又盛，"敷坐说法"本来就是佛教风格，后来又出现"升座说经"之例，于是"初凭口耳之传，继有竹帛之著，而义疏成矣"[2]。而皇侃曾任国子助教，常在国子监中讲课，很受学生欢迎，"于学讲说，听者数百人"，遂将授课讲义编次成书，自在情理之中，所以《论语义疏》一书多次出现"今所讲者"之言。《论语义疏》以何晏《论语集解》为底本，再采择江熙《论语集解》进行疏释，如果有他儒善说也予以增补汇入，当时就见重于世，至南宋中晚期不幸失传。幸运的是，《论语义疏》在唐代传入日本后传承不歇，到清代浙江钱塘（今浙江杭州）人汪鹏将其带回国内，乾隆年间藏书家鲍廷博刊刻

---

[1] 《梁书》卷四十八《儒林列传·皇侃传》，北京：中华书局，2000年，第472页。
[2] 马宗霍著，王婧之、蔡梦麒点校：《中国经学史》，长沙：湖南师范大学出版社，2018年，第71页。

《知不足斋丛书》时又收入，于是复现故国，成为今天完整流传下来的南北朝时期的唯一义疏体著作，文献价值和思想性均较高。尽管《论语义疏》由于失传，对南宋晚期至清初的学界并无影响，但《论语义疏》采取的是博采立场，继承了汉儒的章句训诂之学，保存了很多魏晋南北朝的《论语》研究成果，同时受到佛学理论的影响，又以玄学思想和观念体系贯穿其中，因此其重要性自不待言。

皇侃在《自序》中，先对《论语》得名和撰写、流传情况作了深入考订，他把前儒对"论"字的解读梳理为三类，"舍字制音呼之为'伦'""舍音依字而号曰'论'"和"'伦''论'二称义无异也"。经过考辨后，皇侃否定第三说而调和前二说，认为字作"论"，说明撰写者"不专一人"，必"妙通深远，非论不畅"，即经过孔子门徒们详细讨论后，方记录成文；音则作"伦"，说明此书"义含妙理，经纶今古，自首臻末，轮环不穷"。如此，"依字则证事立文，取音则据理为义，义文两立，理事双该。圆通之教，如或应示"。"圆通"意谓圆满、融通，原为佛教用语，范文澜曾指出，梁时的文学理论家刘勰在撰写《文心雕龙》时用了少量佛教用语，圆通即其中之一。[①] 对《论语》二十篇的篇名和排列顺序，皇侃也作了具有创造性的解读，认为《论语》各篇的排列自有原因。应该说，皇侃的解释有一定的牵强附会之处，毕竟在今人看来，《论语》各篇标题，就是

[①] 原文为："（刘勰）是个虔诚的佛教信徒，但在《文心雕龙》（三十三四岁时写）里，严格保持儒学的立场，拒绝佛教思想混进来，就是文字上也避免用佛书中语（全书只有《论说篇》偶用'般若''圆通'二词，是佛书中语），可以看出刘勰著书态度的严肃。"范文澜：《中国通史》第二册，北京：人民出版社，1949年，第530页。

取篇章之首的数字,并无深意玄旨,尤其是各篇并没有一个贯穿整篇的主题。但是,皇侃的一些解释是可以自圆其说的,如"学而第一"皇侃疏曰:"《学而》为第一篇别目,中间讲说,多分为科段矣。侃昔受师业,自《学而》至《尧曰》凡二十篇,首末相次无别科重。而以《学而》最先者,言降圣以下皆须学成……此书既遍该众典,以教一切,故以《学而》为先也。"《论语》记载圣人言行,以教化世人、垂范万代,那当然以学为先。又"为政第二"皇侃疏曰:"为政者,明人君为风俗政之法也……所以次前者,《学记》云:'君子如欲化民成俗,其必由学乎。'是明先学,后乃可为政化民。故以《为政》次于《学而》也。"[①]儒家重视入世,通过世俗权力来实现儒者之道,所以学成之后,自然是为政化民。类似可以自圆其说的解释还有数处,更重要的是,皇侃试图将《论语》诸篇顺序解释成具有内在的联系和逻辑性,正是注重思辨的玄学思想在经学中的反映。

再就具体内容看,《论语义疏》以何晏《论语集解》为底本,因此主要为疏释何晏本的内容,或者说大体赞同何晏的观点,也就是所谓的疏不破注,但又不完全亦步亦趋,在很多地方皇侃都有自己的独到见解和发挥。故总体而言,《论语义疏》对传统汉儒的章句训诂和名物制度,不甚详赅,而多以玄学、佛学解经。

例如,皇侃和王弼、郭象一样,都把孔子视为玄学化的圣人。《论语·述而》载:"甚矣吾衰也!久矣吾不复梦见周公!"

[①] [梁]皇侃撰,高尚榘校点:《论语义疏》,北京:中华书局,2013年,第1、22页。

这本是孔子在步入迟暮之年时,蓦然回首,依然发现道之不行的慨叹,皇侃对此的解读前半段仍合乎传统儒家学者的立场,"圣而君相者,周公是也",因为周公虽然不是天子,但"不九五而得制礼作乐,道化流行",是为贤相,所以是孔子追慕效仿的对象,"亦犹愿放乎周公",因为以周公为榜样,所以孔子年少之时即"存慕发梦",及至年齿衰朽,感慨称不复梦见周公,其实是感慨道之不行。不过,接下来皇侃笔锋一转,"然圣人悬照本无俟梦想,而云梦者,同物而示衰故也",意谓圣人达到了体寂虚无之境,无梦无想,之所以说圣人也有梦,不过是因为民众夜有所梦、有岁暮年衰,所以"同物而示衰故也"罢了。又《论语·先进》载子曰"回也其庶乎,屡空",颜回以德性称,箪食瓢饮,生活清苦,"空"按杨伯峻译为"穷得没有办法",当然颜回并不在意。皇侃先列举"空"一意为"穷匮",紧接着用大段文字介绍另一种解释:"空,犹虚也。言圣人体寂,而心恒虚无累,故几动即见。而贤人不能体无,故不见几,但庶几慕圣,而心或时而虚,故曰'屡空'。"[①] 作为圣人的孔子已经达到无的境界,与无同体,即"体寂""恒虚无累",而颜回是贤人,能够时时体无,也即"屡空",但终究未达到"空"即圣人的体无境界,偶滞于有,未能尽虚,所以说是庶几于圣。

  引佛解经更是《论语义疏》的一大特色,在历代《论语》学研究成果中,除僧侣著述外,极少见到引佛语解经的,更遑论多处引用了。如前所述,义疏体例兼释经和注,与佛教徒译经翻讲有着相似之处,因此其出现显然是受到了佛教义疏的启

---

① [梁] 皇侃撰,高尚榘校点:《论语义疏》,北京:中华书局,2013年,第156、279页。

发。《论语义疏》中又屡屡出现佛教用语,有学者统计后,指出皇疏中借袭佛语词解经多达42处。① 前述"圆通"即是一例。又《论语·先进》载季路问事鬼神,孔子答曰:"未能事人,焉能事鬼?"皇侃疏称:"外教无三世之义,见乎此句也。周孔之教,唯说现在,不明过去、未来,而子路此问事鬼神,政言鬼神在幽冥之中,其法云何也。此是问过去也。"② 在皇侃看来,子路此问,正触及先秦儒家的软肋,即关注现实世界,而忽视未知世界,所谓"周孔之教,唯说现在",所以子路的问题,孔子难以回答。而佛教则不同,历来有过去、现在、未来三世之说,但三世并非如一般人所理解的根据时间来划分,"佛教并不承认时间有别体,而说时间乃依据法的状态而分。即法产生且有作用是为现在,法已消减或作用停止称为过去,未生也未有作用时,则称为未来"③。这里的"法"即万法,相当于事物、物质,所以子路所问,正是问过去世之事。其后子路又"敢问死",皇侃同样疏称"此又问当来之事也",即问未来世之事。可以看出,皇侃对佛教义理有着很深的造诣,他虽然没有展开论述,却隐隐有佛教义理可补充儒学之阙的味道在内。

事实上,皇侃对孔子形象的构建也与佛教有关。皇侃在《论语义疏》开篇的《自序》中,直接点明了对作为圣人的孔子形象的看法,"夫圣人应世,事迹多端,随感而起,故为教不一。或负扆御众,服龙衮于庙堂之上;或南面聚徒,衣缝掖于

---

① 参见曹秀华、徐望驾:《论佛教文化对〈论语义疏〉的影响》,《求索》2008年第2期。
② [梁]皇侃撰,高尚榘校点:《论语义疏》,北京:中华书局,2013年,第273页。
③ 蓝吉富主编:《中华佛教百科全书》第二册,中华佛教百科文献基金会,1994年,第365页。

黉校之中"。应该说，皇侃对圣人的理解，仍然是玄学化的，即圣人体寂、恒虚之类，但圣人又是"应世"的，在世间的使命和责任乃是"为教"，具体则分两种，一种是"服龙衮"的帝王，另一种则是"聚徒"授课，也即"圣师"。作为"圣师"的孔子游历诸国，又朝夕与七十子之徒讲学论道，《论语》一书便是孔子逝后，各弟子"佥陈往训，各记旧闻"而成，"上以尊仰圣师，下则垂轨万代"，所以"此书之体，适会多途，皆夫子平生应机作教，事无常准……"也就是说，孔子之"为教"，是"应机作教"，并无常则，例如孔子或见诸侯国君，或同问异答，或自陈心志，皆是"应机作教"的体现。圣人入世教化世人，这一举动究竟是儒家自身传统所致还是受到佛教学说影响，恐怕难以确认，或许两者皆有，但就"应机作教"这一词而言，学者张文修和邝其立都认为源于佛教①，并可以从《维摩诘经》中找到理解"应机作教"的注脚，即得道者随需而予，给予世人不同的教诲，"圣师"孔子亦如是。

就整体而言，皇侃的学术思想体系在继承汉儒章句训诂的基础上，有着明显的玄学色彩，又受到佛教的清晰影响，因而得以借助于玄、佛两家义理，对儒家思想体系展开作一定程度的重新定位和自我调和，尽管在一些具体的观点方面，如对孔子双面形象的解释，细究仍然有难以自圆之处，但就整体而言，皇侃在经学衰微的背景下，促成儒学由政而教的努力还是卓有成效的。②

---

① 参见张文修：《皇侃〈论语义疏〉的玄学主旨与汉学佛学影响》，《燕山大学学报》2003年第4期。
② 参见邝其立：《论一种涉佛的儒学——以皇侃〈论语义疏〉为中心》，《哲学研究》2023年第2期。

第五章

重振儒学：隋唐《论语》学

隋朝短祚，大唐盛世，共同点是均拥有游牧民族的血统①，施行全面开放政策。唐朝政治继既往之长，弃以往之短，充满新气象；经济政策合理，一切以富国富民为中心；文化政策更是敞开胸怀，海纳百川，不同民族、不同国家的风俗习惯、宗教信仰在中华大地均有其空间，一视同仁，自由生发。长安是国际大都会，各国商贾固然相聚长安，各国学者僧侣亦会聚于此，交流学术，相互激发，各竞其长，一片欣欣向荣，即使到唐朝后期，因为藩镇割据、社会矛盾复杂尖锐，大唐王朝国力已衰，但学术文化依然处于发展之中。相形之下，隋唐时期的儒学似乎与文化繁荣脱节，没有像汉王朝那样能够占据绝对优势，与宗派林立、学者辈出的佛、道两教相比，儒学显得衰弱不振，不那么受到社会重视，这就决定了隋唐《论语》研究的特点。

---

① 隋文帝杨坚原为鲜卑族建立的北周王朝重臣，其妻是鲜卑女性独孤氏，因此隋炀帝杨广有一半鲜卑血统。唐高祖李渊的母亲则是隋文帝独孤皇后的姐姐，唐太宗李世民的祖母、母亲和皇后皆为鲜卑人。

第一节　隋唐学术思想与《论语》研究

隋唐时期，佛教和道教的理论建设方面取得了显著的成就，中国本土的佛教僧侣和学者对印度佛教经典精研日进、积累深厚，再加上统治者（除唐武宗外）实行的宗教宽容政策，中国佛教终于在大一统的隋唐时期迎来了全盛时期，表现为中国化的佛教宗派纷纷创立，并完成了中国化的历程。

唐代是道教的灿烂时期。唐帝室尊奉老子为先祖，武德七年（624），唐高祖李渊亲往终南山拜谒老子庙，并将道教始祖太上老君（按道教说法老子为其化身）作为李氏的祖先加以祭祀。中宗神龙元年（705）更令天下贡举之士兼习《道德经》，天宝元年（742），敕封庄子、列子、文子、亢桑子（或称亢仓子）为"真人"，其著作为"真经"。开元二十九年（741），"于京师置崇玄馆，诸州置道学生徒有差"①，入者习《老子》《庄子》《文子》《列子》，并参加类似明经科的专门性科举考试，称为"道举"。唐代道教在历来薄弱的理论建设领域方面也

---

① ［宋］王钦若等编：《册府元龟》（第 8 册）卷六百三十九《条制一》，北京：中华书局，1960 年，第 7672 页。

卓然可观,以重玄学派为代表,其名称取自《老子》首章"玄之又玄,众妙之门"。重玄学派学者以庄释老、援佛入老,关注人的内心世界和精神境界,把道教哲学提升到本体论的高度。隋唐时期的佛教和道教义理体系,上承魏晋玄学,下启宋明理学,在中国学术思想上都占据重要地位。

不过,即便佛教和道教盛极一时,但在治国理政方面,仍然要以倡导入世的儒学为宗。隋文帝早年重视儒学,厚赏诸儒,但晚年崇尚刑名。隋炀帝继位后,曾积极提倡儒学,复开庠序,京城国子监和诸郡县之学的规模,均超过其父亲隋文帝在位期间,他还在全国范围征辟不少儒生到东都洛阳,相与讲论得失,并评定其优劣。不过,隋炀帝看上去并没有真正听进历代儒家好言的仁政、休养生息之论。唐以亡隋为往鉴,对儒家学说较为看重。武德二年(619),李渊下令在太学建周公、孔子庙,赞两人为"二圣",声称自己虽然君临区宇,仍兴化崇儒,情深绍嗣,表达了对儒家先贤的崇敬之情。唐太宗李世民更以效法儒家先贤著称,贞观二年(628),他对诸大臣说"朕今所好者,惟在尧、舜之道,周、孔之教,以为如鸟有翼,如鱼依水,失之必死,不可暂无耳"[1],表达出他对儒学的热爱。当然,李世民对儒学的提倡也有很大的表演成分。贞观二年(628),朝廷大量征天下儒士为学官,又增筑国子监宿舍1200间,学生数量达到3200余人,周边高丽、百济、新罗、吐蕃、高昌等国也派遣不少贵族子弟入学,"鼓箧而升讲筵者,八千余人,济济洋洋

---

[1] [唐]吴兢撰,谢保成集校:《贞观政要集校·慎所好》,北京:中华书局,2003年,第331页。

焉,儒学之盛,古昔未之有也"①,国子监学生竟然达到八千之众,且不少来自周边各国,唐太宗以天下共主自居、期待万邦来朝的心态与其他帝王如出一辙,而且学生数量惊人,对于唐朝廷来说也是一笔不小的负担。

唐官方指定的取士教材也是儒家经典,并完成了经学的统一。汉魏以来,儒家典籍多散佚,且师说多门、章句杂乱,不适应大一统的唐王朝开科取士的需要。于是,孔颖达受命主持编订《五经正义》,包括《毛诗正义》《尚书正义》《周易正义》《礼记正义》和《春秋左传正义》。《论语》虽然不在其中,但是,《论语》的排位就在这"五经"之后,并常与《孝经》并列。《旧唐书》卷四十四《职官志三》载,国子监所教授之经,"以《周易》《尚书》《周礼》《仪礼》《礼记》《毛诗》《春秋左氏传》《公羊传》《穀梁传》各为一经,《孝经》《论语》兼习之"。《新唐书》卷四十八《百官志三》也有类似记载,立《周易》《尚书》《毛诗》《左氏春秋》《礼记》为五经,"《论语》《孝经》《尔雅》不立学官,附中经而已"。再据《新唐书》卷四十四《选举志上》载,唐时诸经分为"大经""中经""小经","大经"是指《礼记》《春秋左氏传》,"中经"是指《诗》《周礼》《仪礼》,"小经"是指《易》《尚书》《春秋公羊传》《穀梁传》。所谓"通五经"者,并不是真的指"五经"皆擅,而是指通两"大经",通"中经""小经"各一,再兼通《孝经》《论语》,可见,《论语》在唐国子监所学儒家经典中,

---

① [后晋]刘昫等:《旧唐书》卷一百八十九上《儒学上》,北京:中华书局,2000年,第3360页。

次于"五经",与《孝经》并列,属于"兼通"之列。

唐人依然注重诸经义疏,相对忽视义理,因此在时人眼里,《论语》和《孝经》的学习难度似乎不如其余诸经,所以常成为儿童最早的训蒙读物。唐代专门规定了诸生学习诸经的年限,"凡治《孝经》《论语》共限一岁,《尚书》《公羊传》《穀梁传》各一岁半,《易》《诗》《周礼》《仪礼》各二岁,《礼记》《左氏传》各三岁"[1],《论语》和《孝经》又被列为童稚最早阅读的发蒙之作。验诸史实,确实与之相符,如唐太宗李世民的妃子徐惠,4岁即能诵《论语》《毛诗》,"初唐四杰"之一的诗人王勃也是6岁能读《论语》。最典型的例子是1969年,考古工作者在新疆吐鲁番阿斯塔那363号墓出土了20多件少年学生抄写《论语》的抄经作业,其中保存最完整的,是生活在景龙四年(710)唐中宗李显执政时期,西域高昌国的12岁小朋友卜天寿书写的长卷,卷长538厘米、宽27厘米,共178行,每行20字左右,所抄版本为汉魏时流行的《论语郑氏注》,字迹工整,足以说明《论语》在唐儿童教育领域的重要地位。

有唐一代,儒学与佛、道相比,终究不占据优势。从唐高宗和武则天开始,儒学就渐趋衰落,唐玄宗时有所复兴,但安史之乱又紧随而临,此后地方上藩镇尾大不掉,朝廷上宦官势力日增,崇尚大一统和适合太平年代的儒家缺少用武之地。孔颖达根据唐太宗诏令于642年主持编订《五经正义》,整合儒学内部各承师说、互诘不休的经学观点,作为科举考试的标准教

---

[1] [宋]欧阳修、宋祁:《新唐书》卷四十四《选举志上》,北京:中华书局,2000年,第762页。

材，但因为奉行疏不破注的原则，在义理领域并无明显的创新，因而儒学的衰落不可避免。从唐代中后期开始，啖助、赵匡和陆淳等学者接过初唐史家刘知几的"疑古事"大旗，从内容、体例、书法和文辞等方面对《春秋》三传作了翔实考辨和论述，学术领域的疑古辨伪之风渐趋强烈，柳宗元对道教和儒家经典的辨伪，即继承了这一传统。与此同时，不断有学者提出改革儒学、复兴儒家的呼吁建议，以韩愈、李翱、柳宗元等人为代表，这种改革和复兴又是通过汲取佛教、道教理论资源来实现的。其中，韩愈明显受到禅宗心性工夫论的影响，无论是理论上还是实践上，都在进行统合儒释的尝试，却标榜儒学的纯洁性，高举辟佛大旗、以辟佛为己任。而柳宗元则不然，他坦率宣布儒学与佛教并无尖锐冲突，主张吸取佛教中有价值的理论，以补充儒学，也即持"统合儒释"的鲜明主张。两人对待佛教的具体态度和立场虽然不同，但复兴儒学的目标是共同的，因此唐中期出现了"以韩愈、柳宗元为开创者的儒学新体系"，再到韩愈的弟子李翱，进一步吸收禅宗思想因素，"他把佛教、儒学糅合在一起的观点，实为宋明理学的先声"。[①]

由于隋唐时期的儒学并没有占据绝对优势，尤其是汉魏以来经学衰落，因此《论语》研究也显得气势不振。《隋书·经籍志》《旧唐书·经籍志》和《新唐书·艺文志》中著录《论语》的著作也较少，再佐以朱彝尊《经义考》和陈梦雷《古今图书集成》，共有13部，其中亡佚较多，如贾公彦的《论语疏》十五卷、王勃的《次论语》十卷、李磎的《注论语》、侯喜的

[①] 许凌云：《中国儒学史·隋唐卷》，广州：广东教育出版社，1998年，第7、9页。

《论语问》、马总的《论语枢要》等,今皆不传。流传后世并产生影响的,主要有陆德明的《论语音义》、韩愈的《论语注》、韩愈和李翱的《论语笔解》及柳宗元的《论语辩》等。可以说,唐代《论语》研究著述无论是数量还是质量,都较前代有所不逮,与之后的两宋王朝更是不可同日而语。

第二节　承袭训诂传统的《论语》研究

皮锡瑞称隋平定陈后,南北之学亦归统一,但和天下统一、南并于北不同,从经学角度看,"北学反并于南"。[1] 这一说法有一定道理,但有拔高南学之嫌。事实上,南北方经过数百年分裂后,文化层面的隔膜并不能轻易消除。隋炀帝登基之初,令世代勋贵、素有文名的窦威等撰写《丹阳郡风俗》一书,窦氏自诩为中原正统,对吴地文化采取蔑视态度,"以吴人为东夷,度越礼义",杨广极为不满,下令杖责窦威等,指责道:"昔汉末三方鼎立,大吴之国,以称人物。故晋武帝云:'江东之有吴、会,犹江西之有汝、颍。衣冠人物,千载一时。'及永嘉之末,华夏衣缨,尽过江表。此乃天下之名都。自平陈之后,硕学通儒,文人才子,莫非彼至。"[2] 窦威是岐州平陵(今属陕西咸阳)人,祖上有代北胡人血脉,入唐后深得唐高祖李渊的信任,他对吴地文化的贬视态度应该是有代表性的。再从经学角

---

[1] [清]皮锡瑞著,周予同注释:《经学历史》,北京:中华书局,2004年,第135页。
[2] [宋]李昉等:《太平御览》(第3册)卷六百零二,北京:中华书局,1960年,第2710页。

度看，北方学者笃守汉学，迹近质朴，而南方学者好论名理，汉魏玄谈之风犹存，双方风格并不一致。至少在隋和唐代前中期，最常使用的《论语》版本仍然是汉代古文经大师郑玄的《论语注》，20世纪60和70年代在新疆吐鲁番出土的大批唐写本郑注《论语》说明了这一点。

一、陆德明的《论语音义》

陆德明（550—630），名元朗，以字德明行，苏州吴县（今属江苏苏州）人。陆德明是知名大儒、经学家，一般视其为唐人，但他主要生活于南朝陈和隋王朝，曾教导过太子陈叔宝，代表作《经典释文》也完成于南朝陈。隋时授秘书学士、国子助教，后为早期追随李世民的"秦王府十八学士"之一，贞观初年迁国子博士。

陆德明的《论语》学成果主要收录在他的《经典释文》一书的《论语音义》中。语音是语言文字的外壳之一，因此音训同样成为训诂的重要方法之一，与形训、义训相对应。由于古代用字多用通假字，而且汉语有形声字、方言字等，都是以语音为纽带，因此仅仅依靠字形来确定字义是远远不够的。音训就是取声音相同或相近的字来解释字义，即因声求义，也称为声训，用一些音近、音同或音转的字来解释词义。周秦时，声训已经散见于诸子论著中。两汉时，经书多由师徒口耳相传，对字音基本上没有什么争议。汉魏时政纲不稳，经书四散，受到各地方言的冲击和影响，一些经典必须依靠标音才可以诵读，于是产生了声训名著即刘熙的《释名》，成为一门相对独立的学问。至南北朝，诸国纷扰，中原割裂，不少学者治学或者专出己意,或者固守师门,再加上南北方发音各异,一些经书读音难明,"楚夏声异,南北语殊"①,这就为后人治学带来了极大难处。陆德明继承的正是通过辨音入手解释经义的训诂传统,尤其是隋唐大一统后,文化上的南北差异日益为时人所不满,所以陆德明的《经典释文》可以看成一部帮助人们阅读儒家经书的字典,清代学者吴大澂就称赞陆氏为后人能识读古书古字的功臣,"人生秦燔千数百年之后,何以能识三代文字?曰:幸有钟鼎彝器款识,皆秦以前物也。人生周、孔千数百年之后,何以能读周、孔时之钟鼎彝器?曰:幸有《经典释文》……然则谓陆德明为古籀之功臣,可也"②。将陆德明的《经典释文》视为后人识读西周时期钟鼎彝器的桥梁,评价不可谓不高。

《经典释文》共计30卷,陆德明按诸经成书时间加以考析,即《周易》《古文尚书》《毛诗》《三礼》《春秋》《孝经》《论语》,以及《老子》《庄子》《尔雅》,这一顺序与以往有所不同。班固《汉书·艺文志》所排定的顺序为《易经》《尚书》《诗经》《礼》《乐》《春秋》《论语》《孝经》,陆德明认为《孝经》所载皆为孔子旨意,而《论语》则为夫子门徒所载,不如前者更贴近孔子心意,遂列《论语》于《孝经》之后。陆德明的这一改动影响较大,加上唐王室重视《孝经》,以后的《隋书·经籍志》《旧唐书·经籍志》《新唐书·艺文志》和《宋史·艺文志》都沿袭了他置《孝经》于《论语》之前的排法。在《论语音义》的卷首《论语序》中,陆德明还探讨了《论

---

① [唐]陆德明撰,张一弓点校:《经典释文》卷一《序录》,上海:上海古籍出版社,2012年,第1页。
② [清]吴大澂:《愙斋集古录·叙》,上海涵芬楼,1917年影印版,第5、7页。

语》书名的来由,"论,如字,纶也,轮也,理也,次也,撰也。答述曰语,撰次孔子答弟子及时人之语也。郑玄云:仲弓、子游、子夏等撰"①,"语"即答述,孔子答述诸弟子和时人之语,由孔门弟子相与撰录,编次为书,是为《论语》之来由。陆氏对《论语》书名来由的考订,有理有据,多为后世治《论语》的学者所认同。

《论语音义》顾名思义,侧重于音韵,即考证古音,不具录全文,而是摘字为音。具体做法是先标篇章于上,再择取各章中不为人们熟知或容易产生歧义的字加以注音,或采取直音标注,如《论语音义·八佾》"佾"下"音逸,列也",《论语音义·里仁》"忠恕"下"音庶"等,更常见的是反切标注,如《论语音义·先进》"哂之"下"诗忍反",《论语音义·子路》"莒"下"居吕反"等。如果遇到多音多义字,音、义互相关涉,不同音有着不同的含义,就数音并存,列举众家不同读法,靡不毕书,这种做法为后世保存了大量的异读材料,具有极大的史料价值。如《论语音义·微子》"不弛"下称:"旧音绁,又诗纸反,又诗豉反。孔云:以支反,一音敕纸反,落也,并不及旧音。本今作施。"这个解释可谓详细。又《论语音义·里仁》"君数"下称:"何云:色角反,下同,谓速数也。郑世主反,谓数己之功劳也。梁武帝音色具反。""数"字有多种读音,陆德明列举出三种读音,循音自可得义。除了考订古音,陆德明也兼顾考订字名、辨识字义。他常先罗列前人的多种观点,

---

① [唐]陆德明撰,张一弓点校:《经典释文》卷二十四《论语音义》,上海:上海古籍出版社,2012年,第521页。

把可信度最高的放在首位，遇到有歧义纷沓的解释，多引前人观点，偶尔也会给出自己的分析判断。如《论语音义·乡党》"赐腥"下称："音星。《说文》《字林》并作'胜'，云：不孰也。"此外，《论语音义·为政》又对儒家最为常见的"三纲""五常""三统"说分别作出注释，也从一个角度说明了儒学在隋唐时期已经衰落，连"三纲""五常"这类儒家基本常识都要在注释中予以说明了。

陆德明的《论语音义》属于《论语》训诂类著作，主要从注音和释义两个层面对汉魏六朝的《论语》研究进行了总结，本身或许不能算是《论语》学领域的显赫成果，却保存了汉魏六朝诸多学者的研究成果，唐以前儒生在《论语》章句注音、释义和句读方面的不同观点和分歧，不少赖《论语音义》得以存留下来。加之《论语音义》以何晏的《论语集解》为底本，又大量引用后世亡佚的郑玄注本，这就为后人了解唐以前的《论语》研究提供了不少线索和资料，因而不仅得到清代考据学派的重视，也是《论语》研究史上的一部重要著述。

二、其他学者的《论语》研究

唐代前期的《论语》研究，仍没有冲破汉魏偏向字句训诂的注疏方式，在版本流传上，也依然以何晏的《论语集解》和郑玄注为本，尤其是在北方地区，郑学一枝独秀，成为儿童的童蒙教材而流传广泛。同时，唐代科举考试的主要科目是明经与进士二科，明经要考帖经，考生把经书中某一句的上下文默写出来；要考墨义，考生要把经文注疏都写出来。但是，《孝经》和《论语》属于兼考类经。而且两科相比，进士科更受注重，唐代宰相大半都是进士出身。因而，唐前期的《论语》研究多少显得凋零，只有少量研究成果。

生活于隋和唐初的大儒颜师古就是其中之一。颜师古（581—645）是隋唐时期的大儒，曾受唐太宗诏令考订五经文字，著有《匡谬正俗》一书，永徽二年（651）由其子符玺郎颜扬庭献于朝廷，宋人书目著述或作《刊谬正俗》及《纠谬正俗》，以避宋太祖赵匡胤讳。书中有关《论语》者有两条，一条为文字训释，引《尔雅》释《论语·子路》中"其父攘羊"的"攘"为"仍因也"，前述陆德明《论语音义·子路》"攘羊"下称"如羊反，有因而盗曰攘"，这是汉魏时期的通行解释，即何晏《论语集解》中的观点，因而颜师古的这一解释殊无新意。另一条虽为义理阐释，但仍然体现出颜师古侧重汉人注疏的色彩，其内容为：

《公冶长》篇云："子贡曰：夫子之文章，可得而闻也，夫子之言性与天道，不可得而闻已矣。"盖言夫子删《诗》《书》，定《礼》《乐》，赞《易》道，修《春秋》，所有文章并可闻见。至于言性命之事及言天道，不可得而闻之。故《论语》云"子罕言利与命与仁"，又曰"子不语怪力乱神"。季路问事鬼神，子曰："未能事人，焉能事鬼？"曰："敢问死？"子曰："未知生，焉知死？"并其义也。而近代学者，乃谓夫子之言语、性情并与天道合，所以不可得而闻。离文析句，违经背理，缀文之士，咸作此意用之，大为纰谬。若言夫子之言不可得闻者，《论语》二十篇所述夫子言语何从而得？又不应语弟子云："予欲无言。"①

子贡感慨称，老师孔子在典籍和文化领域学问渊博，经常言传身教，至于性与天道，孔子则很少关涉，颜师古认同这种说法。这是有道理的。纵观孔子生前的言论，均立足于现实社会和政治，对虚无缥缈的天道和未知的死亡、鬼怪世界完全闭口不谈，抽象思辨的色彩确实较为淡薄，以致被黑格尔不无苛刻地评为"一个实际的世间智者"，"只有一些善良的、老练的、道德的教训"。②颜师古列举《论语》中的多处文句也佐证了这一点，并批评"近代学者"违经背理的解读方式。这里的"近代学者"当指受玄学思潮影响的汉魏学者，玄学注重学理层面的阐幽抉微，又好言大道，于是认为孔子言论与天道相通。在《论语》学史上，与汉魏学者同样好谈义理的还有宋儒陈祥道和清儒宋翔凤，两人都对孔子的"性与天道"之说"不可得而闻"有着精微解释，这固然有抉发奥义之功，但从符合孔子原意的角度出发，固守汉儒训诂之学的颜师古或当更接近。

还要指出的是，《匡谬正俗》一书中的词条顺序，依次为《论语》《诗》《书》《礼》《春秋》《史记》等，《论语》词条排在卷首，与自刘歆《七略》和《汉书·艺文志》以来，《论语》常在《易》《书》《诗》《礼》《乐》《春秋》诸经之后有所不同，因此有学者认为这是种"反常现象"。③笔者认为，这或许

---

① ［唐］颜师古：《匡谬正俗》卷一，王云五主编：《丛书集成初编》第1170册，上海：商务印书馆，1935年，第1—2页。
② ［德］黑格尔著，贺麟、王太庆译：《哲学史讲演录》，北京：商务印书馆，1959年，第119页。
③ 戴维：《论语研究史》，长沙：岳麓书社，2011年，第193页。

和释《论语》的词条仅两个有关,因为最少而置前,没有必要作过多解读。

号称"初唐四杰"之一的诗人王勃(约650—约676)也有《论语》学研究成果。王勃字子安,人们最熟悉的当然是他的诗歌,但王勃出身儒学世家,其祖父王通,为隋朝大儒,退职后在家设帐授课,以因材施教著称,《三字经》中有"五子者,有荀扬,文中子,及老庄"句,"文中子"即指王通。王勃自幼聪颖,幼承庭训,少时即遍读儒家诸经,六岁善文,"九岁读颜氏《汉书》,撰《指瑕》十卷。十岁包综六经",说明王勃于儒家诸经均有精研。新旧《唐书》均收录有王勃所著《次论语》,不过,《旧唐书·经籍志》称"五卷",《新唐书·艺文志》称"十卷"。《次论语》的具体内容,因为亡佚而不得知,但是,王勃九岁时所著《指瑕》,就是为指摘颜师古注《汉书》之失,说明他不乏挑战权威的创新精神。而《次论语》顾名思义,当为重新编排《论语》内容,如王勃好友、同为初唐著名诗人的杨炯称,王勃"编《次论语》,各以群分,穷源造极,为之古训。仰贯一以知归,希体二而致远,为言式序,大义昭然"[1],说明王勃沿用的依然是汉魏古训,却将《论语》重新分类编次、各以群分,这种将儒家经典内容重新编排本身的举动,已经是对儒家经典的一种改动了,而且王勃这样编撰肯定含有某种目的,也就是杨炯所说的"大义",可惜《次论语》亡佚已久,今人无法窥知了。

---

[1] [唐]杨炯:《王勃集序》,[清]董诰等编:《全唐文》,北京:中华书局,1983年,1932页。

尤其值得重视的还有儒家学者贾公彦。贾公彦，生卒年不详，官至太学博士，博通群经，尤精擅《三礼》。唐初诏令颜师古考订五经文字，撰成《五经定本》，又诏令孔颖达与诸儒撰《五经正义》，于永徽四年（653）颁行天下，作为开科取士的标准读本。但"五经"中只包括《礼记》，于是贾公彦撰《周礼义疏》五十卷、《仪礼义疏》四十卷，皆尊郑玄注。由于贾公彦的《论语疏》早已不存，因此只能从《周礼义疏》中窥得一斑。《周礼注疏》中，郑玄、郑众作注时常引《论语》，故贾公彦作疏时也征引多处《论语》，如卷一《天官冢宰》载"阍人，王宫每门四人，囿游亦如之"，注称"阍人，司昏晨以启闭者"，贾公彦疏称："昏时闭门，则此名阍人也。晨时启门，则《论语》谓之晨人（门）也。皆以时事为名耳。"按《论语·宪问》载："子路宿于石门。晨门曰：'奚自？'子路曰：'自孔氏。'曰：'是知其不可而为之者与？'"这段记载中的"晨门"即指司门者。再如，卷六《玉府》载"掌王之燕衣服、衽席、床笫，凡亵器"，注称"燕衣服"包括"巾絮、寝衣、袍襗之属"，贾公彦疏称："云'寝衣'者，《论语·乡党》云：'必有寝衣，长一身有半。'郑注云'今之卧被'是也。"[1] 由以上两例可以推知，贾公彦的《论语》研究成果仍然属于汉魏学者的训诂类。

---

[1] 《十三经注疏》整理委员会整理：《周礼注疏》，北京：北京大学出版社，2000年，第21、186页。

第三节　儒学复兴背景下的《论语》研究

唐号称盛世，重要原因之一为统治者相对开明，尤其注重性质和特点迥异的不同民族之间的文化交流，经济和社会也因此呈现出海纳百川、气象万千的姿态。与佛教和道教的兴盛相比，儒学虽然显得不那么景气，但科举考试以儒学为主，通经是科举的必备条件，士大夫的骨子里，仍然以儒学为指导，只是文化开放条件下，知识结构多样化，不再像汉儒那样穷经而已，对儒学研究的创新性不足。唐代前期，儒家学者仍然奉行注不破经、疏不破注的汉魏传统。从唐代中后期开始，不少儒家学者日益意识到儒学义理的僵化陈旧，意识到只有对儒家经典予以新的诠释和发挥，方能应对来自佛教和道教理论层面的强有力挑战，并适应时代发展的需要。这其中以韩愈、李翱、柳宗元等学者为代表，他们的《论语》研究也是在这一思想背景下展开的。

一、韩愈和李翱的《论语笔解》

韩愈（768—824），字退之，累官至吏部侍郎，他是唐代著名的文学大家，力倡古文，抨击六朝以来的奢靡文风，列居

"唐宋八大家"之首。韩愈在儒学史上同样占据重要地位,他自小就接受儒家正统教育,通诸经之学,更关键的是,韩愈清醒意识到了汉魏以来儒学的衰疲,遂孜孜以重振儒学为己任。

在力倡复兴儒学的同时,韩愈又积极排斥影响日广的佛教。唐宪宗元和十四年(819),陕西法门寺迎来30年一次的"开塔年",寺内珍藏的佛骨舍利即释迦牟尼指骨一节,公开供世人瞻仰、参观,上至王公权贵,下到平民百姓都无不狂热,甚至唐宪宗也派人迎佛骨入宫供养三日。52岁的韩愈闻听这一消息后,独上《谏迎佛骨表》,列举历朝佞佛的皇帝皆反而得祸、运祚不长,令宪宗震怒,经宰相裴度等说情,被贬为潮州刺史。韩愈积极辟佛的原因,还在于抑佛扬儒,但是,他的思想却从佛教中汲取了不少养料,著名的《师说》一文,概括"师者"作用的经典论述即"传道、受业、解惑"三者,其中的"解惑"就来自禅宗。余英时就认为"'传道解惑'即是'传法救迷'的另一说法",而且《师说》一文"整体精神取法于新禅宗","新禅宗"即指惠能创立的南禅宗。[①] 韩愈还提出著名的"道统"说,这也借鉴了佛教的"祖统"说。"本来佛教,特别是中国禅宗是最讲求祖师法裔继承关系的",韩愈洞悉佛教思想的嬗变过程,"为对抗'祖统'说,提出了儒学的'道统'说"。[②] 韩愈维护儒学的鲜明立场又得到弟子李翱的倾力支持。李翱(772—836),字习之,中进士后历官国子博士、户部尚书、襄州刺史等,撰有《复性书》发挥并修正韩愈的观点。李翱曾从

[①] 余英时:《士与中国文化》,上海:上海人民出版社,2003年,第422页。
[②] 张岂之主编:《中国思想史》,西安:西北大学出版社,2016年,第289—290页。

韩愈推动古文运动,很多观点都与韩愈相近,但李翱的思考较之韩愈更富有思辨色彩,尤其是后期的观点日见成熟。

韩愈的《论语》研究,即《论语注》和《论语笔解》是否为同一部著述,自唐宋以来,就说法不一。据学者考证,《论语注》和《论语笔解》为同一部书,两者内容基本一致,宋代流传的《论语笔解》二卷本就是唐代《论语注》十卷本的整理本。① 但也有学者持不同意见,认为是不同的两书。② 由于书中主要记载的是韩愈、李翱两人的观点,其中的"李曰"就是指李翱的观点,因此《论语笔解》常被视为韩愈和李翱两人共同完成。当然,李翱是韩愈的学生,他的不少观点都是对韩愈之论的铺陈延伸,但也有不少地方展现出李翱的思辨力度。再从内容上看,《论语笔解》并不是一部完整的解读《论语》之作,只是从《论语》中摘出92句加以解读,且主要是对孔安国等前儒加以质疑和诘难,故宋代史家郑樵就将《论语笔解》列入辩难类著作。

《论语笔解》所质疑和诘难的内容可以分成两大类,一是字词、名物和礼制等的训释,二是义理层面的经文解读。在字词、名物的训诂方面,韩愈、李翱对汉儒的攻驳其实大多不能成立。两人对《论语》文字的改易,只有少数可以自圆其说,如《论

---

① 参见查屏球:《韩愈〈论语笔解〉真伪考》,《文献》1995年第2期。又四库馆臣也持此论。
② 唐明贵认为韩愈确曾注释过《论语》,但该书并未形成定稿(参见氏著:《论语学史》,北京:中国社会科学出版社,2009年,第257页);戴维同样认为韩愈有《论语注》十卷(可能是未定稿),又和李翱合著《论语笔解》二卷(参见氏著:《论语研究史》,长沙:岳麓书社,2011年,第197页);李健认为《论语笔解》与《论语注》并非同一本书(参见氏著:《论韩愈〈论语笔解〉的解经特色及思想》,《岭南师范学院学报》2019年第6期)。

语·公冶长》载"宰予昼寝",韩愈认为"昼"当作"画",即绘画寝室之意,之前梁武帝和隋学者侯白就有类似观点,清儒刘宝楠也予以赞同;《论语·先进》所载"童子六七人,浴乎沂",韩愈认为"浴"当为"沿",汉儒王充就已经有怀疑,"鲁设雩祭于沂水之上。暮者晚也,春谓四月也……周之四月,正岁二月也,尚寒,安得浴而风干身?"[①] 不过,《论语笔解》改易《论语》文字计16处,难以令人信服者居多。例如《论语·子路》载"言必信,行必果,硁硁然小人哉",下引郑玄注称"硁硁,小人之貌也",而韩愈认为这一解释不妥,"硁硁,敢勇貌,非小人也,小当为之字,古文小与之相类,传之误也。上文既云言必信,行必果,岂小人为耶? 当作之人哉,于义得矣"。乍一看很有道理,韩愈还给出了"之"容易被误写为"小"的理由。然而,视"言信行果"为君子行为,这是后人的观点,至少在孔子、孟子的年代,道义居于更为优先的地位,为了道义,言信行果可以不必遵循,所以《孟子·离娄下》声称"大人者,言不必信,行不必果,惟义所在",如果不问道义、不问是非,只坚持个人实践层面的言信行果,这在孔子看来不能算是真正的君子,所以韩愈的理解反而是有问题的。再如《论语·雍也》载孔子曰"人之生也直,罔之生也幸而免",《论语笔解》先引"马曰:人之生自终者,以其正直也。包曰:诬罔正直是幸也",随后韩愈、李翱就提出了自己的观点:"韩曰:直当为德字之误也,言人生禀天地大德。罔,无也,若无

---

① [汉]王充:《论衡·明雩》,黄晖:《论衡校释》,北京:中华书局,1990年,第674—677页。

其德，免于咎者鲜矣。""李曰：《洪范》三德，正直在其中，刚柔共成焉。无是一者必有咎，况咸无之，其能免乎？包谓诬枉正直，则罪无赦，何幸免哉？马言自终，又非生也之义。"①韩愈训"直"为"德"，古汉语中两字确实可以互通，但是正如李翱所说，《尚书·洪范》载有"三德"，即正直、刚克、柔克三种统治手段，因此联系上下文，韩愈改"直"为"德"未必成立。

韩愈、李翱能够脱逸出汉儒牢笼，大胆改易文字、调整顺序、删除经文，这种疑经破注的解经方式，尽管不乏穿凿附会之处，仍然表现出难能可贵的疑经精神，有助于打破疏不破注的训诂传统。不过，韩愈和李翱的疑经破注、改易经文，宗旨并不是否定经典，恰恰相反，是为尊崇经义，更明确地说，是为了抬高孔子的地位，甚至神化孔子，借以对抗当时最为流行的佛教思潮，《论语笔解》在义理层面的经文解读，尤其是李翱的发挥最能体现这一点。

宋儒津津乐道的穷理尽性、性与天道之说，实肇始于二人之论。同样是《论语·公冶长》所载"夫子之言性与天道，不可得而闻也"，孔安国注称"性者，人所受以生也，天道者，元亨日新之道，深微，故不可得而闻也"，前述颜师古就比较赞同这一观点，韩愈自然持反对意见，不客气地抨击称"孔说粗矣"，认为其未能探得孔子之说的"精蕴"，"吾谓性与天道一义也，若解二义，则人受以生，何者不可得闻乎哉？"意思是孔

---

① ［唐］韩愈、李翱：《论语笔解》，《景印文渊阁四库全书》第196册，台北：台湾商务印书馆，1986年，第17、8页。

子当然得闻性与天道。李翱的解释更加细腻："天命之谓性，是天人相与一也。天亦有性，春仁夏礼秋义冬智是也。人之率性，五常之道是也。盖门人只知仲尼文章，而少克知仲尼之性与天道合也，非子贡之深蕴，其知天人之性乎！"① 李翱的高明处，在于以仁礼义智勾连春夏秋冬，已经打通大道与人性的阻障，释儒家五常之说为天地常性即天道的意图已经显而易见。《论语·阳货》又载有孔子关于人性的不同说法，"性相近也，习相远也"和"惟上智与下愚不移"，两说互相对立，颇令儒者束手。李翱引《易》理，洞幽烛微地分析称：

> 乾道变化，各正性命；又利贞者，情性也；又一阴一阳之谓道，继之者善也，成之者性也，谓人性本相近于静。及其动感外物，有正有邪，动而正则为上智，动而邪则为下愚，寂然不动则情性两忘矣，虽圣人有所难知。故仲尼称颜回不言如愚，退省其私，亦足以发。回也不愚，盖坐忘遗照，不习如愚。在卦为复，天地之心邈矣。亚圣而下，性习近远，智愚万殊，仲尼所以云困而不学、下愚不移者，皆激劝学者之辞也。若穷理尽性，则非《易》莫能穷焉。②

人性与天道相通，或谓秉承阴阳之道，原本主静，只因与外物接方才"有正有邪"，"上智"与"下愚"也由此分出，李翱这

---

① ［唐］韩愈、李翱：《论语笔解》，《景印文渊阁四库全书》第196册，台北：台湾商务印书馆，1986年，第8页。
② ［唐］韩愈、李翱：《论语笔解》，《景印文渊阁四库全书》第196册，台北：台湾商务印书馆，1986年，第22页。

里所探讨的性、情关系和善、恶源起，当然不如他后来撰写的《复性书》那么系统完整，但基本理路已经清晰可见了。

韩愈和李翱，前者被陈寅恪先生称为"唐代文化学术史上承先启后转旧为新关捩点之人物"[①]，后者的复性说被潘桂明先生称为"因属三教调和的产物，所以后来也就成为宋儒心性理论的重要借鉴"[②]。这两位致力于提高儒学思辨水平，进而重振儒学的儒家学者的基本观点和思路，在新义纷呈的《论语笔解》一书中应该说已经初露端倪。

二、柳宗元的《论语辩》

从儒学发展史的角度看，一生致力于复兴儒学的韩愈自然地位不低，但如果从思想史的角度看，韩愈代表着尊君抑民的"专制天下之正统思想"，其代表作《原道》在19世纪末还遭到严复的严厉批驳。相形之下，与韩愈同时代的另一位学者即柳宗元的思想则更具新意，甚至被学者称为"近乎'异端'"[③]。柳宗元的《论语》学成果主要是《论语辩》上、下两篇，文字不多，却分别彰显出不囿圣贤成理、勇于独立思考的辨伪精神，以及对孔子和儒学的深刻认识。

柳宗元（773—819），字子厚，祖上累世门阀大族，北朝时柳、薛、裴并称"河东三著姓"，历代公卿不绝，到武则天时遭诛灭，此后一蹶不振，到柳宗元时，父祖辈虽然仍有人出仕，但皆为下层低级官员，属于普通的庶族了。贞元九年（793），

[①] 陈寅恪：《论韩愈》，《历史研究》1954年第2期。
[②] 潘桂明：《中国居士佛教史》，北京：中国社会科学出版社，2000年，第356页。
[③] 萧公权：《中国政治思想史》，北京：商务印书馆，2017年，第401页。

柳宗元与好友刘禹锡同中进士，时年20岁。公元805年初，唐顺宗即位后，任用东宫旧臣王叔文、王伾，推行一系列改革措施，史称永贞革新。柳宗元与王叔文政见相同，得到王叔文的赏识，被擢升为礼部员外郎，并常入禁中，参与政事。然而好景不长，唐顺宗身体不好，皇位很快传于唐宪宗李纯，王叔文、王伾等大臣随之被贬，柳宗元先贬为邵州刺史，两个月后再贬为永州司马。政坛遇挫后，柳宗元谪居永州，原先意气风发的心态荡然无存，于是将精力转向诗文创作和学术研究，反而造就了他在文学和学术领域的重要地位。其中奠定他在学术领域重要地位的，就包括一系列议论大胆、见解精辟，针对经典作品的辨伪作品。

唐代尊崇道教，天宝元年（742），朝廷下诏，称《庄子》为《南华真经》，《列子》为《冲虚真经》，《文子》为《通玄真经》，《亢桑子》为《洞灵真经》。柳宗元却反其道而行之，专门作《辩列子》《辩文子》《辩亢仓子》等，称《列子》一书西汉刘向认为是郑穆公时人所作，实为鲁穆公，又称"其书亦多增窜，非其实"[1]，可信度并不高。称《文子》为"驳书"，意思是混杂不纯，既有采抄他书之处，又有后人创作的内容。清初勇于疑古的学者姚际恒认为，柳宗元的这一评价可谓恰当，"其书虽伪，然不全伪也；谓之'驳书'，良然"[2]。又断言《亢仓子》一书为伪作，理由是刘向、班固都不曾著录《亢仓子》，

---

[1] ［唐］柳宗元：《柳河东集》卷四《辩列子》，北京：中华书局，1979年，第107页。
[2] ［清］姚际恒：《姚际恒著作集》第五册《古今伪书考》，台北："中央研究院"中国文哲研究所，2004年，第251页。

确实彰彰甚明。除对道家经典提出质疑外，柳宗元对《国语》《晏子春秋》等儒学著作也有所考订，其中就包括《论语辩》上篇。

唐以前，儒者或称《论语》为孔子弟子所记。柳宗元却不以为然，他推测《论语》一书是曾子弟子所作，因为古人尊师，称孔子当然尊称"子"，称孔门诸弟子时则大多称字，"独曾子、有子不然"。曾子即曾参，字子舆，有子即有若，字子有，《论语》唯此两人不是以字相称[1]，和孔子一样被尊称为"子"，且曾子是孔子最小的弟子，孔子72岁逝世时，曾子年仅26岁，两人年龄相差达到46岁，到曾子去世时，"孔子弟子略无存者矣"。因此，柳宗元断定《论语》一书，"孔子弟子尝杂记其言，然而卒成其书者，曾氏之徒也"[2]。柳宗元的这一论断立足于弟子称谓的变化，比单纯的内容考订更具有说服力，后人大都沿采柳宗元之论，视《论语》出自多人之手，以曾参的学生为主要编订者。

《论语辩》下篇专门探讨剖析孔子心态，共300余字，很能体现柳宗元的孔子观，兹录之：

> 尧曰："咨，尔舜！天之历数在尔躬，四海困穷，天禄永终。"舜亦以命禹，曰："余小子履，敢用玄牡，敢昭告

---

[1] "子"，是先秦时期对有学问、有地位的男子的尊称。《论语》中，提及曾参的记录有17处，均称"曾子"；提及有若六处，四处称"有子"，两处称名，为有若和鲁哀公对话时。另外，孔门十哲中仅冉求三次称为"冉子"、闵子骞一次称为"闵子"，其余多为名字。

[2] ［唐］柳宗元：《柳河东集》卷四《论语辩》，北京：中华书局，1979年，第110—111页。

于皇天后土,有罪不敢赦。万方有罪,罪在朕躬。朕躬有罪,无以尔万方。"或问之曰:"《论语》书记问对之辞尔。今卒篇之首,章然有是,何也?"柳先生曰:"《论语》之大,莫大乎是也。是乃孔子常常讽道之辞云尔。彼孔子者,覆生人之器者也。上之尧、舜之不遭,而禅不及己;下之无汤之势,而己不得为天吏。生人无以泽其德,日视闻其劳死怨呼,而己之德涸然无所依而施,故于常常讽道云尔而止也。此圣人之大志也,无容问对于其间。弟子或知之,或疑之不能明,相与传之,故于其为书也,卒篇之首,严而立之。"

柳宗元的这段文字足以体现他对孔子的卓识。首先,柳宗元认为孔子是位圣贤,能够与尧、舜、汤并列的圣贤。柳宗元自发蒙起就熟读儒家经典,对孔子亦十分崇敬,他在《与杨诲之第二书》中就称"凡儒者之所取,大莫尚孔子",孔子之道就是圣人之道,又与尧、舜并列,称为"尧、舜、孔子之道"。在《道州文宣王庙碑》中甚至声称"夫子之道闳肆尊显,二帝三王其无以侔大也",孔子地位之高,连"二帝三王"都不如。柳宗元还提出过体悟孔子之道的读书途径,《报袁君陈秀才避师名书》称"当先读《六经》,次《论语》、孟轲书皆经言……求孔子之道,不于异书"。[①] 其次,柳宗元详细比较了孔子与尧、舜、汤的不同。孔子是圣人,如果能当政,必能泽及广大世人,可惜他生不逢时,没有遇到帝位禅让传授的尧、舜时代,又不像商

---

① [唐]柳宗元:《柳河东集》,北京:中华书局,1979年,第852、121、880页。

汤那样有祖上基业可以继承，终究无法成为奉天命治民的人（即"天吏"）①，身怀至德的济世大志向却无处施展，故论起大道每每欲言又止。第三，柳宗元对孔子的这一解读，站在汉唐以来将孔子神秘化、非人格化倾向的对立面。《荀子·非相》称"仲尼之状，面如蒙倛"，韩愈在《杂说》四则之三中也附和这种说法，柳宗元则在《观八骏图说》中明确否认这种说法："然则伏羲氏、女娲氏、孔子氏，是亦人而已矣。……慕圣人者，不求之人，而必若牛、若蛇、若倛头之间，故终不能有得于圣人也。"孔子是至圣至贤，但依然是人，他在政治领域无所建树，这并不影响孔子的伟大，孔子的济世志向、对道的孜孜追求，始终令柳宗元崇敬不已。还要补充的是，柳宗元以"禅不及己""无汤之势""不得为天吏"之语来形容孔子，这是相当大胆的，已经隐隐触及传统专制王朝政权合法性的敏感处。按照柳宗元的说法，如果以道德为标准来选拔君主，那孔子就是禅让的对象，又或者有祖上基业支持，那孔子也可以成为奉天命治民的有道之君。而传统历代帝王的统治，表面上受命于天，实质上世袭传承，两相比较，高下之判一目了然。

可以说，无论是对《论语》一书作者的辨析，还是对孔子生平志向的分析，都体现出柳宗元好考据经典真伪、绝不盲从的学术立场和追求。再参照柳宗元视民、吏关系为"凡民之食于土者，出其十一佣乎吏"，又认为《左传》鲁隐公三年所载的

---

① "天吏"，一种含义是天子之吏，另一种含义如《孟子·公孙丑上》载："无敌于天下者，天吏也。然而不王者，未之有也。"赵岐注称："言诸侯所行能如此者，何敌之有，是为天吏。天吏者，天使也。为政当为天所使，诛伐无道，故谓之天吏也。"［清］焦循撰，沈文倬点校：《孟子正义》，北京：中华书局，1987年，第232页。

"贱妨贵""远间亲""新间旧"不能列入"六逆"之中,"竟然敢把贱者、远者和新者对于贵者、亲者和旧者的抗争规定为合乎规律"①,那么柳宗元思想的深刻性已经昭昭甚明,被视为传统社会中的"异端"也就不足为奇了。

---

① 侯外庐主编:《中国思想通史》第四卷,北京:人民出版社,1960年,第388页。

第六章
诸派竞起：两宋《论语》学

两宋是中国文化发展的重要阶段，面对马背民族的咄咄逼人之势，两宋王朝在军事上多采取被动防守，屡屡遭受欺凌，但是，两宋时期的社会经济高度发达，思想文化更呈现出多元繁荣面貌，宋代文化呈现出一系列新面貌、达到新高度则是不争的事实。陈寅恪谓"华夏民族之文化，历数千载之演进，造极于赵宋之世"[1]，可谓的论。两宋经学、理学、史学、佛学等诸多学术领域均有着长足进步，尤其是两宋学者治学时注重道统和义理，形成了与汉学迥异的宋学，"宋学是汉学的对立物，是汉学引起的一种反动"[2]，这就为两宋时期的《论语》研究注入了新鲜血液。

---

[1] 陈寅恪：《陈寅恪集·金明馆丛稿二编》，北京：生活·读书·新知三联书店，2001年，第277页。
[2] 邓广铭：《略谈宋学》，《邓广铭治史丛稿》，北京：北京大学出版社，1997年，第165页。

第一节　宋代学术思想与《论语》研究

宋代立国之初,鉴于唐末五代藩镇割据、武将专权的历史教训,以"杯酒释兵权"的方式解除大将兵权并让其成为富家翁,成为中国历史上最为优待开国功臣的王朝。此后,宋王朝实行抑武重文的治国方针,文官地位一般高于武将,宋太宗就声称"王者虽以武功克定,终须用文德致治"①,文化领域政策宽松,很少以文字狱钳制士人,在政治上保障了思想学术的多样性。鉴于唐代后期以降君权减弱和分裂割据的历史教训,宋代学者又注重道统说,以接续孔孟学说为己任,形成宋学。

大体而言,宋学发展有三个阶段:开国到宋仁宗统治时期(庆历前后)为宋学形成阶段,代表人物包括胡瑗、孙复、石介、李觏、欧阳修等,以范仲淹为核心人物;宋仁宗晚年到宋神宗初年是宋学的大发展阶段,形成荆公学派、温公学派、苏蜀学派和以二程张载为代表的理学派,共四大学派,它们各具

---

① [宋]李焘撰:《续资治通鉴长编》卷二十三,北京:中华书局,1979年,第528页。

特色，又以荆公学派影响最著，在学术领域居主导地位达半个多世纪，到南宋初余绪犹存；南宋逐渐形成理学独领风骚的局面，朱熹理学和陆九渊心学承接二程之学，在南宋后期的学术思想界占统治地位。此外还有与理学相对立，以吕祖谦、陈亮、薛季宣、叶适等为代表的浙东事功派。[1] 无论哪个派别，都不墨守注疏，尤其是欧阳修、苏轼、苏辙、王安石、二程等，都各出新意解经。正是在这样的背景下，《论语》研究也呈现出著述大量涌现、义理不断出新的面貌。

一、宋代士人对《论语》的重视

宋代以前，《论语》与其他儒家经典相比，地位稍稍逊色。《汉书·艺文志》中，《论语》列在《易》《书》《诗》《礼》《乐》《春秋》之后，《隋书·经籍志》则列在《易》《书》《诗》《礼》《乐》《春秋》《孝》之后，即第八类，此后基本成为惯例，如《新唐书·艺文志》《旧唐书·经籍志》和《宋史·艺文志》中，《论语》都列在第八类。入宋后，《论语》则受到学者的空前青睐，研究著作大增。据统计，两宋300多年间，"见于著录的《论语》著述，综理诸家目录所得共计303种，其中《论语》部分共233种"[2]。另有学者统计出，宋代的《论语》著作和《四书》著作分别为217种、80种，元代为20种、95种，明代为49种、552种，清代为193种、591种，民国为

---

[1] 参见漆侠：《宋学的发展和演变》，石家庄：河北人民出版社，2002年，第7页。
[2] 唐明贵：《宋代〈论语〉诠释研究》，北京：中国社会科学出版社，2018年，第65页。另王鹏凯认为，"有关宋代《论语》著述，综理诸家目录所得计二百八十五种"。《古典文献研究辑刊·初编》第18册《历代论语著述综录》，台北：花木兰文化工作坊，2005年，第39页。

176 种、136 种。① 而且研究《论语》的学者中，名家林立，如理学名家周敦颐、程颐、朱熹、张栻、胡宏等，教育名家胡瑗等，政坛要人李纲、张浚、吕惠卿等，文学大家曾几、苏轼、苏辙等，史学名家范祖禹、李焘等，还有王安石、王雱父子，甚至宋徽宗也著有《论语解》二卷。

《论语》之所以得到宋代士人如此重视，是以两宋学术思想的繁荣为背景的。和其他王朝相比，两宋政治环境相对宽容、文化政策相对宽松，几乎可以说是士大夫物质和精神生活最为优渥的一个历史时期。历朝功臣大都免不了鸟尽弓藏、兔死狗烹的命运，而宋代和东汉、唐一样，功臣得以优养终年。② 在历史上，文字狱各个朝代都有，宋代也难免，尤其是秦桧当政期间，常以"讥讪朝政"的名义打击力主抗金的刚直之士，学者王曾瑜甚至认为，中国历史上第一次比较正规意义的文字狱，就始于宋高宗绍兴时，"为明清文字狱之嚆矢"③。但就整体而言，除北宋末年太学生陈东等因力主抗金而被诛外，鲜见宋代士大夫因文字而惹来杀身之祸的例子，屡遭贬谪倒是触目皆是，如苏轼自乌台诗案后一贬再贬，但依然保持着豁达开朗的良好心态。托名陆游所作的《避暑漫抄》甚至载，宋太祖赵匡胤曾在祖庙中立碑，誓词"不得杀士大夫及上书言事人"④。可以说，

---

① 参见戴书宏：《宋代以来〈论语〉著作与〈四书〉著作的消长变化》，《暨南学报》2013 年第 6 期。
② 东汉王朝称为"云台二十八将"的功臣群体大都封侯赐爵，后多数远离朝堂。唐王朝"凌烟阁二十四功臣"不仅封侯赐爵，还有不少人掌握军政大权。
③ 王曾瑜：《宋高宗传》，北京：中国书籍出版社，2016 年，第 280 页。
④ ［宋］陆游纂：《避暑漫抄》，王云五主编：《丛书集成初编》第 2863 册，上海：商务印书馆，1939 年，第 6 页。

和动辄族诛的明清两朝相比，两者的宽松与苛严之别一眼可知。

更重要的是，宋代士大夫保持着一种以天下为己任的自觉意识和士人气节。先秦诸子有公天下之论，《吕氏春秋》卷一《贵公》所载最为典型："天下非一人之天下也，天下之天下也。"所谓"天下之天下"，只是强调天下非君主一人所有，要求君主执政为民，以公心即公平、公正的态度和立场来治理天下。在中国传统社会中，将这种天下非君主一人之天下的观念发扬到极致的，非宋人莫属。以敢谏闻名的监察御史方庭实在绍兴九年（1139）劝谏宋高宗时放言："天下者中国之天下，祖宗之天下，群臣万姓三军之天下，非陛下之天下。"[①] 在近代意义的人民主权论、由国民组成的民族国家出现之前，传统社会民本说的含义是君为民做主，学者孜孜以求的是君主以公心治理天下，故先秦所谓的"天下之天下"一般是不能释为"天下人之天下"的。而方庭实之论，尤其是"群臣万姓三军之天下"，尽管"万姓""三军"排在"中国""祖宗"之后，但"天下人之天下"的含义已经显而易见，其大胆和犀利程度，在传统社会中可以说是少之又少，如果放在明清王朝，必然是大逆不道的死罪。三朝元老、枢密使文彦博也在反驳宋神宗变法利于百姓、不利于士大夫时，直截了当地声称："为与士大夫治天下，非与百姓治天下也。"[②] 理学家程颐在为皇太子讲解《尚书·尧典》时，也明确称："帝王之道也，以择任贤俊为本，得

---

① 李之亮校点：《宋史全文》卷二十，哈尔滨：黑龙江人民出版社，2005年，第1301页。
② ［宋］李焘撰：《续资治通鉴长编》卷二百二十一，北京：中华书局，1986年，第5370页。

人而后与之同治天下。"① 所以学者指出，"士大夫与皇帝'共治天下'是宋代儒家政治文化的一个最突出的特色，已预设在'士当以天下为己任'这句纲领之中"②。当然，所谓的皇帝与士大夫共治、同治天下，只是宋代士大夫在政治领域的一种自我期许和愿望，而且是软性的，并没有硬性的制度规定，最后的权力源头仍然是皇帝的个人意志，积极倡导"同治"或"共治"的是宋代的士大夫，而不是皇权。

宋代士大夫这种自觉意识和气节的重要源头之一正是先秦时期的孔子。不可否认，自董仲舒提出独尊儒术并被官方接受后，儒学就成为官方尊奉的显学，孔子本人也被视为教主，几乎所有的当权者都会利用孔子这块金字招牌，而且，站在今天的角度看，孔子的思想体系确实有强调尊卑等级的时代缺陷和硬伤。但是，这些并不妨碍作为一个学者的孔子，因其视道义高于权势的价值追求而永远被后人尊重和仿效。孔子的一生，为恢复理想中的西周礼制社会而颠沛流离、潦倒终生，却始终不改其志，绝不愿改变自己的政治主张去迎合国君，甚至发出宁愿乘桴浮海的感慨，这说明孔子有着极为坚定的政治理念和人生信仰，即对道的追求。孔子所追求的道，又体现为君子人格，即君子对德、仁的坚定追求，这种追求应该凌驾于社会政治之上，是一种终极关怀，由此确定了以道德为终极关怀和制度正当性根据的文化大传统。职是之故，学者大都认可孔子是中国轴心文明的最重要代表之一。而《论语》中所记载的孔子

---

① ［宋］程颢、程颐著，王孝鱼点校：《二程集》，北京：中华书局，1981年，第1035页。
② 陈致访谈：《余英时访谈录》，北京：中华书局，2012年，第24页。

一言一行，正集中体现了他的人格独立精神和理想主义的价值观，因此得到了宋代士大夫的高度认同，王安石、程颐、朱熹、陆九渊等，都曾公开强调"道尊于势"的理念，并孜孜不倦于《论语》这一儒家经典的研究。

二、《论语》研究的阶段和流派

南宋学者吴曾在笔记文集《能改斋漫录》卷二中称，北宋经学的发展，以庆历（1041—1048）为界分为前后两期，"庆历以前，学者尚文辞，多守章句注疏之学。至刘原父为七经小传，始异诸儒之说。王荆公修经义，盖本于原父云"。其中的刘原父即刘敞，著有《七经小传》。

两宋《论语》研究的发展阶段也与之类似。庆历以前，学者注解《论语》多承袭汉唐遗风，重视章句注疏，以名物典制的考据训诂和章句的串讲为主，当然涉及一些政治和伦理思想，但大都停留于实践和说教的层面，不够系统和深刻，学理性也不强。庆历以后，学者注解《论语》时，在留意扫除阅读和理解上障碍的同时，不狃于汉唐故辙，打破"疏不破注"的成习，由训诂通义理，将主要精力投入天道性命、修己治人等方面的义理之学中，进而重新构建完整的儒家道德义理系统，由此实现通经明道、重建政治统治合法性的目标。很显然，主要记载孔孟言行的《论语》《孟子》两书，为宋代学者的义理阐释提供了大量资料和足够的空间。《论语》历代常作为启蒙之书，研读方便，更加成为宋儒钟情的经典，成为诸经之首。

具体可分为理学派的《论语》研究和非理学派的《论语》研究。有宋一代，是理学的兴起和发展时期，经过二程和朱熹等学者的不懈努力,理学体系日益完备并趋向精致,尤其到南宋末期,逐渐成为社会上的主流学说,在朝廷官方也有着较大的影响力。北宋理学的奠基者包括周敦颐、邵雍、张载、程颢、程颐五人,以程氏兄弟对《论语》最为重视,《论语》的理学化诠释也始于二程。南宋朱熹是理学的集大成者,他继承二程思想,专门为《大学》《论语》《孟子》《中庸》四部书作注,并最先将这四部书一起刊刻,由此确定了"四书"的名目。这四部书中,朱熹对《论语》用力尤深。与朱熹同时代的知名理学家还有陆九渊、胡宏、吕祖谦、张栻等,他们从不同角度对《论语》作了各具特色的解读。朱子学派、心学派、湖湘学派等理学各派学者,借解读《论语》,演绎铺陈心性论、本体论、工夫论等思想,"从而建构了一种理学型的《论语》学,使《论语》学发展到一个新的高峰"[①]。

宋代在理学兴起的同时,还有其他学派各领风骚,在《论语》诠释领域同样粲然可观。在刘敞《七经小传》问世前,北宋初期学者邢昺、胡瑗、孙奭等,在研治《论语》时就既侧重名物传注,又阐释孔子微旨。刘敞的《七经小传》将《论语》置于末尾,篇幅却占三分之一多,且不斤斤于名物典制,释经时每有发挥异于先儒,虽然不乏穿凿之处,但这种开创精神值得后人尊重。刘敞创立北宋新学风后,以王安石为首的新经义派接过了大旗,在解读《论语》时致力掘发微言大义,同时也为他在政坛推行的改革大业服务。王安石的政治主张在当时遭

---

① 朱汉民、张国骥:《两宋的〈论语〉诠释与儒学重建》,《中国哲学史》2008年第4期。

到多方强烈反对，其学术观点也不乏批评对立者，包括以程颐为首的洛学派和以苏轼为首的蜀学派等。四川眉山苏氏在文学史上赫赫有名，在经学史上也占据一席之地。苏辙与苏轼治《论语》，擅长以佛、道二义释经，又好以史实比附，视野相对开阔，迭有新意。此外，浙东永嘉学派主张经史兼重，力倡用历史事实来解释经典，代表人物之一戴溪的《石鼓论语答问》就是典型。永嘉学派的集大成者叶适在评述《论语》时，更是明确反对理学，反对两宋道学家推崇的道统说，主张治经与治史结合，注重经世致用，要求将事功之学与德行之学两者有机结合。

第二节 新经义派的《论语》研究

北宋初期的经学研究,仍然遵循汉唐传统,治学方式以注疏为主,尊章句训诂之学,邢昺(932—1010)的《论语注疏》(《四库全书》作《论语正义》)就是典型。邢昺在国子监任职达32年之久,任国子监祭酒10年,又常在内廷、诸王府、国子监讲授诸经,宋真宗和诸王公子弟常听其讲课,影响十分广泛。他的《论语注疏》一书整合汉魏诸家之说,融合南北学,受玄学影响的痕迹清晰可见,但仍以训诂为主,四库馆臣称:"今观其书,大抵剪皇氏之枝蔓,而稍傅以义理,汉学、宋学兹其转关。……《中兴书目》曰:'其书于章句、训诂、名物之际详矣。'盖微言其未造精微也。"① 邢昺以后,胡瑗和刘敞继之而起,注重义理阐释,开庆历新学风之风,并接续以王安石为首的新经义派。

一、从胡瑗到王安石

教育名家胡瑗所著《论语说》多钩稽孔子微旨。胡瑗

---

① [清]永瑢等:《四库全书总目》卷三十五,北京:中华书局,1965年,第291页。

（993—1059），字翼之，江苏泰州人，世称安定先生，与孙复、石介并称"宋初三先生"，先后主持苏州、湖州州学，创经义、治事两斋，经义斋专习经术，重学理讨论，治事斋以学习农田、水利、军事、历算等实学知识为主，一人各治一事，又兼摄一事，为古代分科教学之滥觞。《宋元学案》辑其《论语说》七条，其中，针对《论语·子张》中子贡溢美孔子之言即"夫子之不可及也"，胡瑗称"子贡之言，甚而言之也。孔子固学于人而后为孔子"①，认为子贡之言不尽妥当，孔子固然是大家，但他的学问同样是经过后天不懈努力才获得的，这一说法当更贴近历史真实。针对《论语·宪问》中的"有德者必有言，有言者不必有德"，胡瑗称"古之取人以德，不取其有言，言与德两得之，今之人两失之"，借古讽今，批评当今朝廷的取士制度，言、德两失。可见胡瑗《论语说》多推阐议论，不受经典局囿，故《宋元学案》列其为首，开宋学之先河。

至刘敞（1019—1068）著《七经小传》，分上、中、下三卷，下卷专论《论语》，常常横发议论，每与先儒大异，如《论语·公冶长》称："子曰：'道不行，乘桴浮于海。从我者，其由与？'子路闻之喜。子曰：'由也好勇过我，无所取材。'"刘敞发挥称："此一章意若仲尼真欲浮于海，是怼也，非君子之道矣，且又不当讥子路无所取材也。夫讥子路无所取材，则足以明浮于海非仲尼意，浮于海非仲尼意，而仲尼为若言者，盖言己在天下，道不行则去周流四方，若乘桴之浮海随波转薄矣。

---

① ［清］黄宗羲原著，［清］全祖望补修，陈金生等点校：《宋元学案》，北京：中华书局，1986年，第26—27页。

子路失指,谓仲尼真欲浮于海,故仲尼反以无所取材戏之也。"如果是汉代学者解经,必然注重"桴""材"等字释义,而刘敞对这些一概不关注,着重探析孔子的深层心理,指出子路对孔子随口说的"浮海"信以为真,才有"取材"之举,反遭孔子戏谑。如此反复致意,发为新说。当然,刘敞并非没有字词的训诂,只不过仍然义理为先。《论语·公冶长》又载宰予"昼寝",即白天睡觉,引来孔子的严厉批评,喻为"朽木""粪土之墙",或有学者认为宰予之过轻而孔子之责重,刘敞则认为"此弗深考之蔽",他解释称君子"不昼夜居于内",原因是要"异男女之节、厉人伦",宰予"昼寝"实为乱男女之节,孔子当然要严厉斥责,故"寝当读为内寝之寝,而说者盖误为眠寝之寝"。①后人视《七经小传》为庆历新学风发轫之作,诚不为过。

沿着庆历新学风继续推进的,是以王安石为首的新经义派。新经义派对《论语》颇为重视,王安石著《论语解》十卷、《论语通类》一卷,其子王雱早卒,《论语口义》由王安石整理成书。又吕惠卿著《论语义》十卷,陈祥道著《论语全解》十卷,龚原著《论语全解》十卷。不过上述著作中,除陈祥道《论语全解》外皆已经亡佚。

王安石是北宋著名的政治家、思想家和文学家,宋神宗时两度为相,推行新政,晚年退居江宁(今江苏南京)。王安石推行新政的出发点是否成立以及实施过程、收效的得失,历来毁誉不一②,不在本文讨论范围,但王安石具有刷新政治并付诸

---

① [宋]刘敞:《七经小传》卷下,《景印文渊阁四库全书》第183册,台北:台湾商务印书馆,1986年,第33页。
② 对王安石变法的不同评价,可参见张祥浩、魏福明著:《王安石评传》第八章"后世对王安石的评价",南京:南京大学出版社,2006年。

实施的巨大勇气和责任感,这一点是毋庸置疑的。王安石推行新政,既网罗支持新法的实干人才,又需要理论依据和舆论造势,于是设置经义局,摒弃先儒传注,重新训释《诗》《书》《周官》,斥《春秋》为"断烂朝报",至熙宁八年(1075),完成《诗经新义》《书经新义》《周官新义》,合称《三经新义》,颁行全国,作为士子的必读教科书使用。同时革新科举考试的环节,罢诗赋、帖经,专以策论取士,策论之旨必须依照新经义,于是天下士子靡然向风,影响极大。《三经新义》破除汉唐诸儒烦琐的章句注释,注重阐明义理,故新经义派又被称为荆公新学派,在当时的思想界也影响较大,对理学的形成有直接影响,标志着宋代义理之学完全代替了汉唐传注经学之风。如史家侯外庐指出:"道德性命之学,为宋道学家所侈谈者,在安石的学术思想里,开别树一帜的'先河',也是事实。"[①]

对《论语》一书,王安石在文集中多有引用。和推动重新编撰《三经新义》一样,王安石对《论语》的诠释,同样体现了他不墨守成规、好出新意,借学术服务新政的特点。孔子周游列国时,曾隔帐见卫灵公夫人南子,由于南子妖媚貌美、名声欠佳,当时就遭到弟子的诘难,并引发后世一段公案,嘲讽者有之,辩解者有之。王安石对此予以充分理解,他很赞同《孟子·离娄上》的解释即"男女授受不亲,礼也;嫂溺,援之以手者,权也",并加以引申,"若有礼而无权,则何以为孔子?天下之理,固不可以一言尽。君子有时而用礼,故孟子不见诸

---

① 侯外庐主编:《中国思想通史》第四卷,北京:人民出版社,1960年,第423页。

侯；有时而用权，故孔子见南子也"①。权者，通变也。在王安石看来，世界上的道理不可能用一句话来概括，并没有一成不变、适合任何场合的理，那自然就需要顺时应变。南子是卫灵公夫人，极受宠爱，在卫国政局呼风唤雨，她仰慕孔子的品德和学识，请求一见，孔子当然不能拒绝，这是孔子既重礼法，又通权变的表现。故在王安石看来，孔子见南子根本无碍于孔子声名，反而是其通达识变的表现，很显然，这种通达识变正是王安石推行新政所希望看到的。

又如王安石论人性，他认同《论语·阳货》所称"性相近也，习相远也"，由此对《雍也》所称"中人以上，可以语上也；中人以下，不可以语上也"，以及《阳货》所称"惟上智与下愚不移"，表示了不同意见：

> 习于善而已矣，所谓上智者；习于恶而已矣，所谓下愚者；一习于善，一习于恶，所谓中人者。上智也、下愚也、中人也，其卒也命之而已矣。有人于此，未始为不善也，谓之上智可也；其卒也去而为不善，然后谓之中人可也。有人于此，未始为善也，谓之下愚可也；其卒也去而为善，然后谓之中人可也。惟其不移，然后谓之下愚，皆于其卒也命之，夫非生而不可移也。②

---

① [宋]王安石著，秦克、巩军标点：《王安石全集》卷七《答王深甫书》（第二书），上海：上海古籍出版社，1999年，第63页。
② [宋]王安石著，秦克、巩军标点：《王安石全集》卷二十七《性说》，上海：上海古籍出版社，1999年，第236—237页。

王安石的这段话，和他主张性无善恶而情可善可恶是一致的。人的本性都一样，并没有明显的善恶之分，情则善、恶均可，关键取决于后天之习。因此，上智、下愚并非生而不移，人的一生，或始于上智而终于中人，或始于下愚而终于中人，关键在习于善还是习于恶，也就是受后天迁染影响较大。王安石在这里否认天命论，强调人的后天努力，和他力主革新的政治生涯若合符节。

二、陈祥道与《论语全解》

王安石对《论语》的解读，更多服务于其新政事业，借经学阐变革要旨，在深刻和完整方面稍稍有所欠缺。新经义派中，在《论语》研究领域能够独得王安石意趣的，是王安石的弟子陈祥道，如清代学者所称："荆公六艺之学，各有传者。……荆公尝自解《论语》，其子雱又衍之，而成于祥道。长乐陈氏兄弟，深于礼乐，至今推之，乃其得荆公之传，则独在《论语》。"[1]

陈祥道（1042—1093），字用之，福州人，少有壮志，专攻礼学。英宗治平四年（1067）赴京赶考，以所著文章投拜王安石门下，得到赏识。是年中进士，历任国子监直讲、太学博士、秘书省正字等。陈祥道著有《论语全解》，擅长称引三礼之学和老庄之学，摆脱章句束缚，阐发其中所蕴含的性命义理，这一风格与其师王安石如出一辙。

陈祥道以治礼学见长，在注解《论语》时对春秋时期的各

---

[1] ［清］黄宗羲原著，［清］全祖望补修，陈金生等点校：《宋元学案·荆公新学略》，北京：中华书局，1986年，第3260页。

种礼仪制度，如祭祀之礼、朝聘之礼、饮食之礼、尊老之礼等予以详细解说。《论语·乡党》记载有孔子上朝、出使、祭祀、饮食、探病时的各种举止，陈祥道解读时均佐以《仪礼》《周礼》，如下例：

"君赐食，必正席先尝之"，敬君惠也。"君赐腥，必熟而荐之"，荣君惠也。"君赐生，必畜之"，仁君惠也。《礼》曰："侍食于君子，先饭而后已。"又曰："侍食于先生异爵者，后祭先饭。"夫于先生君子其敬尚如此，况侍于君侧乎？此《礼》所以言"君客之，则先饭辨尝羞，饮而俟"也。《礼》曰："君有疾，饮药，臣先尝之。亲有疾，饮药，子先尝之。"亦尝食之意也。……君之祭，仁也，而礼存焉；臣之先饭，礼也，而仁存焉。①

这段注释征引《仪礼》，详细解释了饮食中的君臣之礼：国君赐给熟食，一定要先摆正座位再品尝，这是对国君恩惠的尊重；国君赐给生肉，一定要煮熟供奉于祖先，这是让祖先也感受到国君的恩惠；国君赐给活物，一定要畜养，这是体现国君的仁爱之心。孔子主张明尊卑等级，表现为尊王重君，主张臣必须忠君，必须尽心竭力为君服务，同时要对国君保持高度尊重，这种尊重就表现在各种礼仪制度上。日常饮食所需遵循的诸多礼节，对国君、大臣而言都是仁的体现，国君之仁表现为对大

---

① ［宋］陈祥道：《论语全解》卷五，《景印文渊阁四库全书》第196册，台北：台湾商务印书馆，1986年，第146页。

臣的关爱，大臣之仁表现为对国君的忠敬，内在核心都是尊卑上下的等级之分，所以需要恭恭敬敬、一丝不苟地予以遵循，陈祥道的注解可谓深契孔子之心。

老庄学说也为陈祥道所看重。王安石治学广博，绝少门户之见，只要符合他认可的义理，一般兼容并收。曾巩有一次微讽王安石好佛学，王安石则坦然称："善学者读其书，惟理之求。有合吾心者，则樵、牧之言犹不废；言而无理，周、孔所不敢从。"① 学者惟理是求，合理又合乎己心，那么樵、牧之言也应重视；如果言而无理，那么周、孔之言也可反驳。这一论述颇有治学以求真为首要宗旨的味道。受王安石影响较大的陈祥道也殊少门户藩篱之见，反而常比较儒、道两家学说的异同，试图加以融合、贯通。《论语·为政》载鲁哀公问孔子："何为则民服？"孔子答称："举直错诸枉，则民服；举枉错诸直，则民不服。"陈氏注解时佐以老庄观点称：

> 自道言之，贤者非在所尚；自事言之，贤者不得不举。《老子》曰"不尚贤，使民不争"，《庄子》曰"举贤则民相轧"，自道言之也。《庄子》曰"行事尚贤，贵贱履位，仁贤不肖袭情"，自事言之也。孔子之答哀公，则事而已，故曰"举直错诸枉，则民服"。盖民情好直而丑枉，举枉错诸直，则拂民之欲，而民莫不怨；举直错诸枉，则适民之愿，而民莫不服。②

---

① [宋]惠洪等撰，陈新点校：《冷斋夜话》卷六，北京：中华书局，1988年，第47页。
② [宋]陈祥道：《论语全解》卷一，《景印文渊阁四库全书》第196册，台北：台湾商务印书馆，1986年，第75页。

儒家倡贤举贤，老庄却针锋相对地反对尚贤，陈氏试图弥合两者间的缝隙，于是认为从大道角度出发，不尚贤是可以成立的，但如果从实际做事层面出发，那么就必须举贤了。所以，《老子》《庄子》既有从大道角度出发的不尚贤之语，又有从做事层面出发的尚贤之论，而孔子回答鲁哀公同样是从做事层面出发的。陈氏之论未必没有商榷之处，例如儒家或许会从大道与尚贤并行不悖加以回答，老子认为举贤反导致民众产生矛盾，所以提倡无为而治，这也是从做事角度出发的，但是，陈氏调和两者冲突的初衷却是可以理解的。

当然，和乃师王安石一样，陈祥道在注释《论语》时引入老庄之学，最终目标在于阐明义理，尤其注重挖掘孔子微言大义，宋代理学家挂在嘴上的"性命道德"命题，在陈祥道笔下多有阐释。《论语·公冶长》有一段子贡之语："夫子之文章，可得而闻也；夫子之言性与天道，不可得而闻也。"对这段话的理解，历来聚讼纷纭，汉唐重视训诂的诸儒一般认为孔子闭口不谈"怪力乱神"和"性与天道"等，宋儒开始转变这种说法，但由于经典文本自身的意义多重性，以及诠释者基于不同的时代背景和学术立场，学者对这句话的理解歧义纷出，甚至认为儒家无法真正把握性与天道之说。陈祥道的解释却独辟蹊径，《论语全解》卷三称："颜子殆庶几者也，故于言无所不悦，子贡非殆庶几者也，故于其言不可得闻。《老子》曰'上士闻道，勤而行之'，颜子是也，'中士闻道，若存若亡'，子贡是也。""殆"意大概，"庶几"意接近，陈氏意指颜回道德接近完美，所以能领会理解孔子的性与天道之说，而子贡则有所欠缺，所以只能领会理解孔子的文章之说。为此陈氏还引用《老子》中的"上士""中士"之说，以颜回附"上士"、子贡附"中士"。陈氏还进一步比较子贡不能闻孔子言性、告子却能闻孟子性善论的原因，"孟子之言性善，自其离于道言之，孔子之言性，自其浑于道言之。故孟子之言，虽告子有所闻，孔子之言，虽子贡有所不得闻"。孟子所言性善，是与大道分开来讲的，所以孟子的学生告子能够领悟；孔子所言之性，是与天道浑然一体的，所以子贡难以领悟。陈祥道的这一番论证，堪称细腻入微，对道德性命之学钩稽发隐，一定程度上促进了《论语》学由"汉学"向"宋学"的转变，所以在《论语》学史上能占有一席之地。

第三节　元祐党人的《论语》研究

王安石变法在北宋政坛引发了强烈地震，尽管他本人声称"善理财者，不加赋而国用足"，但受到体制等多方面因素的困扰，最后仍不无遗憾地出现了反对者所担忧的"头会箕敛"[①]、民众负担加重的情形。尤其是王安石为推行新法，用人只问立场，以对新法的态度为衡量标准，赞成者升官，反对者一概贬斥，在很大程度上导致朋党之争在朝廷上愈演愈烈。宋神宗于元丰八年（1085）去世后，9岁的哲宗即位，次年改年号为"元祐"。在高太后的支持下，司马光任宰相，尽罢新法、恢复旧制，于是支持变法的政治派别称为元丰党人，反对派则称为元祐党人。哲宗亲政后，再次起用变法派人士，全面恢复新法，并打击元祐党人。宋徽宗即位后，政权掌握在反对变法的向太后之手，于是元祐党人重得起用。但数月后向太后患病归政，正式执掌大权的宋徽宗以蔡京为相，重新肯定熙宁新政，于是文彦博、司马光、范纯仁、苏轼、苏辙、范祖禹、黄庭坚、程

[①]　[明]陈邦瞻编：《宋史纪事本末》卷三十七，北京：中华书局，1977年，第326页。

颐等309人被列为奸党，刻石颁布天下。元祐党人内部也分有派别，包括司马光朔学、苏氏蜀学、二程洛学等。元祐党人中撰述《论语》的学者有孔武仲、邹浩、晁说之、刘安世等，其中最有名望者为苏辙、苏轼和范祖禹，目前除苏辙的《论语拾遗》外，其余著作均已亡佚。元祐党人在政治上是王安石的反对者，对列为科举教材的《三经新义》反对尤甚，但《三经新义》中并无《论语》，因此元祐党人的《论语》著述有商榷反驳王安石观点的，也有认同赞赏的。

一、会通诸家的苏轼和苏辙

四川眉山人苏轼（1037—1101）和苏辙（1039—1112）兄弟，加上父亲苏洵，在唐宋八大家中占据三席，成为中国文学史上的瑰丽景观。在经学史上，苏轼和苏辙也卓有成就，其中在《论语》研究领域，苏辙先著《论语略解》，苏轼谪居黄州时著《论语说》[1]，不少地方引用苏辙之说，后苏辙再作《论语拾遗》，对苏轼之说多有补订，兄弟二人不仅情谊真挚，在学术上也能互相砥砺。

苏轼一生，屡遭贬谪，宦海沉浮40余年，其中大约有30年是在贬地度过，这和他生性独立、从不左右逢源有着很大关系。

---

[1] 《论语说》在宋时流传较广，《朱子语类》卷一百三十载朱熹曾称道该书："东坡天资高明，其议论文词自有人不到处。如《论语说》亦煞有好处，但中间须有些漏绽出来。"今人对苏轼《论语说》有辑补本。参见卿三祥辑：《苏轼〈论语说〉钩沉》，《孔子研究》1992年第2期；马德富：《苏轼〈论语说〉钩沉》，《四川大学学报》1992年第4期；舒大刚：《苏轼〈论语说〉辑补》，《四川大学学报》2001年第3期；谷建：《苏轼〈论语说〉辑佚补正》，《孔子研究》2008年第3期；许家星：《苏轼〈论语说〉拾遗》，《兰台世界》2012年第15期。

王安石当政力推新法时，坚持己见，与诸多大臣不合，其中包括苏轼考进士时的主考官欧阳修。苏轼也于熙宁四年（1071）上书直陈新法弊端，遭到新派反击，于是自请外放离京。宋哲宗即位后，临朝听政的高太后起用司马光为相，苏轼也得以重返京城。然而此时的变法与守旧之争已经演变为朋党之争，旧派上台后，新法尽废、新党尽罢，哪怕新法的若干条项事实上是有利于苍生百姓的。就基本立场而言，苏轼并不赞同王安石变法，但他对新法并未全盘否定，于是再次向朝廷上疏谏议，对旧党执政后不问曲直、对新法一味取消的做法表示异议，结果再遭旧党嫌忌。既不见容于新派、又不见谅于旧派的苏轼，不得不再度自请外调。

后世对苏轼的赞誉多集中在诗文，但当时苏轼却是一位被视为谙熟经史的议论名家，当时人有"本朝文章亦三变矣，荆公以经术，东坡以议论，程氏以性理"[1] 之说，说明苏轼治学自成一家，尤其不好循古。宋孝宗在《苏文忠公赠太师制》中这样称道："人传元祐之学，家有眉山之书。"[2] 足见苏氏在元祐年间受欢迎的程度。苏轼治学，好发新议，庆历以后风气大开，一改固守汉唐章句之风，对诸经义理多有推陈出新，由此形成一股疑经思潮，苏轼就是其中健将，"经学自汉至宋初未尝大变，至庆历始一大变也。……排《系辞》谓欧阳修，毁《周礼》谓修与苏轼、苏辙，疑《孟子》谓李觏、司马光，讥

---

[1] ［宋］陈善：《扪虱新话》卷三，王云五主编：《丛书集成初编》第310册，上海：商务印书馆，1939年，第23页。
[2] ［宋］苏轼撰，［宋］郎晔选注，庞石帚校订：《经进东坡文集事略》卷首，北京：文学古籍刊行社，1957年，第1页。

《书》谓苏轼，黜《诗序》谓晁说之。此皆庆历及庆历稍后人，可见其时风气实然"①。苏轼不仅对《周礼》《书》提出疑问，对受到北宋理学家尊崇的《孟子》也多加辩议，所著《论语说》就有数条内容涉及。苏轼还对《论语》的词句提出质疑，《论语·阳货》载"鄙夫可与事君也与哉？其未得之也，患得之。既得之，患失之。苟患失之，无所不至矣"，苏轼从文意出发，《论语说》下注称："'患得之'当云'患不得之'，阙文也。"汉代学者王符的《潜夫论·爱日篇》就载有"未之得也，患不得之，既得之，患失之"，说明古本《论语》当有"不"字，故苏轼的这一观点，宋人沈作喆、金人王若虚等学者均予以认可。

苏轼学问淹博，主张会通诸家，注解《论语》时经常杂糅佛道宗旨，但最后仍归于儒家。孔子对《诗经》有一个较为著名的定论，即《论语·为政》称："《诗》三百，一言以蔽之，曰：'思无邪。'"苏轼对此注称：

> 《易》称："无思"，"无为"，"寂然不动，感而遂通天下之故"。凡有思者，皆邪也，而无思则土木也。何能使有思而无邪，无思而非土木乎？此孔子之所尽心也。作诗者未必有意于是，孔子取其有会于吾心者耳。孔子之于《诗》，有断章之取也。②

---

① [清]皮锡瑞著，周予同注释：《经学历史》，北京：中华书局，2004年，第156页。另，司马光对《周礼》、苏轼对《孟子》、苏辙对《诗》、王安石对《春秋》等均有质疑。
② [宋]苏轼：《论语说》上，曾枣庄、舒大刚主编：《三苏全书》第3册，北京：语文出版社，2001年，第169页。

《周易·系辞上》称："《易》无思也，无为也，寂然不动，感而遂通天下之故。"本义指《易》或蓍卦之物皆是没有意识的，所以说"无思""无为"，而蓍卦者有感触而动，遂通天下之事。苏轼进一步解释称，只有草木才会"无思"，人非草木，心必有思，一旦有所思，自然会有邪念，而孔子所致力的正是让世人"有思而无邪，无思而非土木"，不过，这未必是《诗经》作者的原意，只是孔子择取《诗经》中能符合己意内容的结果，所以苏轼认为孔子对《诗经》的断言有断章取义的嫌疑。

其实，苏轼是颇为赞赏孔子所称"思无邪"之说的，进而还在理论上对"有思而无邪，无思而非土木"这一问题予以解答，只是没有在《论语说》中给出答案，在其他文本中，苏轼言之凿凿地给出了"无思之思"的解决方案，即《续养生论》中所说的"夫无思之思，端正庄栗，如临君师，未尝一念放逸。然卒无所思"。苏轼还为朋友章粢作《思堂记》，针对章氏追求的"凡吾之所为，必思而后行"之说，苏轼认为这当然是可以的，但同时不无感慨地称自己可能做不到，"余天下之无思虑者也"，这种"无思虑"表现为"遇事则发，不暇思也"和"言发于心而冲于口"等，这的确是苏轼襟怀坦荡个性的鲜明写照，尽管苏轼为此付出了屡遭检举和贬谪的沉重代价，但他始终秉持初心，并认为这种"不思之乐，不可名也"，难以用语言表达，坦然称自己要学习这种"无思"，即"《易》曰无思也，无为也。我愿学焉"。[①] 至于实现这种"无思之思"的途径，苏轼

---

① ［宋］苏轼：《思堂记》，孔凡礼点校：《苏轼文集》第二册，北京：中华书局，1986年，第363页。

也有过尝试和结果。谪居惠州时，苏轼将自己的居室命名为"思无邪"，并撰写《思无邪斋铭并叙》，称他有一次与苏辙讨论时，苏辙提及佛语有云"本觉必明，无明明觉"①，苏轼表示赞同，并引孔子"思无邪"之说予以佐证，并设问"吾何自得道，其惟有思而无所思乎？"随后列举实现的方法为"于是幅巾危坐，终日不言，明目直视，而无所见，摄心正念，而无所觉。于是得道，乃名其斋曰'思无邪'"②，即以澄心静虑、冥然坐忘的方法实现"无思"，但又非土偶槁木。苏轼所欣赏并追求的这种"无思之思"，某种程度上正是传统文化的核心命题之一即天人合一境界的体现，物我两忘、与天地融为一体，既与万物齐一，又体现浩然正气，自然也就实现了"无思之思"。

苏辙（1039—1112），字子由，号颍滨遗老，曾任翰林学士、尚书右丞、大中大夫守门下侍郎，晚年所著《论语拾遗》，是元祐党人中《论语》著述的唯一传留之著。苏辙与苏轼兄弟情深，他经常劝告性情豁达的苏轼，身处官场须谨记祸从口出，不要率性而语。在治学风格和特色上，两兄弟也颇有相通之处。苏轼对"思无邪"的解读，其实是在和苏辙的共同探讨中形成的，苏辙对此也不无赞同，《论语拾遗》称：

---

① 吕澂认为，"本觉"是中国佛学有关心性的基本命题，人心为万有的本源，称为"真心"，它的自性"智慧光明"遍照一切，又"真实识知"，所以称为"本觉"。这是中国佛学与印度佛学的重要区别，即印度佛学对心性明净的理解为寂灭、寂静，可称为"性寂"说，而中国佛教用本觉的意义来理解心性明净，称为"性觉"说。参见吕澂：《试论中国佛学有关心性的基本思想》，《吕澂集》，北京：中国社会科学出版社，1995年，第104页。
② [宋] 苏轼：《思无邪斋铭并叙》，孔凡礼点校：《苏轼文集》第二册，北京：中华书局，1986年，第575页。

《易》曰:"无思无为,寂然不动,感而遂通天下之故。"《诗》曰:"思无邪。"孔子取之。二者非异也,惟无思,然后思无邪,有思则邪矣。火必有光,心必有思。圣人无思,非无思也。外无物,内无我。物我既尽,心全而不乱。物至而知可否,可者作,不可者止。因其自然,而吾未尝思,未尝为,此所谓无思无为而思之正也。若夫以物役思,皆其邪矣。如使寂然不动,与木石为偶,而以为无思无为,则亦何以通天下之故也哉?故曰:"思无邪,思马斯徂。"苟思马而马应,则凡思之所及,无不应也。此所以为感而遂通天下之故也。

苏辙认为《易经》所说的"无思无为"和《诗经》所说的"思无邪"两者并无矛盾,普通人"有思",必定有"邪",只有"无思"才能达到"无邪"的境界,圣人就达到了这一境界。圣人"无思",并不是真的不思,而是"无物""无我",所以或行或止,或抑或扬,都顺其自然,这就是孔子所说的随心所欲却不逾矩,这种"无思"同时也和道家崇尚的无为而无不为一致,可以感通天下,亦是"思无邪"之意。可见,苏辙对"思无邪"的理解,和苏轼同样是从天人合一角度出发的。

不过,作为唐宋八大家之一的苏辙并没有成为其兄苏轼的影子,他在经学研究领域同样试图综融儒释道三家,阐释儒家立身修德之说,自有独到之处。如孔子有十五志学、三十而立、四十不惑、五十知天命、六十耳顺、七十不逾矩之说,概括其一生的各个发展阶段,历来解读者甚众,苏辙亦对此予以进一步阐发。苏辙认为，一个人在没有知识积累的前提下，"徒思而无益"，"思之不如学也"，因此要"十有五而志于学"；通过学习乃后能知道、能安道、能行道，"乃可与立"，这就是"三十而立"；如果能通权变，则进入"四十而不惑"的境界；"行止与天同"，我心不违背天，天亦不违背我心，是为"五十而知天命"，也是一个人通过后天学习后可以达到的认知最高境界，"人知至于此也"；但这还不够，因为接触世间万物后仍然有诸种"不顺"之处，必待"以心御之而后顺"，称为"六十而耳顺"；到最后，"耳目所遇，不思而顺矣，然犹有心存焉。以心御心，乃能中法。惟无心，然后从心而不逾矩"，即便接触世间万物，依然可以"不思而顺"。① 如前文苏辙与苏轼讨论"思无邪"时所称，这并非如草木般的无心无思，而是物我两忘的"无思之思"，故"犹有心存焉"，如果说，达到入耳即入心的境界是为"耳顺"，那么，无心而有心、无思而有思，正是"从心而不逾矩"的最高境界。

二、坚持儒家正统的范祖禹

范祖禹（1041—1098），字淳甫（一作淳夫、纯父），成都华阳（今四川成都）人，历任秘书省正字、著作郎兼侍讲、给事中、礼部侍郎、翰林学士、侍讲学士、武安军节度副使、昭州别驾等职，是北宋中期的著名史学家，与其叔祖父范镇、长子范冲并称"三范"，各有史学著作多种，以范祖禹所著《唐

---

① [宋]苏辙：《论语拾遗》，《栾城集》第三册，上海：上海古籍出版社，1987年，第1536—1537页。

鉴》最为闻名。范祖禹曾随司马光编撰卷帙浩繁的《资治通鉴》,发挥作用极大,王安石也颇为欣赏他。范祖禹所著《论语说》今已不传,但可从朱熹所著《论语精义》的征引中窥得一斑。

身为史学名家,范祖禹在诠释《论语》时,自然常征引史实佐证。《论语·颜渊》载:"片言可以折狱者,其由也与?"范祖禹注称:"小邾射以句绎奔鲁,曰:'使季路要我,吾无盟矣。'小邾射不信千乘之君,而信子路之言,此信在言前也,故一言可以折狱,唯由能之。可言而不可行,君子所耻也。唯子路无不行之言,故无宿诺。"①子路在当时以重视信义、一诺千金著称,"无不行之言",《论语·颜渊》还载有孔子称赞子路言必行、遵守承诺之语:"子路无宿诺。"范祖禹则引用《左传》哀公十四年"小邾射以句绎奔鲁"的史实予以说明。鲁哀公十四年(前481),小邾国大夫射准备逃亡鲁国并献上属邑句绎,声称如果能和子路达成约定,就可以不用和鲁国进行盟誓。鲁国执政的季康子认为这是对方信任子路的体现,所以希望子路能与对方约定:"千乘之国,不信其盟,而信子之言,子何辱焉?"子路却予以明确拒绝,他认为如果出面给对方一个承诺,是帮助对方不尽臣道,即"彼不臣,而济其言"。②

又如《论语·子路》载:"善人教民七年,亦可以即戎矣。"范祖禹注称:"晋文公始入二年,教其民,将用之,子犯曰:'民

---

① [宋]朱熹撰,朱杰人等主编:《朱子全书》第7册《论语精义》卷六下,上海:上海古籍出版社,2010年,第429页。
② 杨伯峻:《春秋左传注》,北京:中华书局,1990年,第1682页。

未知义,未安其居。'又曰:'民未知礼,未生其共。'又曰:'民未知信,未宣其用。'文公霸者之事犹如此,而况于王者乎?以不教民战,战而胜者,以民徼倖也,非上之功也;战而不胜者,上之罪也。"范祖禹注中的晋文公和子犯之语,皆出自《左传》僖公二十七年,子犯即晋国重臣狐偃,是晋文公的舅舅,护翼晋文公流亡长达19年,是帮助晋文公成为霸主的首席谋士和功臣。范祖禹认为国君如果不先教化民众,让民众熟晓义、礼、信,即便在战争中获胜也是侥幸之举,如果战败更是国君之责。有意思的是,范祖禹在引用子犯的三句话时调整了次序,子犯原来的顺序是"民未知义""民未知信""民未知礼",而范祖禹将"礼"置于"信"前,"信"列最末,说明范祖禹将"信"看得比"义"和"礼"更重要。这其实也是范祖禹一直秉持的观点,他在注释孔子所说的"足食,足兵,民信之矣"时,就明确指出:"信重于兵,又重于食,又重于死。无民则已,有民则无信不立焉。"[1] 孔子只是强调诚信比食物、军事更重要,范祖禹更点明诚信比死亡更重要,无"信"自然会面临生存问题,所以诚信比死亡更重要,这在逻辑上也是可以成立的。

在义理方面,范祖禹对二程较为信服,《论语说》中有不少地方都采用二程的观点。朱熹就曾指出,范祖禹与苏轼仅是"以乡党游从之好素相亲厚",但是在道德行为准则方面,"迥然水火之不相入",范祖禹更认同的是伊川先生即程颐,"范公虽

---

[1] [宋]朱熹撰,朱杰人等主编:《朱子全书》第7册《论语精义》卷六下,上海:上海古籍出版社,2010年,第469、424页。

不纯师程氏，而实尊仰取法焉"，而程颐与苏轼"素怀憎疾"也从侧面说明了这一点。① 朱子此论大体上是可以成立的，范祖禹的《论语说》中有多处体现出二程的核心观点。例如二程著名的"天理"与"私欲"对立之说，范祖禹就多有袭取。《论语·颜渊》载孔子语："克己复礼为仁。"程颐释"克"为"胜"，范祖禹赞同此说："克己，自胜其私也，胜己之私，则至于理。礼者，理也，至于理，则能复礼矣。……夫正与是出于理，不正不是则非理也。"② 同样释"克"为"胜"，释"礼"为"理"，且天理纯善，私欲纯恶，修身立德就是去欲归理的过程，持论更接近二程的立场。

可以说，范祖禹的学术观点和倾向表现出正统的儒家传统，或者说带有保守色彩，包括坚持尊卑等级和立德修身之说。范祖禹的叔祖父范镇与司马光政治立场接近，相得甚欢。范祖禹所著的《唐鉴》，实为立足儒家立场的规劝皇帝之作，所以其中王朝正统观、仁政说、立德说、忠谏说等随处可见，在传统儒家学者眼中，历来评价甚高，被称为"深明唐三百年治乱"的著作，范祖禹本人也被尊称为"唐鉴公"。③ 的确，《唐鉴》一书，基本出发点是儒家正统的价值观，典型如孔子的尊君传统，卷四称："昔季氏出其君，鲁无君者八年，《春秋》每岁必书公之所在。"哪怕鲁国国内无君，《春秋》每年都要记录鲁君所在

---

① [宋]朱熹：《答吕伯恭论渊源录》，朱杰人等主编：《朱子全书》第21册，上海：上海古籍出版社，2010年，第1529页。
② [宋]朱熹撰，朱杰人等主编：《朱子全书》第7册《论语精义》卷六下，上海：上海古籍出版社，2010年，第412—413页。
③ [元]脱脱等：《宋史》卷三百三十七《范祖禹传》，北京：中华书局，2000年，第8636页。

地。由此出发，范祖禹对唐史作者仿效太史公《吕太后本纪》，将武则天列入本纪的做法不以为然，认为从记录历史的角度出发，称得上真实，"其于纪事之体则实矣"，但"春秋之法则未用也"。因为"天下者，唐之天下也"，唐中宗的天下，得之于唐高宗，武则天废立其子中宗，就是"绝先君之世也"。至于武则天登位，改换国号，更是"母后祸乱"的无法原谅之举，范祖禹身为史家，当然要纠正，"复系嗣圣之年，黜武氏之号，以为母后祸乱之戒、窃取《春秋》之义，虽获罪于君子而不辞也"[1]，具体举措就是黜罢武氏年号，恢复中宗年号，也就是承自孔子的春秋褒贬之法，由此可见范祖禹儒家正统观念的强烈。

---

[1] ［宋］范祖禹撰，白林鹏等校注：《唐鉴》卷四，西安：三秦出版社，2003年，第105页。

第四节 "北宋五子"的《论语》研究

自董仲舒推明孔氏、抑黜百家后,儒学得到朝廷的认可,成为官方提倡的显学,但儒学在获得政治权力支持的同时,也付出了代价,那就是儒家不再受到学术层面的质疑和交流,自身的学理色彩大为降低,甚至倒退,失去了通过平等严谨的学术辩论而实现自我更新和扬弃的可能。从表面上看,儒学风光无限,实则就理论体系而言,粗陋零散,难以自圆其说,魏晋则受到富于思辨色彩的玄学的强有力挑战。直到两宋,在相对宽松的文化氛围下,方涌现出一大批理论名家,将传统儒家推进到理学阶段,即"具有思辨性的儒学",也是"将儒家伦理学说概括、升华为哲学基本问题的儒学"。[①] 在宋代理学的发展过程中,富含义理因素的《论语》自然成为理学家的关注重心之一,理学奠基者周敦颐、邵雍、张载、程颢、程颐号称"北宋五子",除邵雍外,均对《论语》有过相对深入的研究。

---

① 张立文:《宋明理学研究》,北京:中国人民大学出版社,1985年,第85页。

一、周敦颐和张载的《论语》研究

周敦颐（1017—1073）和张载（1020—1077）属于同时代人，两人的人际交流圈也有一定的重合，周敦颐或为二程之师，张载则为二程的表叔，但两人之间并没有直接的交往。周、张之学有一定的共性，都注重宇宙论的阐释。明清之际的学者王夫之在《思问录》《正蒙注》中以"周张"并称，以《太极图说》和《正蒙》互注，说明二者思想上不无共通之处。近代学者钱穆的《中国学术思想史论丛》认为周敦颐、张载、邵雍"已达宋学之第二期"，且周敦颐和张载均重视《周易》《中庸》。劳思光也在《新编中国哲学史》第三卷中指出，张载的哲学思想与周敦颐有相通之处，不过两人立说有所不同，"张氏之宇宙论兴趣更重，而思路亦稍异"。

周敦颐，字茂叔，号濂溪，北宋营道楼田堡（今湖南道县）人，世称濂溪先生，一般视为宋明理学的开山鼻祖。邓广铭一方面指出周氏融释道入儒，把释道两家特别是道家义理融入儒学，在义理方面的造诣较高，另一方面也指出"他在北宋的学术界毫无影响"，理学开山者只能归结于二程和张载。[①] 邓氏之论结合客观历史，自有独到之处，如果结合朱熹思想脉络层面的演变轨迹，那么视周敦颐为理学嚆矢人物之一也是成立的。周敦颐提出的最为人熟知的概念当为"太极"，出自《易经》，之前的汉唐诸儒对此大都不予重视，周敦颐从学理上加以详密阐释，为后世理学的进一步展开奠定了重要基础，只是当时的

[①] 邓广铭：《邓广铭治史丛稿》，北京：北京大学出版社，1997年，第189页。

理学对北宋学界尚不构成什么重要影响,远没有荆公学派、温公学派、苏蜀学派等知名。

在诠释《论语》时,周敦颐赋予其中最重要的道德范畴即"仁"以新的含义。周敦颐以阴阳来解释万物,"天以阳生万物,以阴成万物",再与仁、义附会,"生,仁也;成,义也",圣人抚育万物、万民的种种举措即由此而来,"故圣人在上,以仁育万物,以义正万民",圣人之举又是合乎天道的,"天道行而万物顺,圣德修而万民化"。① 应该说,仁是孔子谈论最多的一个概念,内涵丰富,论说者无数,一般可理解为以仁爱之心对待民众,而周敦颐借助阴阳之说,突出了仁概念中的生生不息之意,将化育万物视为仁之根本。而且,化育的对象不局限于民众,扩大到世间万物,圣人之仁泽及天地万物,于是人类社会与自然界遵循同一法则。不过,周敦颐认为仁、义、礼、智、信五者的根本,是诚,视诚为五常之本、百行之源,成为五常、百行的本体论基础,而天下归仁则成为实现诚的手段之一。

周敦颐还开启了宋明理学关于《论语》所载"孔颜之乐"的相关辩论。周敦颐所著的《通书》中有一章专门探讨颜渊的内心世界,"夫富贵,人所爱也。颜子不爱不求,而乐乎贫者,独何心哉?天地间有至贵至爱可求,而异乎彼者,见其大、而忘其小焉尔……见其大则心泰,心泰则无不足。无不足则富贵贫贱处之一也。处之一则能化而齐。故颜子亚圣"。富贵为每一个人所追求的,而颜回箪食瓢饮、身处陋巷,却甘之若饴,对

---

① [宋]周敦颐著,陈克明点校:《周敦颐集》,北京:中华书局,1990年,第23—24页。

富贵身外名"不爱不求",是因为他视德性为世间"至贵至爱",毕生之志在于追求和完善自身的道德修养,认识到了德性之美而"心泰",心境通达,内心满足,自然对富贵和贫贱同怀视之。《通书·志学》又称"志伊尹之所志,学颜子之所学",将辅佐成汤灭夏的名相伊尹与颜回相提并论,意思是两人正是儒家所倡外王和内圣的分别表现。应该说,周敦颐意识到追求德性应该内化为人一生的主动和执着追求,并从这种自觉行动中享受到超越功利层面、上升到精神层面的愉悦,基本上奠定了后世儒家精神修养、人格修养的大致方向,其本人也以人格境界高见称,《爱莲说》脍炙人口,《宋史》本传载黄庭坚也称赞他"人品甚高,胸怀洒落,如光风霁月"。

张载,字子厚,祖居河南开封,后迁凤翔郿县(今陕西眉县)横渠镇,世称横渠先生,理学支脉"关学"创始人。张载同样关注宇宙论,视气为构成世界万物的最基本物质[1],但张载形容气为"清虚一大",指向的是气的形上性,"绝不可以从自然主义的角度进行理解,而是应该提升到与'道'一样的高度,作为本身就具有超越性的'形上之气'"[2]。换言之,张载是以宇宙论为根基,进一步拓展到人类道德为中心的伦理学领域,因此张载十分注重经典义理的阐发,认为"万物皆有理,若不

---

[1] 张载关于气的学说,历来有两种解读。张岱年认为是一种唯物主义思想,"张横渠发展了'气'的学说,有力地论证了世界的物质性,他是宋代唯物主义哲学的最大的代表"。参见氏著:《中国哲学大纲》,南京:江苏教育出版社,2005年,第11页。牟宗三认为张载思想体系中的"气"并非最根本的概念,"神"才是超越气化现象的根本概念。参见氏著:《心体与性体》,长春:吉林出版集团有限责任公司,2013年。

[2] 周建刚:《周敦颐与宋明理学》,北京:中国社会科学出版社,2018年,第151页。

知穷理，如梦过一生"，治经学不能拘泥于字字相校，更要探寻新鲜的义理旨趣，"濯去旧见以来新意"。①

由此，张载高度重视包含圣人精粹的《论语》，称："要见圣人，无如《论》《孟》为要。《论》《孟》二书于学者大足，只是须涵泳。"又称："学者信书，且须信《论》《孟》。"② 张载还大力发掘新义理，从不同的角度解释孔子之语，如孔子著名的十五志学到七十不逾矩之说，《正蒙·三十》谓：

> 三十器于礼，非强立之谓也。四十精义致用，时措而不疑。五十穷理尽性，至天之命；然不可自谓之至，故曰知。六十尽人物之性，声入心通。七十与天同德，不思不勉，从容中道。

30岁时重视礼仪气度，不然只能勉强立身；40岁通达道理并能因时制宜地准确运用；50岁时深入探究事物的道理和人之本性，到达初步掌握其中必然性的地步，但不能说完全洞悉，"故曰知"；60岁时穷尽事物道理和人之本性，听到声音、看到征兆，就可以通晓其中含义，心中自明；70岁熟知人生和宇宙的真谛，达到与天德同一的境界，不用思考、不用努力，所作所为都自然而然地契合大道。又称：

> 穷理尽性，然后至于命；尽人物之性，然后耳顺；与

---

① ［宋］张载著，章锡琛点校：《张载集》，北京：中华书局，1978年，第321页。
② ［宋］张载著，章锡琛点校：《张载集》，北京：中华书局，1978年，第272、277页。

天地参，无意、必、固、我，然后范围天地之化，从心而不逾矩；老而安死，然后不梦周公。

通过穷理尽性，可以去除意气用事、过于绝对和固执、自以为是，调整自身，顺应天地万物运行在最合适的程度，遵从自己的内心想法而不会逾越规矩；一切作为都符合天地大道，最后安然去世，其心态宁静恬然，自然也不会梦见周公。

张载将孔子的人生发展阶段，与"穷理""尽性"紧密联系，无论是"知天命"还是"梦周公"，都是"穷理""尽性"的结果。这样一来，经过张载的努力，不仅对孔子罕言的"性与天道"给出新的诠释，更使得"性与天道"日益成为理学家们解读《论语》的重心所在。

二、程颢和程颐的《论语》研究

程颢（1032—1085），字伯淳，世称明道先生，官至太子中允、监察御史。程颐（1033—1107）比程颢小一岁，字正叔，世称伊川先生，曾任国子监教授、崇政殿说书等职。两人为兄弟，河南洛阳人，所创学说称为洛学。二程同为宋明理学的重要奠基者，南宋朱熹主要继承和发展了他们的学说。就学术渊源而言，程颢受周敦颐的影响更深，注重经过理性审验的生命体悟，自有一股活泼自然的意境，而程颐较其兄多存世22年，早期也受周敦颐的影响，后期就殊少痕迹，如清代学者指出："然则论濂溪之源流分合者，当曰明道传濂溪之学，微有所损益；伊川兼承濂溪、安定之学，而各有损益，成其为伊川者也。"① 此外，二程在以理为核心的思想体系的具体阐释方面也有一些差异。但就整体而言，兄弟二人的思想体系大体上呈现一致面貌，毕竟两人的核心概念和基石都是理、天理。程颐本人也不认为与其兄的观点有分歧，《伊川先生年谱》载程颐晚年曾对弟子张绎说："我之道盖与明道同，异时欲知我者，求之于此文可也。"

在程颢之前，理、天理的概念已经被提出，但尚未上升到本体的高度，程颢则将理、天理提升至最高层次的范畴。"天理云者，这一个道理，更有甚穷已？不为尧存，不为桀亡。人得之者，故大行不加，穷居不损。这上头来，更怎生说得存亡加减？"② 天理超然自存，不受世间万物和人类社会的影响，"不为尧存，不为桀亡"就很生动地说明了这一点，也可以看成天道。人和世间万事万物也都有自己的理，且依理而动、遵理而行。当然，程颢所谓的理、天理，一旦落实到现实社会，就立刻和三纲五常相结合，甚至就是外化为三纲五常。换言之，理、天理概念的提出，意味着理学经二程之手，已经彻底完成了形而上的建构，不必再像周敦颐必须上溯至万物之始的旧有宇宙生成论，理、天理概念本身具有起点意义和自洽性，如英国汉学家葛瑞汉认为："称为理，意指一理贯穿万物，依理而推可以由已知到未知。"③ 又由于理即性、天理即性，天理本性与人的道

---

① 徐世昌等编纂，沈芝盈、梁运华点校：《清儒学案》第8册，北京：中华书局，2008年，第7497页。

② [宋] 程颢、程颐著，王孝鱼点校：《二程集》，北京：中华书局，1981年，第31页。

③ [英] 葛瑞汉著，程德祥等译：《中国的两位哲学家：二程兄弟的新儒学》，郑州：大象出版社，2000年，第231页。

德本性得以统一贯通，人的存在本身同样就成为道德根源，这意味着人的存在本身有了意义。因此，二程关注的重点，也由早期的宇宙论转入人生论，心性探讨在二程思想体系中占据极其重要的地位，这不能不影响到两人的《论语》研究，尤其是《论语》中反复提及的"仁"，足以凸显人的道德主体性，遂成为二程的论述重点之一。

程颢对这一"自家体贴出来"的天理之说不无自负，在诠释《论语》时也从形而上的高度予以落实。《论语·泰伯》称："巍巍乎！舜禹之有天下也，而不与焉。"程颢注曰："圣人之于天下事，自不合与，只顺它天理，茂对时育万物而已。"[①] 孔子称赞舜禹治理天下时，不谋取自身利益，这是从道德层面加以解释的，而程颢之论将天理融入其中，称舜禹治理天下万民只遵循天理，如此不谋取自身利益固然是出于本心，也是顺应天理，推而广之，圣人根据季节变化发展生产、抚育万民，同样是随理而动、循理而化。"茂对时育万物"之说出自《周易》中的"无妄卦"。

与理、天理相对应的，是孔子思想体系中的仁，程颢从宇宙生成论的角度出发，称生生之理即为天道，实现于人者为人道即为仁，于是天道与人道、理与仁实现了统一，故学者认为二程把孔孟的伦理道德之"仁"提升为哲学本体之"理"，实现了孔孟伦理儒学到宋代哲理儒学的转化。由于仁即理，具有了形而上的本体意义，五常就不能再和往常一样仁、义、礼、

---

① ［宋］朱熹撰，朱杰人等主编：《朱子全书》第7册《论语精义》，上海：上海古籍出版社，2010年，第306页。

智、信并列了,而是以仁为体,后四者皆为仁的呈现和落实,"仁者,浑然与物同体。义、礼、知、信皆仁也"。进而,仁还足以统摄孔子所提出的忠、恕、孝、悌等现实社会中的伦理原则。顺理成章地,程颢将"博施济众""爱人""己欲立而立人,己欲达而达人"等视为仁的具体内涵,他举例说:

> 医书言手足痿痹为不仁,此言最善名状。仁者,以天地万物为一体,莫非己也。认得为己,何所不至?若不有诸己,自不与己相干。如手足不仁,气已不贯,皆不属己。故"博施济众",乃圣之功用。仁至难言,故止曰:"己欲立而立人,己欲达而达人,能近取譬,可谓仁之方也已。"欲令如是观仁,可以得仁之体。①

医书称手足麻痹为"不仁",程颢认为这个例子用来说明仁为本体最为适当。因为仁的境界就是"天地万物为一体",把对方看成自己或自己的一部分,就是"有诸己",如果不把对方看成自己或自己的一部分,就是"不属己",和自己全无关系了,就如已经麻痹的手足,已经不觉得是自己身体的一部分了。所以说,"博施济众"和"己欲立而立人,己欲达而达人",都可以看成仁的体现。

将天理与人性打通的则是程颐,"性即理,理则自尧舜至于途人,一也"②,每个人心中都有内在的天理,且自圣贤至俗人

---

① [宋] 程颢、程颐著,王孝鱼点校:《二程集》,北京:中华书局,1981年,第16、15页。
② [宋] 朱熹撰,朱杰人等主编:《朱子全书》第7册《论语精义》,上海:上海古籍出版社,2010年,第567页。

一以贯之，本性皆同，人的道德主体地位由此确立。程颐是论发前人所未及，某种程度上为先秦儒家的性善论找到了终极依据，堪称性善论发展的必然归宿，难怪朱熹对此大为赞赏，称："伊川'性即理也'，自孔孟后，无人见得到此。亦是从古无人敢如此道。伊川'性即理也'四字，撅扑不破，实自己上见得出来。"① 由此出发，孔子所说的"仁"在程颐看来，就是一种理想道德境界，圣贤之所以为圣贤，就在于达到了仁的境界，与天理相一致。

程颐多次强调《论语》《孟子》两书的重要性，要先涉《论语》《孟子》再读五经。在回答"穷经旨，当何所先"这一问题时，程颐的答案是："于《语》《孟》二书知其要约所在，则可以观《五经》矣。读《语》《孟》而不知道，所谓'虽多亦奚以为？'"又在回答"圣人之经旨，如何能穷得"这一问题时，明确答称"以理义去推索可也。学者先须读《论》《孟》"，原因是"穷得《论》《孟》，自有个要约处，以此观他经，甚省力。《论》《孟》如丈尺权衡相似，以此去量度事物，自然见得长短轻重"。② 在程颐看来，《论语》《孟子》二书都富含圣贤精义，关键是简明扼要、容易把握，先读《论语》《孟子》，就可以熟稔圣人立场，这就有了坚实基础，再去览五经，因为胸中自有尺度，自然可以穷推万理、格尽万物，最终就能体悟圣人精义。

---

① ［宋］黎靖德编，王星贤点校：《朱子语类》第四册，北京：中华书局，1986年，第1387页。
② ［宋］程颢、程颐著，王孝鱼点校：《二程集》，北京：中华书局，1981年，第1204、205页。

程颐非常看重《论语》中蕴含的圣贤气象，这种圣贤气象就是仁之境界的展现。程颐有言："凡看《论语》，非只是要理会语言，要识得圣贤气象。"这句话是针对《论语·公冶长》中，孔子让颜渊、子路等各言其志而发的。子路称："愿车马衣轻裘与朋友共敝之而无憾。"颜渊称："愿无伐善，无施劳。"孔子则称："老者安之，朋友信之，少者怀之。"在程颐看来，子路愿意把自己的车马衣服和朋友共同使用，即便损坏也毫无怨言，属于"勇于义者"，其志向已超拔于世俗社会的功利之人，但"亚于浴沂者"，"浴沂"是《论语·先进》所载曾皙之志，"浴乎沂，风乎舞雩，咏而归"，得到孔子喟然赞同，故子路是"求仁"；颜渊的志向是不夸耀自己的好处，也不表白自己的功劳①，"无伐善"称得上不自私，"无施劳"称得上"仁"，其志向称得上"大而无以加矣"，但和孔子相比，颜渊的追求仍然是"出于有心也"，故颜渊是"不违仁"；而孔子的志向是让老者享受安逸、朋友得到信任、少者得到关怀，天地间万事万物可谓丰富，如果每一事物都要圣人去关注，那么"安得为天地？"所以圣人的志向"犹天地之化工，付与万物，而己不劳焉，此圣人之所为也"，孔子的这种志向就是圣贤气象，也是圣贤风度、圣贤风范，也是"天地气象"，即圣人以天地为心，具有脱出世俗、超然富贵的精神风貌，故孔子是"安仁"。②

---

① 关于"愿无伐善，无施劳"，历来有三种翻译方式，或可译为"不败坏别人的善行，不给予别人劳苦之事"，参见王厚香：《"无伐善，无施劳"译解》，《管子学刊》2012年第4期。本文暂从杨伯峻《论语译注》（中华书局，1980年）的解释。

② [宋]朱熹撰，朱杰人等主编：《朱子全书》第7册《论语精义》，上海：上海古籍出版社，2010年，第192—194页。

程颐的圣贤气象之说，并没有明确标准，尽管不同圣贤自有不同的行事风格，但呈现出来的圣贤气象大体相近，其重要性，在于生动形象地说明了圣贤所具备的崇高境界和圆满人格，更为后人学习圣贤、立德修身提供了鲜活形象和榜样。南宋朱熹就在《近思录》中专列"圣贤气象"一节，学者钱穆亦予以高度评价，称其为"有宋理学家一绝大新发明。通天人，合内外，即小以见其大，即近以求其远，难于言宣，而可以神会，此乃为学做人一条极高明而又极中庸之道路，有志圣学者绝当注意"[1]。可以说，圣贤气象为后人提高自身道德修养提供了一个模本。

除了圣贤气象说，程颐还在注释《论语》的过程中提出了完整的人性论和修养方法。人性善恶问题为历代学者所关注，但聚讼纷纭，并无定论，程颐主张性善，又用区别"性之本"和"所禀之性"的方法解决了人性包含丑陋一面的矛盾。借《论语·阳货》所称"性相近也，习相远也"，程颐把人性分为"性之本"和"所禀之性"，两者之间有着本质差异。前者即理，理无不善，"性之本"同样无不善，孟子所说的性就是"性之本"；而"所禀之性"又称"气质之性"，也称为"才"，由每个人所禀之气而来，且每个人所禀之气皆不同，禀得"至清之气"为圣人，禀得"清气"为贤人，禀得"浊气"就为愚人，如此，程颐的人性论大体上可以实现自圆其说。[2] 在道德修

---

[1] 钱穆：《宋代理学三书随札》，《钱宾四先生全集》第10册，台北：联经出版事业公司，1998年，第239页。
[2] ［宋］朱熹撰，朱杰人等主编：《朱子全书》第7册《论语精义》，上海：上海古籍出版社，2010年，第565页。

养方面，程颐借《论语》等提出"主敬""居静"的修养方法，《论语·子路》称"居处恭，执事敬"，程颐释"敬"为谨慎，"君子之遇事，无巨细，一于敬而已"[1]，认为君子心中时时刻刻都保持着恭敬谨慎，使敬成为人心中的恒有理念，如此才能时刻注意自身的外在表现和举止，一举一动均符合礼的要求。程颐的人性论和道德修养论，均为后来的朱熹所接受并进一步发扬。

---

[1] ［宋］朱熹撰，朱杰人等主编：《朱子全书》第 7 册《论语精义》，上海：上海古籍出版社，2010 年，第 460 页。

第五节　朱学与《论语》研究

二程之后，仍有不少弟子如谢良佐、杨时等注重对《论语》的阐释和发挥，并留有一些著作，惜多不传，仅在朱熹《论语精义》中有只言片语留存，但程氏之学濡染南北是不争的事实。南宋建立后，文化中心南移，南方学术发展更为迅速。理学在北宋时并不占优势，寂寂无闻，南宋中后期，经过理学家们的不懈努力，理学的地位不断抬升，统治者也意识到理学有助于王朝的统治，宋朝第14位皇帝理宗曾下诏，高度评价五位理学家："我朝周惇（敦）颐、张载、程颢、程颐，真见实践，深探圣域，千载绝学，始有指归。中兴以来，又得朱熹精思明辨，表里混融……其令学官列诸从祀，以示崇奖之意。"① 特别是在斥驳朱熹及其弟子为"伪学党"的韩侂胄去世后，朱学蔚为大观，从此在传统社会中长期占据主导地位。理学家们对《论语》的重视程度可以说是空前的，特别是朱熹将《论语》与《大学》《中庸》《孟子》并列，由此形成四书之说，《论语》从此

---

① ［元］脱脱等：《宋史》卷四十二《理宗本纪》，北京：中华书局，2000年，第552—553页。

成为最受人们尊崇的儒家经典之一。

一、《论语》列入四书五经

朱熹（1130—1200），字元晦，号晦庵、晦翁、遯翁，别号紫阳，自称云谷老人，谥号文，世称朱文公，祖籍徽州府婺源县（今江西婺源），出生于福建尤溪县，是闽学一派的代表人物，也是理学集大成者。朱熹是二程的三传弟子李侗的学生，又接受发扬二程义理甚多，故后世经常程朱并称。朱熹18岁考中进士，曾任泉州同安县主簿、枢密院编修官、提举浙东常平茶盐公事、福建漳州知府、焕章阁侍制兼侍讲等职。朱熹的理学思想对元明清三朝影响巨大，成为三朝的正统官学，士子参加科举考试要求代圣贤立言，其实遵循的是程朱理学的观点。朱熹一生著述宏富，后人辑有《朱子大全》《朱子集语象》等。

朱熹的理学体系中，最核心的基础是四书，四书中用力最深者当为《论语》，可见《论语》在朱熹道学体系的地位。朱熹认为《论语》一书成于孔子的再传弟子，全书尽管语句长短不一，却淋漓尽致地体现了孔子的思想，"盖《论语》中言语，真能穷究极其纤悉，无不透彻"，他用了一个颇为生动的比喻："如从孔子肚里穿过，孔子肝肺尽知了，岂不是孔子！"读《论语》如钻进了孔子肚中，圣人旨趣纤微毕悉、无不洞晓，自然是仿效圣人、学做圣人的最佳办法。朱熹又指出《论语》一书看似只记载了孔子的生平和言行，只言片语、无关宏旨，实则义理无穷、道理无限，"孔子言语一似没紧要说出来，自是包含无限道理，无些渗漏。如云'道之以政，齐之以刑；道之以德，齐之以礼'数句，孔子初不曾着气力，只似没紧要说出来，自是委曲详尽,说尽道理,更走它底不得"。① 所以朱熹强调,读《孟子》要熟读,熟读则文义自现,《论语》要冷读,穷察细品,透过表面文字,仔细体悟其中义理。

出于对《论语》的重视,朱熹一生先后数次著述《论语》,可以说,自他十余岁接受二程之说起,到去世止,一生都在精研《论语》,并先后完成《论语要义》《论语训蒙口义》《论孟精义》《论语集注》和《论语或问》共计五部《论语》学著作。朱熹最早注解《论语》的著作为集注体,汇集古今诸儒之说,但书名和具体内容都已经不可考,此后于隆兴元年(1163)前后又完成《论语要义》,主要汇集二程和诸门人朋友之说,不再涉及宋以前之儒,说明二程思想对朱熹的影响之深,也说明朱熹本人的思想体系基本成型。由于《论语要义》重在阐释义理,章句解读较少,不便于普及儿辈,于是朱熹又将此书改编成《论语训蒙口义》,看来朱熹深谙教育要从童蒙入手的道理,才煞费苦心地改定《论语训蒙口义》,输之家塾,供童稚幼儿日夜诵读,从小接受圣贤之说的濡染,用心可谓良苦。此后,朱熹并未停止对《论语》的研究,于乾道八年(1172)完成《论孟精义》(一度更名《论孟集义》),其中的《论语精义》集解诸家之说,以二程为主,同时搜辑张载、范祖禹、谢良佐等九家观点。朱熹之所以将《论语》和《孟子》两书合在一起著述,在于他认为只有孟子才算得上孔子嫡传。再到淳熙四年(1177),朱熹又完成《论语集注》和《论语或问》,《朱子实纪

---

① [宋]朱熹撰,朱杰人等主编:《朱子全书》第14册,上海:上海古籍出版社,2010年,第649—650、663页。

年谱》称"既而约其精粹妙得本旨者为《集注》,又疏其所以去取之意为《或问》",前书体例综合《论孟精义》和《论语训蒙口义》,兼具义理诠释和训诂音读,后书为前书羽翮,但与前书有所抵牾,因此朱熹不轻易示人,更不出版。但正因为《论语或问》中的观点与朱熹他书稍有歧异,可以起到互相观照印证的效果,因此该书在当时就在坊间私刻流传,为此朱熹还请官府禁绝。

绍熙元年(1190),知漳州的朱熹以官帑刊刻《大学》《论语》《孟子》《中庸》四书,至此,四书系统经朱熹之手构建完成。《大学》《论语》《孟子》《中庸》原本分行,二程最先将其并列,如《宋史》卷四百二十七《道学列传》前序称:"仁宗明道初年,程颢及弟颐实生,及长,受业周氏,已乃扩大其所闻,表章《大学》《中庸》二篇,与《语》《孟》并行,于是上自帝王传心之奥,下至初学入德之门,融会贯通,无复余蕴。"二程提高《大学》《中庸》的地位,使其得以与《论语》《孟子》并行,但"四书"得名并成为体系,则是朱熹之功。在朱熹看来,这四部经典,千言万语,皆是一理,只要吃透悟透,圣人之道自明,而五经著作,与圣人本意反而隔了一重二重,所以他专门著《四书章句集注》,并将四书置于五经之前,由此确立了新的儒家经典体系。明初与宋濂并称"浙东二儒"并与宋濂共同主持编修《元史》的王祎评析称:"爰自河南程子实尊信《大学》《中庸》而表章之,《论语》《孟子》亦各有论说。至朱子始合四书谓之'四子',《论语》《孟子》则为之《注》,《大学》《中庸》则为之《章句》《或问》。自朱子之说行而旧说尽废矣，于是四子者与六经并行，而教学之序莫先焉。"① 四库馆臣在《四库全书总目》卷三十五中更明确称："特其论说之详，自二程始。定著'四书'之名，则自朱子始耳。"

《大学》《论语》《孟子》《中庸》四部著作的内在关系朱熹也加以排定。《朱子语类》卷十四曾多次涉及读四部经典的先后顺序：

> 学问须以《大学》为先，次《论语》，次《孟子》，次《中庸》。
>
> 某要人先读《大学》，以定其规模；次读《论语》，以立其根本；次读《孟子》，以观其发越；次读《中庸》，以求古人之微妙处。《大学》一篇有等级次第，总作一处，易晓，宜先看。《论语》却实，但言语散见，初看亦难。《孟子》有感激兴发人心处。《中庸》亦难读，看三书后，方宜读之。
>
> 人之为学，先读《大学》，次读《论语》。《大学》是个大坯模。《大学》譬如买田契，《论语》如田亩阔狭去处，逐段子耕将去。

《朱子年谱》也称：

> 先生教人以《大学》《语》《孟》《中庸》为入道之序，

---

① 顾宏义、戴扬本等编：《历代四书序跋题记资料汇编》，上海：上海古籍出版社，2010年，第15页。

而后及诸经。以为不先乎《大学》，则无以提纲挈领，而尽《语》《孟》之精微；不参之《语》《孟》，则无以融会贯通，而极《中庸》之旨趣；然不会其极于《中庸》，则又何以建立大本，经纶大经，而读天下之书，论天下之事哉！

在朱熹看来，《大学》提纲挈领，总括全局，遂列为四书之首，《论语》《孟子》继之，记录圣贤言行，深意存焉，尤其是《论语》，为圣人义理根本，《孟子》则进一步发扬光大，最后总汇于《中庸》，如此，圣贤宏旨备览于心，义理当先，与圣贤言行相对应，浸馈化合，互相融会贯通，最后达于圣贤之道。经过四书熏染的士人熟悉圣贤之道，心性坚忍，自然会排斥老佛之类异端学说。

二、朱熹的《论语》研究

朱熹的《论语》研究在当时影响极大，尤其是汇聚其毕生心血的《论语集注》，得到广泛刻印流传。一般认为，朱熹的《论语》诠释"大略本程氏学，通取注疏、古今诸儒之说，间复断以己意"[1]，但这有一个过程。据《论语要义目录序》，朱熹早年不满足于何晏、邢昺等详于章句训诂、名器事物的注释方式，更愤然于王安石父子另作新说，"妄意穿凿，以利诱天下之人而涂其耳目"，于是"遍求古今诸儒之说"，合为一本《论语》注本，可惜不传。然而诸儒之说杂然林立，反令朱熹觉得

---

[1] [清]朱彝尊撰，林庆彰等主编：《经义考新校》卷二百十七引陈振孙语，上海：上海古籍出版社，2010年，第3952页。

支离破碎、目眩迷离，朱熹更加觉得二程之说"引据精密""解析通明"，于是更加服膺二程学说，将书中与之不合的诸儒之说全部删去，著成《论语要义》。① 此后，朱熹又撰成《论语精义》和《论语集注》，更趋精当，但基本立场仍然遵循《论语要义》。

在《论语精义》和《论语集注》中，朱熹大量援引二程及其门人之说。据学者唐明贵统计，《论语精义》中共引用各家注释2846条，二程及其门人之说占到79%，其中二程计315条，程门弟子杨时和尹焞各达504条；《论语集注》中引用各家注释535处，二程及其门人之说共计396处，约占总数的四分之三，其中二程计159处。② 据学者李春强统计，《论语集注》中直接提到姓氏的注释有26家521处，另有不知姓氏者15处，引用最多的当然是二程，同样为159处。③ 当然，朱熹对二程及其门人之说并没有一味蹈常袭故，而是持审慎态度，或精心甄选，或改造发挥。此外，对非二程门派的学者观点，朱熹也有所采择，包括张载、范祖禹、苏轼、吴棫、洪适、晁说之、王雱等，但同时也会提出质疑批评。此外，汉魏和唐代诸儒偏向章句训诂的注释，朱熹也会适当辑录。

作为理学的集大成者，朱熹继承二程之学，展开《论语》研究，最终完成了理学体系的建构。理学的最核心概念是理，

---

① ［宋］朱熹撰，朱杰人等主编：《朱子全书》第24册，上海：上海古籍出版社，2010年，第3613—3614页。
② 参见唐明贵：《宋代〈论语〉诠释研究》，北京：中国社会科学出版社，2018年，第340—343页。
③ 参见李春强：《明代〈论语〉诠释研究》，扬州大学2014年博士论文，第13—14页。

程颢"自家体贴出来"一个天理说,"体贴"说明感悟居多,精致细密的论证相对欠缺,却为后来理学家的努力指明了方向。朱熹结合《论语》注释,在此基础上予以进一步展开论证,他强调天、理这两个本来各自独立的概念,是互相并列和彼此替换的。《论语·八佾》称:"获罪于天,无所祷也。"对"天"的解释,汉儒董仲舒《春秋繁露·郊语》称:"天者,百神之大君也。"程树德的《论语集释》引孔安国语称:"天以喻君也。孔子距之曰:如获罪于天,无所祷于众神。"后说较为流行,宋初邢昺犹沿持此论,但朱熹却注称:"天,即理也;其尊无对,非奥灶之可比也。逆理,则获罪于天矣,岂媚于奥灶所能祷而免乎?"① 朱熹明确指出,天即理、理即天,顺理即顺天,逆理即逆天,理的地位与天完全等侪。由于天在中国传统文化中,具有至高无上、无比尊崇的地位,与天并列的理也就获得了同等至高和尊崇的地位。如学者指出,"'理'也成为与'天'处于同一层次、可以彼此置换的范围,具有了与'天'同等的地位"② 。这样,理学就拥有了一个牢不可破的逻辑立足点。

不仅如此,朱熹甚至隐隐将理置于天之上。《朱子语类》卷二十五对"获罪于天"进一步阐释称:"周问:'获罪于天。'《集注》曰:'天即理也。'此指获罪于苍苍之天耶,抑得罪于此理也?"曰:"天之所以为天者,理而已。天非有此道理,不能为天,故苍苍者即此道理之天,故曰:'其体即谓之天,其主宰即谓之帝。'如'父子有亲,君臣有义',虽是理如此,亦须

---

① [宋]朱熹:《四书章句集注·论语集注》,北京:中华书局,1983年,第65页。
② 朱汉民、肖永明:《宋代〈四书〉学与理学》,北京:中华书局,2009年,第361页。

是上面有个道理教如此始得。"天之所以为天，还是因为有理，如果天没有理，那就"不能为天"，所以"苍苍之天"也是"道理之天"。如果说"苍苍之天"仅仅是现实世界中有迹可循、真实可触的自然之天，那么其所蕴含的道理、义理，使得自然之天成为道理之天、义理之天，天的存在尚且依据理，万事万物更无须赘言，理自然成为事物存在的最终依据。当然，朱熹并不是真的否认释天为君，他只是没有把天等同于具体的君，天即理，这个抽象的理就体现为君臣纲要之礼，体现为现实社会中的尊卑等级之礼，他没有直接捧高君主的地位，而是绕了个圈子，从理论上去证明君主专制的合法性，效果更佳，手法更高明。

对孔子思想体系的核心观念之一即仁，朱熹则从公私角度予以论证。《朱子语类》卷二十称"仁是理之在心"，仁可以理解为爱之理、心之德，归根结底就是天理在内心的呈现，这就将天理与仁两者绑在了一起。但这并不是朱熹论述的重点，朱熹更强调的是实现仁的关键，因为人心存在私欲，所以仁必须和克制私欲相联系，"'为仁'不是侧重爱一事，而是集中言仁，这就必须考虑到公私的问题"①。《论语·颜渊》载颜渊问仁，孔子称："克己复礼为仁。一日克己复礼，天下归仁焉。为仁由己，而由人乎哉？"朱熹注称：

> 仁者，本心之全德。克，胜也。己，谓身之私欲也。复，反也。礼者，天理之节文也。为仁者，所以全其心之

---

① 向世陵：《朱熹的"状仁"说及对爱的诠释》，《文史哲》2018年第1期。

德也。盖心之全德,莫非天理,而亦不能不坏于人欲。故为仁者必有以胜私欲而复于礼,则事皆天理,而本心之德复全于我矣。归,犹与也。……日日克之,不以为难,则私欲净尽,天理流行,而仁不可胜用矣。①

仁是指"心之全德"的境界,但这种境界的达到,必须"克己复礼",因为即便是"天理",也会"坏于人欲",仁也一样,所以必须抑制自身的私欲,使言语行动都符合礼。日日克私后,私欲净尽,人无一毫之私,自是天理流行,即仁之所在,私欲净尽也就是大公而无私,即二程所说的"公近仁",朱熹所说的"仁是本有之理,公是克己功夫到处。公,所以能仁"。② 朱熹的这段论述,和他在《中庸章句·序》中对《尚书·虞书·大禹谟》"人心惟危,道心惟微;惟精惟一,允执厥中"的解释不无相似之处,"心之虚灵知觉,一而已矣;而以为有人心、道心之异者,则以其或生于形气之私,或原于性命之正……然人莫不有是形,故虽上智不能无人心,亦莫不有是性,故虽下愚不能无道心。二者杂于方寸之间,而不知所以治之,则危者愈危,微者愈微,而天理之公卒无以胜夫人欲之私矣"。上智之人有"人心",下愚之人也有"道心",重要的是要保存并发扬光大,这一点应该说问题不大。但朱熹反复致意的其实是天理之公与人欲之私两者之间根本没有调和空间,即天理之公必须克尽人

---

① [宋]朱熹:《四书章句集注·论语集注》,北京:中华书局,1983年,第131—132页。

② [宋]黎靖德编,王星贤点校:《朱子语类》第六册,北京:中华书局,1986年,第2453页。

欲之私，然后天理流行，仁只是天理流行的外在表现罢了。

在政治领域，朱熹也常常以天理、人欲说来指斥对方。隆兴元年（1163）十一月，朱熹连上三札慷慨陈词，其中第二札《垂拱奏札二》力主抗金，声称战与守"皆天理之自然，非人欲之私忿也"，而派遣使臣持书与对方媾和，则是荧惑圣听的邪议，是为"逆理"，与天理不合。即使是对皇帝，朱熹同样以天理、人欲之辨来"正君心"。淳熙十五年（1188）十一月，朱熹上《戊申封事》，声称"盖天下之大本者，陛下之心也"，而国事蜩螗、危机深重的原因即在于宋孝宗"心不正"。[1] 解决方法就是"克己复礼"，"私欲净尽，天理流行"。天理、人欲之说在朱熹手中可谓一大利器，但其实，何为天理、何为私欲，朱熹本人并未作出明确的界定，因此，他的辩驳到最后，就成了合己意者为天理、不合己意者为私欲，并没有真正的说服力。

---

[1] ［宋］朱熹著，郭齐、尹波点校：《朱熹集》，成都：四川教育出版社，1996年，第508—509、461—463页。

第六节　心学、事功学派与《论语》研究

朱熹的《论语集注》刊行后，被黄榦、辅广、陈淳、真德秀、黄震、赵顺孙等弟子门人奉为圭臬，各自讲学著述，得到广泛传播。朱学在南宋后期固然势大，在社会上占据了越来越多的话语权，但仍然不乏能与之分庭抗礼的学派，如吕祖谦的东莱学派、陆九渊兄弟的心学派、胡安国父子的湖湘学派、张栻的南轩学派、陈亮和叶适的事功学派等，都对《论语》有不同程度的研讨，并借《论语》发挥不同于朱学的观点。其中，以心学派和事功学派较为著名。

一、陆九渊的《论语》研究

心学派顾名思义，是力主以心为万物本原的一个学派，最早可推溯到孟子，北宋学者程颢开其端，南宋学者陆九渊为扛鼎人物。陆九渊（1139—1193），字子静，号存斋，谥文安，因长期讲学于江西贵溪的象山学院，世称象山先生。陆九渊号象山，故南宋心学派又称象山学派、陆学，与朱熹领衔的朱学相抗衡。陆九渊后，又有杨简、钱时等，到明代更出现了一代大家王阳明，故心学又称为陆王心学。

陆九渊好读书，据其《年谱》记载，11岁时"读书有觉"，具体记载是这样的：

> 从幼读书便着意，未尝放过。外视虽若闲眼，实勤考索。伯兄总家务，尝夜分起，见先生观书，或秉烛检书。最会一见便有疑，一疑便有觉。后尝语学者曰："小疑则小进，大疑则大进。"尝云："向与复斋家兄读书疏山寺，止是一部《论语》，更无他书。"或问："曾见先生将圣人与门人语分门，各自录作一处看。"先生曰："此是幼小时事。"①

陆九渊的五哥陆九龄，字子寿，世称复斋先生，少时的陆九龄、陆九渊兄弟俩曾一起在疏山寺专门攻读《论语》，而且只读一部《论语》，说明兄弟俩均对《论语》有着浓厚兴趣。陆九渊甚至还将《论语》中的孔子和门人言语分门别类摘录，反复研读。难能可贵的是，陆九渊提倡以一种怀疑的态度去读书，而且是在"实勤考索"即讲究考证功夫的基础上，"一见便有疑，一疑便有觉"，有所怀疑，说明有所触动，进而覃思深虑，自然会有所收获，"小疑则小进，大疑则大进"，怀疑的结果有助于学问的进步，这种怀疑精神和近代科学精神相通，与视圣贤语、圣贤书为经典，不可妄改一字的俗儒相比，自不可同日而语。

陆九渊是心学的重要代表人物，《宋史》本传载有他的一句名言，即"《六经》注我，我注《六经》"，又称"学苟知道，《六经》皆我注脚"，陆九渊的意思是《六经》虽为经典，但随

---

① [宋]陆九渊著，钟哲点校：《陆九渊集》，北京：中华书局，1980年，第482页。

着时间的推移,已经成为历史性的客体,作为主体的我却是活的能动者,自然是主角,《六经》之中蕴含的、未被世人所熟悉的知识和信息,有待于我的探析和解释,如此《六经》自然成为我的注脚,心学注重自我、注重自身修养的旨趣显而易见。循此出发,陆九渊用他的心学思想去诠释《论语》,先将"仁"归结为每个人都具备的"人心","仁,人心也。为仁由己,而由人乎哉?我欲仁,斯仁至矣。仁也者,固人之所自为者也"。仁由己不由他,只要自身一心向仁求仁,就能达到仁的境界、实现仁的追求。为了激励普通人对仁的追求,陆九渊还进一步解释称圣人与常人在本质上有相通之处,"圣人之所为,常人固不能尽为,然亦有为之者。圣人之所不为,常人固不能皆不为,然亦有不为者。于其为圣人之所为与不为圣人之所不为者观之,则皆受天地之中,根一心之灵,而不能泯灭者也"。[1] 圣人有所为、有所不为,达到了从心所欲不逾矩的境界,普通人当然达不到这种境界,但至少也能部分做到有所为、有所不为,这就说明圣人和普通人两者之间,皆"根一心之灵",本质上有相通之处,普通人只要努力提高自身修养,未必不能达到仁的境界。可见,陆九渊的心学渊源直接承续孟子,《孟子·告子下》所谓的"人皆可以为尧舜"之说,在陆九渊的思想体系中清晰可触。

至于仁的实现途径,陆九渊认为不待外铄,完全在于自身,即唯有克己复礼一途,正因为如此,陆九渊特别推崇孔子的弟子颜回,因为颜回尽得孔子的仁之要旨。陆九渊认为,孔子逝

---

[1] [宋]陆九渊著,钟哲点校:《陆九渊集》,北京:中华书局,1980年,第377、264页。

后，孔门学问，由曾子传子思，子思再传孟子，孔学经孟子之手再度焕发光芒，但终究不能和颜回相比。自颜回向孔子问仁后，孔子的"事业"尽付颜回，可惜颜回早逝，"盖夫子事业自是无传矣"①。孔子之所以器重颜回，是因为颜回真正达到了仁的境界，并能付诸实施。陆九渊将此归结为"三鞭"，即颜回闻孔子"三转语"而洞悉儒门要旨，即《论语·颜渊》载颜渊问仁，孔子答以"克己复礼为仁""一日克己复礼，天下归仁焉"和"为仁由己，而由人乎哉"。人人好仁、人人存仁，由一人独仁进到二人共仁再至众人共仁，由一人之仁进至一家之仁、一邻之仁、一里之仁，最终自然可以实现天下归仁，而好仁、存仁的手段无非是人人克尽己私，不受己私之累，即意味着回归到礼，礼者理也，不须外铄，只要反求诸己，就可以尽去己私。要补充的是，陆九渊同样视私心杂念为个人追求"吾心之良"的根本阻碍，因此他对私心私欲的攘斥程度并不亚于朱熹，甚至排斥异端、拯救圣学的使命感和责任感在某种程度上有过之而无不及。

二、陈亮和叶适的《论语》研究

萧公权在《中国政治思想史》中曾指出："宋代政治思想之重心，不在理学，而在与理学相反抗之功利思想。"功利学者大都反对心性之空谈，推崇富强之实务，注重实际和民生利益，与秦汉以来的传统儒学一味重仁义的旨趣大不相同。北宋功利思想的主要代表人物集中于江西，有欧阳修、李觏、王安石等，

---

① [宋]陆九渊著，钟哲点校：《陆九渊集》，北京：中华书局，1980年，第397页。

尤其是王安石倡经世致用，发富强之言，又因占领科举考试高地而尽领风骚，直到司马光上台后，王学仍然余风未歇。南宋功利思想的代表人物集中于浙东，主要有陈亮、叶适等，较之理学、心学并无逊色，如清代学者全祖望指出，"学术之会，总为朱、陆二派，而水心断断其间，遂称鼎足"①，将陈亮、叶适之学与朱学、陆学相提并论。确实，陈亮、叶适等从事功之学的角度出发②，注重践履，关心古今兴亡、制度变革，强调儒者的学问应当立足于现实的功业，并由此对《论语》展开了与理学相对立的解读。

陈亮（1143—1194），字同甫（一作同父），号龙川，世称龙川先生，婺州永康（今浙江永康）人，才气超迈，喜谈兵事，竭忧国家，曾数次上书力主抗金，作《贺新郎·酬辛幼安再用韵见寄》称"丘也幸，由之瑟"，由指仲由，即子路，个性刚勇，弹瑟有勇武雄壮之气，陈亮以此典故体现对金用兵的心志。绍熙四年（1193），陈亮参加礼部进士考试获得第一，授职建康军判官厅公事，次年溘然长逝。1184至1186年间，陈亮与朱熹展开了著名的"王霸义利之辨"。双方对《孟子·公孙丑上》所载的"以力假仁者霸""以德行仁者王"展开了针对性的解读，朱熹认为三代皆行仁义之政，当然是王道，汉唐虽然功业

---

① ［清］黄宗羲原著，［清］全祖望补修，陈金生等点校：《宋元学案·水心学案序录》，北京：中华书局，1986年，第1738页。
② 有学者指出，不能将"功利之学"等同于"事功之学"，前者的核心词是"利"，后者的核心词是"事"，就是实践的意思，"功"则指功效，"事功之学"主要强调做事的效用性、可行性，如《宋元学案·艮斋学案》称："永嘉之学，教人就事上理会，步步著实，言之必使可行，足以开物成务。"参见宋志明：《为叶适"事学"正名》，《光明日报》2011年2月17日第11版。

兴盛，其实并无三代时的天理王道。陈亮不予认同，认为汉唐功业同样"有与天理暗合者"，所以"亦能久长"，并反诘称千余年来，人类社会生生不息、不断更迭，不可能只停留在勉强维持的层面，"天地亦是架漏过时，而人心亦是牵补度日，万物何以阜蕃，而道何以常存乎？"①

陈亮对《论语》也颇为重视，声称"固终身之所愿学者"，《陈亮集》卷十《语孟发题》载有一段分析《论语》的文字：

> 《论语》一书，无非下学之事也。学者求其上达之说而不得，则取其言之若微妙者玩而索之；意生见长，又从而为之辞曰："此精也，彼特其粗耳。"呜呼！此其所以终身读之而堕于榛莽之中，而犹自谓其有得也。夫道之在天下，无本末，无内外。圣人之言，乌有举其一而遗其一者乎！举其一而遗其一，则是圣人犹与道为二也。
>
> 然则《论语》之书，若之何而读之？曰：用明于内，汲汲于下学，而求其心之所同然者。功深力到，则他日之上达，无非今日之下学也。于是而读《论语》之书，必知通体而好之矣。亮于此书，固终身之所愿学者，方将与诸君商榷其所向而戒涂焉。

陈亮认为《论语》的语句简单，记载的都是实实在在的言行，并无形而上的思辨内容，即"无非下学之事"，如学者所指出的

---

① ［宋］陈亮著，邓广铭点校：《陈亮集》卷二十八《又甲辰秋书》，北京：中华书局，1987年，第340页。

那样，陈亮所要论证的是，"孔子所论无非道德修养和现实学问，后来那些只抽取了听起来既微妙又神秘并使他们走向形而上学的教义的人推动了《论语》的完整涵义"①。但是，陈亮所论是从道"无本末""无内外"的角度而言的，是从圣人之道体现于日用而言的，因此，只要汲汲于学，功夫到了，那么高明之极的大道理、大智慧同样可以从圣人的一言一行中悟得，即"功深力到，则他日之上达，无非今日之下学也"。由此可见，陈亮对《论语》的评价并不低。

对《论语》所载具体人物和观点的评析，则延续了他和朱熹的"王霸义利之辨"的立场，其中对管仲的评价堪称典型。先秦时期的管仲辅佐齐桓公尊王攘夷、九合诸侯，得到孔子的由衷称赞，《论语》载有孔子对管仲的四次评价，分见于《八佾》一次和《宪问》三次，其中后三次都持肯定态度，认为管仲达到了仁的境界。朱熹认同管仲具有"仁之功"，但不认为管仲具有"仁之心"，并将孔子所说的管仲"器小"，解释为管仲助齐桓公所行的是霸道而非王道。陈亮则从"谓之杂霸者，其道固本于王也"的角度出发，认为管仲以霸见仁，一如汉高祖、唐太宗，并进一步承认管仲是个堂堂正正、得到孔子承认的人，"管仲尽合有商量处，其见笑于儒家亦多，毕竟总其大体，却是个人，当得世界轻重有无，故孔子曰：'人也。'"②

陈亮与朱熹产生分歧的关键，或在于对道理解的不同。朱

---

① ［美］田浩著，姜长苏译：《功利主义儒家——陈亮对朱熹的挑战》，南京：江苏人民出版社，1997年，第111页。
② ［宋］陈亮著，邓广铭点校：《陈亮集》卷二十八，北京：中华书局，1987年，第340、346页。

熹视道为成德之道，并强调这种基本道德规范的圆满和完善，汉唐君主和管仲的所作所为只是成就外在事功，主观上并无成德之心和追求，自然只不过是霸道，最多只是"暗合"圣人之道。而陈亮视道为事功之道，体现于日用事物之中，依时顺势、发言立政，均体现道，汉唐君主和管仲的功绩自然蕴道其中，体现王道。但在朱熹看来，事功之道顺势而为，对定于一尊的君权威胁极大，已经有背离儒家基本原则和价值观念的迹象。因此，朱熹对陈亮之学极为警惕防范，他视江西陆氏心学只是受禅影响，最后走不通自会回转，视著有《艺圃折衷》、以批评孟子闻名的郑厚之说为"邪说"，但仍然承认郑厚"犹使人知君臣之义"，唯独对浙东诸人批评严厉，称陈亮"议论却乖，乃不知正"，称浙学"若功利，则学者习之，便可见效，此意甚可忧"。[1] 实际上，朱熹不否认儒家的经世倾向即介入具体的政治领域，但更重视捍卫儒家的基本价值原则，确立仁义俱存的理性主体，这当然是有道理的，但另一方面，以朱熹为代表的理学家对德性的要求过高，甚至到了苛刻的程度，这必然会极大地束缚普通人的手脚，对官僚等掌权者却毫无束缚力，又将天理等同于三纲五常，这就贬低了儒家的基本立场，甚至将"在政治上行道的最高权力奉献给帝王，自我剥夺了主宰道的运行的权利"[2]。陈亮对此自然不肯赞同，朱熹只讲天理、道德，对现实社会中的经世之举经常不置一词，偶有涉及也是否定居多，

---

[1] [宋] 黎靖德编，王星贤点校：《朱子语类》第八册，北京：中华书局，1986年，第2966—2967页。
[2] 刘泽华主编：《中国政治思想史（隋唐宋元明清卷）》，杭州：浙江人民出版社，1996年，第386页。

实际上完全抹杀了人作为个体的顺时应变的种种努力，这对于以义利双行、王霸并用为基本出发点的陈亮来说是无论如何也不能接受的。

浙东事功学派的另一位重要代表人物叶适（1150—1223），字正则，号水心居士，温州永嘉（今浙江温州）人，因居于永嘉水心村而世称水心先生，1178年中榜眼，历官平江节度推官、太常博士兼实录院检讨官、兵部侍郎、工部侍郎、吏部侍郎兼直学士院等。

叶适从事功角度出发，强调义与利的结合，对理学家苛严的王霸义利观观点多有反驳。南宋时与朱熹、吕祖谦齐名的张栻，其学自成一派，是湖湘学派的初步奠基者，他也著有《论语解》十卷，主张孔孟之道的入门关键，"莫先于义利之辨"，而义和利的对立又几乎等同于公义、天理和私利、私欲的对立，"无所为者天理，义之公也；有所为者人欲，利之私也"。[①]"无所为"并非指无所作为，而是指遵循天道法则即天理而为，"无为己私之为"，故即公义；"有所为"是谋求一己之欲之为，故为私利，两者剖判甚明。朱熹还列汉儒董仲舒的名言，即"正其谊不谋其利，明其道不计其功"为白鹿洞书院学规。叶适明确表示不同意，他反对称："'仁人正谊不谋利，明道不计功'，此语初看极好，细看全疏阔。古人以利与人而不自居其功，故道义光明。后世儒者行仲舒之论，既无功利，则道义者乃无用之虚语尔；然举者不能胜，行者不能至，而反以为诟于天下矣。"[②] 叶适

---

① [宋]张栻撰，邓洪波校点：《张栻集》下册，长沙：岳麓书社，2017年，第618、639页。
② [宋]叶适：《习学记言序目》卷二十三，北京：中华书局，1977年，第324页。

认为义与利其实是不可分离的，"以利与人"或者不独擅其利即道义所在，董仲舒之论割裂义利之间密不可分的联系，要求民众只重视义而完全忽视利，那只是一种"无用之虚语"。公与私、义与利之间确实有着不可分割的密切关系，清末民初的学者严复将亚当·斯密的《国富论》翻译为《原富》，在所写"按语"中总结称"惟公乃有以存私，惟义乃可以为利"。梁启超也反对宋儒将义利截然分开的极端之论，他在《生计学学说沿革小史》中指出："庸讵知义之与利，道之与功，本一物而二名，去其甲而乙亦无所附耶！"所谓道义、公义，正是因为兼顾、满足了多数人的个人利益，或者说多数人利益的汇合，就是道义、公义所在，故义与利、道与功，这两者当然不可以分离，强行分开的结果只能是两败俱伤。

《习学记言序目》卷十三专门记载了叶适研读《论语》的心得，其崇尚事功、反对空谈义理的立场清晰可见。《论语·先进》载有"先进于礼乐，野人也；后进于礼乐，君子也。如用之，则吾从先进"，按孔子之意，下层普通民众即"野人"先学礼乐而后出仕，是谓"先进"，卿大夫子弟即"君子"具有世袭特权，先有官位而后学习礼乐，是谓"后进"，这两种情况，正是《论语·子张》所说的"仕而优则学，学而优则仕"。叶适则为"先进""后进"注入了新的事功内涵，他认为在孔子生活的时代，三代圣贤之治已经荡然无存，"上下驰骋于兵刑功利之末"，社会上下各个阶层共同追求建功立业，只不过，下层民众即"野人"要先学礼乐而后去建功立业，而具有官位世袭特权的贵族子弟即"君子"，可以先追求功业再学习礼乐。再如，叶适针对《论语·述而》所载"富而可求也，虽执鞭之士，吾亦为之",分析称"世亦有可以富而无至于执鞭者矣,而孔子以为不可为"。"执鞭之士"指地位低下的市场守门卒,市场为财富汇集之所,孔子的意思是如果能获得财富,那么从事底层职业也无妨。而叶适则认为,孔子视求富与从事地位低下的职业这两者的关系过于绝对化,并不是只有从事地位低下的职业才能获取财富,换言之,求富与从事社会地位低下的职业并没有必然联系,一个人追求财富并不意味着社会地位必然低下,再次体现出叶适崇尚事功的立场。

第七章
朱学初尊：元代《论语》学

元王朝由游牧民族建立，游牧民族的生产和生活方式与农耕民族有着重要区别，或者说，漠北的游牧文化与中原的农耕文化在本质上有着明显的异质性，因此，当元王朝的统治者进入中原并以中原地区为核心区域后，必然要着手缓解两者之间的冲突。由于蒙古人的人口数量较少，论数量无法和汉民族抗衡，为巩固统治，元王朝推行民族歧视政策，分蒙古人、色目人、汉人（金朝统治下的汉人）、南人（南宋统治下的汉人）四等，以突出蒙古人的政治特权。与此同时，元王朝也在一定程度上试图弥合民族歧视政策带来的蒙汉裂缝，给予一批汉人较高的政治地位，并利用汉民族的传统文化巩固统治，尤其是忽必烈以中原地区为统治重心后，更加注意到以理学为代表的儒家学说有助于王朝统治①，于是大量吸取中原汉法，《元史·儒学列传》称"元兴百年，上自朝廷内外名宦之臣，下及山林布衣之士，以通经能文显著当世者，彬彬焉众矣"，《论语》研究就是在这样的背景下展开的。

---

① 就整体而言，元朝不少上层统治者对儒学、孔子持认同态度，儒生地位低下的情形并非事实，魏源《元史新编·选举志》中反驳了"九儒十丐"的说法，"至明人说部称蒙古代宋，第其人为十等，有一官、二吏、三僧、四道、五兵、六农、七匠、八倡、九儒、十丐之说，又或谓元取士有词曲科，皆无稽之谈"。

第一节 元代学术思想与《论语》研究

理学在南宋时经过朱熹、陆九渊等学者的努力,理论体系日益精致完善,并在南方得到广泛流传,同时逐渐得到官方的认可,到南宋末年已隐然有成为官学的趋势。至元朝时,这一官学化趋势终告完成。宋金对抗之际,伊洛之学对北方影响有限,北方儒家学者对理学并不熟悉,治学重点仍然在章句训诂,于是,南方熟悉程朱之学的儒者就成为元统治者急需的人才。窝阔台登位后,于灭金次年即1235年攻打南宋。攻下德安(今湖北安陆)城后,当时得到窝阔台器重的理学家姚枢手持窝阔台的诏令四处奔走,在所俘获的人群中搜寻儒生、道士、僧人和医卜之士,理学家赵复就是这时被姚枢发现并罗致的。赵复,字仁甫,世称江汉先生,是朱熹门生谢梦先的学生。赵复被送至燕京(今北京)后,元统治者在燕京建太极书院,内立周子祠,以二程、张、杨、游、朱六人配祀,请赵复讲授理学,从学者百余人,学者许衡、郝经、刘因等皆跟随赵复学习。赵复又作《传道图》《伊洛发挥》《师友图》《希贤录》等,条梳理学渊源和各家要旨,自此,理学开始在北方滋生流传,赵复功不可没,《元史》赵复本传载:"北方知有程、朱之学,自复始。"

忽必烈统治期间，经营重心移向中原，更加注重网罗儒生士人，理学在北方的影响也得到进一步扩大，其中理学家许衡功不可没。许衡（1209—1281），字仲平，号鲁斋，世称鲁斋先生，与刘因、吴澄并称元朝三大理学家，1254年应忽必烈征召入幕。忽必烈称帝时，许衡参与制定朝仪官制，进官中书左丞，至元八年（1271）任集贤大学士兼国子祭酒。许衡掌治太学时，选用程、朱注疏的儒家经典为国子监诸生的教科书。国子监培养的都是官僚后备军，程朱理学的影响随着国子监诸生步入仕途而更趋广泛，许衡作为师长的地位也随之提升，据《宋元学案》所载，"数十年彬彬号称名卿材大夫者，皆其门人，于是国人始知有圣贤之学"[1]。许衡去世后，元廷先后追赠其为荣禄大夫、司徒、太傅、开府仪同三司，谥号文正，追封魏国公，后又以许衡从祀孔庙。在传统社会中，从祀孔庙虽然是学术行为，却"是朝廷认定真儒的制度，与朝廷的政教有关，故此本质上也有很强的政治属性"[2]。还要指出的是，许衡与后世一些思想僵化的理学家有所不同，他明确提出学者不能忽视"治生"，即要重视农工商贾等经济活动，"为学者治生最为先务，苟生理不足，则于为学之道有所妨"，"生理"可理解为物质生活，即生计不足会影响到向学之道，确实是切中肯綮之论。"治生者，农、工、商贾而已。士子多以务农为生，商贾虽为逐末，亦有

---

[1] ［清］黄宗羲原著，［清］全祖望补修，陈金生等点校：《宋元学案》卷九十一《静修学案》，北京：中华书局，1986年，第3021页。
[2] 朱鸿林：《儒者从祀孔庙的学术与政治问题》，《孔庙从祀与乡约》，北京：生活·读书·新知三联书店，2015年，第19页。

可为者，果处之不失义理，或以姑济一时，亦无不可。"[①] 许衡对传统社会中屡遭贬斥的商贾之业表现出一定程度的宽容，这在理学家中诚不多见，更为明清学者所继承。

理学真正成为官学是在元仁宗时期，主要表现为取士以程朱著述为尊。窝阔台时，中书令耶律楚材提出用儒术选士，忽必烈时，许衡也提出过取士罢诗赋、重经学，但未能付诸实施。幼时师从名儒李孟的元仁宗即位后，深悉儒术在维护纲常礼教方面有着不可替代的作用，于是极力推行儒术治国，提拔重用大量儒臣，许衡从祀孔庙就是他皇庆二年（1313）的诏令。同年十一月，元仁宗下诏恢复科举制，并以德行、经术为先，他在《行选举诏》中明确称"举人宜以德行为首，试艺则以经术为先，词章次之。浮华过实，朕所不取"[②]，德行难以通过考试裁量，于是经术自然成为唯一的标准。

元仁宗私下对侍臣所说的话，更能表露他力推儒学的立场，《元史·仁宗本纪》载他所说："朕所愿者，安百姓以图至治，然匪用儒士，何以致此。设科取士，庶几得真儒之用，而治道可兴也。"开科取士，是为搜罗"真儒"，如此方能实现善治。只不过，在元仁宗眼里，儒学即理学，这只要看一下科试的具体程式就一目了然了。蒙古人、色目人分两场，"第一场经问五条，《大学》《论语》《孟子》《中庸》内设问，用朱氏《章句集注》"，汉人、南人分三场，"第一场明经经疑二问，《大学》《论语》《孟子》《中庸》内出题，并用朱氏《章句集注》，复以己

---

① [元] 许衡著，淮建利、陈朝云点校：《许衡集》，郑州：中州古籍出版社，2009年，第327—328页。
② [元] 苏天爵编：《元文类》，北京：商务印书馆，1958年，第113页。

意结之，限三百字以上"。① 科试第一场与经义有关，无论是蒙古人、色目人，还是汉人、南人，均从朱熹的《四书章句集注》内出题，换言之，考生要参考科试，必须熟读朱熹的《四书章句集注》。

次年即延祐元年（1314），元朝廷正式在全国范围内举行乡试，延祐二年（1315）又在大都（今北京）举行会试和殿试，得进士56人，"延祐（元仁宗年号）开科，遂以朱子之书为取士之规程。终元之世，莫之改易焉。是故元之儒者，服膺朱子之学"②，非程朱之学不试于有司的结果，自然是海内之士非程朱之书不读、非程朱之学不讲。由此引出一个很有意思的问题是，为什么反而是在蒙古族统治的元朝，理学获得了远远高于两宋的政治地位？而且是由具有毡酪之风的"夷狄之君"来完成的？对此，学者刘泽华认为是蒙古统治者与儒生们"为了各自的特殊利益而形成了合力"，"理学的官学化过程在蒙、汉统治阶级及儒生们的共同努力下终于完成"。③ 这当然是成立的，还可以从学术思想史的角度补充一点，那就是理学只是宋学的组成部分之一，北宋时有荆公学派、温公学派、苏蜀学派等轮流引领学界风骚，理学不过跻身其中一派，在南宋则要面临浙东事功学派的质疑，自然不可能独领风骚。

《论语》研究在理学体系中占据着重要地位。但是，由于理

---

① 《续通典》卷十八《选举二》，王云五主编：《万有文库》第二集，上海：商务印书馆，1935年，第1222页。
② 柯劭忞：《新元史》卷二百三十四《儒林列传》，上海：上海古籍出版社，1989年，第905页。
③ 刘泽华主编：《中国政治思想史（隋唐宋元明清卷）》，杭州：浙江人民出版社，1996年，第473页。

学取得了定于一尊的官学地位，更多服务于政治需要，因此就总体水平而言，元朝《论语》研究成果不如宋朝丰富。与此同时，蒙古统治者推行民族歧视政策，科举制度的录取名额较少，并没有成为广大士子稳定且通畅的上升通道，于是不少儒家学者如陈栎"慨然发愤，致力于圣人之学"[1]，致力于学术研究，因此仍然有倪士毅《论语辑释》、金履祥《论语集注考证》、陈栎《四书发明》和《论语训蒙口义》、陈天祥《论语辨疑》等颇具水平的《论语》学著述。

大体而言，元代前中期的《论语》虽以朱熹的《论语集注》为尊，但仍然有一些不同的声音和见解，例如金代儒者王若虚就非难朱学，陈天祥继之，还有极力发挥孔子以文化先进与否来判定夷夏之主张的郝经等。到元代中后期，非难朱学的不同声音日渐稀落，《论语》学著作大多为尊奉、辅翼朱熹《论语集注》之作。和汉代独尊儒术一样，元代理学上升为官学也是一把双刃剑，理学固然可以凭借选官制度大张声势，素负文名、位列"元诗四大家"和"元儒四家"之一的虞集曾感慨称"朱氏诸书，定为国是，学者尊信，无敢疑贰"[2]，元代文学家、史学家、理学家苏天爵也指出，朱子之说更大行其道，"至于《论语》《大学》《中庸》《孟子》，专以周、程、朱子之说为主，定为国是，而曲学异说，悉罢黜之"[3]。朱学如日中天，理学也

---

[1] [明]宋濂等：《元史》卷一百八十九《陈栎传》，北京：中华书局，2000年，第2888页。

[2] [元]虞集：《跋济宁李璋所刻九经四书》，王颋点校：《虞集全集》上册，天津：天津古籍出版社，2007年，第429页。

[3] [元]苏天爵著，陈高华、孟繁清点校：《滋溪文稿》卷五，北京：中华书局，1997年，第74页。

几乎成为经学的代名词。但同时,理学也失去了和其他学派展开学术切磋和论辩的可能,哪怕是学派内部的争论也不存在,类似宋代的王霸义利之争、鹅湖之辩等场景已难以重现,因此就实质而言,朱、程之学实已沦为士子猎取功名利禄的敲门砖,这对于理学自身的长远发展是致命缺陷。

第二节 不唯朱学是尊的《论语》研究

元朝系游牧民族统治天下，统治者自然视汉族知识分子为异类，而将其排斥在官僚队伍之外，直到元仁宗皇庆二年（1313）才决定恢复以朱熹《四书章句集注》为出题内容的科举考试，正式实施是延祐元年（1314）。在元仁宗之前的成宗、武宗，也有恢复科举的呼声，元世祖忽必烈就试图付诸实施，但都遭到蒙古、色目等贵族的强烈反对，这不仅是因为科举制影响到权贵阶层的出仕特权，更在于科举制一旦实施，即意味着汉化的发展，而不少蒙古高层统治者都以游牧民族自视，自然反对汉化程度的加深。因此，至少在元代前期，朱子之学虽然在北方流传日广，但并没有取得普遍承认的地位，仍然有不受朱学影响者，出现了攻驳《论语集注》观点的《论语》学著作。

一、郝经的"不心乎夷夏"观

郝经（1223—1275），字伯常，泽州陵川（今山西陵川）人，后迁居河北，出生于金末乱世，少好学，潜心伊洛之学，博涉经史子集。忽必烈于金莲川建立幕府后，一反蒙古贵族轻视汉文化的传统，从各地招揽人才，包括饱读经书的汉人鸿儒，时年33岁的郝经也被诏前往，并得到忽必烈的赏识而留于王府，成为忽必烈的重要幕僚之一。忽必烈即位后，郝经被授为翰林侍读学士，后佩金虎符出使南宋，权相贾似道害怕他过去冒功、与蒙古私下议和纳贡的丑事被揭穿，就派亲信将郝经等人软禁，扣押时间长达16年，直到1274年贾似道失势下台才得脱归，遗憾的是途中宿疾发作而逝。

作为正统儒家学者，郝经力主天下一统、有德者居之，至于这有德者是华夏族还是异族，郝经认为并不重要。自汉代董仲舒接续先秦诸子，力倡"大一统"论后，四海一家成为儒家学者的共同理想，郝经也是如此，他在《上宋主陈请归国万言书》中认为，圣人治理天下，必然一统方能天下平安，这是"天下之全势""天下之正道"，如果世事纷扰相争，则源于割据，"夫天下之祸，始于天下之不一"。至于在位的王者，郝经认为不必在乎种族，而在乎能否心系生民、施行仁政，如《上宋主请区处书》中所称"王者王有天下……建极垂统，不颇不挠，心乎生民，不心乎夷夏，而有彼我之私也"。[1]

郝经这种"不心乎夷夏"的立场，源头可以上溯到先秦孔子，或者说，从孔子的夷夏观中可以推衍出郝经的观点。作为华夏族的一员，孔子当然强调夷夏之防，认为华夏族与少数民族应该互不侵扰，要谨慎对待双方的交往，即《左传》定公十年所载"裔不谋夏，夷不乱华"和《春秋公羊传》所载"内诸夏而外夷狄"之说，并极力称赞尊王攘夷的齐桓公和管仲。但是，孔子评判夷夏的标准是文化，即夷夏之别并不在于居住地域、种族、血缘等，而在于是否具备仁义礼智信等人之为人的

---

[1] ［元］郝经著，秦雪清整理：《郝文忠公陵川文集》，太原：山西人民出版社，2006年，第534—535、518页。

基本道德追求和价值立场。所以,《论语·八佾》称"夷狄之有君,不如诸夏之亡也",朱熹《四书章句集注》引程子注释称:"夷狄且有君长,不如诸夏之僭乱,反无上下之分也。"《论语·子路》载樊迟问仁时,孔子答称:"居处恭,执事敬,与人忠。虽之夷狄,不可弃也。"恭、敬、忠的价值取向,即便是夷狄也应该遵循。《论语·子罕》又载:"子欲居九夷。或曰:'陋,如之何?'子曰:'君子居之,何陋之有?'"居住地域与夷狄、华夏族所居住的地方无关,即便僻处夷乡,只要保持自身的道德追求,仍然是不折不扣的君子。孔子的这一旨趣,唐代韩愈《原道》一文说得最为明确:"孔子之作《春秋》也,诸侯用夷礼,则夷之;进于中国,则中国之。"[1] 中原华夏族的诸侯如果忽视礼法、遵循夷礼,那就以夷狄看待;进入中原的异族如果倾慕中原文化、遵循礼法,那就以华夏族看待。

在孔子夷夏之辨实为文化之辨而非种族之辨的基础上,郝经力倡"用夏变夷"论,并得到了忽必烈的极大认同和重用。郝经毕竟是深受儒家文化熏陶的正统士大夫,他在承认"不心乎夷夏"的同时,更希望蒙古民族能够认同、仿效华夏民族的政治建构、典章制度和伦理文化,尤其是儒家文化,这就是"用夏变夷"。南宋理学名家、曾任参知政事的真德秀对金王朝赞誉有加:"金国有天下,典章法度,文物声名,在元魏右。"郝经对此高度认同,认为是"不刊之论",进而予以高度评价,"金有天下,席辽、宋之盛,用夏变夷,拥八州而征南海。威既外振,政亦内修,立国安强,徙都定鼎。至大定间,南北盟誓

---

[1] [唐]韩愈撰,马其昶校注,马茂元整理:《韩昌黎文集校注》卷一,上海:上海古籍出版社,1986年,第17页。

既定，好聘往来，甲兵不试，四鄙不警，天下晏然，大礼盛典，于是具举。泰和中，律书始成，凡在官者，一以新法从事，国无弊政，亦无冤民。粲粲一代之典，与唐、汉比隆，讵元魏、高齐之得厕其列也"①，甚至溢美金代典章制度得与唐、汉并肩。其实，不仅是金，辽和西夏也大量汲取汉族典章制度，这一点宋人早就坦然承认，与范仲淹一起推行庆历新政的北宋名相富弼在其《河北守御十二策》中就指出，西北二敌即辽和西夏"得中国土地，役中国人力，称中国位号，仿中国官属，任中国贤才，读中国书籍，用中国车服，行中国法令，是二敌所为，皆与中国等"②。所以，郝经推崇金王朝的深层意图，显然是劝说忽必烈和金人一样，"行中国之道"，参用儒家纲纪礼义、文物典章，让儒家思想成为元王朝的核心价值和理论指导，最终体现正统、成就贤君。应该说，郝经的"用夏变夷"主张在很大程度上得到了忽必烈的认同并付诸实施。

　　还要指出的是，孔子在《论语》和其他文献中表露出来的夷夏之辨，主要涉及文化领域，而且具有一定的开放性，从文化交流有利于文明进步的角度看，肯定是有利于推动民族文化融合和共同进步的。③ 此后的中原王朝统治者则将狭义的夷夏

---

① [元]郝经著，秦雪清整理：《郝文忠公陵川文集》，太原：山西人民出版社，2006年，第416页。
② [宋]李焘撰：《续资治通鉴长编》卷一百五十，北京：中华书局，1985年，第3641页。
③ 如果说，文化强调的是民族差异和群体特性，指的是"某些特定的由人类所创造的价值和特征"，那么文明强调的是"人类共同的东西"，可以"使各民族之间的差异有了某种程度的减少"，因此，不同民族之间的文化交流有利于各个民族实现文明和共同进步。参见[德]埃利亚斯著，王佩莉译：《文明的进程：文明的社会起源和心理起源的研究》第一卷，北京：生活·读书·新知三联书店，1998年，第62—63页。

辨推广到政治领域，以此作为政权合法性的重要依据，而郝经的"用夏变夷"论，为少数民族建立的政权同样具备合法性提供了理论依据和实现途径，这固然和郝经投身忽必烈帷帐有关，但更多还是从孔子夷夏观所推导出的结果。

二、王若虚和陈天祥辩驳宋儒

如前所述，在元仁宗前，理学尚未定于一尊，程朱之学不乏反对者，甚至宋学都有反对者，金代大儒王若虚就是其中的典型。王若虚（1174—1243），字从之，真定藁城（今河北藁城）人，金章宗承安二年（1197）中经义进士科，精擅经史和文学，曾主持编撰《金宣宗实录》，金亡后北归乡里，自称滹南遗老。

王若虚著有《论语辨惑》，他在序中直陈宋儒"推明心术之微，剖析义利之辨"，很多地方都发先儒所未发，固然有功，但圣贤之言也源出于人情、约束于中庸之道，"揆以人情而约之中道乎？"所以王若虚认为，以理学家为代表的宋儒对《论语》的解读，有揄扬过当、牵扯过甚，故作高深的嫌疑，"以为句句必涵养气象，而事事皆关造化，将以尊圣人，而不免反累；名为排异端，而实流于其中"。例如，针对子贡所说的夫子所言"性与天道，不可得而闻"，王若虚就批评朱熹、二程、张栻诸人"叹美"过多，"学者当力修人事之实"，故不如欧阳修持论扎实。又如针对周敦颐和朱熹等津津乐道的"孔颜乐处"，王若虚就不以为然地反问："岂必有所指哉？"[1] 毫不客气地指出《论

---

[1] ［金］王若虚著，胡传志、李定乾校注：《滹南遗老集校注》卷三，沈阳：辽海出版社，2006年，第56、59页。

语集注》所载二程发出的"所乐何事"这一追问，实为受佛教徒的影响。不过，王若虚并未回到汉魏的训诂旧辙，他只是认为宋儒对经典的解读过度了，掺杂己意过多了。

当然，王若虚的《论语辨惑》中也有赞同二程、朱熹的地方，对范祖禹、苏轼、王安石、欧阳修等宋代学者也都有攻驳，故《四库全书总目》的作者指出"其间疑朱子者有之，而从朱子者亦不少，实非专为辨驳朱子而作"。纵观《论语辨惑》全书，确实不是仅仅诘难宋代理学家的《论语》学观点，而是对宋儒《论语》诠释的整体风格和倾向，都存在相异的看法，在《论语辨惑·总论》中，王若虚把宋儒对《论语》的解释归结为"三过"，即"过于深""过于高"和"过于厚"。只不过，由于理学在金元时风头正健，因此《论语辨惑》中反驳二程、朱子及其弟子传人观点的比重也相对较大。难得的是，王若虚的辩驳旨趣是全方位的，除《论语辨惑》外，还著有《五经辨惑》《孟子辨惑》《史记辨惑》《新唐书辨》《君事实辨》《臣事实辨》《议论辨惑》《著述辨惑》《杂辨》《谬误杂辨》《文辨》等，对汉、宋诸儒解经的附会迂谬，以及史书的疏误纰漏，多有订正，称之为"辨惑体"也不为过。[①] 这表明王若虚不仅治学博通诸儒，更具有独抒己见、不人云亦云的独立精神，难怪元代名儒吴澄在《滹南王先生祠堂记》中赞誉称："博学卓识，见之所到，不苟同于众，遗言绪论之流传，足以警发后进。"

王若虚的治学理路得到了陈天祥的认同和支持。陈天祥（1230—1316），字吉甫，因居洛阳东南缑氏山而号缑山，世称

[①] 参见王永：《王若虚的"辨惑"体》，《光明日报》2018年6月18日第5版。

缑山先生。少隶军籍，善骑射，后躬耕读书，熟稔经史。陈天祥仕元廷，以直言切谏著称，官至集贤大学士、中书右丞，逝后追封赵国公。陈天祥对王若虚之言极为赞同，"增多至若干言"，出任河北真定廉访使时，以其书示人，结果引起尊奉理学的刘因学生安熙的强烈不满，"为书以辨之"，记录下这一场争论的学者是元人苏天爵，称最后的结局是"其后陈公果深悔而焚其书"。① 不过，苏天爵少时师事安熙，又笃信理学，是元代后期理学名臣，因此他的记录很可能存在一定的倾向性。四库馆臣就直接否认了这一说法，指出苏天爵的说法"不知何据"，因为"今天祥之书具存，无焚稿事，则天爵是说，特欲虚张其师表章朱子之功耳，均非实录也"。② 确实，就安熙、陈天祥的留存著作而言，安熙所著之书已经失传，而朱彝尊《经义考》著录陈天祥《四书选注》《四书辨疑》两书，后书流传至今，已经说明该书的价值。故有日本学者松川健二在《论语思想史》中认为，"陈氏《辨疑》的存在，为当时围绕四书解释的时代潮中，投入一颗石子"。

《四书辨疑》共计15卷，计375条，其中《论语辨疑》的比重约占一半，达7卷173条，对二程和朱熹的诠释展开了多方面的分析和探讨。《论语·子罕》载"子罕言利与命与仁"，这句话历来聚讼纷纭，朱熹《论语集注》引程颐的观点称："罕，少也。程子曰：计利则害义，命之理微，仁之道大，皆夫子所

---

① ［元］苏天爵著，陈高华、孟繁清点校：《滋溪文稿》卷二十二《默庵先生安君行状》，北京：中华书局，1997年，第364页。
② ［清］永瑢等：《四库全书总目》卷一百六十六，北京：中华书局，1965年，第1421页。

第七章 朱学初尊：元代《论语》学

罕言也。"二程和朱熹认同孔子罕言功利、天命和仁，但是，罕言功利容易理解，罕言天命和仁，如果是由于天命说过于精微、仁义说为大道，那确实有牵强之感。于是陈天祥提出新的解释思路：

> 若以理微道大则罕言，夫子所常言者，岂皆理浅之小道乎？圣人于三者之中，所罕言者惟利耳，命与仁乃所常言。命犹言之有数，至于言仁宁可数邪！圣人舍仁义而不言，则其所以为教为道，化育斯民，洪济万物者，果何事也？王滹南曰："子罕言利一章，说者虽多，皆牵强不通。利者圣人之所不言，仁者圣人之所常言，所罕言者唯命耳。"此亦有识之论，然以命为罕言，却似未当。如云五十而知天命，匡人其如予何，公伯寮其如命何，不知命无以为君子也。如此之类亦岂罕言哉！说者当以子罕言利为句，与从也，盖言夫子罕曾言利，从命从仁而已。①

陈天祥先提出疑问，认为如果按照程、朱的思路，孔子不大提及精微义理和大道，那么孔子经常说的话题就是"理浅之小道"了，这显然不妥。王滹南即王若虚，陈天祥也不认同王若虚所说的孔子罕言者仅命，认为君子的一个特点就是知命，所以孔子多次提及天命。最后，陈天祥认为孔子罕言者仅有利，而赞许命、仁之说，换言之，陈天祥倾向于释"与"为"许"，即

---

① ［元］陈天祥：《四书辨疑》，《景印文渊阁四库全书》第202册，台北：台湾商务印书馆，1986年，第404页。

将这句话句读为"子罕言利，与命，与仁"。

在义理方面，陈天祥也对程朱之学提出了诸多商榷。《论语·里仁》载曾参之言："夫子之道，忠恕而已矣。"《论语集注》引程子言解释称："以己及物，仁也；推己及物，恕也，违道不远是也。忠恕一以贯之，忠者天道，恕者人道；忠者无妄，恕者所以行乎忠也；忠者体，恕者用，大本达道也。"陈天祥对"忠者天道"的说法表示怀疑，认为忠为人道，因为天唯有诚，而忠与诚是两码事，"在人则有忠，在天则惟诚，天惟一诚而已，何尝更闻有忠邪？"而且，"忠体""恕用"的说法也难以成立，因为"尽己之实心无私隐谓之忠，推己不欲勿施于人谓之恕，忠自是忠，恕自是恕，岂有互为体用之理"，又指出仁包含五常，忠亦在仁中，如果忠"既独为道之体，仁则反为忠所包矣，岂不悖哉？"最后，陈天祥总结说："忠与恕岂能通贯天下之道哉？"他赞同苏轼、杨时、游酢以及王若虚之论，认为忠、恕只是孔子"姑应门人之语"，"忠恕不能贯道，贯道者惟理而已"。[①]

就立场而言，陈天祥对《论语》的解读，并非站在对立面的质疑，对程朱观点也不存在刻意贬抑，而只是就事论事地展开学术性探讨，钩稽沉隐，抉发奥义，试图使《论语》诠释更加符合圣人意思。应该说，陈天祥的观点未必就完全成立，但他这种带怀疑性的治学态度和精神，正是今人所推重和赞同的，也真正有利于儒学自身的进一步发扬和进步。

[①] ［元］陈天祥：《四书辨疑》，《景印文渊阁四库全书》第202册，台北：台湾商务印书馆，1986年，第381—382页。

第七章　朱学初尊：元代《论语》学

第三节　辅翼朱熹的《论语》研究

两宋二程和朱熹的弟子门人众多，二程门下有杨时、游酢、谢良佐、吕大临，号称"程门四大弟子"，朱门弟子更众，陆游就称朱熹讲学于福建建安（今福建建瓯）时，吸引各省士人，他在弃举子业、从朱熹学的方士繇（字伯谟）所作墓志铭中称："朱公之徒数百千人。"① 理学被官方尊崇后，研习者如过江之鲫，因此自朱熹身后，沿袭朱熹师门成说并加以发扬光大的儒家学者数量众多，他们的基本立场当然是辅翼师说，这种学风自南宋开始发散，弥漫了整个元代，尤其是在《论语集注》成为官学指定教材后，就成为《论语》研究的主流，并持续到明代。

一、金履祥的《论语集注考证》

元仁宗登基前，程朱之学虽然势大，但犹有王若虚、陈天祥这样敢于发出不同声音的学者。元仁宗即位后不久，下令恢

---

① ［宋］陆游：《方伯谟墓志铭》，《陆游全集校注》第10册《渭南文集校注二》卷三十六，杭州：浙江教育出版社，2011年，第376页。

复科试，并以朱熹的《四书章句集注》为指定教材之一，《论语集注》风行全国，成为读书人的晋阶敲门砖，这也使得元代中后期的《论语》研究在思想层面乏善可陈，大多成为朱熹《论语集注》的附影附声之作。元代研究《论语》的知名学者，北方有刘因、安熙等，南方有金履祥、许谦、胡炳文、张存中等，其中较为知名的是金履祥，他对朱子学的辅翼之功尤其显著，如《新元史》卷二百三十四所载："自赵复至中原，北方学者始读朱子之书。许衡、萧𣊆讲学为大师，皆诵法朱子者也。金履祥私淑于朱子之门人，许谦又受业于履祥。朱子之学，得履祥与谦而益尊。"

金履祥（1232—1303）生活于宋元之际，字吉父，号次农，世称仁山先生，浙江兰溪人。金履祥初受学于王柏，又学于王柏之师何基，何基学于黄榦，黄榦则得朱熹亲传，故金履祥算得上是朱熹的四传弟子。金履祥对朱子之学极为信奉，传播朱学不遗余力，著有《论语孟子集注考证》，对朱熹之著考证较多，《四库全书总目》卷三十五评价该书称："其书于朱子未定之说，但折衷归一。于事迹典故，考订尤多。盖《集注》以发明理道为主，于此类率沿袭旧文，未遑详核。故履祥拾遗补阙，以弥缝其隙，于朱子深为有功。"金履祥又有弟子许谦，这一脉号称朱熹嫡传，"先是，何基、王柏及金履祥殁，其学（指朱学）犹未大显，至谦而其道益著，故学者推原统绪，以为朱熹之世适"[①]。

---

① ［明］宋濂等：《元史》卷一百八十九《许谦传》，北京：中华书局，2000年，第2888页。

在金履祥看来，"古者有注必有疏"，儒家六经自汉唐以来就有不少学者为之注疏，这有利于经学的普及和传播，而完成于朱熹之手的四书，已经成为儒家学说的权威性经典，却没有学者为其注疏，这不能不说是个缺憾。于是金履祥决意弥补，他的《论语孟子集注考证》就可以看成《四书章句集注》的注疏。难能可贵的是，金履祥虽然信奉程朱之学，却没有盲目遵从，他从追求圣贤义理精髓的立场出发，梳理诸说，考校异同，对程朱的观点和论述并不一味拘泥墨守，反而有不少补充和修正，不仅"修补附益"，更有不少独到见解，遂"成一家言"，因而具有一定的创新精神。①

《论语·雍也》载，子贡问"博施于民而能济众"的举动能否称得仁，孔子回答称："夫仁者，己欲立而立人，己欲达而达人。能近取譬，可谓仁之方也已。"朱熹的《论语集注》称：

> 于此观之，可以见天理之周流而无间矣。状仁之体，莫切于此。譬，喻也。方，术也。近取诸身，以己所欲譬之他人，知其所欲亦犹是也。然后推其所欲以及于人，则恕之事而仁之术也。于此勉焉，则有以胜其人欲之私，而全其天理之公矣。

金履祥则注称："此二句活泼泼地，最好玩味。程子欲令如是观仁，可以得仁之体，正是指此二句。体是体段之体，犹云意象

---

① ［元］柳贯：《故宋迪功郎史馆编校仁山先生金公行状》，李修生主编：《全元文》第25册，南京：江苏古籍出版社，2001年，第337页。

也。"随后金履祥进一步予以解释：

> 夫仁之体段，己欲立而立人，己欲达而达人，以己及人，周流无间。下此则以己譬人，乃恕之事，亦可谓为仁之方也。故程伯子曰："欲令如是观仁，可以得仁之体。"夫子答问仁多矣，未有若此章之亲切者。盖仁固本心之全德，终然爱之理居多。子贡之问虽若阔远，终然自爱之一路推来，果能自反于己，亲切求之，先推所欲，至自然立达人处，积而至于圣人，虽博施济众，亦不过此心之流行耳。①

两相比较，金履祥的诠释与朱熹并无牴牾，但更加生动细致。两人都认为孔子"己欲立而立人，己欲达而达人"之句，道出仁之根本，可看成仁之本体，朱熹的感觉是"莫切于此"，金履祥则用"活泼泼地，最好玩味"和"亲切"来形容。不仅如此，朱熹对仁的解释落脚于"天理之公"，认为实现仁的同时也克服了"人欲之私"，即便朱熹所说的人欲是超出基本需求的欲望，明天理、灭私欲之说仍然具有强烈的道德说教色彩。而金履祥并不提天理、人欲，只强调人需从"自爱"出发，"自反于己，亲切求之"，不断推进的结果，自可达于仁之终点，这一观点更贴近世俗社会。

清代学者黄百家对金履祥的治学颇为赞赏，他认为多数士

---

① [元] 金履祥：《论语集注考证》，王云五主编：《丛书集成初编》第490册，上海：商务印书馆，1937年，第40页。

子受科举影响,对朱子之言"锱铢以求合",其实朱熹又何尝"好同而恶异者哉",而金履祥的著作,每有新意,能"发朱子之所未发",即便有所抵牾,"非立异以为高,其明道之心,亦欲如朱子耳",读金氏之作,乃知学者对学问的不懈追求、对道统的传承不歇,"学术之传在此而不在彼,可以憬然悟矣"。①

二、陈栎的《论语训蒙口义》

朱熹一生倡导理学,后世被官方奉为正统,地位尊崇无比,他家乡的儒家学者,即徽州婺源(今江西婺源)学者自然与有荣焉。读朱子之书、服朱子之教、秉朱子之礼成为当地风气,儒者治学,也自然以辅翼朱子学为宗,其中具有代表性的学者有陈栎和胡炳文等。胡炳文也是徽州婺源人,祖父胡师夔曾受教于朱熹门下,父亲胡斗元投入过朱熹从孙朱洪范门下,他本人也潜心研究朱子理学,是理学的服膺者,著有《四书通》,其中有《论语通》十卷。南宋赵顺孙所撰《四书纂疏》和吴真子《四书集成》两书,均备引其他学者阐发的朱子之说,偶有相反之说,胡炳文的《四书通》均删而弃之,可见他谨守朱学门户。

陈栎(1252—1334),字寿翁,徽州休宁(今安徽黄山)人,世称定宇先生。3岁时就由祖母吴氏口授《孝经》《论语》《孟子》等,5岁已经能背诵《论语》,7岁通进士业。南宋灭亡后,科举制也废除,于是发愤学习理学。元仁宗延祐初年恢复科试后,陈栎本不准备参加,被有司要求参加,结果乡试一举

---

① [清]黄宗羲原著,[清]全祖望补修,陈金生等点校:《宋元学案》卷八十二,北京:中华书局,1986年,第2738页。

中选，但他拒绝进京赴试礼部，选择回到乡里，以教授学生为业，数十年足迹不出门户，潜心理学。陈栎平时所居堂室称为定宇，学者遂称其为定宇先生。16岁时从学于黄常甫，若论师授渊源，算得上朱熹的四传弟子。陈栎一生授课之余，精研朱子的四书之学，对朱子之学颇为尊崇，认为朱熹有大功于儒门，可惜诸家之说，往往乱其本真，于是著书数十万言，极力翼护朱子，《元史》卷一百八十九《陈栎传》称"凡诸儒之说，有畔于朱氏者，刊而去之；其微辞隐义，则引而伸之；而其所未备者，复为说以补其阙。于是朱熹之说大明于世"，可见他是完全站在朱学立场上的。

在《论语》学研究领域，陈栎的著述包括已经亡佚的《论语口义》和《四书发明》，以及《论语训蒙口义》，另外，他的文集《定宇集》中还有不少探讨《论语》的内容。"口义"一词的本义，是指唐朝明经科的口试环节，即要求士子口头答述经义，与笔试"墨义"相对应，后取消这种考试形式。这里延伸为讲义，如宋代学者胡瑗著有《周易口义》和《洪范口义》等。

与一般理学家热衷于推衍圣贤大义不同的是，陈栎致力于《论语》的发蒙作用，他在《论语训蒙口义·自序》中表明了他编撰是书的宗旨：

> 读《四书》之序，必以《大学》为先，然纲三目八，布在十有一章，初学未有许大心胸包罗贯穿也。《论语》或一二句、三数句为一章，照应犹易，启发伺蒙，宜莫先焉。朱子《集注》浑然犹经，初学亶未易悟，坊本句解，率多

肤舛,又只为初学语,岂为可哉。栎沉酣《四书》三十年余,授徒以来,可读《集注》者固授之唯谨,遇童生钝者,因于口说,乃顺本文、推本意,句释笔之,其于《集注》,涵者发,演者约,略者廓,章旨必揭,务简而明。旬积月累,累以成编,袭名《论语训蒙口义》,自《集注》外,朱子之语录,黄氏之《通释》,赵氏之《纂疏》,洎余诸儒之讲学,可及者咸采之,广汉张氏说亦间取焉。栎一得之愚,往往附见,或有发前人未发者,实未尝出朱子窠臼外。①

自朱熹列《大学》为四书之首后,遂成定例,然而陈栎认为《大学》一书的核心是"三纲"即明明德、亲民、止于至善,"八目"即格物、致知、诚意、正心、修身、齐家、治国、平天下,全书11章即据此展开,一环紧扣一环,内在理路固然严密,对于尚未登堂入室的初学者来说,要想深刻理解这一精深体系还是有困难的。而《论语》每章或一句二句,或三句五句,非常适合用来启发童稚。只不过,朱子《论语集注》浑然一体,学习难度对初学者来说也很大,加上坊间的解读类著述或肤浅或舛误,不适合于童蒙初学者,所以陈栎才撰著《论语训蒙口义》一书。全书内容,除以朱子《论语集注》和语录为宗外,还参考朱熹女婿黄榦所著的《四书通释》和宋儒赵顺孙所著的《四书纂疏》,当然还兼收其他儒者的见解。陈栎自己的观点也

---

① [元]陈栎:《定宇集》卷一,《景印文渊阁四库全书》第1205册,台北:台湾商务印书馆,1986年,第158—159页。

有附入，"或有发前人未发"之处，但总体上，陈栎承认并没有超出"朱子窠臼"。

如前所述，《论语》一书至少在唐代，已经成为幼童的发蒙读物，但是通行的版本东汉经学大师郑玄编撰的《论语郑氏注》，受汉魏经学重训诂的影响，也偏向于字句释义。宋学尤其是理学兴起并成为官学后，理学家的解经重心转向义理，《论语郑氏注》自然显得不合时宜。而且，童蒙教育是向广大民众宣扬儒家伦理和学说的重要一环，朱熹早就认识到这一点，也曾编著过《论语训蒙口义》和《小学集注》等其他童蒙儒学读物。陈栎同样认识到这一点，这才效仿朱熹，也编撰一本同名的《论语训蒙口义》。

除此之外，《定宇集》还收录了陈栎撰写的一些从"四书五经"中出题的科试文，其中也包括从《论语》中出题的科试文，因为数量不多，这里不再赘述。

第八章
朱学是尊：明代《论语》学

1368年初，朱元璋即皇帝位于应天府（今江苏南京），建立明王朝，同年秋攻占大都（今北京），元顺帝北逃。不无遗憾的是，朱元璋虽然以汉人身份驱走实行民族歧视的元朝统治者，但新建立的明王朝仍然走上君主专制的旧路，且更甚于前。学者萧公权直陈："太祖及其佐治之大臣虽能颠覆异族之政权，而不知彻底改造积弊已深之专制政体。"① 在思想文化领域，则沿袭宋元王朝尊崇程朱理学的成例，规定程朱理学为科举考试的标准答案，以此起到钳制世人思想的效果，所谓"经学非汉、唐之精专，性理袭宋、元之糟粕，论者谓科举盛而儒术微"②。由此导致明代前中期，至少在阳明心学没有兴起之前，包括《论语》在内的学术研究乏善可陈，颇显颓势。阳明心学兴起后，强调直明本心，在本体论、修养方法等领域都对程朱理学有所取舍，一度起到冲破思想牢笼的积极作用，但终究不能改变官方唯程朱理学是尊的格局。

---

① 萧公权：《中国政治思想史》，北京：商务印书馆，2017年，第577页。
② ［清］张廷玉等：《明史》卷二百八十二《儒林列传》，北京：中华书局，2000年，第4828页。

第一节　明代学术思想与《论语》研究

明太祖朱元璋虽然讨厌力倡民本说的孟子，甚至下令剔除《孟子》一书中与皇权相悖的言语多处，但对自诩为接续孔孟道统的程朱理学仍然持尊奉态度。朱元璋曾数次下诏称："一宗朱氏之学，令学者非《五经》、孔孟之书不读，非濂、洛、关、闽之学不讲。"[1] 洪武十七年（1384），明廷初定科试程式，并规定了科试所用教材，《明史》卷七十《选举志二》记载了明代的科试流程和要求："初场试《四书》义三道，经义四道。《四书》主朱子《集注》，《易》主程《传》、朱子《本义》，《书》主蔡氏《传》及古注疏，《诗》主朱子《集传》，《春秋》主左氏、公羊、穀梁三传及胡安国、张洽《传》，《礼记》主古注疏。"如前所述，元人科试出题，有经义、经疑两种形式，前者即题阐发，开明清八股文之滥觞，后者就经中疑似处予以展开，答者最后"复以己意结之"，而明代则取消经疑，仅存经义，且只能"代古人语气为之"，这里的"古人"主要是指程朱理学

---

[1] [清]陈鼎编著：《东林列传》卷二《高攀龙传》，扬州：广陵书社，2007年，第38页。

家。不仅如此，四书注疏全用程朱学说，五经中的《周易》和《诗经》也用程朱之说，程朱理学占据绝对优势，只有偏重历史记载的《春秋》仍采三家传，以及《尚书》和《礼记》兼纳少数非理学家的观点，允许士子采纳古人注疏成果。

到永乐年间，程朱理学受到统治者的进一步推崇，科举考试的标准答案必须来自程朱理学。明成祖于永乐十三年（1415）令儒臣修成《五经大全》《四书大全》（或称《五经四书大全》）和《性理大全》，并亲自作序，据《明太宗实录》卷一百六十八记载，明成祖声称帝王之治"一本于道"，圣人未生"道在天地"，圣人既生"道在圣人"，圣人已往"道在《六经》"，因此，"《六经》者，圣人为治之迹也。《六经》之道明，则天地圣人之心可见，而至治之功可成；《六经》之道不明，则人之心术不正，而邪说暴行侵寻蠹害，欲求善治，乌可得乎？"于是明成祖下令命儒臣编修《五经》《四书》，集诸家传注而为《大全》，取舍标准是"凡有发明经义者取之，悖于经旨者去之"，又辑先儒成书及其论议格言，辅翼《五经》《四书》，"有裨于斯道者，类编为帙，名曰《性理大全》"。明成祖号称"集诸家传注"，实际上完全以程朱理学为圭臬，与之相合者取，与之相悖者弃。据《明史·选举志》载，洪武时期还允许士子采用的诸家"古注疏"，到永乐时皆废弃不用，《春秋》不用张洽的《传》，《礼记》仅采用陈澔《集说》。陈澔亦是宋末元初的著名理学家，字可大，号云住，江西人，为朱熹四传弟子，精研《礼记》，所著《礼记集说》熔汉唐注疏与宋儒义理于一炉，成为明清两朝士子应试的指定教材后，流传愈广。

由于《五经大全》所据经注，均取自程朱学派的著述，《四书大全》更是"《四书集注》的放大"①,《性理大全》则是程朱理学家有关语录的选编,因此随着各书的颁行天下,程朱理学日益成为官方正统,声势一日涨过一日。《明史·儒林列传》中指出,明初学界诸儒"皆朱子门人之支流余裔,师承有自,矩矱秩然",明代藏书家、松江华亭(今属上海)人何良俊的《四友斋丛说》卷三也指出:"太祖时,士子经义皆用注疏,而参以程朱传注。成祖既修《五经四书大全》之后,遂悉去汉儒之说,而专以程朱传注为主。"甚至有理学家声称,天理之道自朱熹以来,体系完备、已臻化境,世人只需要付诸实践就足够了,"自考亭(朱熹)以还,斯道已大明,无烦著作,直须躬行耳"②,完全否认了独立思想和理论创新的重要性。

在这种背景下,士人更不能提出反对意见。饶州(今江西鄱阳)儒士朱季友向朝廷献上自己的著作,不过是一部专门指摘宋代理学家的论述,明成祖阅后大怒,骂称"此儒之贼也",下令将朱季友杖后流放,又尽焚所著,称"毋误后人",于是再无反对之声,达到了所谓"邪说屏息"的效果。③ 统治者极力扶持理学,使得明代前中期学术思想界鲜有创新的氛围和空间,连《明史·儒林列传》都称明初诸儒皆"守儒先之正传,无敢改错",不敢越雷池一步,黄宗羲更在《明儒学案·姚江学案》中指出世儒皆以程朱之是为是,以程朱之非为非,"此亦一述

---

① 侯外庐、邱汉生、张岂之主编:《宋明理学史》下卷,北京:人民出版社,1987年,第21页。
② [清]张廷玉等:《明史》卷二百八十二《薛瑄传》,北京:中华书局,2000年,第4832页。
③ [清]陈鼎编著:《东林列传》卷二《高攀龙传》,扬州:广陵书社,2007年,第39页。

朱，彼亦一述朱"，导致明代理学表面上看兴盛无比，甚至炙手可热，实则不过是士子换取富贵利禄的敲门砖，从学术研究的角度看，"论宋、元、明三朝之经学，元不及宋，明又不及元"[①]。明代前中期的《四书》和《论语》学著作，也大都宗主朱子，其中以蔡清的《四书蒙引》、杨守陈的《论语私抄》等最为典型，完全以朱熹《四书章句集注》为圭臬。

程朱理学从构建"天理"系统入手，为三纲五常说提供了强有力的论证，从而被官方认可，遂为钦定的权威。成为官方意识形态后的理学日益走向僵硬死板，如嵇文甫的《晚明思想史论》所指出："明中叶以后，学者渐渐厌弃烂熟的宋人格套，争出手眼，自标新异。于是乎一方面表现为心学运动，另一方面表现为古学运动。"

明代中期，先有陈献章从"学贵知疑"的角度出发，创岭南学派，对朱学大胆发问，后有王阳明创立阳明学派，士人纷纷援引心学来诠释《论语》，株守因袭程朱理学的局面才得到改观，"这次革新运动，发端于白沙，而大成于阳明"[②]。尤其是阳明学派，作为明朝中后期的主流学派之一，在社会上影响广泛。王阳明是心学的集大成者，虽然阳明学说作为程朱理学的反对者出现，但双方均属道学内部的不同流派。王守仁一生仕途坎坷，但治学不辍、四处讲学，主张"心即理""知行合一""致良知"，鼓励人们冲破传统思想的条条框框，为士人摆脱理学桎

[①] [清]皮锡瑞著，周予同注释：《经学历史》，北京：中华书局，2004年，第205页。
[②] 嵇文甫：《左派王学》，《嵇文甫文集》上册，郑州：河南人民出版社，1985年，第403页。

桔提供了强大的思想武器,到明代晚期,阳明心学得到众多学者的推崇,遂为时代显学,阳明心学最受人诟病的地方在于王学末流趋于狂禅化,肆意解经、空谈义理的问题比较突出,于是,在心学风靡天下的同时,一股注重博学、回归经典的治学风气也悄然而生。阳明心学对明代中后期的《论语》研究产生了较为显著的影响,相关著述包括焦竑的《焦氏四书讲录》、林兆恩的《四书正义》、周宗建的《论语商》、张岱的《四书遇》等。

二程、朱熹就有不重汉唐学者注疏,随意发挥义理以符合其学说体系的倾向,明代一些学者反其意而行之,重归汉唐学者的考据立场。时人杨慎就提出,"近世学者,往往舍传注疏释,便读宋儒之议论,盖不知议论之学,自传注疏释出"①,解决办法就是重新回到汉人传注、唐人疏释。除此之外,阳明心学到明后期趋向疏狂,同样促使晚明涌现出一批考据学者和著作,他们鄙视空谈理论,推崇经世、崇尚实证,如学者林庆彰指出,自明中叶至明末,"不论是研究字义、字音,考订异文,皆有相当的成就。清人研究文字音义,自是此种学风下的自然发展"②,代表性学者有杨慎、梅鷟、胡应麟、焦竑、陈第、方以智等。受考据学风影响的《四书》和《论语》学相关著述包括顾梦麟《四书通考》、薛应旂《四书人物考》、蔡清《四书图史合考》、陈禹谟《四书名物考》、陈仁锡《四书人物备考》、

---

① [明]杨慎:《升庵全集》卷七十五《刘静修论学》,上海:商务印书馆,1937年,第990页。
② 林庆彰:《晚明经学的复兴运动》,《明代经学研究论集》,台北:文史哲出版社,1994年,第120页。

徐邦佐《四书经学考》等，陈士元的《论语类考》则是其中价值较高的一部。

从数量上看，明代的《论语》学专门著述实在不能算丰富。有明一代长达270余年，只比两宋短40余年，继踵而建的清王朝如果自皇太极改国号为清开始算起，同样享国祚270余年，但是，明代的《论语》学著述数量远不及北宋、南宋和清，著述的质量也不如其他王朝，故一般多认为明代为《论语》研究的衰微时期。不过，学者李春强遍索《四库全书》《续修四库全书》等基本文献，收集到明代《论语》研究专著约40部[1]，根据前引学者戴书宏所作统计，虽然明代《论语》学著述只有49种，远不如两宋和清，但《四书》学著述达到552种，远远超过两宋，比清少了约40部而屈居其下[2]，这就表明，如果加上《四书》学著述，那么明代的《论语》学相关著述的数量并不少。而且，明代学术思潮的主旋律是理学与心学彼此缠绕激荡，又有倡导经世致用的实学考据之风应时而起，至少为清代重考据型《论语》诠释学的兴盛奠定了坚实基础，再加上明代社会尤其是中后期商品经济的日益成熟和越礼逾制现象的普遍化，都喻示着明代社会和思想的复杂，这种特点也必然会传递影响到《论语》学研究领域，因此从总体上看，明代的《论语》学研究仍然有着较为重要的地位。

---

[1] 参见李春强：《明代〈论语〉诠释研究》，扬州大学2014年博士论文。
[2] 参见戴书宏：《宋代以来〈论语〉著作与〈四书〉著作的消长变化》，《暨南学报》2013年第6期。

第二节 《四书大全》统摄下的《论语》研究

《五经四书大全》由胡广、杨荣、金幼孜等儒臣奉明成祖敕令编撰，主要利用成书删改而成，仓促成书，前后用时不过一年。由于科试出题主要出自《四书》，因此《四书大全》的影响远远超出《五经大全》，士子的主要精力都放在《四书》上，《五经》不过顺带一览，如《四库全书总目》卷三十六载："然当时程式，以《四书》义为重，故《五经》率皆庋阁，所研究者惟《四书》，所辨订者亦惟《四书》。后来《四书》讲章浩如烟海，皆是编为之滥觞。盖由汉至宋之经术，于是始尽变矣。"《四书大全》共36卷，以元人倪士毅的《四书辑释》为底本，稍有增删。倪士毅是元儒陈栎的学生，两人都尊奉朱子之学，陈栎著有《四书发明》，倪士毅承继师业，以陈说为主，参照另一位秉持朱学门户的理学家胡炳文所著《四书通》，编纂而成《四书辑释》。可以说，《四书大全》基本上没有超出朱子之学即《四书集注》的辙轨，而且由于该书本身是明朝廷的官方指定教科书，影响深远，使得明代前中期的《四书》和《论语》研究都以注释、疏讲《四书大全》为主，在学理领域的贡献不多，这里介绍其中较为知名的胡广《论语集注大全》、蔡清《四书蒙引》和高拱《问辨录》三书。

一、胡广与《论语集注大全》

胡广（1370—1418），字光大，号晃庵，江西吉水人，出身名门，是南宋大臣、文学家胡铨的十二世孙。建文二年（1400）参加殿试时，因文中核心观点为遏制藩王势力，正中建文帝下怀，被钦点为状元，并赐名胡靖。朱棣起兵夺取帝位后，胡广与同乡好友解缙依附新朝廷，恢复原名胡广，迁右春坊右庶子。永乐五年（1407），内阁首辅解缙被革职，胡广迅速与其划清界限，进翰林学士，兼左春坊大学士，并接替解缙为内阁首辅长达 11 年，其间两次随明成祖朱棣北征蒙古，又劝消朱棣封禅意图，进言停止在民间追索建文帝旧臣及家眷，平息不少冤狱。永乐十六年（1418）去世，追赠礼部尚书，谥号文穆，是明朝最早获封谥号的两位文臣之一（另一位是同年去世的姚广孝），其灵柩经过南京时，太子朱高炽亲自前往致祭。

永乐十二年（1414），志在推广理学的明成祖敕令翰林学士胡广、侍讲杨荣等 39 人编纂《四书大全》，次年九月编成，十五年（1417）三月，朱棣亲制序文后颁行六部、两京国子监和天下郡县学，列为科举考试的教科书。《明太宗实录》卷一百八十六载有明成祖朱棣的自夸自矜之语："此书，学者之根本，而圣贤精义悉具矣。"不过，四库馆臣的评价却并不高，《四库全书总目》卷三十七在收录《三鱼堂四书大全》时，毫不客气地批评称，是书"阴据倪士毅旧本，潦草成书。而又不善于剽窃，庞杂割裂，痕迹显然。虽有明二百余年悬为功令，然讲章一派从此而开。庸陋相仍,遂似朱子之书专为时文而设,而经义于是遂荒"。

《四书大全》中《论语集注大全》计20卷,所占篇幅最大,《孟子集注大全》计14卷,居其次。就《论语集注大全》而言,以元代倪士毅《论语辑释》为底本,撮抄郑玄、孔颖达、周敦颐、程颢、程颐、张载、邵雍、吕大临、尹焞、谢良佐、苏轼、陆九渊、真德秀、倪士毅等106家之说。具体内容分为4个层次,一是《论语》原文,二是朱熹《论语集注》文字,三是宋元明诸儒的诠释文字,四是对所引宋元明诸儒文字的解释。就观点方面,《论语集注大全》殊无新意,都是前代学者诠释《论语》的汇总,本身并无创新性研究成果。内容方面,注文较倪士毅《论语辑释》有所增加,大量增补朱子《论语集注》的条文,同时引述元儒《论语》学研究成果,基本上遵循的是以朱证朱的路子。体例方面,注文格式统一为作者籍贯加姓氏,即除"朱子""周子""程子""张子""邵子"等外,其他诸儒均用"某地某氏",如"上蔡谢氏"指谢良佐,"眉山苏氏"指苏轼,"仁山金氏"指金履祥,"云峰胡氏"指胡炳文,等等。此外,注文引文的顺序也有所移动、调整,眉目显得更加清晰。

如《论语·为政》载"学而不思则罔,思而不学则殆",《四书辑释》先引朱熹的解释,即《论语集注》中的"不求诸心,故昏而无得。不习其事,故危而不安",再列出《朱子语录》中的多句朱熹相关之语,最后引"先师曰"即陈栎的观点。再看《论语集注大全》,同样先引朱熹《论语集注》对这句话的解读,再收录《朱子语录》中的观点,加以增补,文字几乎翻倍。朱子之语结束后,又补充"庆源辅氏"即辅广的观点,辅广在朱熹理学被斥为"伪学"时挺身而出，是深得朱熹嘉叹的弟子。最后是《四书辑释》中的"先师曰"，因为陈栎是倪士毅的老师，但与胡广等没有关系，遂改成"新安陈氏曰"，如此体例前后一致。①

包括《论语集注大全》在内的《四书大全》受到明末清初顾炎武的痛斥，《日知录》卷十八指斥称"上欺朝廷，下诳士子"，"经学之废，实自此始"，又称"《大全》出，而经说亡"。显然，顾炎武的指责过于严厉了，三部《大全》本就是奉敕而编，又得到明成祖的赞赏，"上欺朝廷"之说当然不成立；作为官方颁布的教科书，士子自然心知肚明，专为猎取功名的最佳讲章，与经学研究、学问之道并不是一回事，因此"下诳士子"也难以成立。倒是四库馆臣所说的"剽窃"之说大体成立，但胡广等人于短短一年多时间里仓促编写，必然是杂抄诸儒之作，反倒是罗列诸家注解达到106家之多，因此，今人对是作没有必要过于苛视。

二、蔡清与《四书蒙引》

蔡清（1453—1508），字介夫，别号虚斋，福建晋江（今晋江市，属泉州）人，成化十三年（1477）乡试高中榜首，七年后再中进士，累官礼部主事、江西提学副使、南京国子监祭酒等，一生精研《易经》，著有《易经蒙引》，是著名的易学大师。晚年在家乡教授学生，在泉州开元寺讲学，门生众多，形

---

① 参见［元］倪士毅撰，杨琳主编：《四书辑释大成》第一册，天津：天津古籍出版社，2018年，第308页；［明］胡广等纂修，周群、王玉琴校注：《四书大全校注》，武汉：武汉大学出版社，2015年，第365页。

成清源学派，其中在《四书》学领域有所成就的是林希元和陈琛，分别著有《四书存疑》和《四书浅说》。

蔡清一生秉持程朱理学正统学说，又开启后学，使得泉州成为理学重镇，特别是在阳明心学大行东南地区时，以泉州为中心的闽地依然尊奉朱子学，故极受理学诸臣推重，去世后声名日显，明代文学家、福建晋江人王慎中即称"尽心于朱子之学者，我朝一人而已"①，都察院左佥都御史詹仰庇上奏，以"一代醇儒，公论已定"而请谥，遂赠礼部左侍郎，谥号文庄。清代尊崇程朱理学，蔡清更得到理学家的赞誉连连。清代理学名臣、同样是福建泉州人的李光地就毫不吝啬对蔡清的溢美之词，《重修文庄蔡先生祠序》记叙称，"暨成、弘间，虚斋蔡先生崛起温陵（泉州），首以穷经析理为事，非孔、孟之书不读，非程、朱之说不讲"，精研覃思、推究字句，"务得朱子当日所以发明之精意"，特别是在姚江之学兴起后天下靡然宗之的情况下，独闽地学者谨遵朱子师说，无浮华之徒，蔡氏实为开风气先之人，这令李光地不无骄傲地声称"吾闽僻在天末，然自晦庵朱子以来，道学之正，为海内宗"。②

在《论语》学研究领域，蔡清的著作是《四书蒙引》十五卷。原稿一度遗失，蔡清追忆旧文，复加缀录，后来找到原稿，仓促间未及删定，遂名为《四书蒙引初稿》。嘉靖年间，武进人庄煦校定二稿，条分缕析，去繁删冗，辑成是书。其中《论语

---

① ［明］王慎中：《遵岩集》卷九《刻蔡虚斋太极图解序》，《景印文渊阁四库全书》第1274册，台北：台湾商务印书馆，1986年，第195页。
② ［清］李光地：《重修文庄蔡先生祠序》，［明］蔡清著，张吉昌、廖渊泉点校：《蔡文庄公集》，北京：商务印书馆，2018年，第188、199页。

蒙引》自卷五至卷八计四卷，而《孟子》部分有七卷，虽然比重不大，有别于其他《四书》类著述中《论语》分量较重的情形，但其中的解读既符合朱子之学，又精细入微，体现功力。《论语·述而》载："志于道，据于德，依于仁，游于艺。"《四书蒙引》卷六称："理在事物为道，道得于心为德，德之全为仁。艺则以余力及之，所以博其趣也。依者不违之，谓心与理一，相依而不相舍之意。仁则私欲尽去，而心德之全也。私欲未尽去，心德犹未全，未全只可言德，未可言仁。"这段释读既宗朱子之论，对道、德、仁的解释完全以朱熹为准绳，如《四书章句集注》称"道，则人伦日用之间所当行者是也"，"德者，得也，得其道于心而不失之谓也"，"仁，则私欲尽去而心德之全也"，又对道、德、仁三者的关系作了进一步细致梳理，故《四库全书总目》卷三十六也承认，该书虽为科举而作，不过是"明代崇尚时文，不得不尔"，但探幽发微、辨析入微，有助于读者抽关启钥、窥睹堂奥，"至其体认真切，阐发深至，犹有宋人讲经讲学之遗"，确实得到后世学者的重视。

不过，蔡清虽以朱子之论为宗，并不是全无主见地一味附和，他胸中自有一股由孔孟诸贤到宋明理学的气节追求。《论语·述而》载孔子对颜渊说："用之则行，舍之则藏，惟我与尔有是夫！"这是孔子的一贯想法，又有"天下有道则见，无道则隐""邦有道，则仕；邦无道，则可卷而怀之"等语，均显示出孔子追求道义、不因官位俸禄而放弃底线的士人气节。但孔子在奔走列国、屡屡受挫的情况下，心中多少有一股郁闷之气，甚至有乘桴浮海的无奈之语，而蔡清对孔子这一心理的解读可以说更细致、更圆满：

> 用之则行，我无必于行也；舍之则藏，我亦无必于藏也，随寓而安耳。味此两句意，全是说进退脱洒，而无所系累意。用之固行矣，至舍之则藏；舍之固藏矣，至用之则又行，此二句又当如此看。用舍不必言用舍吾道，行藏亦只是身之行藏，非道之行藏也。然圣贤身出，则道与之俱伸，身退则道与之俱屈……大抵去就之间，最可以观人所造。圣人无我，颜子几于圣人，亦能无我，故其安于去就之际略同。①

孔子出仕与否，不是取决于利禄地位，而是为实现自己心中的道义，所以"进退脱洒"，全然不受外物牵累，或"行"或"藏"，全无停滞，因为孔子"身出"，即意味着道义得到彰显，孔子"身退"，即意味着道义在当世不显。由此可以进一步引申，圣人进退洒脱的原因在于与道、天理浑然一体，那么一般人只要道义在心、以追求道义为首要原则，同样可以进退自如，故蔡清在《岳飞班师论》一文中反对朱熹认为岳飞有将才但"亦横"的观点②，力主岳飞没有必要听诏，听令南归不过是"徇君命之忠"，而应该举鞭北向、直捣黄龙，这是为国君"报

---

① ［明］蔡清：《四书蒙引》卷六，《景印文渊阁四库全书》第206册，台北：台湾商务印书馆，1986年，第225页。
② 理学集大成人物朱熹在肯定岳飞"有才"的同时，又认为岳飞"有些毛病"即骄横，称"若论数将之才，则岳飞为胜。然飞亦横，只是他犹欲向前厮杀"，"有才者又有些毛病，然亦上面人不能驾驭他"。参见［宋］黎靖德编，王星贤点校：《朱子语类》第八册，北京：中华书局，1986年，第3147—3148页。言下之意，是岳飞恃才傲物，不行韬晦保身之计而得祸。

万世不共戴天之仇之为忠",或者说,北上正是最大的道义所在,既然是道义所在,就可以全力而为,"大丈夫建大事,苟非利己,安能为寻常法度所制缚哉?"并认为岳飞"未知权"即不通权变。蔡清所谓的权变,是指岳飞克敌之后,可以"蓬头跣足,步至国门,上表自劾其违命进兵之罪",如此则有进有退。①蔡清的这一番评论,当然有书生谈兵、不知克敌之难的迂腐之嫌,但他主张岳飞当不遵君命而北伐,体现出理学家视道义为首要原则、道义所在即可全力施为的价值追求,又采取上表自劾这一兼顾寻常法度的妥协手段,某种程度上正是进退自如、自然洒脱的先秦儒者心态的体现。

三、高拱与《问辨录》

自从朱熹的《四书章句集注》成为科举考试的权威教材后,朱子学水涨船高成为显学,包括《论语》研究在内的很多著述,都是对朱子《四书章句集注》的拾遗补阙,这种沉闷的著述风气自然令朱子学研究无法得到新鲜血液补充。反倒是深得隆庆皇帝信任,身居高位、任内阁首辅的高拱所著的《四书问辨录》,对朱学辩驳甚力。

高拱(1513—1578),字肃卿,河南新郑人,嘉靖二十年(1541)进士,后成为裕王朱载垕的侍讲学士,裕王就是后来的隆庆皇帝(明穆宗)。裕王还没有被立为太子时,高拱就出入王府,尽心尽职,后裕王被立为太子并继位,高拱的地位也直线

---

① [明]蔡清著,张吉昌、廖渊泉点校:《蔡文庄公集》卷四,北京:商务印书馆,2018年,第136—137页。

上升，历官国子监祭酒、礼部尚书、文渊阁大学士，官至内阁首辅。身处权力核心圈，高拱不可避免地与其他官员倾轧不歇，如起初与张居正志趣相投，随着张居正权柄的日益扩大，两人同居相位渐至离贰，但就政绩看，高拱仍属明中叶较有才干的政治家之一。隆庆四年（1570），蒙古俺答汗之孙把汉那吉来降，高拱与次辅张居正力排众议，促成隆庆和议，妥善解决了这一事件，明北方疆界得以维持30余年安定。明神宗即位后，高拱受到张居正和太监冯保的攻讦而去位。

高拱一生从政，但著述不少。《论语直讲》是他担任裕王侍讲时的讲章，先训讲字义，再敷陈大义，后乘暇整理而成，凡朱熹《论语集注》中的内容一概略去不讲，体现了高拱早期的学术思想。隆庆六年（1572），高拱罢职归家，此后潜心著述，《四书问辨录》就作于这一时期。高拱在官场的风格是果敢伉直，甚至敢调侃权势熏灼的严嵩，他的著述也有类似风格，《四书问辨录》就表现出直语色彩，择取朱子《四书章句集注》中的疑问处，予以逐条辩驳。对高拱学术思想研究有开山之功的史学家嵇文甫认为，高拱"独立于程、朱、陆、王以外，既没有跟着当时王学家跑，却也不是一直回到程朱"[1]。验之高拱著述，嵇论是可以成立的。

《四书问辨录》共十卷，高拱在序中坦言，"宗孔氏者，非必一致，亦有诸家。虽皆讲明正学，乃各互有离合"，不局囿于成说正是高拱的风格。其中三至八卷都是关于《论语》的，篇幅占全书的三分之二，采用答问体，其中常有"非也""画蛇添

---

[1] 嵇文甫：《再论高拱的学术思想》，《光明日报》1963年4月5日。

足""正不须如此说""于义未莹""殊未莹彻""斯言愈远"之语，对朱熹、二程等宋儒提出直率批评。《论语·述而》载："三人行，必有我师焉。"朱熹注称："三人同行，其一我也。彼二人者，一善一恶。"朱熹本意是强调从其善而改其恶，但称二人一善一恶未免武断，高拱敏锐地注意到这一点，予以有力反驳："三人同行，安得便有一善一恶？或皆善，或皆不善，或一善一不善，或皆不善而就中有一善，或皆善而就中有一不善，皆是也。"①

类似攻驳朱子注释的地方还有不少。朱熹《论语集注》卷一释孔子所云"十有五而志于学"称："愚谓圣人生知安行，固无积累之渐，然其心未尝自谓已至此也。"高拱认为这一解释不尽妥当，《问辨录》载：

> 圣虽生知安行，亦自有学。若谓"无积累之渐"，则无乃十有五时，即从心不逾矩乎？天下之理无穷，圣人望道未见。子云："下学而上达。"又云："不如丘之好学也。"岂以夫子从来"上达"，徒然"下学"，而更无所达乎？又岂以夫子始已如此，徒然"好学"，而终亦止是如此无所益乎？盖生知安行者，圣人也。生知安行而犹学，此圣之所以益圣也。其学不已，其进亦不已也。②

---

① [明]高拱撰，岳金西等校注：《问辨录》卷五，郑州：中州古籍出版社，1998年，第132页。
② [明]高拱撰，岳金西等校注：《问辨录》卷三，郑州：中州古籍出版社，1998年，第76页。

高拱明确指出，即便是"生而知之""安而行之"的圣人，也不可能"无积累之渐"，必须"亦自有学"。为此高拱举出不少证据，说明孔子从十五有志于学到七十不逾矩，就是一个学习的过程，《论语·宪问》载孔子称"下学而上达"，《公冶长》载孔子称"不如丘之好学也"。高拱虽然批评朱子之说，但对圣人并没有不尊重，只是没有盲目崇拜圣人，强调圣人也需要后天的学习，圣人"生知安行"，如果能做到"生知安行而犹学"那就是"益圣"了。高拱的这一观点还有更清晰的表述，《问辨录》卷五又称："天下之理无穷，圣人望道未见，其好学无己之心，自视常若有不足耳。"天下道理无穷无尽，即使是圣人，也不可能全部知晓掌握，并传授给世人，需要世人自己体悟领会，这和王阳明的观点也一致，《传习录》七十七条载："道之全体，圣人亦难以语人，须是学者自修自悟。……望道未见，乃是真见。"[1]

实际上，高拱不仅在《论语》研究领域对朱熹、二程等宋儒权威之说提出质疑，在解释《大学》《中庸》《周礼》《尚书》等儒家经典时，也不断驳斥那些唯圣人之言是从、囿守先儒成规的学者，提出不少独到见解，表现出独立思考、自由议论的倾向，因而在一定程度上推进了明代受理学笼罩的《论语》学研究。

---

[1] ［明］王阳明撰，邓艾民注：《传习录注疏》，上海：上海古籍出版社，2015年，第55页。

第三节　阳明学派与《论语》研究

《五经四书大全》和《性理大全》颁布后，被人们奉为金科玉律，士人唯朱学是尊，与朱学偶有扞格，即被指为离经叛道，这自然引起一些有识之士的不满。到明代前中期，创立岭南学派、奠基明代心学的陈献章疾呼"学贵知疑"，力倡"自得"之学，为株守程朱理学的沉闷学界注入一股新鲜空气。再到明代中期，心学的集大成者王守仁创阳明学派，又称姚江学派。王守仁（1472—1529），字伯安，浙江余姚人，曾筑室于故乡阳明洞中，世称阳明先生。父亲王华，官至南京吏部尚书。王阳明在事功、学问两途均有建树，他于弘治十二年（1499）中进士，起家刑部主事，历任贵州龙场驿丞、庐陵知县、南赣巡抚、两广总督、南京兵部尚书、左都御史等，先后平定南赣、两广盗乱和宁王宸濠之乱，获封新建伯，57岁逝世。明穆宗即位后追赠新建侯，谥号文成。正德三年（1508），王守仁在偏僻荒凉的贵州龙场日夜反省，突然开悟，《年谱》称"始知圣人之道，吾性自足，向之求理于事物者误也"[①]，这一不乏传奇色彩

---

① ［明］王守仁著，王晓昕、赵平略点校：《王阳明集》卷三十二，北京：中华书局，2016年，第1031页。

的经历被称为"龙场悟道",阳明心学由此奠定良知人皆有之、不假外求的治学方向,为士人摆脱理学桎梏提供了强大的思想武器。到明代晚期,阳明心学成为众多学者认同的时代显学,进而对当时的《论语》研究产生了较为显著的影响。

一、周宗建的《论语商》

周宗建(1582—1626),字季侯,苏州吴江人,万历四十一年(1613)中进士,官至监察御史、巡按湖广。周宗建为东林党成员,时魏忠贤势炽,遂抗疏弹劾魏氏乱政,斥为"目不识一丁"[①],令魏忠贤深为忌恨。后被魏党矫诏削籍,缇骑逮治入狱,拷掠至死。弘光帝南京即位后,追谥其为忠毅。

周宗建著有《论语商》二卷,是在武康知县任上,与诸生互相商问,年余之后,遂积成帙。周宗建在《论语商·原序》中自称其治学风格不近佛、道,"平不近释,淡不入玄",但全书的用词遣句和行文语气,释氏色彩清晰可见。如云:"诸生问:此章大旨,诸讲纷纭,毕竟若何?宗建曰:人见孔颜授受,便说得十分深远,却不知此章宗旨简要直捷。夫子只把当下一提,颜子便觉通身是汗……盖颜子是十分聪明、十分力量的人,不怕他不空廓,不忧他不广大,只恐他向空廓广大处求,少个把柄耳,故夫子直下一语曰:'克己复礼为仁。'……此极其简捷之语也。下三句亦只形容其工夫之简捷,一日克复,天下归仁,机锋迅速,绝无停待。"[②] 文字通俗晓畅,正是禅宗风格,

---

① [清]张廷玉等:《明史》卷二百四十五《周宗建传》,北京:中华书局,2000年,第4248页。
② [明]周宗建:《论语商》卷下,《景印文渊阁四库全书》第207册,台北:台湾商务印书馆,1986年,第474—475页。

其中"机锋"一词,更是禅宗用语。唐以后,禅宗大盛,禅宗语言也风行一时,是禅宗在否定佛经语言的同时自己创立的语言艺术。机锋本义指弩机上待射的箭矢,故有锐利迅捷、随机应变的含义,法眼宗开山祖师文益《宗门十规论》载:"其间有先唱后提,抑扬教法,顿挫机锋,祖令当施,生杀在手。"又载:"又须语带宗眼,机锋酬对,各不相辜。"① 实际上,阳明学派到明后期,引禅入儒的风格更趋明显,因此周宗建的《论语商》带有禅宗风格并不奇怪。至于"简捷之语"的实质性内容,当然是克去己私、复还天理了,与理学家的核心要旨肯定是一致的。

当然,王阳明最核心的良知说对周宗建的影响更深。《论语商》卷上《为政》篇释"知新"时,专作《知新论》,从良知角度出发,对知与识两者作了抉幽钩隐的阐发:

> 今夫人之有知,人性之灵也。灵性之知,不依情思,不缘卜度。……吾夫子曰"温故而知新",而孟子曰"人之所不虑而知者,其良知也",夫不虑之知,则子之所谓故也。吾性之故,无所不摄,无所不融,可以吾之知遍于一切,又即可以一切为吾之知耳。……夫惟无对无边之为知,而有对有边之非知,故人之言知者,识也,吾之言知者,知也。人之言知新者,增一虑长一识之为新,吾之言新者,息其虑而明始全,捐其识而光始彻之为新也,此知新之旨,

---

① 分见《宗门十规论》中《举令提纲不知血脉第三》和《对答不观时节兼无宗眼第四》,蓝吉富主编:《禅宗全书·宗义部(二)》,台北:文殊出版社,1988年,第4、5页。

实开良知之传也。①

受到王阳明"不必尽合于先贤,聊写其胸臆之见"②治经方法的鼓励,明代中后期的儒家学者在诠释《论语》时,不再墨守朱学陈说,也不纠结于名物训诂,而采取与自己体悟相结合的解经态度,别立宗旨、发挥己意,这当然值得肯定,但过于发挥就有曲解原文之嫌。周宗建将孔子"温故而知新"中的"知"直接等同于孟子所谓的"良知",由于人性有灵,"良知"又在内心,于是"良知"可以"不虑而知"。由此出发,一般人所说的"知新",指通过温习旧知识而获得新的知识和见解,而周宗建所说的"知新",却非通过"温故"旧途,而直接求诸内心,"息其虑""捐其识"反而能既"全"又"彻",这堪称以"致良知"说诠释《论语》的一个典型了,但纯粹靠体悟、缺少"虑"和"识"的"知新",恐怕也有基础不牢固的嫌疑。

二、刘宗周的《论语学案》

刘宗周(1578—1645),字起东,号念台,山阴(今浙江绍兴)人,讲学于城北蕺山,世称蕺山先生。万历二十九年(1601)中进士,历官礼部主事、顺天府尹、工部侍郎、吏部侍郎、左都御史等。明末政坛紊乱,刘宗周耿直敢谏,又与东林党人走得较近,遭弹劾去官,南明弘光朝时,与马士英等不合而辞

---

① [明]周宗建:《论语商》卷上,《景印文渊阁四库全书》第207册,台北:台湾商务印书馆,1986年,第438—439页。
② [明]王守仁:《五经臆说·序》,吴光等编校:《王阳明全集》中册,上海:上海古籍出版社,2015年,第723页。

官返乡。清军攻陷杭州后,刘宗周悲恸不已,绝食20余天而卒。

刘宗周早年有志举业,重视程朱理学,万历三十一年(1603)师事许孚远,许氏之学出自唐枢,唐氏之学出自湛若水,湛氏之学又出自陈献章。陈献章(1428—1500),字公甫,广东新会(今属广东江门)人,世称白沙先生。陈献章倡明心学,与弟子湛若水一起,向朱学大胆发问,他认同"学贵有疑",更主张"小疑则小进,大疑则大进。疑者,觉悟之机也。一番觉悟,一番长进"①,成为明代学术思想转变的分水岭,《明史》卷二百八十二《儒林列传》称:"学术之分,则自陈献章、王守仁始。"陈献章、湛若水一脉后称江门之学,与王阳明一脉的姚江之学并列。

故从学术渊源看,刘宗周属于与阳明学派并行的陈、湛一脉,与阳明一脉无师承关系,但他受王阳明的良知说影响很大。刘宗周坦然自承为生于越、长于越的"东越鄙士",作为土生土长的越人,最信服的"道者",莫过于王阳明,"其所谓'良知'之说,亦即家传而户诵之。虽宗周不敏,亦窃有闻其概,沾沾喜也"。②刘宗周所著的《论语学案》③四卷,就常涉及本心、良知之说,他说"圣人论仁,只是直求本心"④,又将《论

---

① [明]陈献章著,孙通海点校:《陈献章集》卷二《与张廷实主事》,北京:中华书局,1987年,第165页。
② [明]刘宗周:《明儒四先生语录序》,吴光主编:《刘宗周全集》第四册,杭州:浙江古籍出版社,2007年,第59页。
③ "学案"常作为叙述学派学说的一种体裁,如刘元卿所著《诸儒学案》,黄宗羲所著《宋元学案》《明儒学案》等,但刘宗周的这部《论语学案》,和这种体裁无关。有学者认为,此处"学案"当为禅宗惯用的"公案"即"学术公案"一词而来,参见陈祖武:《中国学案史》,台北:文津出版社,1994年,第136页。
④ [明]刘宗周:《论语学案》,吴光主编:《刘宗周全集》第一册,杭州:浙江古籍出版社,2007年,第489页。

语·学而》载孔子学生有子所说的"孝弟也者,其为仁之本与",与良知说沟通。《论语学案》卷一称:"'孝弟'是后天最初一脉,为万行之所从出。故'学以务本'者本此。然孝弟又有本,'孩提之童,无不知爱其亲者;及其长也,无不知敬其兄者'是也。是为良知,是为良能,于此而反求其本,其为天命之性乎!"刘宗周承认孝悌为后天形成,当与良知无涉,但又上溯孝悌之本,认为蒙童"爱其亲"、长而"敬其兄"的行为,就是良知、良能,稍嫌勉强,足以说明他受良知论的影响之深。

不仅如此,刘宗周还将孝悌之本视为"天命之性",体现出其治学既笃守心学两大体系、又承袭朱学的特点。"天命之性"的最早含义,更多是指上天或谓自然界的本性,《中庸》首章称"天命之谓性,率性之谓道",人的自然禀赋称为"性",顺应本性行事称为"道"。宋儒张载在此基础上抉发奥义,借此阐发人性论,认为每个人的人性中,既有禀受于天的道德本性、纯善的"天命之性",又称"天地之性",又有受到后天影响的、偏向于恶的"气质之性",要通过后天的学习等予以转变,《正蒙·诚明》称:"形而后有气质之性,善反之则天地之性存焉。故气质之性,君子有弗性者焉。"[①] 朱熹极力称赞张载的人性论,认为张子之论解决了人性善恶问题的争执,称"极有功于圣门",并沿着二程认为"天地之性"本于理的观点,予以进一步论证,即"论天地之性,则专指理言;论气质之性,则以理与气杂而言之"。[②] 当然,刘宗周并不完全同意朱熹的观点,他认

---

① [宋]张载著,章锡琛点校:《张载集》,北京:中华书局,1978年,第23页。
② [宋]黎靖德编,王星贤点校:《朱子语类》第一册,北京:中华书局,1986年,第70、67页。

为"气质之性"中并无性之存在，不能与义理牵扯到一起，"气质还他是气质，如何扯着性？性是就气质中指点义理者，非气质即为性也"①。

刘宗周治学的"慎独"特色，也堪称程朱理学和阳明心学综融的结果。刘宗周的弟子黄宗羲在《明儒学案》卷六十二《蕺山学案》概括其学问时，冠以"慎独"的特点，"先生之学，以慎独为宗。儒者人人言慎独，唯先生始得其真"。阳明学到明代末期，以禅释儒，学者束书不观、侈谈性命，狂禅弊端日益显现，刘宗周正是看到了这一点，才会通朱学以挽王学之失，将《论语·里仁》所说的"朝闻道"释为"闻道不废寻求，亦不关寻求；不废解悟，亦不关解悟；不废躬行，亦不关躬行；不废真积力久，亦不关真积力久。道只是本来人，即'率性'之谓。……然其要只是一念慎独来，此一念圆满，决之一朝不为易，须之千古万世不为难"。道需要持续的不懈努力、躬身追求，但这种努力和追求是指向本心的，所以慎独就成为得道的关键。阳明心学发展到明末，狂禅化的倾向日益明显，刘宗周对此坚决反对，所以力倡"慎独"，试图解决王学末流的困境，故梁任公在《中国近三百年学术史》中分析称，王学在明末走向狂禅化，东林党人顾宪成、高攀龙提倡格物，挽救空谈之弊，这是第一次修正，随后的刘宗周"提倡慎独，以救放纵之弊，算是第二次修正。明清嬗代之际，王门下唯蕺山一派独盛，学风已渐趋健实"。

---

① ［明］刘宗周：《论语学案》，吴光主编：《刘宗周全集》第一册，杭州：浙江古籍出版社，2007年，第514页。

第四节　考据视野下的《论语》研究

学者指出,"考据真正成为一种风气,是明代中期以后的事"①。究其原因,当然是多方面的,其中程朱理学成为官学后,士人读经只为应付科试,由此引起一些学者的反对,加上心学兴起后,也以心性标榜,同样令不少学者侧目。明代经学考据家、著有《毛诗古音考》的陈第(1541—1617)就有言,"书不必读,自新会始也;物不必博,自余姚始也",对陈献章和王阳明直接提出批评。明代考据学者中成就最高的是方以智,他完成于明亡以前的《通雅》共52卷,遍考名物典制、文字声韵等,是明代考据学的集大成之作。开清代考据学风的明末清初大儒顾炎武,对王学末流提出过激烈指责,提出博学于文的治学方向,并以考据之学作为经世之学的基础。或许在精擅考据的清代学者眼里,明代学者的考据功夫还不够,但明代考据学所起的筚路蓝缕之功却是不容否认的。如学者杨绪敏所指出,明代考据学随着明中叶求实思潮的涌动而出现,注意力放在古

---

① 林庆彰:《实证精神的寻求——明清考据学的发展》,林庆彰主编:《中国人的思想历程》,合肥:黄山书社,2012年,第189页。

字古音以及古注所涉及的史地、名物制度、鱼虫草木等的考证及伪书的考辨上；明末清初顾炎武和黄宗羲等学者的治学既强调求实，又注重经世；清代乾嘉学者继承和发扬明中叶以来的求实学风，在考据的系统性和深度上大大超过了明代。[①] 正是在考据学风的影响下，明代的《论语》成果并不算少，学者王鹏凯指出，"明代学者于《论语》文字音义、名物制度之考订，其数量较前代为多，其书名多称'考'，亦可见当时之风气。其中文字音义之著作凡七种，名物制度之著作凡三十五种"[②]。

一、杨慎的《升庵经说》

明代考据学风的开启与学者杨慎有着一定的关系。杨慎（1488—1559），字用修，号月溪、升庵，又号滇南戍史、博南山人等，四川新都（今属四川成都）人，祖籍庐陵（今江西吉安）。杨慎出身书香家庭，父亲杨廷和是吏部尚书、武英殿大学士。自幼聪慧，又好学，于正德二年（1507）乡试中魁，正德六年（1511）又状元及第，授翰林院修撰。明世宗（即嘉靖皇帝）即位后，学识渊博的杨慎兼任经筵讲官，即为皇帝讲授经典。嘉靖三年（1524），杨慎在"大礼议"事件中与诸同僚撼门大哭，触怒明世宗，被廷杖罢官，贬往云南永昌卫。此后30余年，主要居住在云南和四川。终世宗一朝，有六次大赦，均不得还，最后终老于永昌卫，明熹宗时追谥文宪。

虽然在官场不如意，却失之东隅、收之桑榆，杨慎在云南

[①] 参见杨绪敏：《明清两朝考据学之比较研究》，《史学集刊》2007年第5期。
[②] 王鹏凯：《历代论语著述综录》，台北：花木兰文化工作坊，2005年，第117页。

30多年,博览群书、潜心著述,终成一代大儒。杨慎于文章、诗词和散曲无一不通,著名的《三国演义》卷首诗,起句"滚滚长江东逝水,浪花淘尽英雄",就出自他所作的《临江仙》。又于经史子集、金石书画、音乐戏剧、民俗民族和宗教语言等无一不涉及,著作达到200余种,其著述之丰,在明代推为第一,后人辑有《太史升庵文集》八十一卷和《升庵集》多种,也未能搜罗殆尽。晚明李贽对杨慎的博学和人品极为景仰,曾手批《读升庵集》二十卷,并赞不绝口地称:"升庵先生固是才学卓越,人品俊伟,然得弟读之,益光彩焕发,流光于百世也。岷江不出人则已,一出人则为李谪仙、苏坡仙、杨戍仙,为唐、宋并我朝特出,可怪也哉!"将杨慎与李白、苏轼并列,并恨不得"俨然如游其门,蹑而从之"。① 独主明代文坛20余年的"后七子"领袖王世贞也在《艺苑卮言》中称:"明兴,称博学饶著述者,盖无如用修。"②

杨慎的《论语》研究成果今主要收录在《升庵经说》一书中,全书共14章,其中卷十三专论《论语》,共有62条,皆以考据为主。《论语·卫灵公》有"放郑声""郑声淫"之说,朱熹《论语集注》释"郑声"为"郑国之音",又在《诗集传》卷四中专门称:"郑、卫之乐,皆为淫声。然以《诗》考之,《卫诗》三十有九,而淫奔之诗才四之一;《郑诗》二十有一,而淫奔之诗已不翅七之五。卫犹为男悦女之词,而郑皆为女惑

---

① [明]李贽:《续焚书·与方䚮庵》,张建业主编:《李贽文集》第一卷,北京:社会科学文献出版社,2000年,第7、194页。
② [明]王世贞著,罗仲鼎校注:《艺苑卮言校注》卷六,济南:齐鲁书社,1992年,第321页。

男之语。卫人犹多刺讥惩创之意，而郑人几于荡然无复羞愧悔悟之萌，是则郑声之淫，有甚于卫矣。故夫子论为邦，独以郑声为戒，而不及卫，盖举重而言，固有次第也。"显然，朱子是将"郑声"等同于《诗经》中的"郑诗"或"郑风"，而且基本上是视为淫邪之声的，这鲜明地体现出朱子"存天理、灭私欲"的禁欲主义说教色彩，也与孔子的原意相悖，因为孔子所说的"郑声"是指乐曲，"郑诗"是指文辞，两者并非同一概念，撰有《初学记》的唐代学者、湖州长兴人徐坚就指出过这一点。杨慎则从字义入手加以辨析，"'郑声淫。'淫者，声之过也。水溢于平曰淫水，雨过于节曰淫雨，声滥于乐曰淫声，一也"，又称"'郑声淫'者，郑国作乐之声过于淫，非谓郑诗皆淫也。后世失之，解《郑风》皆为淫诗，谬矣。"[1] 杨慎先解"淫"为溢、过、滥，再释"郑声"为郑国的乐曲而非"郑诗"，意思是郑国的乐曲中掺进不少民间俗乐，不够典雅，也就是《论语·阳货》载孔子所说的"恶郑声之乱雅乐也"。杨慎之论，为后世学者所接受，几乎成为定论。

　　杨慎的治学路子，是回到先秦的儒家经典，但又不局囿于儒家。《论语·卫灵公》载："无为而治者其舜也与？"这是孔子对仅仅"恭己正南面"而坐，即无为而治的舜的称赞，杨慎在《升庵经说》中借扬雄所著《法言》和《庄子·天道》的两段文字，来表明自己的立场：

---

[1] ［明］杨慎：《升庵经说》卷十三，王文才、万光治主编：《杨升庵丛书（一）》，成都：天地出版社，2002年，第369页。

> 扬子《法言》：或问"无为"。曰："奚为哉？在昔虞、夏袭尧之爵，行尧之道，法度彰，礼乐著，垂拱而视天（下）民之阜也，无为矣。绍桀之后，篡纣之余，法度废，礼乐亏，安坐而视天（下）民之死，无为乎？"《庄子》曰："无为也，则用天下而有余；有为也，则为天下用而不足。故古之人贵夫无为也。上无为也，下亦无为也，是下与上同德。下与上同德则不臣。下有为也，上亦有为也，是上与下同道。上与下同道则不主。上必无为而用天下。下必有为而为天下用。此不易之道也。"呜呼！庄、扬二子之言，可以发夫子未尽之蕴矣。使夫子九原可作，亦必以其言为然矣。当合而观之。①

引扬雄之语，是要强调无为并非什么都不干，即尧舜禹垂拱而治，政治清明、礼乐大行，天下民众富阜，这是无为；桀纣安坐朝堂，律法隳废、礼乐败坏，完全无视民众生死，这不是无为。引庄子之语，则进一步点明君主无为、大臣有为的观点，即如果君无为，臣也无为，那么臣与君的态度一致，臣就不像臣了；如果臣有为，君也有为，那么君与臣的做法相同，君就不像君了。所以，只有君无为、臣有为，或者说帝王无为方能役用天下，大臣有为方能为天下所用，杨慎认为这才是"不易之道"，也正是孔夫子未能说透彻的旨趣，并断言即便孔子复生，也会同意庄子和扬雄两人的观点。

---

① ［明］杨慎：《升庵经说》卷十三，王文才、万光治主编：《杨升庵丛书（一）》，成都：天地出版社，2002年，第368页。

对杨慎的博学，也有不少学者批驳。累官至陕西行太仆寺卿、忤触权相严嵩后，归故里专心钩沉稽疑的陈耀文就专著《正杨》四卷。明代另一位学识渊博的知名学者胡应麟，也仿杨慎《丹铅录》作《丹铅新录》、《艺林伐山》作《艺林学山》，订正杨氏笔误，同时也对陈耀文的订正指出问题。应该说，这些都是正常的学术探讨，无可厚非。相形之下，编撰《四库全书总目》的清代学者虽然也承认杨慎"博览群书""博洽冠一时"，但指责之语更多，如称其书"真伪错杂，殊多疏漏"，又称"取名太急，稍成卷帙，即付枣梨，饾饤为编，只成杂学"。[①]"杂学"二字可以说是四库馆臣对杨慎的最终评价，究其原因，当和杨慎对理学、心学均持否定态度有直接关系，他称道学和心学本来"明明白白，平平正正，中庸而已矣。更无高远玄妙之说，至易而行难，内外一者也"，而今世所谓的道学和心学，"彼外之所行，颠倒错乱，于人伦事理大戾。顾异巾诡服，阔论高谈，饰虚文美观而曰'吾道学、吾心学'，使人领会于渺茫恍惚之间而无可着摸，以求所谓禅悟"，属于"贼道丧心已甚，乃欺人之行、乱民之俦，圣王之所必诛而不以赦者也，何道学、心学之有？"[②] 如此斥责理学和心学，可谓严厉，这令四库馆臣难以接受，贬低他自在情理之中，但对今人来说，自当给予更合理的评价。

二、陈士元的《论语类考》

有明一代占主流的学术思想，当然要数程朱理学和阳明心

---

① ［清］永瑢等：《四库全书总目》，北京：中华书局，1965 年，第 1025—1026 页。
② ［明］杨慎：《升庵集》卷七十五《道学》，《景印文渊阁四库全书》第 1270 册，台北：台湾商务印书馆，1986 年，第 751—752 页。

学。程朱理学从构建天理体系入手,为三纲五常说提供了强有力的论证,从而被官方视若珍宝,成为钦定的权威。二程、朱熹致力于义理层面的建构和论证,自然不会重视汉唐诸儒的章句训诂治学路径,于是明代一些不愿意受理学拘束的学者,重新回到汉人传注、唐人疏释的考据立场。再加上阳明心学到后期愈来愈趋向于空疏,与杨慎同为引领明后期考据风气学者的焦竑就批评称:"今子弟饱食安坐,典籍满前,乃束书不观,游谈无根,能不自愧!"[①] 于是,明代后期的《四书》研究亦呈现出具考据色彩的一面,陈士元的《论语类考》就是其中较为典型的一部。

陈士元(1516—1597),字心叔,号养吾,嘉靖二十三年(1544)中进士,官滦州知州。他所撰《论语类考》凡二十卷,分天象、时令、封国、邑名、地域、田则、官职、人物、礼仪、乐制、兵法、宫室、饮食、车乘、冠服、器具、鸟兽、草木,共计"十八考",以辨名物训诂、订山川器服为主,脉络清晰,考证翔实,与以往重视义理阐发的《论语》研究著作全然不同。

《论语类考》卷十六为"饮食考",其中对《论语》中提及的"肉败""疏食"两词进行了考证。"肉败"见于《论语·乡党》"鱼馁而肉败",朱熹《论语集注》卷五注释称"肉腐曰败",陈士元先列举"朱子曰肉腐曰败",随即引经据典展开详细辨析:

---

① [明]焦竑撰,李剑雄点校:《焦氏笔乘·续集》卷四《韩忠献》,北京:中华书局,2008年,第376页。

> 元按，《尔雅》云："肉谓之败。"郭璞云："败，臭坏也。"《说文》云："败，毁也。"《集韵》云："败，破也。"故兵阵外破者，曰败，肉谓之坏者，腐自外入也。①

陈士元认为朱子释"败"为"肉腐"不尽妥当，因为根据《说文》和《集韵》，"败"一般释为"毁"或"破"，用于"兵阵外破者"，而肉之"败"，则如郭璞所说的"臭坏"当更切合。又如见于《论语·述而》的"疏食"，朱熹《论语集注》卷四称："疏食，粗饭也。圣人之心，浑然天理，虽处困极，而乐亦无不在焉。"陈士元同样先列举"朱子曰疏食粗饭也"，然后细绎"疏食"的本义：

> 元按，《集韵》云："疏，粗也。"故朱子以疏食为粗饭。韩子云："孙叔敖为令尹，栃饭菜羹。"《晏子春秋》云："晏子相齐，食脱粟饭是也。"又孔安国云："疏食，菜食也。蔬、疏，古字通用。"何春孟（孟春）云："蔬食，乃乏米以蔬充食，不但无肉耳。"《东观汉记》："赵孝建武初，谷食少，孝夫妇尝蔬食，而以谷食阴让弟礼夫妇，礼觉亦不肯食，遂共蔬食。"是蔬食者，非谷食矣，《论》《孟》"蔬食"之云盖如此。②

---

① ［明］陈士元：《论语类考》卷十六，《景印文渊阁四库全书》第207册，台北：台湾商务印书馆，1986年，第245页。
② ［明］陈士元：《论语类考》卷十六，《景印文渊阁四库全书》第207册，台北：台湾商务印书馆，1986年，第246页。

朱熹注释的重心实在义理发挥，指出圣人之乐不在富贵，只要道德圆满，即便"疏食饮水"，也乐在其中，而字词训诂方面不免出现漏隙。陈士元征引了《集韵》《韩非子》《晏子春秋》《东观汉记》等著述以及嘉靖时儒臣何孟春的观点，得出"疏食"即"蔬食""菜食"，"非谷食"的结论，可谓言之凿凿。

　　以二程和朱熹为代表的宋代理学家注释《论语》的侧重点多在义理，借孔子语录发挥天理观，再托为圣人旨意，如普遍真理般不可违背。其实，理学家之说只是一家之言，不过是因为得到官方朝廷的大力支持，才成主流学说。陈士元《论语类考》不涉义理，完全立足考据，从文字训诂层面指出了朱子注释中的疏漏，在学术史上的贡献是一眼可知的。

第五节　其他学者的《论语》研究

明代的《论语》研究除受到程朱理学和阳明心学的濡染，还有少数学者的研究并未落入前人窠臼，或者说保持着不人云亦云的冷静学术态度。这其中，以李贽最为典型①。作为传统社会中的著名"异端"，李贽从点评《论语》入手，以一种相对平等的态度与孔子对话，向世人揭橥孔子作为一个人的独特性，这在今天看来理所应当，但在当时却背负极大骂名。还有晚明四大高僧之一的智旭，援佛释《论语》，对《论语》作了佛学诠释，在当时也别树一帜。明代也是西学开始东渐的历史时期，耶稣会传教士利玛窦梯航万里，以西儒形象顺利融入中国社会，对包括《论语》在内的儒家文化典籍作了基于西方神学和自然科学角度的解读，自然值得后人去进一步探讨。

---

① 关于李贽是否属于王学门人，学界有不同观点，容肇祖《明代思想史》第七章（齐鲁书社，1992年）将李贽列入"王门的再传及其流派"，日本学者松川健二认为是"明末王学左派末流的思想家"（［日］松川健二编，林庆彰等译：《论语思想史》，台北：万卷楼图书股份有限公司，2006年，第403页），嵇文甫《晚明思想史论》（东方出版社，1996年）则认为李贽和王学关系密切，但不能正式列入"王学左派"，属于"狂禅派"的中心人物。笔者认为，从思想观点层面而言，李贽的很多观点已经超出阳明心学的范畴，故列入其他学者一节。

一、"异端"李贽的《四书评》

李贽（1527—1602），字宏甫，福建泉州人，嘉靖三十一年（1552）中举人，不应会试，历官南京国子监博士、南京刑部员外郎、云南姚安知府等，后辞官寓居湖北黄安、麻城（今均属湖北黄冈）。就学术渊源而言，李贽出自泰州学派，他把泰州学派的创始人王艮之子王襞视作老师，又称王襞之学主要承袭其父，且曾亲受王阳明教益熏陶。王艮师事王阳明，主张"百姓日用即道"，思想解放的步伐较乃师更前一步，王襞日受其父庭训，同样思想开明，所以得到李贽的认同。但李贽毕竟是一位具有卓识远见的思想大家，他上接泰州学派，又逸出阳明心学的藩篱，如明人沈德符言："最后李卓吾出，又独创特解，一扫而空之。"[1]

在历史上，李贽素以"异端"著称，这主要在于他是一个崇尚独立思考、以追求真理为目标的学者，所以他的思想已经对传统专制王朝构成了巨大威胁。据《明神宗实录》卷三百六十九载，万历皇帝20余年不上朝听政，但接到东林党人张问达弹劾李贽的奏折后，立即下旨以"敢倡乱道，惑世诬民"的罪名，将75岁高龄的李贽搜捕下狱，并严令将其所有著述"尽搜烧毁，不许存留"。连明清之际的启蒙学者也对李贽百般指责，如王夫之在《读通鉴论》卷末《叙论三》中指责李贽"导天下于邪淫，以酿中夏衣冠之祸"，"逾于洪水，烈于猛兽"；顾炎武

---

[1] ［明］沈德符：《万历野获编》卷二十七，《明代笔记小说大观》，上海：上海古籍出版社，2005年，第2624页。

《日知录》卷十八称"自古以来，小人之无忌惮，而敢于叛圣人者，莫甚于李贽"。王夫之、顾炎武等反感李贽的原因之一，或在于李贽对传统士人奉为圣人的孔子批评激烈，但实际上，李贽对孔子并非全盘否定，只是从独立思考的角度出发，对孔子作了实事求是的探讨。

嘉靖十七年（1538），仅十余岁的李贽应父亲要求试作《老农老圃论》，认为《论语·子路》所载樊迟向孔子请教稼穑之事，是明知孔子对种地种菜一窍不通却还要提问，结果被孔子讥为"小人"，这和《论语·微子》所载荷蓧丈人嘲讽孔子事如出一辙。李贽的观点未必成立，但由此可见他幼时就有自己独到的见解，不喜受书本的束缚。对待孔子，李贽曾不无感慨地称自己50岁前，对孔子的了解如前犬吠形、后犬吠声，《续焚书·圣教小引》载李贽自称，"尊孔子不知孔夫子何自可尊，所谓矮子观场，随人说研，和声而已。是余五十以前真一犬也"，此后随着年龄和学识的增长，才真正读懂孔子，"余今日知吾夫子矣，不吠声矣；向作矮子，至老遂为长人矣"。李贽慨称自己50岁前"真一犬"，其自我反省精神令人佩服，正是因为这种强烈的自我反省精神，李贽才既尊重孔子，又反对盲目崇拜孔子，喊出"咸以孔子之是非为是非，故未尝有是非耳"[①]这一令正统道学家忌恨的大胆之语。其实，王阳明也有类似的话语，如《传习录·答罗整庵少宰书》载："虽其言之出于孔子，不敢以为是也……学，天下之公学也，非朱子可得而私也，

[①] ［明］李贽：《藏书·世纪列传总目前论》，张建业主编：《李贽文集》第二卷，北京：社会科学文献出版社，2000年，第7页。

非孔子可得而私也。"只不过，王阳明或许是偶尔言及，而李贽却是一以贯之。

李贽对孔子的态度，在他的《四书评》中有着清晰体现。《四书评》中的《大学》《中庸》不分卷，《孟子》七卷，《论语》十卷，所占比重最大。书名曰"评"，所载确实是李贽的评语，而且其中不乏对孔子的褒赞之语，如孔子所说的"君子坦荡荡，小人长戚戚""民可使由之，不可使知之"以及"君子之于天下也，无适也，无莫也，义之与比"等，李贽都评论称"真、真"。孔子说："贫而无怨难，富而无骄易。"李贽评论称："真情，真情！圣人体贴人情至此！"身处贫困而不怨天尤人、坐拥富贵而不骄溢矜夸，的确是一般人所难为，所以李贽感慨这是"真情"之说，更有意思的是，李贽视此为圣人体贴常人之语，即认为圣人洞悉人世百态。《论语·乡党》载有孔子对饮食提出的诸如"食不厌精，脍不厌细"的不少要求，李贽评论称："'惟酒无量，不及乱。'大圣人！大圣人！其余都与大众一般。"在李贽看来，圣人酒量不错，却能自制，不至于沉醉，这一点为常人所不及，其余都和普通人无异，多少有点调侃的味道在内。再如孔子说"唯女子与小人为难养也，近之则不孙，远之则怨"，李贽评论称"想曾经历来"[1]，这其中对孔子的猜度令人忍俊不禁。和一般的道学家不同，李贽承认孔子是位圣人，但认为孔子并非不食人间烟火，而是一位具备真性情、通达人情世故的古代圣贤。换言之，李贽更把孔子看作一位活生

---

[1] [明]李贽：《四书评》，张建业主编：《李贽文集》第五卷，北京：社会科学文献出版社，2000年，第45—46、29、74、55、95页。

生的人，而不是被道学家打扮成不食世间五谷的万世导师，这种将孔子拉下神坛的做法在今人看来固然无可厚非，但在时人眼里却是惊世骇俗，遂将其视为不折不扣的异端而群起攻之了。

以上种种，都表明在李贽心目中，圣人尽管道德修养高，亦不免有七情六欲，如《道古录》卷上称："大圣人亦人耳，既不能高飞远举，弃人间世，则自不能不衣不食，绝粒衣草而自逃荒野也。故虽圣人，不能无势利之心；虽盗跖，不能无仁义之心。"① 因此，尊重圣人可以，但不能神化孔子，更不能搞偶像崇拜，这就剥去了道学家为孔子披上的神圣外衣。事实上，李贽真正反感的绝不是孔子，而是一天到晚将圣人言行挂在嘴边，借圣人要求普通民众廓然大公、自身却大逞私欲的道学家，《初潭集》载有一番讥讽道学家的文字，读起来痛快淋漓："世之好名者必讲道学，以道学之能起名也。无用者必讲道学，以道学之足以济用也。欺天罔人者必讲道学，以道学之足以售其欺罔之谋也。噫！孔尼父亦一讲道学之人耳，岂知其流弊至此乎！"② 孔子若地下有知，那么李贽这段指斥道德至上主义的议论，或许能令之动容。

二、利玛窦眼中的《论语》

利玛窦（1552—1610）出生于意大利，父亲希望他在法律

---

① ［明］李贽：《道古录》卷上，张建业主编：《李贽文集》第七卷，北京：社会科学文献出版社，2000年，第358页。
② ［明］李贽：《初潭集》，张建业主编：《李贽文集》第五卷，北京：社会科学文献出版社，2000年，第216页。

领域取得成就，但利玛窦还是进入了宗教领域，1577年被派往东方传教。利玛窦经过六个月的航行，绕过好望角，先抵达印度果阿，再于1583年与另一位神父罗明坚进入广东肇庆，此后数年辗转南方各省市。在苏州人瞿太素①等的劝说下，原本服饰略仿缁流的利玛窦改着儒服。缁流指僧服，利玛窦原以佛教徒的形象示人，自然无法得到正统儒家士大夫的认同，改作儒士打扮则更容易得到士人阶层的接纳，因此利玛窦欣然采纳了瞿太素等的建议。1599年，利玛窦定居南京，1601年再次进入北京并得到朝廷认可，一直到逝世，并葬于北京，成为中国历史上第一个被官方允许安葬于京城的外国人。

在向中国人大量传播西学的同时，利玛窦也把向西方人介绍中国文化视为自己的职责。1594年11月15日，还在韶州的利玛窦在给德·法比神父的信中说，他正在从事"四书"的翻译工作："几年前（按为1591年）我着手迻译著名的中国'四书'为拉丁文，它是一本值得一读的书，是伦理格言集，充满卓越的智慧之书。待明年整理妥后，再寄给总会长神父，届时您就可阅读欣赏了。"②据1610年抵达澳门、精通汉语的耶稣会传教士艾儒略的记载，利玛窦的确是完成了这一工作，"中国四书"也寄回欧洲，并得到时人的赞赏，"利子此时，尝将'中国

---

① 瞿汝夔，号太素，父亲瞿景淳卒后追赠礼部尚书，苏州常熟人，是利玛窦最亲近的中国友人之一。瞿太素在韶州与利玛窦结识，原本私衷为习得传说中的西方炼金术，后被西方科学和神学折服，或为第一位翻译西洋笔算法和欧几里得几何学的中国人，也掌握了制造各种科学仪器的窍门。参见黄一农：《两头蛇：明末清初的第一代天主教徒》，上海：上海古籍出版社，2015年，第35页。
② ［意］利玛窦：《利玛窦全集3·利玛窦书信集（上）》，台北：光启出版社和辅仁大学出版社联合出版，1986年，第143页。

四书'译以西文，寄回本国。国人读而说之，以为中邦经书，其能认大原、不迷其主者乎！至今孔孟之名，远播遐方者，皆利子力也"①。艾儒略明确称利玛窦完成并寄回了"中国四书"，并称孔孟之名在欧洲广泛传播，皆赖利玛窦之力。但殊为遗憾的是，利玛窦所翻译的"中国四书"未能流传下来。

虽然包括《论语》在内的拉丁文本"中国四书"已亡佚，但利玛窦熟稔以儒学为代表的中国文化显然是不争的事实，他评价孔子称："如果我们批判地研究他那些被载入史册中的言行，我们就不得不承认他可以与异教哲学家相媲美，而且还超过他们中的大多数人。"②据现存史料，利玛窦对中国儒家经典即"四书五经"的深入研究，具体表现在他的《天主实义》一书中。《天主实义》一书完成于1596年，主要以对话方式回答中国儒家士大夫对天主教义的疑问，书中广征博引，包括《诗经》《尚书》《礼》《易》《左传》《中庸》《孝经》《论语》《老子》《孟子》《荀子》，以及张载、朱熹等理学家的观点，充分显示出利玛窦对中国儒家典籍的熟稔。

对《论语》一书，《利玛窦中国札记》是这样描述的："在这五部书之外，还有一部汇编了这位大哲学家和他的弟子们的教诫，但并没有特殊的编排。它主要是着眼于个人、家庭及整个国家的道德行为，而在人类理性的光芒下对正当的道德活动加以指导。"这一评价在总体上是到位的，说明利玛窦对《论

---

① ［意］艾儒略著，［葡］费奇规、阳玛诺、曾德昭订：《大西利西泰先生行迹》，《利玛窦行迹》，法国国家图书馆藏本，第5页。
② ［意］利玛窦、［比］金尼阁著，何高济、王遵仲、李申译：《利玛窦中国札记》，北京：中华书局，1983年，第31页。

语》肯定有过专门的深入研究。当然，利玛窦没有专门的《论语》研究成果，但是《天主实义》中有多处引用《论语》的文字，笔者粗略统计在18处以上。如以下三例：

> 理也者，则大异焉。是乃依赖之类，自不能立，何能包含灵觉，为自立之类乎？理卑于人，理为物，而非物为理也，故仲尼曰"人能弘道，非道弘人"也。如尔曰"理含万物之灵，化生万物"，此乃天主也，何独谓之理，谓之太极哉？
>
> 夫鬼神非物之分，乃无形别物之类。其本职惟以天主之命司造化之事，无柄世之专权。故仲尼曰："敬鬼神而远之。"彼福禄、免罪，非鬼神所能，由天主耳。而时人谄渎，欲自此得之，则非其得之之道也。夫"远之"意与"获罪乎天，无所祷"同，岂可以"远之"解"无之"，而陷仲尼于无鬼神之惑哉？
>
> 西士曰：草木亦禀生魂，均为生类，尔日取菜以茹，折薪以焚，而残忍其命，必将曰："天主生此菜薪，以凭人用耳，则用而无妨。"我亦曰："天主生彼鸟兽，以随我使耳，则杀而使之以养人命，何伤乎？"仁之范惟言"无欲人加诸我，我勿欲加诸人"耳，不言"勿欲加诸禽兽"者。[①]

利玛窦要宣扬的核心观点，是天主为至上神，同时主要反驳的

[①] ［意］利玛窦著，［法］梅谦立注，谭杰校勘：《天主实义今注》，北京：商务印书馆，2014年，第98—99、131、153页。

是佛教理论和宋明理学，为此援引的是先秦儒家理论资源，以上三例对《论语》的引用均由此出发。第一例，是反驳理学家视理、天理至高的观点，理如果有"灵觉"，那就与天主无异，如果没有，那么根据《论语·卫灵公》所载"人能弘道，非道弘人"，理或者说道当在人后；第二例，利玛窦强调孔子是承认鬼神存在的，但鬼神并没有赐世人福禄、免世人罪孽的能力，只有天主方拥此权柄，暗示佛教并没有此资格；第三例，利玛窦认为草木无魂、鸟兽无灵，所以天主让人类以为食物，满足人类生存之需而无须背负道德谴责，这与《论语·公冶长》所载子贡所说的"我不欲人之加诸我也，吾亦欲无加诸人"类似，都是以人类为前提。

当然，利玛窦对《论语》的引用也有误解处，《天主实义》第四篇载："从是说也，吾身即上帝，吾祭上帝，即自为祭耳，益无是礼也。果尔，则天主可谓木石等物，而人能耳顺之乎？"这其中的"耳顺"，学者梅谦立就认为"此处利玛窦当表示闻其言而欣悦之意，似属误用"①，这是有道理的。不仅如此，利玛窦对宋明理学家的核心概念即理、天理，可能并没有完全把握，对传统儒家学者来说，朱熹的"理一分殊"之说与唐高僧玄觉禅师《证道歌》所云"一月普现一切水，一切水月一月摄"，确实若合符契，两说全无扞格，但是对崇尚认识主体与认识客体两分即天人分途、科学与宗教两分的利玛窦来说，确实是有难度的。尽管如此，以利玛窦对中国儒家典籍的熟稔程度，尤

---

① [意]利玛窦著，[法]梅谦立注，谭杰校勘：《天主实义今注》，北京：商务印书馆，2014年，第137页。

其是他对《论语》所体现出来的带有普世性的道德伦理观念的认同，如释孔子之"仁"为"爱人"，与天主普爱世人相通，再如以"己所不欲，勿施于人"为天主教也认同的交友之道，均说明了他力图调和先秦儒学与天主教神学两者歧异的重要努力，因此，其被后人称为"利子"确实是当之无愧的。

第九章
经世与考据并重：清代《论语》学

清王朝是中国历史上又一个由游牧民族建立起的统一王朝，也是我国中央集权君主专制走向巅峰的历史时期。和元王朝以打压为主的文化政策相比，清廷的控制手腕显然更加高明，采取了既强硬镇压又温情笼络的统治方式，巩固统治的效果显著，当然代价是整个民族处于一种盲目乐观的闭关锁国中。由于经历了明末清初和清末民初的社会大变迁，以及思想文化领域的专制政策，清代学术思想呈现出经世致用与考据并重的鲜明色彩，并同样影响到《论语》研究。

第一节　清代学术思想与《论语》研究

清代学术思想的发展历程，几经流变，不同时期有着不同的思想潮流，但大体上可以分为三个时期：清初、清代中期即乾嘉时期、清代后期即道咸至1911年。学者们从不同角度概括了这三个时期的学术特点，皮锡瑞《经学历史》从经学史角度出发，称清代经学"凡三变"，清初是"汉、宋兼采之学"，清中期是"专门汉学"，清后期是"西汉今文之学"。[①] 王国维概括称："国初之学大，乾嘉之学精，而道咸以降之学新。"[②] 梁启超在《清代学术概论》中，分清代学术为启蒙期、全盛期、蜕分期和衰落期，又在《中国近三百年学术史》中指出清初学界"目的总在'经世致用'"，到乾嘉之间，考证学"几乎独占学界势力"。[③] 萧一山《清代通史》分清代思想史为"清初之经世学""中叶之考据学""晚清之今文学"。[④] 还有吴雁南的《清代

---

① [清]皮锡瑞著，周予同注释：《经学历史》，北京：中华书局，2004年，第249—250页。
② 王国维：《沈乙庵先生七十寿序》，《观堂集林》卷二十三，石家庄：河北教育出版社，2001年，第574页。
③ 梁启超：《中国近三百年学术史》，北京：东方出版社，1996年，第21、29页。
④ 萧一山：《清代通史》，北京：中华书局，1986年，第1743页。

经学史通论》也认为明清之际经学出现"求是致用的倾向",乾嘉时期汉学与宋学对立,后期"今文经学逐渐兴起,与汉学对立"。① 而清代《论语》研究的总体趋势,大体呈现出与上述学术思想嬗变同步的特点。

有清一代是《论语》研究的鼎盛时期,相关著述宏富,为前朝所未见。学者舒大刚经过梳理后指出:"清代《论语》文献的数量至少在315种以上(至少尚存240种,不含辑佚类,但经过他人注、评、跋的辑佚类除外),约等于前代《论语》文献数量的总和。"② 吴培德也进行了专门统计,"据有关文献记载,清代《论语》的注本和著作,约有一千种以上,其中以《四书》命名者约六百种,以《论语》或《论语》篇名命名者近二百部"③。王鹏凯列出清代《论语》传注114种、专著34种、文字考释类6种、鲁论语类4种和辑佚类87种,合计245种。④ 综合以上学者的研究成果,清代以《论语》及其篇目命名的著作大约有200部。还有学者从《四库全书》《续修四库全书》等文献中,"收集到清代《论语》研究专著存书五十多部"⑤。除此之外,清人涉及《论语》研究的成果,还见诸各类学术笔记和文集中,虽然零散不成系统,但不乏考证邃密、论述精当的真知灼见。这些学者虽然没有《论语》研究的专著问世,但在

---

① 吴雁南主编:《清代经学史通论》,昆明:云南大学出版社,2001年,第13页。
② 舒大刚主编:《儒学文献通论》,福州:福建人民出版社,2012年,第1360页。
③ 吴培德:《清代〈论语〉注本举要》,《孔学研究》第十九辑,昆明:云南人民出版社,2013年,第248页。
④ 王鹏凯:《历代论语著述综录》,台北:花木兰文化工作坊,2005年,第121—138页。
⑤ 柳宏:《清代〈论语〉诠释史论》,北京:社会科学文献出版社,2008年,第8页。

其著述中经常引称《论语》，说明《论语》在清代学人中的受重视程度。

清初，以顾炎武、黄宗羲、颜元、傅山等为代表的儒家学者，激愤于明末王学的空疏学风，遂力倡立足经史考据的经世致用之学。阳明心学将宋儒体贴出来的天理加以转换，植入人的内心，天理遂由外部的抽象本体转为人心深处的先验本体，由此极大地激发了人的自由解放精神，起到了打破教条、廓清迷雾的作用，甚至被人们视为救世良剂，到泰州学派时发挥得淋漓尽致，"当士人桎梏于训诂词章间，骤而闻良知之说，一时心目俱醒，恍若拨云雾而见白日，岂不大快然？"① 阳明心学以向内心下功夫寻求"良知"，使得心学后期的发展渐至疏狂，内容空洞无物，以致面对明末期王纲解纽、天崩地解的时代大变局，多数士人却束手无策。故黄宗羲批评称明人讲学，"袭语录之糟粕，不以六经为根柢，束书而从事于游谈"②，并主张穷研经史、学以致用。另一位大儒顾炎武同样将考据手段与经世宗旨两者结合，致力通过严谨的学术研究为严峻的社会问题提供答案和借鉴，实现作为一个学者的历史责任和道德责任。其他从经世致用角度探赜《论语》的学者主要有王夫之、颜元、孙奇逢和李颙等。

程朱理学强调三纲五常，有助于维护尊卑鲜明的专制体制，故清王朝很快沿袭元明成例，以指定科举用书的方式加以扶持，

---

① ［明］顾宪成：《小心斋札记》卷三，《顾端文公遗书》第1册，清光绪三年（1877）泾里宗祠藏本。
② ［清］全祖望：《鲒埼亭集》卷十一《梨洲先生神道碑文》，朱铸禹汇校集注：《全祖望集汇校集注》，上海：上海古籍出版社，2000年，第219页。

第九章 经世与考据并重：清代《论语》学

程朱理学再次获得官方正统地位。这一举措还很容易收获汉族知识分子的好感，如鲁迅断言中国的传统士人，"大莫大于尊孔，要莫要于崇儒，所以只要尊孔而崇儒，便不妨向任何新朝俯首"①。顺治二年（1645），清廷颁布《科场条例》，规定科试第一场考"时文七篇"，均从"四书五经"中出题，据《清史稿》卷一百零八《选举志三》所载，"《四书》主朱子《集注》，《易》主程《传》、朱子《本义》，《书》主蔡《传》，《诗》主朱子《集传》，《春秋》主胡安国《传》，《礼记》主陈澔《集说》"。后稍有调整，但始终以程朱著作为主。号称明君的康熙对朱熹更是高度推崇，甚至罔顾朱熹著述也常遭学者批评的事实，认为历代文人著述常为"后人指摘"，唯有朱熹的著作及编纂之书，"经今五百余年，学者无敢疵议"，"朕以为孔孟之后，有裨斯文者，朱子之功最为弘巨"。②遂下诏将朱熹牌位由孔庙东庑迁至大成殿，仅次于"四配十哲"，可谓殊荣。又令李光地、熊赐履等荟萃朱子理学精义，编成《朱子全书》，并亲自撰写《御纂朱子全书序》，盛赞朱熹"文章言谈之中，全是天地之正气、宇宙之大道。朕读其书，察其理，非此不能知天人相与之奥，非此不能治万邦于袵席，非此不能仁心仁政施于天下，非此不能外内为一家"。康熙尊朱熹，只因为朱子之学有助于维护满族统治，实现"以汉制汉"，至于满族族人内部，则时时警惕被汉人同化，坚持"以满驭汉"根本方针。在官方极力倡导

---

① 鲁迅：《花边文学·算账》，《鲁迅全集》第五卷，北京：人民文学出版社，2005年，第542页。
② 《清实录》第六册《圣祖实录（三）》卷二百四十九，北京：中华书局，1985年，第466页。

下，清初就有不少尊崇程朱理学的学者，如李光地、王懋竑、陆陇其和宋在诗等，他们对《论语》的研究也是从程朱理学角度出发的。

到清代中期，考据风气大涨，很多学者或治程朱理学，或宗陆王心学，但都重视训诂考证、校勘辑佚，故称为乾嘉考据学，也称汉学或朴学，根据其治学领域和方法的不同侧重点，又分为吴派、皖派和扬州学派等。考据学风在明末清初就已经呈现，如阎若璩、毛奇龄等都对王学空疏之风深恶痛绝，力矫其弊，顾炎武更被视为清中期考据学的开山之祖。但清初学者重视考据学，目的仍然是经世致用，考据服务于义理。而到雍正、乾隆时，清廷极力推行文化高压政策，文字狱手段酷烈、牵连广泛，任何人只要敢稍稍违忤专制皇权，立刻会受到灭门之灾，于是士人学者不敢涉及义理、偶语时政，只能埋首故纸堆，因此乾嘉学者更多是为了考据而考据。但在客观上，乾嘉学者每事必求根源、所言必求依据，反对空谈臆度和孤证立说，说服力强，一丝不苟的严谨学风与近代科学精神不无相通之处。职是之故，乾嘉学者中的《论语》研究著述在有清一代不仅数量较多，且考订精审，代表学者如惠栋、江永、徐养原、赵良澍、阮元、臧琳和崔述等。还有不少学者虽然没有专门著述，但同样关注《论语》研究，其成果散见于文集中，如钱大昕《潜研堂文集》和《十驾斋养新录》中均有不少内容涉及。再如皖学领袖戴震，据段玉裁《戴东原先生年谱》载，戴震一生遍读群经，欲将一生所学熔铸于《七经小记》一书，"先生朝夕常言之"[①]，可惜天不假

[①] ［清］戴震撰，汤志钧校点：《戴震集》，上海：上海古籍出版社，1980年，第483页。

年，未及动笔即赍志而没。《论语》即为"七经"之一，说明戴震对《论语》也有较为深入的研究。

到清代后期，国势日颓，鸦片战争打破了清王朝自诩为天朝上国的美梦，太平天国起义更戳破了清王朝看似强大的表象，而今文经学力倡变法、改制，与学者求变图强的诉求正若合符节，于是学者们不再满足乾嘉以来蔚成风气的考据之学，举起今文经学的变法改制大旗，使得清代后期的《论语》研究重新呈现出经世致用的深厚色彩。清代今文经学的兴起肇始于常州学派，其中关键人物之一刘逢禄著有《论语述何》，取《春秋公羊传》要义解释《论语》，此后学者竞相将公羊思想注入《论语》中。今文经学的健将之一、曾问学于刘逢禄的魏源在《论语孟子类编序》中称"经有奥义，有大义，研奥者必以传注分究而始精，玩大者止以经文汇观而自足"①，认为精于"传注分究"即以考据见长者，属于"研奥者"，另有"玩大者"，须综览经文、仔细揣摩，不能牵累于传注，方能体悟微言大义。清代后期的今文学虽然大盛，但并非唯一，不少学者兼蓄两者，用缜密赅细的考据为义理阐释奠定扎实的基础。鸦片战争以后，西学大规模传入中国，对传统儒学刺激强烈，康有为立足今文学，率先引西学入《论语》研究，为《论语》研究的近代化转型拉开了序幕。

---

① ［清］魏源：《论语孟子类编序》，赵丽霞选注：《默觚：魏源集》，沈阳：辽宁人民出版社，1994年，第110页。

第二节　经世学风与《论语》研究

经过王朝鼎革之后，明末清初的学者痛定思痛，从学术层面总结明王朝崩溃的原因，一方面反思王学末流的空洞无物，力辟狂禅，另一方面抨击理学沦为猎取利禄的括帖之文，于是经世之风大盛。但需要强调的是，清初学者注重经世，有一个重要的前提和基础，即精研经史，以考据之学为阐释义理的根基，因此记录孔子言行的《论语》自然受到当时学者的重视。

一、顾炎武和王夫之的《论语》研究

顾炎武（1613—1682），本名顾绛，字宁人，世称亭林先生。清人入关后，拒绝朝廷征辟，流寓北方，行万里路、读万卷书，成为清初继往开来的一代学术宗师。顾炎武学识渊博，举凡音韵训诂、天文仪象、典章制度、河漕兵农、经史百家等，多有涉及，但没有《论语》专著传世。不过，作为认同和追慕先秦儒家要旨、以先秦儒学为其理论资源的一代大儒，顾炎武显然对最能体现孔子思想和观点的《论语》下过深切功夫。顾炎武一生的座右铭"博学于文"和"行己有耻"，就分别出自《论语》中的《颜渊》篇和《子路》篇，他穷尽30余年、积金

琢玉而成的学术札记《日知录》，书名也出自《论语·子张》："日知其所亡，月无忘其所能，可谓好学也已矣。"

顾炎武最重要的著作之一《日知录》，在卷七辑录与《论语》相关的经文或史实，共计24条，篇幅都不长，短者如"变齐变鲁"不过30字，但含有不少顾炎武的独到评析，颇能彰显顾氏的治学宗旨。又"夫子之言性与天道"条也较为典型，"今之君子，学未及乎樊迟、司马牛，而欲其说之高于颜、曾二子，是以终日言性与天道而不自知其堕于禅学也"，讽刺当时学者好高骛远，学不逮樊迟、司马牛，自视却高于颜回、曾参，连误入禅学也不自知。顾炎武又称："昔之清谈，谈老庄，今之清谈，谈孔孟。未得其精，而已遗其粗，未究其本，而先辞其末。不习六艺之文，不考百王之典，不综当代之务，举夫子论学论政之大端，一切不问，而曰一贯，曰无言，以明心见性之空言，代修己治人之实学。股肱惰而万事荒，爪牙亡而四国乱，神州荡覆，宗社丘墟。"① 这段论述更加直截了当，"六艺之文""百王之典""当代之务"三者并列，说明在顾炎武眼里，研习儒家六经、考证历朝典章与综论现实问题，三者可以并列，也是息息相关、彼此互通的，如果只重"明心见性之空言"，取代"修己治人之实学"，那最后的结果就是落入狂禅之流，明王朝的倾覆原因也就不言而喻了。顾炎武的这一论断，充分表现出他不是一位单纯只重考据的朴学开山者，而是寓经世于考据之中，或者说他考据的指向，是引古筹今，因此最后的落脚点仍然在

---

① [清] 顾炎武著，陈垣校注：《日知录校注》卷七，合肥：安徽大学出版社，2007年，第383—384页。

"今"。

王夫之（1619—1692），字而农，世称船山先生，生前名声不显，到道光、咸丰年间其著述才刊刻流布，于是与顾炎武、黄宗羲齐名。王夫之在明亡以后誓不与清人合作，一生颠沛流离，索居深山潜心著述，瓮牖孤灯，博涉经学、文学、史学和哲学等多个领域，其中不乏粲然可观之处。就整体而言，王夫之受宋学影响明显，前期服膺程朱理学，但后期予以"否定式的修正"，对陆王心学则是"肯定式的扬弃"，对张载之学也多有肯定，又熔铸老庄，形成独具特色的宏大思想体系。[1]

明末清初的三位大学者、大思想家即黄宗羲、顾炎武和王夫之，学贯古今、识见卓远，为后人留下诸多富有原创性的著述，只是术业各有专攻，其中对四书特别重视，矻矻穷年、投入大量精力和时间加以研究的要数王夫之。王夫之的《四书》学著作有多部，其中《四书考异》专门考析名物和字词语义，在文字、声韵方面不乏精当之论。《四书稗疏》中《论语》《孟子》各分上、下篇，以疏释为主，也属于名物训诂之作。《四书训义》一书，旁搜远绍，博引取精，蔡尚思认为此书"为王船山生平著述中字数最多、论述最详而内容无所不包的一部代表作，也是从来很少被学者注意的一部书"[2]。就体例而言，是书专门训释朱熹《四书章句集注》，本为船山晚年教授诸生而编写的讲义，先引朱熹之章句、集注，标出文字的古写、古音和古训，然后阐述发挥经文意蕴，对朱熹的《集注》也有所议论，

---

[1] 侯外庐：《中国思想通史》第五卷，北京：人民出版社，1956年，第43页。
[2] 蔡尚思：《王船山思想体系》，长沙：湖南人民出版社，1985年，第12—13页。

一共38卷，训释《论语》部分20卷，比重最大。再从内容看，因为是讲义性质，所以鲜有逾出朱熹观点之处，但在深究孔孟大义方面，仍然有不少王夫之的心得和创见。

《论语·雍也》载有颜回箪食瓢饮、身居陋巷之乐，历代学者均对此赞许有加，王夫之自不例外，他认为颜回之贤，在于达到了道、心无穷，理、情无碍的境界，"其有体备乎天地万物之理者乎！其有灼见乎天地万物之心者乎！"如此，无论身处富贵福泽，还是忧危患难之中，都能坦然面对，不改其乐。随后王夫之就感慨道"夫子未尝以乐许人"，只有自称，如《述而》中称即便疏食饮水，"乐亦在其中矣"，又称"乐以忘忧，不知老之将至云尔"，唯独赞许颜回"不改其乐"，可见颜子深得孔子欣赏，"颜子所好之学即圣人之学，亦于此可知矣"。王夫之把解读的重心放在了"乐"字上，某种程度上又是自身际遇和内心的一种投射，他一生索居深山数十年，昼食蕨、夜燃藜，在极艰苦的条件下依然全身心地投入学术，何尝不是"乐"境界的体现？正因为如此，王夫之对孔子一生颠沛流离仍然意志坚定极为赞赏，称孔子的乘桴浮海之语为"圣人精义之至也"。掌城门开闭的隐士即"晨门"评价孔子"知其不可而为之"，王夫之表示不同意，反称"夫子之为也大而知之也远，此岂晨门之所能与乎！"[①] 在王夫之看来，实现圣贤之道并非只有一途，孔子一生的执着是对自身理念的信仰，换言之，孔子志向和实践并非"晨门"可以理解。

---

① ［清］王夫之：《四书训义》，《船山全书》第七册，长沙：岳麓书社，1996年，第451—452、402、815页。

或许是由于《四书训义》原为教学讲义，因此王夫之在书中屡屡涉及思与学、知与行、人性观、义利观和理想人格等与教育相关的话题。《论语·为政》载"学而不思则罔，思而不学则殆"，一般认为孔子学思并重，但《论语·卫灵公》又载孔子称"吾尝终日不食，终夜不寝，以思，无益，不如学也"，也就是说，孔子并不排斥思辨之思，但重学更多于重思。[①] 例如他所提到的君子九思之说，其实是在强调君子言行举止当遵循符合一定的道德规范。二程、朱熹对此句的解释较为简短，寥寥50余字，而王夫之的解读极尽详瞻，加上标点达到450字以上，对学思并重关系作了探幽发微、辨析入微的深入发挥，他认为"致知之途"在于学、思两者，两者不可偏废，必须"相资以为功"。这其中，"学则不恃己之聪明，而一唯先觉之是效"，前人积累了浩瀚的知识经验，这个意义上也可以称为"先觉"，因此要扎扎实实地学习前人的知识经验，并无捷径可走，不要仗恃什么小聪明，更不能自怀成见和自以为是；"思则不徇古人之陈迹，而任吾警悟之灵"，古人之知识经验当然需要吸收，但不能完全听奉，警，警惕、警觉，悟，领悟、觉悟，"警悟之灵"一词充分彰显了人在学习过程中作为思考者的主体性，与西方学者常说的作为思辨主体有着异曲同工之效，可谓点睛之笔。随后，王夫之还对如何对待古人之学作了进一步发挥，又批评泥古而"不得通"的学习方式，以及忽视古人研究成果、固执己见乃至"反以成戾"的思考方式，最后得出"学非有

[①] 参见徐复观：《向孔子的思想性格回归》，李维武编：《徐复观文集》第二卷，武汉：湖北人民出版社，2002年，第108页。

碍于思，而学愈博则思愈远；思正有功于学，而思之困则学必勤"的结论。① 如此，王夫之对学思关系的阐释可谓鞭辟入里。

后人对王夫之著述重视更多的是《读四书大全说》《四书稗疏》和《四书笺解》，这和其中蕴含着不少逸出理学束缚的社会和伦理思想有关。《读四书大全说》计十卷，《论语》卷四至卷七共四卷，占比最大；《四书稗疏》中《论语》《孟子》各分上、下篇；《四书笺解》共十一卷，《孟子》比重最大达七卷，《论语》次之为两卷。王夫之在注释《四书》（包括《论语》）的研究成果中，对朱熹观点大体持肯定立场，同时也有不少订正和批评，其中较为知名的，就是反对严辨天理、人欲之说，提出"理欲皆性"的观点，这和王夫之的理气观有关。实际上，王夫之的理气观更接近宋儒张载，他认为理与气互相为体、彼此依存，无先无后，所以不可分割，没有脱离理存在的气，也没有脱离气存在的理，如《读四书大全说》卷十所称"理与气互相为体，而气外无理，理外亦不能成其气。善言理气者必不判然离析之"。

由此出发，王夫之反对理学家反复强调的灭尽人欲、克尽私欲说，但他对朱熹却不无回护之意。《论语·雍也》载孔子称赞颜回："回也，其心三月不违仁，其余则日月至焉而已矣。"朱熹和程子对此均有解释，粗看区别不明显，朱熹注称："仁者，心之德。心不违仁者，无私欲而有其德也。"程子称："不违仁，只是无纤毫私欲。少有私欲，便是不仁。"② 然而王夫之

---

① ［清］王夫之：《四书训义》，《船山全书》第七册，长沙：岳麓书社，1996年，第301—302页。
② ［宋］朱熹：《四书章句集注·论语集注》，北京：中华书局，1983年，第86页。

却洞幽烛微、极于毫芒，指出其中的微末差别，《读四书大全说》卷五认为朱子所说的"无私欲而有其德"，其中"有其德"三字尽得孔门圣学的真谛，而程子的"少有私欲，便是不仁"，是陷入佛教"烦恼断尽即是菩提"的误区。同样，朱熹好友蔡元定"诸子寡欲，颜子无欲"之说，也是坠入佛教"断现行烦恼""断根本烦恼"之论。王夫之还对程子和蔡氏予以强有力的反诘："孔颜之学，见于《六经》《四书》者，大要在存天理。何曾只把这人欲做蛇蝎来治，必要与他一刀两段，千死千休？"此外，朱熹弟子辅广的"须是人欲净尽，然后天理自然流行"之语，也被王夫之指为"大有病在"，也属于佛教空论谬说，"倘须净尽人欲，而后天理流行，则但带兵农礼乐一切功利事，便于天理窒碍，叩其实际，岂非'空诸所有'之邪说乎？"① 在将程子、蔡氏、辅氏等理学家的灭尽私欲说指为佛教悖论后，王夫之还正面提出他理欲并存的观点：

> 圣人有欲，其欲即天之理。天无欲，其理即人之欲。学者有理有欲，理尽则合人之欲，欲推即合天之理。于此可见：人欲之各得，即天理之大同；天理之大同，无人欲之或异。
>
> 故存养与省察交修，而存养为主，行天理于人欲之内，而欲皆从理，然后仁德归焉。……天理充周，原不与人欲相为对垒。理至处，则欲无非理。欲尽处，理尚不得流行，

---

① ［清］王夫之：《读四书大全说》卷五、卷六，《船山全书》第六册，长沙：岳麓书社，1996年，第673、762—763页。

如凿池而无水，其不足以畜鱼者与无池同；病已疗而食不给，则不死于病而死于馁。①

需要指出的是，宋代理学家严厉驳斥人心私欲，于是作为私的人欲与作为公的天理判若水火，既无法在理论层面自洽，也无法在现实领域通达，于是包括王夫之在内的一批学者都试图调和天理与人欲的紧张关系。和顾炎武等一样，王夫之同样从儒家原典即孔孟著作中抉发奥义，如《四书训义》卷二十六称："王道本乎人情。人情者，君子与小人同有之情也。……私欲之中，天理所寓。"王夫之认为私欲中寓有天理，先秦孟子就已经发其端，所以真正的王政、王道，就是王者从个人之私欲出发，进而推己及人，实现天下所有人之私欲，遂天下人之私，这就是天理所在，这当是明末清初以顾炎武、王夫之为代表的诸多学者的共识。

二、颜元对宋代理学家的抨击

颜元（1635—1704），字易直，又字浑然，号习斋。颜元有学生李塨，师生相得益彰，二人所创学派也称为颜李学派。据《颜习斋先生年谱》所载，颜元治学，初好陆王之学，又对程朱之学信之甚笃，甚至设龛以敬，34岁始悟"程、朱、陆、王为禅学、俗学所浸淫，非正务也"，由宋明理学的忠实信徒转为激烈的反对者，遂尽弃理学而力倡实学，并号其斋为"习斋"。颜

---

① ［清］王夫之：《读四书大全说》卷四、卷六，《船山全书》第六册，长沙：岳麓书社，1996年，第639、799页。

元一生的主要行迹,"是从事教书工作"①,且主张培养经世致用的人才,反静主动、力倡习行,晚年受邀主讲于河北漳南书院,设"文事""武备""经史""艺能""理学""帖括"共六斋,前四斋充分说明他意图培养实用型人才的实学主张。

梁启超高度评价颜元及其弟子李塨,称:"有清一代学术……其间有人焉举朱陆汉宋诸派所凭借者一切摧陷廓清之,对于二千年来思想界,为极猛烈极诚挚的大革命运动。其所树的旗号曰'复古',而其精神纯为'现代的'。其人为谁?曰颜习斋及其门人李恕谷。"②梁任公所说的"复古",当指回到先秦孔孟学说。颜元不满朱陆汉宋诸派,只有重归儒家原典,于是记载孔子生平言行的《论语》就成为颜元关注的经典之一,他自称一生读《论语》的历程可分三段,"前二十年见得句句是文字,中二十年见得句句是习行,末二十年见得句句是经济"③。颜元撰有《存学编》,可看作解《论语》开篇《学而》"学而时习之"章,《存性编》可看作解《阳货》篇"性相近"章,又有《四书正误》计六卷(亡佚一卷),其中两卷专论《论语》,从注重经世之学的立场出发,批评宋儒只知静坐空谈心性,落入禅学而不自知。

孔子一生风尘仆仆,奔走列国,虽屡屡碰壁,又主张以学干禄,通过入仕施展一生所学、实现济世抱负,可以说有着较为强烈的经世倾向。颜元对此有着充分的认识,他猛力抨击宋

---

① 李国钧:《颜元教育思想简论》,北京:人民教育出版社,1984年,第1页。
② 梁启超:《中国近三百年学术史》,北京:东方出版社,1996年,第130页。
③ [清]颜元著,王星贤等点校:《颜元集·四书正误》,北京:中华书局,1987年,第229页。

儒倡导的静坐，指出不但孔子"不曾说静坐，不曾说'主一无适之谓敬'"，孔门弟子亦身体力行这一宗旨。《论语·子路》载有樊迟向孔子请学稼、圃，反被孔子讥为"小人哉"。按照孔子的说法，士人出仕后，最重要的是劝说统治者注重礼、义、信，并身体力行地推行仁政，四方民众受到吸引，自然就会辐辏而至，所以士人根本无须去学习什么稼、圃之事。孔子的这一说法，被视为蔑视劳动民众的证据之一，然而，颜元给予了另一种解释：

> 小人者，百姓也。学农、学圃，百姓事也。上者，君相也。好礼、好义、好信，君相事也。士，学为君相者也。……士好大人之事，不但得吾境内之民敬服、用情，方且四方之民皆襁负而至。后世之士，既不学农圃，作小人事，又不好礼、义、信，作大人事，只好静坐，好说话，好著书，好假圣人操存、慎独，作禅家心头上工夫，故不惟吾民之不敬服、用情，且致四方之侮害并至，不忍言矣。①

颜元认为孔子所说的"小人"是指百姓，樊迟请求学习的稼、圃事都属于百姓民生，孔子所说"上者"是指作为统治阶层的国君和相，也即后一句中的"大人"，礼、义、信正是"大人之事"，而士的责任是"学为君相者也"，士人阶层先接受教育、

---

① ［清］颜元著，王星贤等点校：《颜元集·四书正误》，北京：中华书局，1987年，第214页。

掌握知识，然后出仕也就是效力于君相，施行仁政，行"大人事"，自然能深得民心拥戴。而后世士人，既不好礼、义、信，又不知农圃之事，只能静坐、说空话，这就沦为"禅家心头上工夫"，也难以令四方之民信服。如此按照颜元的解释，"小人"之说并不带有贬义，"小人"之事正是孔子所关心的百姓民瘼，樊迟请学反倒彰显出孔子弟子的强烈经世精神，这才是真正的儒家圣贤追求，"圣贤但一坐便商确兵、农、礼、乐，但一行便商确富民、教民，所谓'行走坐卧，不忘苍生'也，是孔门师弟也"。颜元也是这样付诸实践的，他 41 岁时为门生弟子申订学规，明言："凡为吾徒者，当立志学礼、乐、射、御、书、数及兵、农、钱、谷、水、火、工、虞。"①

从经世要旨出发，颜元在评析宋代朱熹与陈亮的"王霸义利之辩"时，理所当然地站在陈亮一边。朱熹与陈亮对王霸、义利的争论，后人多有评析，赞同朱子者当然居多，但也有人对朱熹的立场不置可否，如明代张居正就说："后世学术不明，高谈无实。剽窃仁义，谓之王道，才涉富强，便云霸术。不知王霸之辩、义利之间，在心不在迹，奚必仁义之为王，富强之为霸也。"②张居正强调，孔子论政开口就说足食足兵，说明富强亦是圣贤所追求，因此不能简单地将仁义等同王道、富强等同霸术，治学理念当与国计民生相结合，这是张居正对批评者空谈仁义的反驳。李贽站在支持陈亮的立场，反对孟子尊王黜

---

① [清] 颜元著，王星贤等点校：《颜元集·颜习斋先生年谱》，北京：中华书局，1987年，第743页。
② [明] 张居正：《答福建巡抚耿楚侗谈王霸之辩》，《张居正集》第二册，武汉：湖北人民出版社，1994年，第829页。

霸的观点，高度肯定管仲尊王攘夷的伟业，《藏书·孟轲》声称："乃王霸之辨，则舛谬不通甚矣。……故为三王易，为五伯难。"颜元接续了李贽的观点，指责力度更甚。朱熹的《孟子集注·梁惠王上》引用董子之语："仲尼之门，五尺童子羞称五霸。"颜元对这句话极为反感，在《四书正误·论语》中两次反驳称：

> 孔门五尺童子羞称五霸，谁氏之言乎？老孟救时之言，误死宋人矣。明儒云"以富强为仁义"，少有知觉，惜亦未能改宋家老儒故辙也。
>
> "仲尼之门五尺童子羞称五霸"，不知出自何人，载在何书？而宋儒遂拾残沈以文其腐庸无用之学。试观吾夫子极口称桓公之正而不谲，重辞赞管仲之仁，全以扶周室救苍生为主，又不特叹美之而已也。①

后李塨告诉颜元上语出自董仲舒，颜元又称："贤人之言五七分理，当引圣人正之；圣人之言，不得以贤人之见压之。孔子万世照彻之见也；孟子一时救弊之言也。孟子且不足道，况董子乎？恐刚主录此，正见解围于宋人处。"孟子之语不过是临时救弊之言，孔子之论方为"万世照彻之见"。

总体而言，颜元的《四书正误·论语》一书，对以朱熹为代表的宋儒指摘甚力。颜元虽声称"朱子之学，妄谓与孔门别

---

① ［清］颜元著，王星贤等点校：《颜元集·四书正误》，北京：中华书局，1987年，第181、217页。

是一路，觉说来都不亲切。然或是吾未尝的滋味，亦不敢轻非之也"，但实际上，颜元屡屡嘲讽甚至抨击朱熹，甚至断言"其注解经书之功，不敌其废乱圣学之罪。读讲之弊，与晋人之清谈同讥，流而为浮文。诬世生民之祸，先生不得不分其责"。① 颜元对朱熹直言不讳的批评，令同时代的一些卫道者如鲠在喉，如桐城派巨擘方苞在给李塨的信中甚至气急败坏地咒骂称："故自阳明以来，凡极诋朱子者，多绝世不祀。"② 在程朱理学被官方奉为正统、士子顶礼膜拜的清初，颜元之论固然有刻薄之嫌，但显然具有震耳发聩的警醒作用，梁任公所说的"极猛烈极诚挚"就在兹焉。

---

① [清]颜元著，王星贤等点校：《颜元集·四书正误》，北京：中华书局，1987年，第177、186页。
② [清]方苞著，刘季高校点：《方苞集》卷六《与李刚主书》，上海：上海古籍出版社，1983年，第140页。

第三节　理学家的《论语》研究

宋明理学分成程朱与阳明两派，两派在清初皆有尊奉者。宗阳明者经历改朝换代的大变局后，对晚明王学的空疏学风已经引起普遍警惕，如孙奇逢、黄宗羲、李颙等，他们的《论语》研究也在一定程度上对王学进行反思，重视经世，门户之见的色彩也不强烈。宗程朱者由于受到官方的刻意扶持，声势日增，如李光地、陆陇其等，他们的《论语》研究以朱注为鹄的，轻易不越雷池。

一、尊奉孔子的孙奇逢

孙奇逢（1584—1675），字启泰，号钟元，明万历二十九年（1601）中举人，后三次参加会试皆空手而归，于是绝意仕途，但交游者不乏朝廷庙堂之士，其中以忠义耿直者为多，如与左光斗、魏大中、周顺昌等交往密切。明崇祯朝和入清后，孙奇逢多达11次被朝廷征授官职，皆不就，民间称"孙征君"，晚年于河南辉县夏峰村讲学长达25年，授课之余率子弟学生躬耕，世称夏峰先生。孙奇逢一生著述不少，其中《理学宗传》堪称他的倾力之作，是先于黄宗羲《明儒学案》的一部学术思想史著作，计26卷，三易其稿方告完成。

《理学宗传》是孙奇逢的代表作之一，书中表现出孙奇逢弥合朱学和王学的学术立场。自韩愈、朱熹后，道统史的人物排序成为理学家们最重视的问题之一，而朱熹对与之并立的陆九渊批驳不少，在文集书札中多次责难陆氏为禅，他编撰的《伊洛渊源录》就不承认陆九渊为儒家道统，"盖宋人谈道学宗派，自此书始；而宋人分道学门户，亦自此书始"[①]。元人《宋史·道学列传》完全站在朱熹立场，将陆九渊等学者摒弃在道学家之外，列入《儒林列传》。这样，朱熹主张的道统说得到了官方承认和支持，再加上陆九渊身后门户不盛，陆氏一系在理学家道统中受到明显的排挤冷遇，直到阳明心学兴起后才得到改善。而孙奇逢则不受朱熹成见束缚，他在《理学宗传·叙一》中指出，自颜子、孟子殁后，道学并未中断，仍有儒者传承其绪，汉、隋、唐三朝就分别有董仲舒、王通、韩愈，宋代更有濂洛关闽五子，"嗣是而后，地各有其人，人各鸣其说，虽见有偏全，识有大小，莫不分圣人之一体焉"，遂叙列宋儒七人、明儒四人的学术思想，其中南宋二儒即为朱熹和陆九渊，再加上自汉董仲舒到宋明诸儒140余人，列诸儒于一堂，调和色彩非常明显。

在《论语》研究方面，孙奇逢著有《四书近指》。在《自序》中，孙奇逢坦言尊刘因《四书精要》和鹿善继《四书说约》，遂糅合己意教授学生，于顺治十六年（1659）将讲稿编订成书，时已经年逾古稀。"近指"为谦逊之言，意思是"非有高远之言"。全书计20卷，其中《论语》有12卷，占一半以上篇

[①] ［清］永瑢等：《四库全书总目》，北京：中华书局，1965年，第519页。

幅。孙奇逢对《论语》极其重视，原因在于，他认为孔子才是真正的圣人，孔子之道才是真正的圣人之理，后世诸儒之所以互执一词、喋喋不休，归根结底在于不识孔子庐山真面目，而《论语》一书正是世人认识真正孔子的不二之选。《夏峰先生集》所载《语录》中有一段话非常清晰地说明了这一点：

> 儒者谈学不啻数百家，争虚争实，争同争异，是非邪正，儒释真伪，雄辨无已。予谓一折衷于孔子之道，则诸家之伎俩立见矣。《论语》中论学是希贤希圣之事，论孝是为子立身之事，论仁是尽心知性之事，论政是致君泽民之事，论言行是与世酬酢之事，论富贵贫贱是境缘顺逆之事，论交道是亲师取友之事，论生死是生顺殁宁之事。只此数卷《论语》，无义不备，千圣万贤，不能出其范围。识其大者为大儒，识其小者为小儒，不归本于孔圣之道者，则异端邪说，是谓非圣之书，不必观可也。[①]

举凡学问、尽孝、行仁、从政、交际、贫富、生死等人生诸事，孔子在《论语》中均有涉及，足以为世人表率，因此，鉴定诸儒之说真伪、儒释之说正邪的法门简单之极，那就是看是否符合"孔子之道"，或者说一切以孔子之说为准的，"归本"于孔子。

明乎此，就知道《四库全书总目》所载"盖奇逢之学，兼采朱、陆"之说，其实是以归本孔子为前提的。既然孔子之道

[①] ［清］孙奇逢：《夏峰先生集》卷十三《语录》，北京：中华书局，2004年，第553—554页。

才是不刊之论，那么无论是阳明心学，还是程朱理学，只要与孔子之说若合符契，兼采并蓄两派自无不可。所以，《清史稿》本传称孙氏之学，"原本象山、阳明，以慎独为宗，以体认天理为要，以日用伦常为实际。……其生平之学，主于实用"，说明孙奇逢虽然属于王学门人，但并不囿于门户之见，对程朱之学也不排斥，《论语近指》中就多处引用朱子之注，或与朱子意思贴合，原因就在于孔子才是孙奇逢最后的依据。如孙奇逢论颜渊问仁章时称："仁者原与天地万物相流通，而礼则灿然秩叙，流动充满于天高地下之间，盖仁不可见而可见者皆礼也。只因己私横据，礼失其位，一膜之内遂成扞格。故夫子语颜渊为仁，只复礼而已矣，复礼只克己而已矣。礼与仁非二物也，克与复非两功也，欲尽理还而仁即在，故一日克复而天下归仁，亦非两候也。夫子十有五志，学至不逾矩，皆是夫子克己复礼之日。"① 按朱熹所说，礼不过是"天理之节文"，故程朱理学家视天理、人欲二者决然对立，孙奇逢同样接受，并由此将孔子15岁有志于学到70岁不逾矩，都归结为"夫子克己复礼"的表现。

二、褒王斥朱的毛奇龄

毛奇龄（1623—1713），本名甡，字大可、齐于，号秋晴，称西河先生，浙江绍兴府萧山县（今属浙江杭州）人。崇祯十年（1637）赴童子试，得陈子龙赏识。明亡后参与家乡抗清军事斗争，此后流亡约30年。康熙十八年（1679）中博学鸿词

---

① ［清］孙奇逢：《四书近指》，《孙奇逢集》上，郑州：中州古籍出版社，2003年，第461页。

科，充明史馆纂修官，为求升迁一度拿出献谀文章，引来世人反感。1686年，毛奇龄请假回乡合葬父母，遂病假隐退。毛奇龄一生著述宏富，有近500万字，收入《四库全书》有28种、存目35种，堪称《四库全书》收录著述最多的清代学者之一。

一般认为，毛奇龄反对空言立说、以己意解经，务求立足真凭实据，又较少汉儒的门户之见，力主以经证经，旁及诸子百家和汉后诸儒之说，因此常被视为清初汉学的始倡者。但在当时，毛奇龄是以"王学护法"[1]的形象出现的。毛奇龄为诸生时，是王艮学派五传弟子陈子龙的学生，故毛奇龄算得上六传弟子。据毛奇龄亲撰的《自为墓志铭》，他幼时曾尊奉朱子格物穷理之说，后来才转宗阳明心学。康熙七年（1668）六月，毛奇龄参加重新举办的证人之会[2]，与刘宗周弟子及王学中人切磋砥砺。服膺王学的邵廷采对毛奇龄极为推重，在信中称"先生负当代之望，为名教之主，推崇阳明，排斥异议，后进之士倚一言为太山、北斗"[3]，很清楚地说明了毛奇龄对王学的推崇。毛奇龄本人，也极力翼护阳明心学，他专门作《折客辨学文》长文，针对他人对王阳明《传习录》的批评而奋力辩护，最后称"然则王学之在天壤，昭昭如此……不足摇惑"。

毛奇龄独尊阳明的态度影响了他的《论语》研究。毛奇龄

---

[1] 於梅舫：《从王学护法到汉学开山——毛奇龄学说形象递变与近代学术演进》，《中山大学学报》2014年第1期。
[2] 崇祯四年（1631），刘宗周因与王阳明三传弟子陶奭龄学术观点不合，立证人书院，会集同志讲学，又撰写《证人社约》。到明末，书院停止讲学，清康熙六年（1667），黄宗羲又纠集同仁恢复讲学活动，是为证人之会。
[3] [清]邵廷采：《谒毛西河先生书》，祝鸿杰点校：《思复堂文集》，杭州：浙江古籍出版社，2012年，第309页。

的《论语》研究有专著《论语稽求篇》七卷,另有《四书剩言》四卷和《补》二卷、《四书索解》四卷、《圣门释非录》五卷、《逸讲笺》三卷、《四书改错》二十二卷,其中,《论语稽求篇》从《论语》中选出92条内容,逐条缕析,攻驳目标主要指向朱注,《四书改错》则是毛奇龄晚年手订,共451条,对朱注批评驳斥的力度有增无减。上述两书,都是毛奇龄亲笔撰写,以经解经,旁征博引,详稽名物制度、人物史实,集中体现了毛奇龄借考证名物来反驳朱注的《论语》研究旨趣。《论语·阳货》载:"吾岂匏瓜也哉?焉能系而不食?"朱熹《论语集注》注称:"匏,瓠也。匏瓜系于一处而不能饮食,人则不如是也。"朱熹的意思是,匏瓜挂于一处且不需要饮食,而人却不是这样的。毛奇龄认为,朱熹之注采用了何晏观点,但又误解了何晏之意,他称何晏注云"匏瓜得系一处者,不食故也。我是食物,不得如不食之物系滞一处",这里的"不食"是指"不可食",非"不能食","我是食物"的意思是我是可食之物,非能食之物,故"《集注》引其说而误解之,遂添能字于不字下,且又恐其说不明,又添饮字于能字下,且又恐后人更易其说,又别为《语类》云,'不食'是不求食,非不可食,则过于拘滞矣",还征引《埤雅》《国语》《卫诗》《登楼赋》等,佐证匏不可食,"其所云空悬,不必定系以渡水,然其解不可食,则总是一意"。①

《四书改错》作于康熙四十七年(1708),时毛奇龄已经年

---

① [清]毛奇龄:《论语稽求篇》,[清]阮元、王先谦编:《清经解(第一册)》卷一百八十三,上海:上海书店,1988年,第754页。

逾八旬，但他的立场并没有随着年龄增长而缓和，恰恰相反，对程朱的攻驳更甚于前。《四书改错》的体例也别出新意，不以四书分篇，而将《四书章句集注》中有问题的条目，分门别类为"人错""天类错""地类错""物类错""邑里错""宫室错""器用错""衣服错""饮食错""学校错""礼乐错""典制错"等共计32门，可以说将程朱之学从头批到尾。其中"贬抑圣门错"开篇即宣称"贬抑圣门，从夫子始"，这里的"夫子"当然是指朱熹。《论语·宪问》载孔子评价管仲之语，程子认为孔子之所以"不责其死而称其功"，是因为齐桓公是兄、公子纠是弟，假如齐桓公是弟、公子纠是兄，那么孔子就不会赞许管仲了。毛奇龄在《四书改错》中毫不客气地称"此直面叱夫子矣"，他强调孔子赞许管仲的地方，"是重事功，尚用世，以民物为怀，以家国天下为己任"，这既是"圣学"，又是"圣道"，而"程氏无学"，读尽经书却"不知圣贤指趣之何在"，不但"不契于夫子之说，特变乱其事"。①

当然，毛奇龄并非全无纯粹的义理之辨，只是所占篇幅不大，重心还在于考辨名物制度来探析义理。对此，毛奇龄在《论语稽求篇》开篇中有一段颇为精彩的自述：

> 论语稽求篇者，予归田后复读《论语》之所为作也。……乃少读《论语》瞰瞰然，至再读而反疑之，迄于今凡再三读，而犹豫顿生，似宣尼所言与七十子之所编

---

① ［清］毛奇龄著，胡春丽点校：《四书改错》卷二十，上海：华东师范大学出版社，2014年，第466页。

记,其意旨本不如是,而解者以己意强行之。汉初立《论语》学官,其时去古未远,尚有《鲁论》《齐论》《古论》三家……西晋何晏,本老氏之学,不习众说……而参以己见,杂采成篇,名其书曰《集解》,正始中上之。而宋朱氏注则又仅见何氏一书,别无他据,旁汇以同时学人之言,似与圣门之所记稍有龃龉。先仲氏尝曰:"此宋儒之书,非夫子之书也。"而乃有明取士勒为功令,家呻户哔,习矣不察。间尝欲取其义理,探其旨趣,剖析讨论,务为可安,而义理广大,就仁智所见,皆可以各为争执。……然而言论旁及多见事物,凡夫礼仪、器制、方名、象数、文体、词例,皆事物也。如人身然,义理者,府藏也;事物者,耳目也。……义理难明,则吾以事物明之;府藏难辨,则吾以耳目辨之。①

毛奇龄一生曾三读《论语》,初读觉得语义清晰明白,再读反生出一些疑问,三读"犹豫顿生",之所以疑窦丛生,是觉得后人在"以己意强行之",并不符合孔子本意,尤其是朱熹的注释,仅依据擅长老氏之学的西晋何晏,杂以同时学人之言,是"宋儒之书"而非"夫子之书",故朱熹之言未必就是孔子原意。但朱熹之书被官方列为教科书,于是被士子目为经典,习焉不察。实际上,义理诸说广博无涯,见仁见智,意见纷歧,难以一统,故毛奇龄将义理比喻为肉眼不可见的人之"府藏"即"腑脏",

---

① [清]毛奇龄:《论语稽求篇》卷一,《景印文渊阁四库全书》第210册,台北:台湾商务印书馆,1986年,第134—135页。

而讨论义理总要涉及"事物","事物"则人之耳目可辨,自然可以借辨别"事物"来彰显圣贤之意。

在清初官方极力抬高朱熹、以朱熹之学为取士标准的大背景下,毛奇龄却坦陈"义理广大""皆可以各为争执",这是需要一定勇气的,实际上否定了朱熹之学的独尊地位,进而以名物制度入手,指摘朱熹、二程之误,其学术立场可谓独树一帜,加之论辩有力、气势傲睨,惹来不少物议也是可以想见的。当然,毛奇龄攻驳朱子,不排除有投机之嫌,即误以为清廷真有鉴别理学真伪之意,结果当康熙诏令将朱熹升入孔庙正殿,与"十哲"并列后,毛奇龄当即将《四书改错》书版毁去。① 尽管毛奇龄生前未遭围剿,甚至还得到康熙赐予"御书"之荣,但逝后依然脱不了被朝廷清算的结局。乾隆四十七年(1782),乾隆以毛奇龄所著《词话》一书有"清师下浙"字样而下诏斥为"谬妄已极",并以此为由处罚了纪昀等官员。再到光绪年间,《四书改错》借石印技术的传入而得到广泛刻印,清廷应河南学政邵松年奏请,下令各省督抚严禁《四书改错》,"不得再行出售",并重申科试"一律以朱注为宗,不得录取异说"。②

三、尊朱黜王的陆陇其

陆陇其(1630—1692),原名龙其,因避讳改名陇其,字稼书,浙江平湖人,学者称当湖先生。康熙九年(1670),陆陇其

---

① 参见朱维铮:《毛奇龄死后遭文字狱》,《重读近代史》,上海:中西书局,2017年,第82—83页。
② [清]朱寿朋编,张静庐等校点:《光绪朝东华录》第三册,北京:中华书局,1958年,第3431—3432页。

中进士，历官江南嘉定知县、直隶灵寿知县、四川道监察御史等，为官简朴尚俭，整顿胥役，深受士民爱戴，有循吏之称。

作为有清一代的著名理学家，陆陇其在学术上以专宗朱熹、严斥陆王著称，其决绝程度在清代堪称第一人。据记载，陆陇其早年一度推崇阳明心学，最初接触阳明之学时，常诵读其言，并对王阳明不胜佩服，生出"高山景行之思，而以宋儒为不足学"，30岁后开始反宗朱子，"始沉潜反覆乎朱子之书，然后知操戈相向者之谬也"，但仍不彻底，"然犹且信且疑，未敢显言于人"。① 此后结识另一儒者吕留良，受其影响，陆陇其的尊朱辟王立场才最后砥定。② 和吕留良等相比，陆陇其的尊朱态度更为彻底，只认朱学为"正学"，几乎到了迷信的程度，《三鱼堂外集》卷四《经学》声称"今之论学者无他，亦宗朱子而已。宗朱子者为正学，不宗朱子者即非正学"，又称"朱子之学尊，而孔子之道明"，而且，笃信朱子的陆陇其对其他学者缺少宽容心，"今有不宗朱子之学者，亦当绝其道，勿使并进"。非合朱子之学一概摒弃，这种态度很容易走向文化专制。由于吕留良常年隐居乡里，士林中声名不显，而陆陇其虽然仕途不达，但毕竟为进士，为宦多年，因此他鲜明的尊朱立场在士大夫群体中影响更大，享有"本朝理学儒臣第一"③ 之称，晚清同样全力

---

① ［清］陆陇其：《三鱼堂文集》卷八《周云虬先生四书集义序》，王群栗点校：《陆陇其集》，杭州：浙江古籍出版社，2018年，第176页。
② 参见张天杰、肖永明：《从张履祥、吕留良到陆陇其——清初"尊朱辟王"思潮中一条主线》，《中国哲学史》2010年第2期；张天杰：《陆陇其的〈四书〉学与清初的"由王返朱"思潮》，《浙江社会科学》2016年第10期。
③ ［清］吴光酉等撰，褚家伟、张文玲点校：《陆陇其年谱》，北京：中华书局，1993年，第1页。

捍卫朱学权威的理学家唐鉴就对陆陇其极为推崇，所著《清学案小识》将他列为清代传道儒者的第一人。尊崇朱熹的清廷自然对陆陇其青眼有加，乾隆元年（1736）追谥清献，加赠内阁学士兼礼部侍郎衔，并将其列为清代从祀孔庙的第一位儒家学者。

陆陇其的《论语》研究成果收入他的《四书》著作中，包括《增订四书大全》《四书讲义困勉录》《松阳讲义》三书。《四书讲义困勉录》三十七卷，其中《论语》二十卷，引诸家之说不下数十家，但都断以朱子之论，哪怕是与朱子并列的程子，在陆氏看来也与朱子不在一个层次。《论语·先进》载有季路问事鬼神，孔子答以"未能事人，焉能事鬼？"季路再问死，孔子答以"未知生，焉知死？"对这段记载，朱熹、程颐和陆陇其的注释分别如下：

> 问事鬼神，盖求所以奉祭祀之意。而死者人之所必有，不可不知，皆切问也。然非诚敬足以事人，则必不能事神；非原始而知所以生，则必不能反终而知所以死。盖幽明始终，初无二理，但学之有序，不可躐等，故夫子告之如此。
>
> 昼夜者，死生之道也。知生之道，则知死之道；尽事人之道，则尽事鬼之道。死生人鬼，一而二，二而一者也。或言夫子不告子路，不知此乃所以深告之也。①
>
> 就道理上看，则理一而分则殊，分殊而理则一。就学者说，则由明而幽，由始而终者，学之序，尽事人之道，则尽事鬼之道；知生之道，则知死之道者。学之一，各兼两项。

---

① ［宋］朱熹：《四书章句集注·论语集注》，北京：中华书局，1983年，第125页。

> 朱子意重有序边，程注专就合一处说，故在圈外。……毕竟依朱子解为妥。①

朱熹和程颐都承认生之理与死之理并无异，均遵循一理，即"事人"与"事鬼"两者相通，但朱熹强调学有先后次序，不能僭越，所以孔老夫子不告诉弟子季路，而程颐认为两者完全是"一而二，二而一"，所以孔子的回答其实已经很清楚了。两人的见解，根本立场一致，朱熹为孔子不作答给出了"学之有序，不可躐等"的理由，而程颐的解释则直截了当，两说原本没有明显的高下之判。如果细究，"事人之道"既成，当尽"事鬼之道"，然而《论语》中并无孔子"事鬼"的记载，相形之下，程颐的解释简单直接，反而没有留下什么把柄。然而在陆陇其眼里，却将"专就合一处说"的程注指为尚"在圈外"，这就过于抬高朱子、贬抑程子了。

对待程颐尚且如此，与程朱相对立的陆王更遭陆陇其严厉斥责了。《松阳讲义》十二卷，其中《论语》从卷四至卷十共计七章，对阳明心学常有口诛笔伐。卷五称："自明季王阳明一脉学问兴，都谓真知之外更别无知，此自夫子欲扫去闻见话头，而反以朱注为支离。此等邪说，今日学者不可染一毫在胸中。"直接定性阳明之学为"邪说"。卷六称："皆因姚江之学兴，谓圣门自有一派直捷工夫，故每将颜子、子贡看作两条路上人。谓颜子在心地上用功，子贡只在知见上着力，真谬论也。"贬低

---

① ［清］陆陇其：《四书讲义困勉录》卷十四，《景印文渊阁四库全书》第209册，台北：台湾商务印书馆，1986年，第354页。

阳明之学为"谬论"。卷七又称："明季姚江之学兴，谓良知不由闻见而有，由闻见而有者落在第二义中，将圣门切实工夫一笔扫去，率天下而为虚无寂灭之学，使天下聪明之士尽变为不知妄作之士，道术灭裂，风俗颓弊，其为世祸，不可胜言。"抨击阳明之学为"世祸"。陆陇其释《论语》犹不足以表达他对阳明心学的痛恨，又专作《学术辨》三篇痛批之，言辞激烈、火力猛烈，指责王氏之学"以禅之实，而托儒之名"，导致流毒天下，"学术坏而风俗随之，其弊也至于荡轶礼法，蔑视伦常，天下之人恣睢横肆，不复自安于规矩绳墨之内，而百病交作"，进而断言明之亡，"不亡于寇盗，不亡于朋党，而亡于学术"，这里的"学术"当然是指阳明心学。①

陆陇其虽然一生以维护朱熹为己任，但实际上他对朱熹的观点也有所修正。《四书讲义困勉录》卷十六称："情与理必相准。天理内之人情，乃是真人情；人情内之天理，乃是真天理。天理外之人情，非人情也；人情外之天理，非天理也。"这段言论，较之朱熹"人欲净尽，天理流行"的极端之说，就要持中平和得多了。故梁任公《中国近三百年学术史》既称赞陆陇其"人格极高洁，践履极笃实，我们对于他不能不表相当的敬意"，但又指出他"门户之见最深最严"，"天分不高，性情又失之狷狭……所以日以尊朱黜王为事"，阐朱而必斥王的客观后果，就是为假道学利用，借以高调骂人，遮掩己之昏昏，"不独清代学界之不幸，也算稼书之不幸哩"。

---

① [清]陆陇其：《学术辨及其他二种》，王云五主编：《丛书集成初编》第671册，上海：商务印书馆，1936年，第1—2页。

第四节　考据学风与《论语》研究

由于朝廷厉行文化高压政策,酷烈的文字狱令诸多士人不敢置喙现实政治,再加上清初学者力辟王学末流的空疏习气,学者延续顾炎武、阎若璩等重视实证的路径,日益注重训诂文字之学,形成盛极一时、为考据而考据的学风,汉学的地位也相应水涨船高。就整个清代而言,注重考据的《论语》研究,相关著述的数量最多,质量也较高。

一、朴学开山阎若璩

阎若璩(1636—1704),字百诗,号潜丘,山西太原人,侨居江苏淮安,出生于书香世家,幼年迟钝,但勤学不辍,潜心钻研经史,终成一代考据名家。阎若璩的科试之路并不顺利,乡试多次落第,1678年赴试博学鸿词科仍然不中,但他博物洽闻的名声日显,与鳞集京城的名流学者顾炎武、顾祖禹、万斯同、胡渭、汪琬等互相论学,后应内阁学士徐乾学之邀修纂《大清一统志》《资治通鉴后编》。弥老之时,应皇四子胤禛(即后来的雍正帝)手书相邀,兼程至京,后因病卒于京师,胤禛亲制诗四章,据《清史稿》卷四百八十一《阎若璩传》所载，其中一篇称"读书等身，一字无假，孔思周情，旨深言大"。

清王朝历经初期的满汉对立后，政权逐渐稳固，思想界也从清初反对空谈、注重经世的学风，转为重视汉学、考据学，其中代表人物之一就是阎若璩。阎若璩治学严谨，淹贯经史，事必求根柢、言必求依据，且善于思考，主张读古书要大胆怀疑，又推崇汉代经师，是清初著名的朴学大师，故江藩的《汉学师承记》不列毛奇龄，而推阎若璩为清代汉学家第一。其主要代表作之一《尚书古文疏证》八卷，力辨东晋梅赜所献《古文尚书》及孔安国传为伪作。梅氏所献《古文尚书》的真伪问题，是经学史上一大公案，宋朝吴棫《书稗传》始疑其伪，朱熹及其门人蔡沈也从文字难易角度有所怀疑，明人梅鷟著《尚书考异》提出不少确凿证据，顾炎武也有怀疑但没有擅作定论，直到阎若璩作《尚书古文疏证》，以考据方法全方位抉发《古文尚书》的罅漏，梅氏《古文尚书》为伪遂被有清一代学界视为定谳。①

历代以来，研习《四书》者多不谙地理，以致乖误经义，于是精擅地理的阎若璩专撰《四书释地》，从历史地理的角度展

---

① 近年来关于清华简的整理研究工作表明，东晋《古文尚书》很大可能是伪作，但仍有不少学者坚持《古文尚书》的真实性，如杨善群认为阎若璩的考据似是而非，具有欺骗性，并指出清华简中不存在真正的《古文尚书》（参见氏著：《〈"伪古文《尚书》"真相〉序言》，《淮阴师范学院学报》2019 年第 2 期；《评阎若璩考据的欺骗性——〈尚书古文疏证〉综合研究》，《史林》2016 年第 1 期）。郭沂认为郭店竹简引用多条见于今传《古文尚书》的材料，说明《古文尚书》不假（参见氏著：《郭店竹简与中国哲学（论纲）》，《郭店楚简国际学术研讨会论文集》，武汉：湖北人民出版社，2000 年）。郑杰文、丁鼎、陈以凤等学者也有支持东晋《古文尚书》为真的说法。

开研究。释地又必然牵涉人名、器物、典制、史实等，于是阎若璩又著《四书释地续》《四书释地又续》《四书释地三续》，总称《四书释地》，但最后都落脚于经义的解释考辨。如叶为楚邑名，《论语·述而》载"叶公问孔子于子路"，《论语·子路》载"叶公问政"，叶公即楚人沈诸梁，受封于叶，《四书释地续》云："叶，楚县名，故城距今南阳府叶县治二十里。中有沈诸梁祠，有方城山。"又引《括地志》称："楚尝争霸中国，连山累石于此，以为固，号曰'方城'，一谓之'长城'，盖春秋时楚第一重地也，宜以沈诸梁填抚焉。"① 叶邑所在位置，历代学者早已指出，《左传》宣公三年称"叶，楚地，其古城在今河南省叶县南三十里"，《汉书·地理志》称"南阳郡，叶，楚叶公邑"，阎若璩在此基础上，得出叶邑即清代南阳府叶县的结论，令人信服。

又《论语·宪问》载："问管仲。曰：'人也。夺伯氏骈邑三百，饭疏食，没齿无怨言。'"伯氏是齐国大夫，骈是其采邑，"三百"之数，何晏、孔颖达均释为三百家，朱熹《论语集注》引《荀子·仲尼》"与之书社三百，而富人莫之敢拒"，认为是同一桩事，说明朱熹视"骈邑三百"与"书社三百"当同义。阎若璩则进一步剖明"三百"的确切含义，《四书释地》称："《索隐》曰：'古者二十五家为里，里各立社，书社者，书其社之人名于籍。……'则书社三百，乃七千五百家。"② 阎若璩

---

① ［清］阎若璩：《四书释地续》，《景印文渊阁四库全书》第210册，台北：台湾商务印书馆，1986年，第345页。
② ［清］阎若璩：《四书释地》，《景印文渊阁四库全书》第210册，台北：台湾商务印书馆，1986年，第328页。

又进一步推断，《史记·孔子世家》载有楚昭王"将以书社地七百里封孔子"之说，朱熹怀疑"七百里"过巨，殊不知这并不是"三百步为里"的"里"，而同样是"里社"之"里"，故"七百里"是指一万七千五百家。阎若璩的这一考辨可谓精审，彰显出其贯通汉唐诸儒经义的扎实基础。

与顾炎武以考据为手段、以致用为宗旨所不同的是，阎若璩的考据本身就是目的，他提倡对古书大胆怀疑诘难的出发点，也只是探索和恢复经籍的本来面目，即以求真为归宿，因此可以视为清乾嘉期考据学风的开创者之一。

二、吴派宗师惠栋

清人入关后展现出高明的统治手腕，恩威并济、双管齐下，怀柔如迅速开科举以收揽人心，强硬如严厉推行"雉发令"。对士绅数量众多、势力强大的江南地区，则借"奏销案""哭庙案""通海案"三大案，对明中后期长袖善舞的江南士绅予以毁灭性打击，归庄就称："自陵谷变迁以来，世家巨族，破者十六七。"[①] 到康雍乾时，酷烈的文字狱更令士人噤若寒蝉，于是为考据而考据的汉学大盛，涌现出吴派、皖派和扬州学派，其中不乏大师级学者，惠栋即是其中之一。

惠栋（1697—1758），字定宇，号松崖，江苏吴县（今属江苏苏州）人，是吴派经学的奠基人。惠栋家学渊源深厚，四世传经，祖父惠周惕、父亲惠士奇都是经学名家。惠栋继承了

---

① ［明］归庄：《归庄集》卷三《王奉常烟客先生七十寿序》，北京：中华书局，1962年，第251页。

"尊古而信汉"、推崇古义的家学特点,并进一步发扬光大,形成吴学派别。惠栋治学于经史诸子熟洽贯串,尤邃于《易》,主要方法是搜辑汉儒师说,从文字音训入手钩稽经义,倡言述而不作、不妄下己断,对汉儒的尊奉甚至到了泥古、佞古的盲从程度,所著《古文尚书考》,佐助阎若璩之说更加绵密。钱大昕对惠栋的评价较高,认为即便在汉儒中,惠栋排名也较高,《清史稿》惠栋本传载钱氏言称:"宋、元以来说经之书盈屋充栋,高者蔑古训以夸心得,下者袭人言以为己有。独惠氏世守古学,而栋所得尤精。拟诸前儒,当在何休、服虔之间,马融、赵岐辈不及也。"

惠栋著有《九经古义》十六卷,末卷为《论语古义》,约5000字,辑出《论语》56条加以训解,篇幅虽然不长,却很能彰显惠栋的治学理念和方法。《论语古义》开宗明义,于《述首》即强调对汉儒师说的重视,"汉人通经有家法,故有五经师。训诂之学,皆师所口授,其后乃著竹帛,所以汉经师之说,立于学官,与经并行。五经出于屋壁,多古字古言,非经师不能辨。经之义存乎训,识字审音,乃知其义",汉儒之说不可轻易否定,因为五经多古文字,唯有口耳相传的汉儒才能训诂解读,后人穷经也要从音韵学入手,"是故古训不可改也,经师不可废也",惠栋崇尚汉学和汉以前经典的取向不言而喻,称之为墨守也不为过。当然,惠栋见闻广博,考订古字古义时引经据典,避免臆断,在资料占有方面显示出精深功力,这使得惠栋的《论语》研究具有鲜明的朴学特征。

惠栋认为孔子就是"述而不作"的典型代表,他举证《论语》中有许多"述而不作"的例子,"《乡党》一书,半是《礼经》；《尧曰》数章，全书《训典》。……'出门如见大宾，使民如承大祭'，此胥臣多闻之所述也。'视其所以，观其所由，察其所安'，此《文王官人》之所记也。'克己复礼为仁'，《左氏》以为古志。'己所不欲，勿施于人'，《管子》以为古语。'参分天下而有其二'，《周志》之遗文也。'陈力就列，不能者止'，周任之遗言也"。在惠栋眼里，《论语》所载孔子的言论，很多都可以从孔子之前的古经传、古文献中觅得出处，所以圣人并无空言，只是"经传散佚，不能一一举之耳"。① 这可以说是惠栋秉持鲜下己意但缀次古义的原因所在。要指出的是，鲜下己意并不意味着惠栋没有自己的观点和立场，恰恰相反，惠栋一直坚持自己的独立判断，《论语·述而》载孔子有一次生病，子路请求为他祈祷，孔子不置可否地反问是否有这回事，子路郑重其事地称："有之；《诔》曰：'祷尔于上下神祇。'"诔，朱熹《论语集注》称"诔者，哀死而述其行之辞也"，释为记述生平以纪念死者的文辞，但是孔子当时只是患病，并未亡故，因此这一解释显然是有问题的。惠栋从文字训诂入手，指出诔为"祷篇名"，并征引《说文》和郑玄注《周礼》加以考析，得出诔字古文本作讄的结论，意思是累功德以求福，"《说文》引作讄，云：'累功德以求福，从言，累省声。'郑氏《小宗伯注》云：'讄曰，祷尔于上下神祇。'则知古文《论语》，本作讄"。② 要说明的是，明末清初的王夫之早就在《四书稗

---

① [清] 惠栋：《九经古义》册二，王云王主编：《丛书集成初编》第 255 册，上海：商务印书馆，1937 年，第 180 页。
② [清] 惠栋：《九经古义》册二，王云王主编：《丛书集成初编》第 255 册，上海：商务印书馆，1937 年，第 174 页。

疏·论语上篇》中指出,诔当为讄:"按《说文》,此诔字当作讄……许氏曰:'祷也,累功德以求福。'"可惜王夫之时处僻山,著述后又遭清廷禁印,影响不显,因此惠栋当不清楚王夫之已有解释,两人可谓所见略同。

惠栋治学虽有泥古之嫌,但他以广引典籍、搜求古义的方法,考镜孔子原意,寻溯孔子所据前贤之意,实际上是对朱熹所代表的宋儒所强调之义理的一种委婉批评。毕竟宋儒所强调的义理,只是宋儒心中的义理,未必是孔子和孔子所据前贤的义理,从这个角度看,学者认为惠栋"纯学术的字句解释背面并不等于没有求取新生的启蒙号角"①,诚然是有道理的。

三、游离汉宋的崔述

崔述(1740—1816),字武承,号东壁,直隶大名府(今河北大名)人,乾隆二十七年(1762)与弟弟崔迈双双中举顺天府乡试,但会试屡屡空手,不得已教书谋生。嘉庆元年(1796),崔述应试吏部充任福建罗源县知县,数年后返乡,病逝于家。崔述生前在乾嘉时代寂寂无闻,去世后他的弟子陈履和将其著述刊刻成书,直到20世纪初,日本学者开始关注崔述,再经刘师培、胡适、顾颉刚等学者宣扬,崔述著述遂在国内引起重视。

崔述是清代中期不无特殊的一位学者,他读书治学以疑古著名,由疑古书而疑及古事。近人对他的评价褒贬不一,胡适、钱玄同、顾颉刚等学者评价较高,尤其是顾颉刚在指出崔述不

---

① 李开:《惠栋评传》,南京:南京大学出版社,1997年,第385页。

足的同时,更从疑古辨伪的角度出发,不无谦虚地盛赞崔氏《考信录》,他在《与钱玄同先生论古史书》中称:"崔述的《考信录》确是一部极伟大又极细密的著作,我是望尘莫及的。我自知要好好地读十几年书,才可追得上他。"① 另一位史学大师吕思勉的评价则较低,他在《读〈崔东壁遗书〉》中称"崔氏考据之学,并无足称","虽能多发古书之误,实未能见古事之真"。②

从治学经历看,崔述一生穷治经史,却孤学无友,缺少与同辈学者的砥砺切磋,不仅与当时知名的江南考据大师殊无交游,与其他知名学者也鲜有来往,胡适在《科学的古史家崔述》一文中称,乾隆四十六年(1781)章学诚应知县张维祺之邀赴大名讲学近一年,但两人文集中都不曾提及对方。再从治学宗旨看,出身于理学家庭的崔述并没有深研义理,于是科试不利后转向经史研究,将怀疑的目标指向经之传、记,《考信录提要》卷下载崔述自称:"余少年读书,见古帝王、圣贤之事往往有可疑者,初未尝分别观之也。壮岁以后,抄录其事,记其所本,则向所疑者皆出于传、记,而经文皆可信,然后知《六经》之精粹也。"也就是说,崔述学术研究的立足点仍然是尊经,因为他认为经文没有问题,有问题的是辅翼经文的传、记、注、疏。但是,崔述在考证秦汉以来的传注之言、指出其与经文抵牾之处时,采用的并不是清中期考据学者擅长的从音韵训诂入手方法,故就学术渊源而言,崔述继承的是"宋儒的考据方法

---

① 顾颉刚:《与钱玄同先生论古史书》,《顾颉刚全集·顾颉刚古史论文集(卷一)》,北京:中华书局,2010年,第180页。
② 吕思勉:《读〈崔东壁遗书〉》,《论学集林》,上海:上海教育出版社,1987年,第177页。

和怀疑精神",但在潜意识中,"他却从未自觉地试图超越经学家派的限制"。①

在《论语》研究领域,崔述著有《论语余说》,不过该书是在《洙泗考信录》的基础上进行的。《洙泗考信录》计四卷,主要考稽孔子生平事迹,洙水和泗水原为鲁国水名,代指孔子讲学之地,崔述在书中把孔子这一儒家圣贤视为真实的历史人物,予以最大程度的还原,推翻了历代神话孔子的种种沿讹踵谬,胡适认为"崔述的《洙泗考信录》确然可算是二千年来洗刷最干净,最富于评判精神的一部孔子传"②。

对于《论语》一书,崔述用力极深,他自述其研究《论语》的历程:

> 余五六岁时,始授《论语》,知诵之耳,不求其义也。近二十,始究心书理,于《公山》《佛肸》两章颇疑其事不经,然未敢自信也。逾四十后,考孔子事迹先后,始知其年世不符,必后人所伪撰,然犹未识其所以入《论语》之由也。六十余岁,因酌定《洙泗余录》,始取《论语》源流而细考之,乃知在秦、汉时传《齐》《鲁》论者不无有所增入,而为张禹采而合之,始决然有以自信而无疑。③

崔述发蒙时就开始诵读《论语》,20岁时对《论语·阳货》所

---

① 邵东方:《崔述与中国学术史研究》,北京:人民出版社,1998年,第34页。
② 胡适:《科学的古史家崔述》,[清]崔述撰著,顾颉刚编订:《崔东壁遗书》,上海:上海古籍出版社,1983年,第994页。
③ [清]崔述:《洙泗考信余录·论语源流附考》,顾颉刚编订:《崔东壁遗书》,上海:上海古籍出版社,1983年,第407页。

载公山、佛肸召孔子前去的两章内容产生怀疑，40岁后考证确信为后人伪作，60岁后撰写《洙泗余录》时进一步确认是汉朝经学大师张禹采用了这种说法。由此出发，崔述对《论语》的篇章结构、孔子称谓、表达方式、语言风格等进行细致考辨，指出《论语》二十篇，前十篇即从《学而》到《乡党》的内容较为纯粹，后十篇即从《先进》到《尧曰》的内容较为驳杂，尤其是末五篇的可信度极低。[①] 就立场而言，崔述的《论语》研究是为了厘清圣贤之言，回到理想中的"圣人之真"，究其本质和他的学术研究一样，并没有脱出尊经崇圣的牢笼，他的辨伪信条仍然是以圣人之言为准绳，"圣人之言后世皆当尊信不疑，不必于圣人言外别立一意也"[②]。崔述在还原孔子真实面貌的同时，也处处护全孔子的圣人形象，对朱熹也刻意回护，对"近世聪明之士多尊汉而驳宋，虽朱注本无可议，亦必曲为说以攻之"[③] 的做法表示不满，甚至连汉儒也鲜有指责之语，他矛头指向的主要是当时的"讲章家"或"举业家"，认为他们舛谬百出，误人子弟。但是，崔述从疑古出发的上古史研究，对儒家学者奉为圭臬的《论语》一书所进行的逐章逐句的精审考辨，尤其是对受到历代尊崇的孔子所作的考证，客观上起到了打破圣人权威、挑战圣人迷信的效果，仅此一点，崔述的历史功绩就不容忽视。

---

① 与崔述处于同时代的袁枚、赵翼等，在彼此并无交流的情况下，也对《论语》的某些篇章提出过质疑，但只是偶尔涉及，不如崔述考订严密。
② ［清］崔述：《论语余说》，顾颉刚编订：《崔东壁遗书》，上海：上海古籍出版社，1983年，第612页。
③ ［清］崔述：《论语余说》，顾颉刚编订：《崔东壁遗书》，上海：上海古籍出版社，1983年，第615页。

第五节　今文经学与《论语》研究

清代后期，清王朝的高压统治使得社会陷入一团死水中，闭关锁国导致的颟顸无知更使得民族危机日益加剧，外侮日亟，刺激着儒家传统中的经世理念兴起，不少学者反感于乾嘉考据学不问时务的治经状况，开始思考如何改变现状。于是，随着考据学风的盛极而衰，以常州学派为代表的今文经学转向兴盛，常州人庄存与重拾《公羊传》大义，以今文观点演绎《论语》，嗣后有刘逢禄、宋翔凤、戴望、康有为等学者承其绪，形成了清代后期今文经学以《公羊》说《论语》的风气。

一、宋翔凤注重微言大义

宋翔凤（1776—1860，一说生于1777年），字于庭，一作虞庭，苏州府长洲县（今属江苏苏州）人，《民国吴县志》卷六十八上载他"少跳荡，不乐举子业"，却"嗜读古书"，如果得不到甚至"窃衣物易书"。嘉庆五年（1800）中举，此后多次参加会试皆不中，曾任湖南新宁、耒阳知县。

就家学传统看，宋翔凤受到乾嘉风气的濡染，幼时就受教于父亲宋简，日习章句训诂之学。1799年，23岁的宋翔凤随母回娘家即常州庄家，其舅父庄述祖正是常州学派创始人庄存与的侄子，"先生教以读书稽古之道，家法绪论，得闻其略"①，这或许是宋翔凤接受今文经学微言大义的开端②。此后，宋翔凤一直走考据、义理兼重的治学途径。皖派大师段玉裁的外孙龚自珍，与宋翔凤平辈相交、情谊笃厚，道光十九年（1839）有诗赠予到南方任职的宋翔凤，称道"遥怜屈贾英灵地，朴学奇材张一军"，诗后注称："于庭投老得楚南一令，'奇材朴学'，二十年前目君语，今无以易也。"③ 龚、宋相识于嘉庆二十四年（1819），当时龚自珍就赞许宋翔凤是"奇材朴学"，20 年后仍保持这一评价。

宋翔凤在《论语》研究领域的著述不少，包括《论语说义》十卷、《论语郑注》十卷、《四书释地辨证》二卷、《四书纂言》四十卷。其中最具代表性的是《论语说义》，完成于 1840 年，宋翔凤的今文学思想表现得淋漓尽致，卷十称"《论语》一书，皆圣人微言之所存"，而且孔子又作《春秋》，因此《论语》微言与《春秋》通达无滞，或者说，《春秋》毕竟是记史之作，所以其中的微言大义还要通过《论语》表达出来。《论语》载有季氏舞八佾于庭、祭祀泰山等，一般都认为是孔子对季氏僭用天子礼仪的严厉斥责，宋翔凤却别出新解，《论语说

---

① ［清］宋翔凤：《朴学斋文录》卷四《庄珍艺先生行状》，《清代诗文集汇编》第 513 册，上海：上海古籍出版社，2010 年，第 386 页。
② 常州学派素有兼采汉、宋的特点，如庄存与治经不分古今，并不专注于今文经，对古文经也有较深造诣；庄述祖同样今古文兼治，博考三代、秦汉韵文，汉学功底深厚。
③ ［清］龚自珍：《龚自珍全集》卷九，杭州：浙江古籍出版社，2014 年，第 437 页。

义》释为针对鲁僖公之子鲁文公而发。因为按《春秋》说法，鲁隐公至哀公分为三世，昭、定、哀三公为所见世，文、宣、成、襄四公为所闻世，隐、桓、庄、闵、僖五公为所传闻世，鲁僖公时王政犹明，制度犹在，所以"大夫不敢僭，四裔不敢陵"，至鲁文公时，既"薄先王之制"，又"乱继统之法"，这才有季氏礼乐征伐自大夫出的僭礼行为，故"《论语》显斥季氏，而深没文公，是《春秋》之微言也"。① 因此在宋翔凤看来，孔子贬季氏及鲁文公，正是为匡正礼制、维护等级秩序，而《论语》的写法正是孔子寓褒贬于叙事中、令乱臣贼子惧的"春秋笔法"。又如《论语·子路》载樊迟请学稼、圃，遭到孔子"小人哉"的嘲讽，而宋翔凤却将稼、圃与井田之法相勾连，《论语说义》称"一夫百亩，所以为稼；五亩之宅，所以为圃"，如此，樊迟请学稼、圃，"欲以井田之法行于天下"。这段论述从考据论证的角度看，未必研求精密，但就微言大义的阐发而言，宋翔凤确实能覃思独辟、新意迭出。

当然，宋翔凤揭橥孔子大义时，也体现出扎实的考据功底，即治学观念上宗奉今文经学，治学方法上以汉学为本。《论语》开篇称"有朋自远方来"，历代均释"朋"为友，而宋翔凤释为弟子，为此广引古籍为证。《论语说义》先引《史记·孔子世家》的记载即"故孔子不仕，退而修诗书礼乐，弟子弥众，至自远方，莫不受业焉"，指出其中"弟子至自远方，即有朋自远方来也。朋即指弟子"，又引班固《白虎通·辟雍》的记载即

---

① ［清］宋翔凤：《论语说义》，［清］王先谦编：《清经解续编》卷三百九十，上海：上海书店，1988年，第536页。

"师弟子之道有三：《论语》曰朋友自远方来，朋友之道也"，引《孟子·离娄下》的记载即"其取友必端矣"，指出两例均为"指友为弟子"。再引《周礼·大司徒》郑玄注称"同师曰朋"，引皇侃《论语义疏》所称"同处师门曰朋，同执一志曰友。朋犹党也，其为党类，在师门也"，最后得出结论："是朋为同处师门之称，此云相为党类，而来受业，故曰有朋自远方来也。"① 考论可谓严密。

还要指出的是，宋翔凤诠释《论语》时还援道入儒，孔子、老子并尊，甚至提出孔老同源说，这在清代学者中较为罕见，在《论语》诠释史上也不多见。按照胡适在《中国哲学史大纲》中的说法，"中国哲学到了老子孔子的时候，才可当得'哲学'两个字"，因此儒、道两家，自成型起即分途并立。② 而宋翔凤却在《论语说义》中考证认为，儒、道有着共同的源头，老子所学出于黄帝，黄帝所传之学正是"归藏"，"归藏"本是黄帝《易》，故"老子所述皆黄帝之说，归藏之说也"，而孔子好《易》，"则孔子赞《易》，亦多取于归藏"，由此得出"老子与孔子，道同一原"的结论。至于后世两家之所以分道扬镳，则和弟子有关，"惟孔子言诗书礼乐，所谓文章可得而闻，而道德之意，则为性与天道不可得闻。弟子述之不致，有支流之失。

---

① ［清］宋翔凤：《论语说义》，［清］王先谦编：《清经解续编》卷三百八十九，上海：上海书店，1988年，第533页。
② 学者指出，先秦诸子之说中，只有儒、道两家完成了文化上的超越突破，儒家以孔子为代表，以道德为终极关怀，实现了个体的道德自觉；道家以老子为代表，也追求个体自觉，却是以完全符合天道自然为前提的，是对儒家的全盘否定。参见金观涛、刘青峰：《中国思想史十讲》第一讲，北京：法律出版社，2015年。

老子之失，则有放者之独任清虚，即居简行简，仲弓亦言其弊，非老子之本意也"，儒家有诸经记载礼乐，流传后世不息，性与天道不可闻，虽有弟子记录，仍流于支离，而道家后人过于讲究"独任清虚"，遂绝礼乐、去仁义，于是二家分途。就道家崇尚无为而治，儒家亦持轻徭赋不扰民而言，两者是有相接榫之处，但无条件地遵循天道或者说自然，由此否定仁义甚至否定一切确定的规范，是《老子》一书反复强调的要旨，可见双方的分歧是根本性的，因此宋翔凤引《老子》说《论语》，恐怕只能限定于抽象的理论演绎方面。

二、康有为引入进化论

鸦片战争后，外侮日深，内则有太平天国割据富庶东南地多年，有识之士无不关注现实，以公羊学为理论依据，倡言变法图强。先有龚自珍启其端，《乙丙之际箸议第七》大声呼吁统治者"与其赠来者以劲改革"，不如主动进行"自改革"，再有魏源发出学习西学的时代强音，开启了近代中国睁眼看西方的新潮流。故学者指出："春秋公羊学出现在中国社会两次大转变时期，而不在其他时期。汉初出现的春秋公羊学，为第一次大转变的结尾；清末出现的春秋公羊学为第二次大转变的开头。这不是偶然的，这是因为春秋公羊学的基本精神是'改制'。"[①]再到19世纪末，康有为筹划发动对晚清中国影响深远的戊戌变法，公羊学对中国的影响达到顶峰，康有为本人也成为今文经学的最后一位大师，堪称近代中国第一次思想解放潮流的主将。

---

① 冯友兰：《中国哲学史新编》中卷，北京：人民出版社，2001年，第100页。

康有为（1858—1927），原名祖诒，字广厦，号长素，广东南海人。康有为曾师从尊崇宋学的岭南理学大儒朱次琦，受其影响也力主经世致用，后来又接受经学大师廖平的观点，由古文经学转向今文经学，一般认为康有为《孔子改制考》和《新学伪经考》就受到廖平《知圣篇》和《辟刘篇》启发[1]。和其他同时代的学者相比，康有为的最大优势之一在于较早接受西方学理。据《康南海自编年谱》，光绪五年（1879），康有为游历香港，目睹整洁道路和良好秩序，深感"西人治国有法度，不得以古旧之夷狄视之"，尤其是光绪八年（1882）去北京参加乡试南归经上海，又至租界游观，"益知西人治术之有本"，同时购入大量声、光、化、电等西学书籍，回家后"自是大讲西学"。[2] 康有为初入香港的1879年，正是首任驻英、法公使郭嵩焘自伦敦卸任回国之日，郭嵩焘是超越时代的先行者，屡屡遭受顽固派的攻击，黯然归国后只能称病回籍，可想而知在当时认可西学需要极大的勇气。因此，康有为接触西学时，正是国人依然拒斥西学的历史时期。当其他人都对西学不屑一顾时，康有为却如饥似渴地阅读西方书籍，这自然使得康有为的眼光见识高出同侪，以致日陷"数百年无用旧学"的梁启超一见之

---

[1] 梁启超清晰指出了双方之间的异同，称："康先生之治《公羊》治今文也，其渊源颇出自井研（即廖平），不可诬也。然所治同，而所以治之者不同。畴昔治《公羊》者皆言例，南海则言义。惟牵于例，故还珠而买椟；惟究于义，故藏往而知来。以改制言《春秋》，以三世言《春秋》者，自南海也。"参见梁启超：《论中国学术思想变迁之大势》，汤志钧、汤仁泽编：《梁启超全集》第三集《论著三》，北京：中国人民大学出版社，2018年，第100页。
[2] 《康南海自编年谱》，《中国近代史资料丛刊·戊戌变法（四）》，上海：上海人民出版社，1957年，第115—116页。

下，如"冷水浇背，当头一棒"①，遂以举人身份拜康有为为师。

在康有为之前，古今文经之争两千余年，但双方都在圣贤之道里面打转，其中偶有卓见、跳出牢笼的学者如李贽，可惜受时代局囿难以创出新的格局，而康有为明面上仍然高举孔圣旗帜，实则接驳西学，引入新的理论资源，一时领风气之先，对中国社会的近代化历程起到了重要的推动作用。当然，康有为接受的西学较为庞杂，其中最成体系的要数进化论，以及平等自由的政治思想，他的《论语注》二十卷同样体现出这些要旨。

《论语注》一书撰成于1902年（刊刻于1917年），在此之前，康有为对进化论思想早有研读，又受严复译述《天演论》影响深巨，再经戊戌变法失败后辗转诸国，对西方思想了解益深，因此书中融合中西的三世进化说随处可见，典型如《论语注》卷二所载：

> 《春秋》之义，有据乱世，升平世，太平世。子张受此义，故因三世而推问十世，欲知太平世之后如何也。……观夏、殷、周三统之损益，亦可推百世之变革矣。孔子之为《春秋》，张为三世：据乱世则内其国而外诸夏，升平世则内诸夏外夷狄，太平世则远近大小若一。盖推进化之理而为之。孔子生当据乱之世，今者，大地既通，欧美大变，盖进至升平之世矣。异日，大地大小远近如一，国土既尽，种类不分，风化齐同，则如一而太平矣。

---

① 丁文江、赵丰田编：《梁启超年谱长编》，上海：上海人民出版社，2008年，第16页。

> 升平世则行立宪之政，太平世则行共和之政。天下为公，尊贤使能，讲信修睦，人不独亲其亲，子其子，老有终，壮有用，幼有长。货恶弃地，不必藏于己，力恶不出，不必为己。人人共之以成大同，故端拱而致太平，如北极不动，而众星共绕而自团行也。①

据乱、升平、太平三世说，由《公羊传》发明，经东汉今文学家何休演绎后，历代不乏学者发挥，尤其成为今文学家批评现实社会的利器之一，但是康有为更加大胆，他不仅把三世说的历史轨道拉长，称孔子处于据乱世，自己处于升平世，未来则是太平世，掩盖了三世说原有的不断循环的弊端，使其与进化论顺理成章地水乳相融，更直接把升平世说成"立宪之政"，把太平世说成"共和之政"，甚至煞费苦心，把太平世和"共和之政"与孔子著名的大同说并列，因此可以说，康有为的《论语》诠释是完全服务于他的改制维新立场的。

学者钱穆有言，一国的政治制度必须得"自根自生"，"纵使有些可以从国外移来，也必然先与其本国传统，有一番融和媾通，才能真实发生相当的作用。否则无生命的政治，无配合的制度，决然无法长成"。② 诚然，中西方有着截然不同的国情和历史发展道路，因此西方的一些政治理念和制度很难照搬到中国社会，出于国人难以接受西学政治理论的考虑，康有为打

---

① 康有为著，楼宇烈整理：《论语注》卷二，北京：中华书局，1984年，第27—28、17页。
② 钱穆：《中国历代政治得失·序》，北京：生活·读书·新知三联书店，2001年，第1页。

出孔子改制的招牌来推动维新，可以看成是"一位从折衷中西思想中从事儒学现代化伟业的思想家，也是一位从儒家新解释中努力调融中西思潮的学者"①，"是近代中国尝试着使传统文化，特别是儒家孔孟学说，向近代转化、为近代社会服务的第一位探路人"②，后人对他这份良苦用心当有足够的理解同情。只不过，康有为或许忽略的是，西方社会不少政治理念确为中国传统社会所阙如，一定要嫁接到中国传统，就只有削足适履、武断臆测，再加上康有为对西学一些基本概念和学理的理解并不深入，遂导致他的一些论断实在过于牵强。例如《论语注》卷十五把西方的君主立宪制说成"孔子预言之大义"，《论语注》卷三把议院制说成"真孔子意哉"，牵强附会色彩一目了然，令思想不断前进的梁启超30岁以后绝口不提"伪经""改制"之说，更在《清代学术概论》中直言不讳地称："实则其主张之要点，并不必借重于此等枝词强辩而始成立，而有为以好博好异之故，往往不惜抹杀证据或曲解证据。"在梁任公看来，康有为费尽心思所阐述的诸种学理，完全没必要借助传统儒家之说，这只会使他的理论牵强附会，所以萧公权认为，康氏并没有求真的追求，"在康之心目中客观并无了不起的学术价值，历史也并无学术研究的实质意义"③。

---

① 黄俊杰：《从〈孟子微〉看康有为对中西思想的调融》，《近世中国经世思想研讨会论文集》，台北："中央研究院"近代史研究所，1984年，第578页。
② 楼宇烈：《康有为与儒学的现代转化》，中国孔子基金会编：《孔子诞辰2540周年纪念与学术讨论会论文集》，上海：生活·读书·新知三联书店上海分店，1992年，第2149页。
③ 萧公权著，汪荣祖译：《康有为思想研究》，北京：新星出版社，2005年，第52页。

第十章
调和中西：民国《论语》学

1911年10月10日晚，武昌新军打响了武昌起义的第一枪，辛亥革命就此爆发。1912年1月，深孚众望的革命领袖孙中山在南京宣誓就任临时大总统，中华民国正式成立，成为亚洲历史上最早的共和国之一。从思想文化的角度看，民国和晚清时期不无相似之处，均呈现出东西方文化缠绕交织、碰撞交融的复杂景象，只不过，晚清时期的中国本土文化基于数千年的深厚积累和沉淀，在面对西学的正面挑战时仍然持固守态度，双方形成对峙局面，而民国则是现代学术的形成和建立时期，引入西学、融合西学基本成为整个社会的共识，"'中西学术交融'是五四时代学术进步的真谛"①。包括自然科学和社会政治学说在内的西学大量涌入中国，各种新观念和新理论接踵而至、层出不穷，对中国本土的学术思想产生了重要影响。《论语》学以记载孔子言行的《论语》为研究对象，属于最为纯粹的传统文化，民国又是一个科举制废除后传统经学不断衰落的时代，但随着西学资源的引入，民国学者在对古代《论语》学研究予以系统总结的同时，更尝试运用新视角、新理论、新方法去研究《论语》，这就使得这一时期的《论语》学研究呈现并存新旧、调和中西的近代面貌。

---

① 陈其泰：《"古史辨派"的兴起及其评价问题》，《中国文化研究》1999年春之卷。

第一节　西学激荡下的民国《论语》研究

从两次鸦片战争一直到新文化运动，中国人学习和认识西学经历了如梁任公所概括的三个时期，第一期"先从器物上感觉不足"，第二期"是从制度上感觉不足"，第三期"便是从文化根本上感觉不足"。① 换言之，西学影响中国是一个由表及里、逐层深入的渐进过程，由"器物"而"制度"再及"文化"，这里的"文化"，可以理解为包括价值观念、审美情趣、思维方式等在内的心态文化层。两次鸦片战争以后，以声光电化为主要内容的西方自然科学体系开始进入中国，戊戌变法以后，西方的政治、法律等社会学科又大量涌入中国，再到民国早期，西方的整个学术制度和学科体系都被搬到中国，如大学设立文理各系、学术刊物的编辑出版、学术团体的建立发展等，都对中国本土以儒学为主导的传统旧学造成巨大冲击，《论语》学自然也在其中。具体而言，随着清末科举制的废除、民初学校读经科目的废止，包括《论语》在内的儒家经典丧失了在官员选

---

① 梁启超：《五十年中国进化概论》，汤志钧、汤仁泽编：《梁启超全集》第十一集《论著十一》，北京：中国人民大学出版社，2018年，第404—405页。

拔考试和教育体系中的独尊地位，恢复了作为记载孔子和门下弟子言行第一手资料的本来面貌，日益成为人们研究孔子生平和思想的最重要史料之一。

自汉代儒学经学化，儒学或者说经学成为官员选拔考试的主要内容，直到 1905 年废除科举制。之所以废除科举，是因为科举考试以程朱理学家的观点为标准答案，禁锢人心、扼杀思想。但作为一种选拔官员的考试制度，就程序而言，科举制本身是有存在理由的。科举制的真正弊端在于官方对考试内容和答案的强行规定，因此单单废除科举制并未从根本上解决问题。再到 1912 年 1 月中华民国临时政府成立，由蔡元培任总长的教育部颁发《普通教育暂行办法》，其中明确规定"小学读经科一律废止"，同时颁发的《普通教育暂行课程标准》也规定初等小学校、高等小学校、中学校一概废止"读经"课程，如蔡元培所称："普通教育废止读经，大学校废经科，而以经科分入文科之哲学、史学、文学三门，是破除自大旧习之一端。"① 至此，儒学完全失去了官学地位，包括《论语》在内的四书五经不再成为莘莘学子的必读教材。当然，仍然有一些学者认为读经自有裨益，主张恢复读经课程。后袁世凯试图复辟帝制，在他的授意下，北洋政府积极推行以复辟为目的的尊孔读经，遭到社会各阶层的坚决反对和抵制。新文化运动兴起后，更对传统儒学中的"忠君""尊孔"内核予以猛烈批评，在很大程度上清算了传统经学明尊卑、别上下的糟粕内容，重振经学的声音从

---

① 陈学恂主编：《中国近代教育史教学参考资料》中册，北京：人民教育出版社，1987 年，第 142 页。

此在中国社会中日趋微弱。

　　当然，民国学者所奋力攻击的经学和孔子，只是作为专制统治者借以利用的工具和树立的偶像，这正如李大钊所指出的那样，"掊击孔子，非掊击孔子之本身，乃掊击孔子为历代君主所雕塑之偶像的权威也；非掊击孔子，乃掊击专制政治之灵魂也"①。张申府在1937年反思五四时期最流行的口号之一即"打倒孔家店"时，提出至少"应下一转语"，即"救出孔夫子"。②至于经学本身和孔子本人当然是学界的重要研究对象，儒学毫无疑问是中国传统文化最核心、最重要的组成部分，孔子的巨大人格魅力、学术贡献和学术精神也仍然为后人所景仰。因此新文化运动以后，学者对待传统儒学的态度，大体上可以分成两大类：一类是固守本土文化，对传统儒家持珍重态度，并孜孜于经学研究领域，成为传统文化的忠实守护者；另一类是借西学审视儒学，运用西方的治学方法和理念去研究经学，同样取得了不逊于前者的成就。

　　民国时期的《论语》学研究也大体如此。根据黄立振、严茜子两位学者主编的《孔孟研究书目选编》，除大量刻印前代学者的著述外，属于民国学人编写、撰写的《论语》著述约有80种。③还有学者根据《民国时期经学丛书》的总目录，统计出《论语》学和《四书》学著述共计68部，其中38部是专门

---

① 李大钊：《自然的伦理观与孔子》，《李大钊全集》第一卷，北京：人民出版社，2006年，第247页。
② 张申府：《什么是新启蒙运动》，北京：生活·读书·新知三联书店，2015年，第6页。
③ 参见黄立振、严茜子：《孔孟研究书目选编》，曲阜师院孔子研究所，1984年。

注释研究《论语》的著作，数量超过一半。[1] 就出版时间看，20世纪20年代、30年代和40年代是出版《论语》著述相对较多的时期，尤其是30年代，这和南京国民政府期间，蒋介石倡导以礼义廉耻为核心的新生活运动有着一定关系。1934年南京国民政府明令祭祀孔子，教育部还强制要求小学生学习文言文并读经，由此引起一股著述孔子《论语》的热潮。就内容上看，民国时期的《论语》著述主要可以分两大类，即立足经学传统的《论语》著述和融合西学的《论语》著述。经学作为官方的主流意识形态，毕竟在传统社会中绵延传承近两千年，体系宏大繁密，而且，经学化的儒学与政治彻底脱钩后，重新恢复了学术本色，反而有利于儒学的长远发展，因此以注疏为主要手段的经学研究学术范式，仍然对一部分民国学者有着重要影响力，这方面的代表性著作如简朝亮的《论语集注补正述疏》、杨树达的《论语古义》《论语疏证》、程树德的《论语集释》和章太炎的《广论语骈枝》等。

融合西学的《论语》著述首先表现为用白话文撰写相关著述。白话文取代文言文，有助于向下层民众普及教育，更好地实现启迪民智的目标，因此在戊戌变法前后，就有不少有识之士大力倡导。[2] 五四新文化期间，胡适在《新青年》上发表

---

[1] 参见张念：《民国〈论语〉注本注释研究——以三家典型注本为例》，南京师范大学2016年硕士论文，第13页。《民国时期经学丛书》由林庆彰教授主编，台湾文听阁图书有限公司出版，共有六辑。

[2] 如举人裘廷梁1898年5月创办的《无锡白话报》就是当时影响较大的白话报刊，他创办白话报刊的宗旨是"谋大计，要当尽天下之民而智之"，而要启蒙开智，首要者办学校，其次为阅报，然而文言报一般人无法阅读，所以办报"必自白话始"。此后，刘师培、梁启超等知名学者都肯定了白话文有助于向下层民众普及教育、推动中国社会进步的重要作用。

《文学改良刍议》，呼吁用白话文取代文言文，1918年1月开始，《新青年》改用白话文和新式标点，并刊发鲁迅的白话文小说《狂人日记》，此后白话文逐渐呈燎原之势，并得到官方认可，成为学校教育的通用语言。《民国时期经学丛书》的38部《论语》学著述中，文言文有19部、白话文有18部，还有一部是英文。白话文版《论语》和《四书》的阅读难度大大降低，迎合了普通民众了解传统文化的需求，因而流行一时，广受市场欢迎。1914年，山东历城县（今属济南市历城区）文人江钟秀为进一步捧红年仅7岁、已经有神童之称的儿子江希张，以"山东历城童子江希张注"之名出版《四书白话解说》丛书，果然一炮而红，印行百万部。到30年代，眼界大开的江希张从海外回国后，对前作并不满意，于是重新完成《四书新编》，再次引起轰动。1946年，上海广益书局刊行张兆璿、沈元起所作的《批点注解白话论语读本》，书中肯定孔子一生功绩，称之为大教育家、大政治家、大哲学家，文字简洁晓畅，有助于普通读者对《论语》的阅读和理解，因而受到市场的欢迎，出版后数次翻印。

更多的《论语》研究成果则是吸收西学，为我所用，或者说是借西学审视本土文化的产物。清末民初，以拓取和研究奴儿干永宁寺碑文著称的东北史学者曹廷杰，在甲午战争前思想较为激进，力主抗俄，甲午战争后趋向保守，以孔孟之道附会西方公法，声称孔孟"忠恕"即"公法之源"，辛亥革命后出版《论孟类纂提要》和《论语类纂》，将《论语》二十篇重新编排，按类分纂为七门，这一举措和初唐王勃的《次论语》有相通之处。在内容方面，曹廷杰试图融汇东西，既声称三纲五常"断不可废"，又倡导共和政体，"阐孔孟好恶同民之心，于政治一门特加解释，期符共和宗旨"。① 另一位学者杨昌济任北京大学伦理学教授之前，曾在湖南公立第一师范学校主讲修身科，课程讲义在1914年以《论语类钞》之名出版，全书引入斯宾塞、海尔巴德（赫尔巴特）、根德（孔德）、梭格拉第（苏格拉底）、柏拉图、毕士马克（俾斯麦）等多位西方学者的观点，故刊行该书的长沙宏文图书社负责人黎锦熙评论称"旁征泰西教理学说"。杨昌济的理念也具有融合中西的显著特点，他撰千余字解读《论语·子罕》"三军可夺帅也，匹夫不可夺志也"句，认为拥有坚强意志者，对自己"能抑制情欲之横在"，对社会"能抵抗权势之压迫"，指出个人修身立德在社会层面所面临的压力；又指出人属于社会，当为社会谋利益，如果个人利益与社会利益冲突，可以牺牲个人利益，但"牺牲己之主义不可也"，如此，"不肯抛弃自己之主义，即匹夫不可夺志之说也"，为个人道义追求注入了信仰某种主义和学理的现代因素。②

从学术史的角度看，民国受西学影响最深远的，莫过于现代学科体系的相继创建，由此实现了传统学术向现代学术的转型。从晚清开始，西方自然科学知识引入国内，国内知识分子开始了解西方的数学、物理、化学、生物等自然科学，并主动出国留学，特别是留学日本。在回国留学生和外国学人的共同努力下，到民国时，包括文学、历史、哲学、政治、法律、经济等在内的社会科学各学科也基本建立起来，这就为民国时期的《论语》学研究提供了与传统经史视角迥异的研究视角。民

---

① 曹廷杰著，丛佩远、赵鸣岐编：《曹廷杰集》，北京：中华书局，1985年，第325、288页。

② 王兴国编：《杨昌济文集》，长沙：湖南教育出版社，1983年，第67、70页。

国时期有关《论语》学研究的更多成果，散见于哲学史、史学史、文学史、思想史等领域的原因即在于此。尤其是西方哲学史和思想史研究方法理论的引进，对《论语》学研究有着极为重要的推动作用。胡适撰《中国哲学史大纲》、冯友兰撰《中国哲学史》后，学者开始系统运用西方哲学的理念和框架，去寻找梳理传统学术中与之类似的思想材料，这才回溯性地建构起中国哲学体系，而作为中国轴心文明时代主要代表者的孔子及《论语》，自然成为学者们重点关注和探讨的焦点。与此同时，史学史可以说是中国固有的传统学科，但是民国时期以顾颉刚为代表的一批史学家，遵循胡适提出的用科学方法去整理中国史料，大胆怀疑古史，创立古史辨派，对包括《论语》在内的儒家诸经典进行细致辨伪，成果巨大。

第二节 经学立场的《论语》研究

民国时期立足经学的《论语》著述，在体例上仍然以注疏为主，但自清代以来，跳出汉宋门派樊篱，平视诸子、包容诸家的兼容性倾向更为明显。在对待经学的态度上，述疏经学的学者与受过西学熏陶的学者有所不同，大都对正在淡化的传统文化抱有浓厚的同情和珍视情怀，视所从事的经学与传统文化研究为安身立命的对象，这类学者以简朝亮、程树德等为代表。

一、调和汉宋的简朝亮

简朝亮（1852—1933），字季纪，号竹居，少时家境清寒，但生性好古学，十余岁就通读儒家经典，后来在朋友引荐下投入世称九江先生的名儒朱次琦门下，并终生服膺朱次琦之学，与康有为并称朱门两大高徒。一生五次参加乡试均空手而归，遂绝意科考，在家乡筑读书草堂，接收周边慕名上门受业的青年。简朝亮不求闻达，设馆授徒之余，矢志于注述经典，81岁去世。一生著述颇丰，有《尚书集注述疏》《孝经集注述疏》《读书堂集》《读书草堂明诗》等，《论语集注补正述疏》为课徒时的讲稿修订而成，共十卷，每卷两篇，每篇均先誊录《论语》相关文字,次列朱熹《集注》内容,再以"述曰"字样展开对朱子《集注》的疏解。撰写全书前后历时约十年,完成于1917年前,后由门下诸弟子赞助刊行。

简朝亮一生学术宗旨的出发点是对孔子的尊奉。由此出发,简朝亮对《论语》一书高度重视,他在《论语集注补正述疏》开篇的《序》中,清晰表明了推尊孔子的鲜明立场:

> 《论语》之经,六经之精也,百氏之要也,万世之师也。所谓自生民以来未有盛于孔子也,秦虽火之,不能灭之,汉终复之。《易》曰:"复其见天地之心乎?"自汉迄宋而至于今也,为《论语》之学者,明经以师孔子也,惟求其学之叶于经而已矣,乌可立汉学、宋学之名而自画哉![1]

简朝亮认为自有生民以来,还没有学者之学可以超越孔子,即便有秦始皇燔书,但汉代即恢复孔子之学,这差不多是视孔子为后世学术之宗了,记载孔子言行的《论语》自然可以列为六经之首,是后人通过学习经典而效仿孔子的不二选择。如此,学者治学,就不应当局蹐于汉学、宋学之分,因为唯有孔门之学方是最高真理,后人治学,唯有"叶于经",叶可以解释为和洽,即不能与经书相悖,而应该以经书,或者说以孔子本人思想为准的。应该说,简朝亮尊奉孔子、不泥汉宋的倾向,继承

---

[1] [宋]朱熹集注,简朝亮述疏:《论语集注补正述疏》,北京:北京图书馆出版社,2007年,第1页。

了乃师朱次琦的风格,他在《朱九江先生年谱》中,称朱次琦不满于汉学、宋学之争,为朱熹之学遭到阳明心学、乾嘉考据学的攻讦而不平,"今之言汉学、宋学者哄之于道中,而孔子之道歧,何天下之不幸也!"解决之道就是"学孔子之学,无汉学、无宋学也,修身读书,此其实也"。① 所以民国学者、钱钟书之父钱基博对简朝亮的概括较为精辟:"所注《论语》《尚书》,折衷汉宋而抉其粹,最为次琦高弟。"②

《论语集注补正述疏》一书,常采取训诂或引史入经的方法,对朱熹原旨既引申又补正,确实有调和汉宋壁垒的显著特征。《论语·为政》称孔子"四十而不惑",朱熹《论语集注》称"于事物之所当然,皆无所疑,则知之明而无所事守矣",但"事物之所当然"仍然要归于"天道之流行"。简朝亮加以进一步解释,他先引《论语·子罕》称"可与立,未可与权",说明所谓不惑,是指"知权"即通权变。又引《礼记·内则》称"四十始仕,方物出谋发虑,道合则服从,不可则去",但这种情形并不属于不惑,"无以比方事物也",因为未能顺应其道,唯有"明其于事物之所当然,皆无所疑也",所以《论语·子罕》称"知者不惑",《孟子·公孙丑上》称"我四十不动心",这才是不惑。简朝亮又经常援史入经、以史通经,即结合史实分析经义,这使得他的述疏显得更加扎实。《论语·学而》载孔子曰:"不患人之不己知,患不知人也。"朱熹引宋儒尹焞语注

---

① 简朝亮纂:《朱九江先生年谱》,[清]朱次琦:《朱九江先生集》,桂林:广西师范大学出版社,2019年,第75页。
② 钱基博著,郭璋校订:《现代中国文学史》,武汉:华中师范大学出版社,2011年,第292页。

称:"君子求在我者,故不患人之不己知。不知人,则是非邪正或不能辨,故以为患也。"简朝亮在承认尹氏解释"是矣"的同时,认为联系上下文意,尹氏把"知人"理解为"是非邪正"的辨析,稍显狭窄,因而称尹氏之解"犹未叶焉"。紧接着简氏举以三国名臣荀彧与曹操为例,认为有王佐之才的荀彧被曹操视为张良,但最后因为反对曹操称魏公而未得善终,"卒以恨死",原因就在于"太祖知彧,而彧不知太祖",明明曹操以汉高祖自居、代汉之意路人皆知,荀彧还试图"资之以兴汉",难怪陈寿所撰的"《魏志》讥彧无先识"①,因此就荀彧的例子而言,完全称得上"知己非难,知人之难也"②。

还要指出的是,在民国时废止读经蔚为潮流的大背景下,简朝亮仍然持支持读经的立场。不过,不能据此说明他是一个顽固不化的迂夫子,恰恰相反,简朝亮是真心认同通经致用之说,他认为《论语·述而》所载的"四教"即"文,行,忠,信",具有经世致用、匡救时弊的重要作用,"其深于经者,必深于兵,四教无不神也","非四教不足以救世变交乘之乱也"。③ 因此,简朝亮对传统经学的深厚情感,在逻辑上也是可以自洽的。

二、珍视传统的程树德

自宋元至晚清,学者对《论语》进行注疏诠释的著述蔚为

---

① 《三国志·魏书》卷十《荀彧传》陈寿评曰:"荀彧清秀通雅,有王佐之风,然机鉴先识,未能充其志也。"(中华书局,2000 年,第 249 页)字面意思是肯定荀彧"机鉴先识",但结合上下文意,暗指荀彧无"先识"当可以成立。
② [宋]朱熹集注,简朝亮述疏:《论语集注补正述疏》,北京:北京图书馆出版社,2007 年,第 56 页。
③ [宋]朱熹集注,简朝亮述疏:《论语集注补正述疏》,北京:北京图书馆出版社,2007 年,第 207—208 页。

大观，降自民国，对历代的《论语》学作一全面的梳理和总结，就成学界的一大任务，完成者则是著名的法律史学家程树德。

程树德（1877—1944），字郁庭，福建福州人，10岁丧母，但少年有志，熟读经史，后中试入翰林，不愿意为宦，于是公费留学日本攻读法律。回国后担任北京大学、清华大学教授，七七事变后，隐居著述，一生著述400余万言，晚年贫病交加而终。程树德毕生从事国际法、宪法、中国法制史研究，是中国近代法律史学科的奠基人之一，所著《九朝律考》出版于1925年，与沈家本的《历代刑法考》一起奠定了中国近代法律史学的基础。1928年出版《中国法制史》，作为北京大学、清华大学法律专业研究生的教材使用。七七事变后，北京各大学南迁，包括程树德在内各大高校教授的收入时断时续，生活困顿不堪。正是在这样的背景下，已经患上血管硬化症的程树德开始了《论语集释》的撰写工作。可以说，程树德是在目难睁不能视、手颤抖不能书的风烛残年之际，自己口述、家人笔录，穷年累月"矻矻以为此者"，前后历时9年，方完成将《论语》学史上的重要作品耙梳殆尽、荟萃贯串的集成式著作，如果没有"欲以发扬吾国固有文化"即对本土固有文化的强烈认同，甚至视为安身立命之所的强烈情感，是不可能完成的。①

《论语集释》具有网罗宏富、条理明晰和立论公允的特点。②全书汇集众家著述，征引书籍多达680多种，各家文集、笔记

---

① 程树德：《论语集释·自序》，程俊英、蒋见元点校：《论语集释》，北京：中华书局，1990年，第1页。
② 参见程俊英：《程树德教授及其〈论语集释〉》，《古籍整理研究学刊》1988年第4期。

杂考、佚书残帙、碑传方志、海外典籍等多有搜集汇录，就征引之广博，是迄今为止的《论语》研究著作之最。全书内容虽然浩繁，眉目却颇为清楚，共分十门，列"考异""音读"归入训诂和文字音韵类内容，列"考证"归入考据考订类内容，列"集解""唐以前古注""集注""别解"归入不同时代的学者研究成果，列"发明"归入理学家修己处世准绳、齐家治国方法的心得之语，列"余论"归入清初汉学家无门户偏见的观点，列"按语"归入与历代学者研究成果不一致的观点和考证。如此条分缕析，读者开卷了然，还可以比较诸家疏注的高下优劣。全书虽然以"述而不作"为宗旨，但作者的立场自然呈现于各派观点的择取中，训诂考据与义理阐释并重，不受汉宋门户之见的影响，汉唐宋元明清诸儒、心学理学考据学乃至释家道家的观点都兼容并蓄，唯以确有心得、切中肯綮为标准，凡私逞意气、立论无根者概为删除，充分表现出作者治学的严谨求真态度。

应该说，程树德对宋以后各派《论语》学研究中的流弊看得鞭辟入里。对宋儒建构的理学体系，程树德予以高度评价，认为"宋儒理学为儒、释、道混合之一种哲学，本可成一家言"，自成一派，但理学家非要托为圣人之意，"但必以为直接孔孟心传道统"，反而画蛇添足，故程树德不以为然地称"余未敢信"，并反诘"一部《论语》中，何尝有一个'理'字？"朱熹的《论语集注》通篇释天为理，释天道为天理，这些"皆不免强人就我，圣人胸中何尝有此种理障耶？"同时，针对清代一些考据家如戴震、毛奇龄对朱子注释在考据层面的攻驳，程树德则为朱熹开脱，认为朱子博涉群书，"并非力不能为"，只是宋代"当时风气不尚考证",所以朱子不曾在考据领域下功夫,后人不必太过在意。又颜元、李塨师徒指摘朱熹废乱圣学,程树德认为更不足道,因为"更易经传,推翻旧说,其风固自宋人开之"。① 正是出于这样的考虑,程树德对历代《论语》诠释中的牵强附会、意气诟争之语,门户标榜、嗔心过重之言,一概摒弃不用,呈现出不分宗派、诸家并取,相对公允持平的学术立场。

不过,程树德相对持平的学术立场实际上有一个重要前提,那就是对孔子的强烈认同。在《论语集释·自序》中,程树德提及他的著书理由为"举古圣哲王所揭治乱兴亡之故",即称孔子为"古圣哲王",又在《凡例》中强烈推崇孔子,甚至多溢美之词,如"窃以为孔子之道至大,无所不包","孔子之言,俟诸百世而不惑,所以为至圣",正因为孔子之学至真至善,"圣人之言绝无流弊",所以根本不需要后人周护,"不必后人代为辩护周旋","何所用其回护耶!"最能体现程树德无比崇敬孔子心态的,是他认为《论语》中体现的若干孔子思想,即便与西方以国会制度为代表的民主政治相比,也不遑多让。

所以毫无疑问,对孔子的尊奉才是程树德的根本出发点,《论语集释》中调和汉宋、兼容各家之说只是兼而为之,或者说只是手段,调和与兼容的标准是不能谤讪孔子这一圣贤,回到孔子原旨才是最后的落脚点。明乎此,就知道程树德为什么对朱熹《集注》常有抵斥之意了。有学者对《论语集释》的按语

---

① 程树德:《论语集释·凡例》,程俊英、蒋见元点校:《论语集释》,北京:中华书局,1990年,第7—8页。

作了详细统计，721条按语中有"六分之一强"的数量是对朱子"明显有微词者"，故程著"独于朱子尤其《集注》频为批驳，即多且巨，谓其抵斥朱《注》显然属实"。① 无非是因为朱子明为《论语》注释、暗为宣扬理学主张，这在程树德眼里，分明是挂羊头卖狗肉，自然要"贬抑圣门之罪亦决不轻恕"了。可以说，程树德对孔子的尊奉完全是真心实意、发自内心深处的，而孔子就代表着中国传统文化，因此尊重孔子就是尊重中国传统文化，于是孔子和中国传统文化就成为程树德念兹在兹的安身立命之所，他不顾晚年衰病之躯、殚竭血诚于集释《论语》的内在动力也在于此。

---

① 刘斌：《民国〈论语〉学研究》，山东大学2008年博士论文，第147—148页。

第三节　新儒家的《论语》研究

新文化运动兴起，西方的新思想、新观念从此大量进入中国，在社会上掀起一股生气勃勃的思想解放潮流，以儒学为代表的传统文化受到猛烈抨击，其激进者主张全盘否定传统文化，否定孔子。[1] 这令一批同情儒家文化的学者大为不快，他们坚信儒学自有其内在的永恒价值，并仍将在中国社会中发挥重要作用，包括为中国社会的现代化进程贡献力量。这部分学者接受传统儒学的熏染，强调中国传统文化与民主、自由等现代价值观念有相接榫之处，乐观者甚至认为中国传统文化也可以内部萌出现代民主政治和现代科学，并成为引领世界的文化潮流之一。[2] 代表性学者如马一浮、梁漱溟、熊十力、钱穆、张君劢、徐复观、唐君毅、牟宗三等。新儒家学者从认同孔子的角度出

---

① 林毓生认为，"'五四'反传统主义者认为中国传统为一有机体"，因此任何反传统运动，"若有任何意义，就必须是整体性（全盘式）的"，并提出中国传统文化的创造性转化。参见氏著：《"五四"式反传统思想与中国意识的危机》，《中国传统的创造性转化》，北京：生活·读书·新知三联书店，2011年，第177页。
② 民国新儒家诸贤，都确信儒家思想文化在现代仍然起着重要作用，这一点毋庸置疑。但内部当有一界线，张君劢、牟宗三等认为必须引西方民主政治入儒家，方能弥补儒家仅能借道德限制君权专制方面的缺漏，而钱穆等虽然不反对民主政治，但认为儒家传统中自有适合中国的文化精神和优良制度，无须外铄。

发,大都承认《论语》一书的重要价值,如学者熊十力就指出《论语》一书极为可靠,"只是他闻得着的,便为记录;他所不可得闻的便不妄传",因此可从《论语》"寻玩孔子哲学思想的根柢与体系"。① 对《论语》有专门研究的,则以马一浮、钱穆等为代表。

一、马一浮据《论语》说"六艺"

马一浮(1883—1967),幼名福田,后改为浮,字一浮,号湛翁,浙江绍兴人,出生于四川成都,少时天赋卓异,读书过目成诵,清光绪二十四年(1898),马一浮参加县试,名列榜首,参加同场考试的还有周树人(鲁迅)、周作人兄弟。次年,清末曾任浙江咨议局议长、辛亥革命后被推举为浙江军政府都督的汤寿潜,非常欣赏马一浮的才华,将女儿许配给他,遗憾的是其女三年后即病逝,后马一浮立志终身不再娶。作为早期新儒家的代表人物之一,马一浮于古代哲学、文学、佛学造诣精深,又擅长书法,与梁漱溟、熊十力合称"新儒家三圣"。

和多数新儒家学者兼通西学一样,马一浮自学英语、法语、拉丁语等。1903 年,清政府派溥伦亲王率团参加美国举办的第十二届世博会,时年 20 岁、粗涉外文的马一浮被录用参加中国展馆的筹建。抵美后,马一浮苦攻英文的同时,广泛阅读西方的社会政治著作,据其日记所载,如柏拉图《共和国》、亚里士多德《政治学》、达尔文《物种由来》、弥尔《自由论》、黑格尔《历史哲学》、康德《纯理批判》、斯宾塞《社会平权论》、

---

① 熊十力:《十力语要·答李生》,长沙:岳麓书社,2011 年,第 4 页。

孟德斯鸠《万法精理》、卢梭《民约论》等书，都有过购买借阅，其阅读量之广，在同时代的知识分子中无疑属于佼佼者。马一浮还是最早自费购回马克思英文本、德文本《资本论》的人，他在光绪三十年（1904）二月初二的日记中写道："下午得英译本马格士《资本论》一册，此书求之半年矣，今始得之，大快，大快！胜服仙药十剂！予病若失矣。"回国后马一浮闭门潜修多年，声名日彰，全民族抗战爆发后，马一浮曾接受浙江大学校长竺可桢之邀，为浙大学生开设国学讲座。后应国民政府行政院长孔祥熙、教育部长陈立夫邀请，入四川创建并主持复性书院。1949年以后，任浙江文史研究馆馆长、中央文史研究馆副馆长职。

在马一浮的学术思想体系中，有一个"该摄诸学"的概念即"六艺"，是指《诗》《书》《礼》《乐》《易》《春秋》，也就是孔子之教，其庞大精微、无所不备，"一切学术之原，皆出于此"，不仅中国本土文化中的诸子之学、四部之学都涵括在内，"亦可统摄现在西来一切学术"。[①] 当然，这种统摄更多是从性德层面而言的，意思是"六艺"之道，出自人本心，"本是吾人性分内所具的事，不是圣人旋安排出来"，其实就是人内心所具之义理，非为外铄、实由内生，所以堪称圣贤血脉、人心根本。他借用黄宗羲《明儒学案·序》中所说的"盈天地间皆心也"，将自己的这一观点概括为"盈天地间皆六艺也"。[②] 而要体悟

[①] 刘梦溪主编，马镜泉编校：《中国现代学术经典·马一浮卷》，石家庄：河北教育出版社，1996年，第11、19页。
[②] 马一浮著，吴光主编：《马一浮全集》第一册（上），杭州：浙江古籍出版社，2012年，第45页。

"六艺之道"、圣人要旨，《论语》是最先着手的入德之书，因为"六艺，皆孔氏之遗书。七十子后学所传。欲明其微言大义，当先求之《论语》，以其皆孔门问答之词也"，《论语》是记载孔子言行和与子弟问答的书，自然是洞幽烛微、直抵圣人奥义的最佳对象，"据《论语》以说六艺，庶几能得其旨"，故马一浮专作《论语大义》一书。①

所谓"大义"，是指"圆融周遍之义"，与"小义"相对应，马一浮认为圣人之义其实无大小之分，但世人有贤与不肖之分，对圣人之义的理解也就有大小之别，因此马一浮著《论语大义》的目的，就是帮世人从圣人微言中钩稽出大义，助世人从文章中体悟出性道。《论语大义》共计十篇，第一篇释"诗教"，第二篇释"书教"，第三、四、五篇释"礼乐教"，第六、七篇释"易教"，第八、九、十篇释"春秋教"。马一浮指出《论语》有"三大问"，即"问仁""问政""问孝"，凡"问仁"都体现《诗》之教义，因为仁是"心之全德"，就是天理在人心的呈现，这必须由人心自然而然地发动，只要人心无私意，自然活泼泼地，"拨着便转，触着便行"，也即"感而遂通"，"诗教从此流出，即仁心从此显现"。如果不能体悟，就如同程颢所引医家将手足痿痹称为"不仁"。《毛诗序》载："诗者，志之所之也，在心为志，发言为诗。"诗需要感悟体悟，一切足以感染别人的言语都可以称为诗，而心能感悟体悟到的德性，便是仁，因此"此心之所以能感者，便是仁，故《诗》教

---

① 刘梦溪主编，马镜泉编校：《中国现代学术经典·马一浮卷》，石家庄：河北教育出版社，1996年，第118页。

主仁"。接下来马一浮不厌其烦地列举出孔子在樊迟、子贡、司马牛、颜渊、仲弓等诸门人问仁时的不同回答,指出孔子其实是在不同方式拨、触弟子,令其最终感于心而识仁。

大体而言,马一浮认为《论语》中凡答问仁者皆为《诗》教义(《论语大义一》),凡答问政者皆为《书》教义(《论语大义二》),凡答问孝悌者皆为《礼》《乐》教义(《论语大义三、四、五》),凡探讨如何获得穷理尽性之道者皆为《易》教义(《论语大义六、七》),凡探讨以人事上达天道天理者皆为《春秋》教义(《论语大义八、九、十》)。可以说,马一浮的《论语》研究已经不属于传统的经学述疏形式,而是正面立论,借《论语》阐释儒家综摄一切学术的"六艺"。当然,马一浮立论的根本出发点,仍在于挖掘和彰显先秦孔子最关注的以修己为核心的道德主体论,又踵继宋明理学余绪,打通"穷理"与"尽心"间的隔阂,取理学与心学两家之长,还大量借鉴援引天台、禅宗、华严、法相等佛教各宗派的思想和术语,淹贯儒释,最终构建起肯定传统文化、表彰民族文化精神的自身思想体系。这其中,马一浮早年在国外大量阅读的西方社会政治学说理论基本没有留下痕迹。

二、钱穆尊崇孔子和《论语》

钱穆(1895—1990),字宾四,出生于江苏无锡,是近代中国著名的儒家学者和史学家。钱穆出生于贫寒书香之家,天资聪颖,1912年就应聘到小学任教,乡间教书之余,遍读古籍名著。1922年起,先后在厦门、无锡、苏州等地的省立中学任教,1930年经顾颉刚推荐,接受燕京大学教职,后又到北京大学、清华大学、西南联合大学等知名高校主讲文史，1949年以后在香港创办新亚书院，在台湾任教于"中国文化学院"，堪称自学成才的典型。[①] 钱穆一生经历，围绕的只有著书和育人两件事，又以钟情于传统文化而著称，以发掘和弘扬中国传统文化精神为核心、为己职，一生孜孜于发扬儒学。他在香港创办新亚书院时，即便后来获得多方资金支持，仍然秉持儒家教育理想，以弘扬中国文化传统为鹄的，这一点与马一浮主持复性书院不无相通之处。

早在1918年，上海商务印书馆出版钱穆的第一部著作，就是和《论语》相关的《论语文解》，当时他在无锡县立第四高等小学兼课，教语文时模仿《马氏文通》体例，积年写成，主要供中小学教师授课时参用或自用，也借此表露宗儒心志。1924年，钱穆又编撰《论语要略》，该书实为钱穆任职江苏省立第三师范学校国文教师时，兼教《论语》课程的讲义，次年仍由商务印书馆出版，后编入《四书释义》。1963年，钱穆又出版《论语新解》一书，通释《论语》全书。此外与《论语》研究相关的重要著作还有《先秦诸子系年》《孔子与论语》《孔子传》等。钱氏三本有关《论语》的著述，第一部侧重《论语》语录的语法句法，不涉及内容，第三部出版于20世纪60年代，因此接下来主要考察钱穆《论语要略》一书。

《论语要略》虽然是钱穆的早期著述，但他推崇孔子、珍视

[①] 学者钱穆的著述浸润着对中国传统文化的温情敬意和同情理解，这是他受到后人尊重的重要原因之一，这是可以理解的。但是，钱穆对西学一些基本概念的理解，例如《国史新论》中所认为的"政权在中国传统政治里早已开放"等观点，或如同为新儒家的张君劢所指出的那样不够准确。详参见张君劢：《中国专制君主政制之评议》，台北：弘文馆出版社，1986年。

第十章 调和中西：民国《论语》学

传统的学术立场和价值取向已经清晰可触。《论语要略》前四章考列孔子为人及其行事，第五章专门研讨孔子学说，钱穆从《论语》中提炼出八个（组）基本概念，即"仁""直""忠恕""忠信""礼""道""君子""学"，并分别予以独到的诠释。例如"直"在《论语》中前后出现 22 处，意思多为正直、直爽，邢昺对《论语·宪问》"以直报怨，以德报德"的解释是"既不许或人以德报怨，故陈其正法，言当以直道报仇怨，以恩德报德也"①，释为"直道"。朱熹的《论语集注》基本同意这一解释，"于其所怨者，爱憎取舍，一以至公而无私，所谓直也"。清代学者吴嘉宾则释为坦率直爽，遵从本心、不隐瞒心中情感，"以直者不匿怨而已"，愿意报复固然是本心，不愿意报复也是本心，所以"凡直之道非一，视吾心何如耳"，"忘怨而不报之"属于直，即"不报"也属于直，并非"有所匿矣"。② 钱穆的解释偏向于后者，但并不完全相同，他释"直"为"诚"，"内不以自欺，外不以欺人，心有所好恶而如实以出之者也"，但这种个人好恶被归结为仁，"以直道报怨者，其实则犹以仁道报怨也，以人与人相处之公道报怨也。……公道即直道也"。直道即公道，公道即仁道，"不直"也即"不诚"，自然也就"不仁"，这也是钱穆将"直"这一概念列在第二位加以考察的原因所在。又"君子"一词也常见于《论语》中，钱穆指出这是孔子"理想中一圆满人格之表现"，并概括出君子

---

① 《十三经注疏》整理委员会整理：《论语注疏》，北京：北京大学出版社，2000年，第 225 页。
② ［清］刘宝楠撰，高流水点校：《论语正义》，北京：中华书局，1990 年，第 591 页。

的四项标准,一是有高尚优美的道德情操,二是注重实行不尚空谈,三是重礼义尚群德,四是有自得之乐,这一概括确实较为确切。不仅如此,钱穆还从历史角度解释了君子和小人的含义,即君子、小人"亦指有位与在野言",因此君子与小人之分,起初为"贵族、平民之分",由于先秦时有资格受教育的人局限于贵族阶层,所以《论语》才以君子为"有教育、有道德者之称"。① 这一解释应该说是较为合理的。

要指出的是,钱穆在《论语要略》一书中对孔子高度评价,他在列出孔门弟子对老师的诵赞后,发出感慨称:"吾侪观于颜、曾之如何钦仰其师,不得不惊叹孔子感化力之伟大,与其人格之崇高矣。"但此时钱穆仍有"道固随人生之不同而变"的想法,故而明确认为孔子所推崇的道、礼,仅适用于2500年前的中国,不适用于今世,他有如下这段文字:

> 孔子生二千五百年前,彼自为二千五百年前人谋。我侪生二千五百年后,我侪之人生,我侪当自谋之,孔子不能强为我侪预谋也。或者乃欲以孔子在二千五百年前之所谓道、所谓礼者,求其一一强行于二千五百年后之今日;是不徒不当于孔子之所谓"权",抑其人既愚且懒,亦不足以当孔子之所谓"立"。②

---

① 钱穆:《四书释义·论语要略》,《钱宾四先生全集》第2册,台北:联经出版事业公司,1998年,第87—88、117页。
② 钱穆:《四书释义·论语要略》,《钱宾四先生全集》第2册,台北:联经出版事业公司,1998年,第109页。

但此后随着时间的推移、政局的变幻，又或者是痛心于20世纪60年代以后大陆对儒学的批判，钱穆对孔子的评价日益拔高，甚至不乏溢美之词，最后在20世纪70年代所作的《孔子传》中，声称：

> 孔子为中国历史上第一大圣人。在孔子以前，中国历史文化当已有两千五百年以上之积累，而孔子集其大成。在孔子以后，中国历史文化又复有两千五百年以上之演进，而孔子开其新统。在此五千多年，中国历史进程之指示，中国文化理想之建立，具有最深影响最大贡献者，殆无人堪与孔子相比伦。①

站在同情理解儒学传统的立场，尤其是自汉代董仲舒提出的独尊儒术被官方采用、儒学成为官学后，就对中国社会影响之潜久深远而言，确实罕有比肩孔子者，但也不能说完全没有，至少从轴心文明的角度看，有学者指出老子所代表的道家和儒家一样，同样完成了文化层面的超越突破，"所以儒道两家共同塑造着汉以后的中国思想文化的发展"②。但是，比较以下两段文字，晚年的钱穆对孔子的评价已经与早年大不相侔，他实际上已经对孔子抱有一种宗教式的热忱和尊崇了。钱穆认为中国的宗教观念与西方迥异，他在《灵魂与心·孔子与心教》一文中

---

① 钱穆：《孔子传·序言》，《钱宾四先生全集》第4册，台北：联经出版事业公司，1998年，第7页。
② 金观涛、刘青峰：《中国思想史十讲》上卷，北京：法律出版社，2015年，第41页。

指出,"西方的宗教为上帝教,中国的宗教则为'人心教'或'良心教'","亦可说是一种人文教,或称文化教",其内容实为孝,对外表现为礼,对内表现为仁,再推广为整个人心、世道,"亦可称之孝的宗教",而孔子无疑是最早发扬文化精神、教人孝悌的人,"因此既有孔子,中国便可不需再有西方般的宗教"。既然孔子是教主式人物,那么顺理成章地,《论语》一书同样被钱穆置于非同一般的高度,如《新亚遗铎·孔子诞辰纪念讲词》中所称,"可说是中国人的'圣经',是东方民族的圣经"。

第十章 调和中西：民国《论语》学

第四节 融汇中西的《论语》研究

五四新文化运动的特点，是高擎西方的"民主"和"科学"旗帜，对传统文化进行了不无偏激的重新审视。前一口号偏向于政治领域，陈独秀断言国人最后的觉醒必然在"伦理的觉悟"，其锋芒指向，正是"拥护此别尊卑明贵贱之制度者"①的儒家三纲、名教之说，言下之意，要在政治领域实现彰显自由平等色彩的共和立宪制，唯有先推翻维护尊卑等级的纲常名教伦理。后一口号偏向于学术领域，胡适借用尼采的名言"重新估定一切价值"，提出新思想的根本意义只是一种新态度，这种新态度就称为"评判的态度"。② 如对孔教的讨论就是重新估定孔教的价值，实际表现为两种趋势，一方面是讨论社会、政治、宗教、文学等领域的种种问题，即"研究问题"，另一方面是介绍西洋的新思想、新学术、新文学、新信仰等，即"输入学理"。显然，五四新文化运动对传统经学的冲击是多维度的。

---

① 陈独秀：《吾人最后之觉悟》，任建树主编：《陈独秀著作选编》第一卷，上海：上海人民出版社，2009年，第204页。
② 胡适：《新思潮的意义》，陈独秀等著，王中江等选编：《醒狮丛书·新青年》，郑州：中州古籍出版社，1999年，第368页。

先是白话文取代文言文，新的话语模式得到确立，原先以文言文为载体的经学研究自然呈现衰落之势。其次是确立新的学术精神，"评判的态度"必然从怀疑开始，怀疑的对象正是定于一尊的经学。再次是引入新的学术方法，即以科学实证的方法，去重新看待经学史。这三者都对民国时期的《论语》研究产生了重要影响。

一、白话文普及时期的《论语》研究

历史地看，作为普通民众所使用的口头语言，白话文一直存在于中国民间社会中，与作为书面语言的文言文并行，只不过，白话文不为自恃身份的缙绅阶层所认可而已。到晚清，面对虎视眈眈的列强，有识之士愈来愈认识到启迪民智的重要性。身为外交官的黄遵宪得风气之先，认识到日本和西方等国在建立现代民族国家的过程中，逐渐实现了口头语言和书面文字的统一，于是敏感地提出要寻找一"简易之法"，实现"语言、文字几几乎复合矣"，用意在于"欲令天下之农工商贾、妇女幼稚，皆能通文字之用"，开清末民初和五四白话文运动的理论先声。[①] 到1898年，维新志士裘廷梁发表《论白话为维新之本》一文，第一次公开提出了废除文言文、推行白话文的鲜明口号，并宣称"愚天下之具，莫文言若；智天下之具，莫白话若"[②]，将文言文与白话文的兴废，和民智开闭及民族国家的兴亡联系起来。此后，知名学者梁启超、刘师培和报人英敛之等都在不

[①] ［清］黄遵宪：《日本国志》卷三十三《学术志二》，上海：上海古籍出版社，2001年，第347页。
[②] 裘廷梁：《论白话为维新之本》，《清议报全编》卷二十六，横滨新民社辑印本。

同场合呼吁推行白话文，一些白话文报刊也开始涌现。

新文化运动兴起后，白话文渐成主流，白话文学逐步成为中国文学之正宗。陈独秀撰《文学革命论》在理论层面论述白话文的必要性和可行性，把胡适发起的白话文运动推进到新的阶段。1918年4月，胡适又写下《建设的文学革命论》，再次强调中国文学的新出路，就"必须用白话，必须用国语，必须做国语的文学"。5月，鲁迅在《新青年》上发表中国第一部现代白话小说《狂人日记》，成为白话文学作品的典范。1920年初，北洋政府教育部顺应舆情，通令全国中小学校陆续采用白话课本，规定截止到1922年，一律废止文言文编写的教科书。至此，推广白话文运动取得了完全成功，此后，白话文成为中国人的主要语言。

白话文普及后，包括《论语》研究在内的学术著作大都开始采用白话文体。学者林庆彰主编的《民国时期经学丛书》中就收录多部白话文的《论语》和《四书》著述，如《广注论语读本》《批点注解白话论语读本》《论语与做人》《汇选论语读本》《孔子论语新体系》，和《四书白话句解》《四书白话注解》《新注四书白话解说》《四书白话新解》《增图评注四书白话注解》《四书今译》等。

其中，张兆瑢、沈元起编撰的《批点注解白话论语读本》是影响较大的一部著述。两位作者生平不详，但应该关系不错，因为1918年，这两位作者和其他三人合作，共同编著了《普通学各科问答丛书》，包括《教育学问答》《修身问答》《中国历史问答》等九种，由上海广益书局出版。1946年，沈元起还将古代著名的儿童启蒙读物、骈体文写成的《幼学琼林》译成白话文版的《幼学琼林读本》，同样由广益书局出版。《批点注解白话论语读本》一书由广益书局1946年出版，名为"读本"，说明属于普及读物，因此译文简洁晓畅、通俗易懂，阅读容易，受到市场的欢迎，曾多次再版。据《白话论语读本·凡例》载，该书内容分为章旨、注释和解说三类，章旨"是治经学的第一步功夫，特揭明于每章标题的下面"，注释、解说都遵照朱子注，注释附在每章经文的后面，删繁就简，相对较为明了简单，以便读者对照查考，解说根据经文直译，间有意译，也与经文意思相符。如卷一"学而"章，其下章旨为"把为学的全功来勉人"，可谓言简意赅。然后先载《论语·学而》原文即"子曰：'学而时习之，不亦说乎？有朋自远方来，不亦乐乎？人不知，而不愠，不亦君子乎？'"后跟注释八个，其中"君子"释为"是人格完全的人"。解说即译文为："孔子说：'人既学了，而又时时去温习的，心中不是也喜欢的么！有些朋友，从远方来和我交游，心中不是也快乐的么！人就是不晓得我，我却不觉得郁闷，不也是君子的么！'"[①] 注释和解说均很容易理解，对《论语》一书的普及推广大有裨益。

对孔子的评价，两位作者当然持尊崇态度，视为圣人，同时也能结合当时流行的社会思潮加以评价。全书开头载有《孔子传略》，在历数孔子生平功绩后，称孔子为"大教育家、大政治家、大哲学家"，又认为《论语·季氏》所载孔子所说的"有国有家者，不患寡而患不均"，"极合民生主义"。孙中山提

[①] 沈元起、张兆瑢注释：《白话论语读本》，天津：天津人民出版社，2007年，第2页。

出的三民主义被国民党奉为基本纲领和指导思想，其中的民生主义包括主张平均地权和节制资本，就均平共享社会财富这一点而言，与孔子主张的在同一社会阶层如贵族、平民阶层间适当平均财富，确实也存在着一定的相通之处。

二、哲学史视野下的《论语》研究

客观而言，白话文只是一种语言表达方式，仅仅采用白话文，不等于学术研究的深入。真正从思想层面对《论语》展开新的诠释，需要从学术的高度展开，而这更多是随着中国哲学史学科的建构而不断展开和深入的。一般认为，胡适所著的《中国哲学史大纲》开创了用现代方法研究中国哲学的先例，中国哲学史学科也因此得以成立。

胡适（1891—1962）是中国近现代史上的名人，他于1915年进入美国哥伦比亚大学哲学系攻读博士学位，师从杜威，1917年1月，博士尚未毕业的胡适因《文学改良刍议》一文而声名鹊起，9月受聘北京大学教授。由于受到时论"暴得大名"的怀疑和指责，胡适在他的博士论文基础上，完成《中国哲学史大纲》并于1919年2月出版，立刻引起轰动，到1922年就出到第八版。胡适的这部书当然是一部学术专著，却写得深入浅出，只要对中国传统文化稍有了解就不难阅读，这和他力倡白话文的主张相一致。当然，《中国哲学史大纲》更重要的是第一次向当时的中国学界展示了现代学术的研究方法。胡适在导言中，先界定了哲学与哲学史的定义、研究哲学史的目的、应当明确的基本概念等，确定研究哲学史的目的在于明变、求因、评判。可以说，胡适在导言部分，系统提出了研究中国哲学史的必要前提、研究任务和研究方法，而正文部分则向国人展示了如何用现代学术方法去研究中国哲学史，耿云志、王法周两位学者概括为四种，分别是"证明的方法""剪裁的方法""分析的方法""系统的方法"。[1]

由于以中国古代哲学为研究对象，胡适自然要重点梳理孔子的思想，《论语》则是研究孔子思想的最重要参考资料之一。胡适在《中国哲学史大纲》开篇就指出，中国古代哲学萌芽于西周，即以老子和孔子作为中国古代哲学的源起。[2] 胡适对孔子的论述足足有五章，《中国哲学史大纲》在为孔子立一简传时指出，"一部《论语》虽不是孔子做的，却极可靠，极有用。……研究孔子学说的人，须用这书和《易传》《春秋》两书参考互证，此外便不可全信了"。受过西学严格训练的胡适，极为讲究论必有据，"拿证据来"就是他的名言之一，所以在归纳孔子思想之前，胡适当然要先稽核史料本身的可信度，而《论语》一书是孔子弟子记录孔子与孔门诸子的谈话议论，因而真实性是可以保证的。由此出发，胡适指出正名主义是孔子学说的中心问题，他引用《论语·子路》所载孔子与子路的对话，认为孔子旨在"建设一种公认的是非真伪的标准"，而入手的方法便是"正名"，所以"正名"就是指建立是非善恶的标准，"这是孔

---

[1] 耿云志、王法周：《中国哲学史大纲·导读》，上海：上海古籍出版社，1997年，第7—9页。
[2] 关于老子、孔子孰先孰后的问题，20世纪三四十年代曾有过热烈争论，胡适认为两人是同时代人，但老子比孔子年龄稍大，而冯友兰等持反对意见，并认为《老子》一书晚出。郭店楚简出土后，不少学者认为《老子》一书不出自一人之手，老子其人也不是一个人，而包括老聃、老莱子、太史儋三人，参见晁福林：《老子思想的历史发展考》，《春秋战国史丛考》，苏州：苏州大学出版社，2015年。

门政治哲学的根本理想"。

事实上，胡适对孔子根本没有全盘否定，他在1922年出版的博士论文《先秦名学史》中很客观地评价孔子，称"他基本上是一位政治家和改革家，只是因强烈的反对使他的积极改革受到挫折之后才决心委身于当时青年的教育"[①]。在《中国哲学史大纲》中又赞誉孔子的性情德行，称其为"孳孳恳恳终身不倦的志士"，后来在接受唐德刚的口述访谈，总结一生学术轨迹时，又特意声明："有许多人认为我是反孔非儒的。在许多方面，我对那经过长期发展的儒教的批判是很严厉的。但是就全体来说，我在我的一切著述上，对孔子和早期的'仲尼之徒'如孟子，都是相当尊崇的。"[②] 胡适的意思表达得很清楚，他严厉抨击的是作为"万世之师"、被奉为教主的孔子，被视为三纲五常伦理道德代表的孔子，这当然不是真实的孔子，而是被后人利用和窜改的孔子。在胡适眼里，真实的孔子，是一位忠于自己理想的政治家和改革家，是一位在教学领域具有平等观念的教育家，还是一位在个人修养方面堪称圆满的君子，所以才用"尊崇"二字来形容。可以说，作为学者的胡适第一次从严谨的学术层面，奋力将孔子从神坛拉下，论证了孔子在中国传统文化中与老子并列、开山祖师式的地位，同时抹去了《论语》的经书色彩，恢复了《论语》作为记录孔子言行的历史文献的本来面目。胡适之后，站在相对客观的学术立场，以一种心平气静的态度去研究孔子及其思想，方成为可能。因此，无论是

---

① 胡适：《先秦名学史》，上海：学林出版社，1983年，第25页。
② 唐德刚译：《胡适口述自传》，北京：华文出版社，1992年，第282—283页。

从哲学史还是从思想史的角度看，胡适的这一识见都对后世的《论语》研究产生了深远影响。

当然，胡适的这部著作不可避免也存在不少疏漏，与他同时代的金岳霖毫不客气地称，读胡氏大作，"难免一种奇怪的印象，有的时候简直觉得那本书的作者是一个研究中国思想的美国人"，金岳霖强调称"哲学要成见，而哲学史不要成见"，言下之意，《中国哲学史大纲》带有明显的胡适的个人色彩和烙印，没有原汁原味地体现中国古代学者的观点和立场。[1] 金岳霖的批评是有道理的，胡适视野开阔，又多持疑古态度，因此对古人的同情理解未免有所欠缺。到1934年，与胡适同列杜威师门、同获哥伦比亚大学哲学博士学位的冯友兰一并出版《中国哲学史》上、下册（分别完成于1930、1933年），同样运用西方哲学标准，分哲学为宇宙论、人生论和方法论三部分，再择取中国传统学问中与之相契合的内容，立足释古的立场予以阐释演绎，因而更能呈现中国文化的特质和内在理路，得到陈寅恪等学者的认同。陈寅恪在审查报告中不无赞赏地指出："所谓真瞭解者，必神游冥想，与立说之古人，处于同一境界，而对于其持论所以不得不如是之苦心孤诣，表一种之同情，始能批评其学说之是非得失，而无隔阂肤廓之论。"[2] 冯氏之作是第一部完整的具有现代意义的中国哲学史著述，称得上中国哲学史学科的奠基之作。冯友兰并没有专门的《论语》研究著述，但

---

[1] 金岳霖：《冯友兰〈中国哲学史〉审查报告》，《金岳霖集》，北京：中国社会科学出版社，2000年，第17—18页。
[2] 陈寅恪：《冯友兰中国哲学史上册审查报告》，《陈寅恪集·金明馆丛稿二编》，北京：生活·读书·新知三联书店，2001年，第279页。

他称孔子占据中国哲学史的开山地位,那么《论语》的地位自然不可能低,他不仅断言《老子》系战国时作品,成书时期不可能早于《论语》,而且主要引用《论语》来勾勒论证孔子的思想体系。

三、古史辨派的《论语》研究

新文化运动提出了"民主"和"科学"两大口号,后者除了指早在明代就开始传入中国、清末民初得到普遍认可的西方自然科学知识,其实还有自然、社会和人文科学发展过程中所形成的价值取向和思维方式,其中包括真理面前一律平等、不迷信权威的怀疑批判精神,这是今人所忽略的,却对民国时期的学术研究产生了重要影响。经学在传统社会中居于官学地位,朱子学在元明清时期被官方奉为圭臬,不允许任何挑战和质疑,自然成为现代学科的首要挑战对象之一。

应该说,在《论语》学研究领域,历代不乏对居于正统的经学提出问驳的学者,诸如苏轼、陆九渊、陈天祥、高拱、李贽、陈献章、毛奇龄、阎若璩、崔述、康有为等。但是,新文化运动之前所有学者对经学的疑问,都有一个基本前提即承认孔子的权威,即便是得到顾颉刚赞誉的清代学者崔述,仍坚称"圣人之言后世皆当尊信不疑,不必于圣人言外别立一意也"[1],明代李贽在承认孔子是位圣贤的前提下,更把孔子看成活生生的人,这一点与后人立场相近,可惜李贽在当时属于异端,他

---

[1] [清]崔述撰著,顾颉刚编订:《崔东壁遗书》,上海:上海古籍出版社,1983年,第612页。

的声音很快就被湮没。孔子既然还是不食人间烟火的圣人，甚至是教主，那么经学依然是定于一尊的官学，只不过要考虑的是如何解释才能更符合圣人之意，或者说迎合当权者之意罢了。直到新文化运动开始后，才对传统的经学研究本身展开了猛烈的抨击。平心而论，新文化运动时期不少学者对孔子和旧礼教发出的猛烈抨击，固然领一时风气之先，但在学理层面的论证其实是不够完善的，直到以"疑古辨伪"为特征的古史辨派兴起，钱玄同、顾颉刚、周予同等人才真正补上了这一短板，他们真正将孔子拉下神坛，从万世教主恢复为思想家、教育家，将处于独尊地位的儒家经典看成一个值得研究的学术对象，这就恢复了经学在学术史上的原本地位和价值。至于古史辨派的《论语》研究，也主要是从史学辨伪的维度展开的，而且是服务于古史辨派推翻中国上古史的目标，因而研究重心侧重于对《论语》章节真实性的考辨。

周予同（1898—1981）教授早年曾是五四运动"火烧赵家楼"健将之一，1920年跨出校门后，辗转进入商务印书馆主编《教育杂志》，本打算全身心地投入到改造传统教育制度的研究和宣传事业中，然而"有一种奇怪的噪音，却总在干扰这位年轻人的注意力，那就是北洋军阀政府不断叫嚷在学校里添设读经"[①]。当1926年8月孙传芳强令东南五省学校增加读经课程时，清醒意识到读经往往与加强专制统治相为表里的周予同激愤不已，遂写下著名的《僵尸的出祟——异哉所谓学校读经问题》一文，大声地呼吁"经是可以研究的，但是绝对不可以迷

---

① 朱维铮：《中国经学史十讲》，上海：复旦大学出版社，2002年，第214页。

恋的；经是可以让国内最少数的学者去研究，好像医学者检查粪便，化学者化验尿素一样；但是绝对不可以让国内大多数的民众，更其是青年的学生去崇拜"，并且发出了称得上振聋发聩的时代强音："经不是神灵，不是拯救苦难的神灵！只是一个僵尸，穿戴着古衣冠的僵尸！"① 此后，周予同立志廓清中世纪经学的魔障，以求真的态度和立场去考察两千多年经学的不同发展形态，由批判经学而成为著名的经学史家，这正彰显出他强烈的科学精神和进步理念。

作为钱玄同的学生，周予同的经学造诣毋庸置疑，在经学史研究领域取得了累累硕果，不过，周予同并没有专门的《论语》研究著作，相关论述散见于他的经学史研究著述中，以《群经概论》（1933年出版）和《孔子》（1934年出版）较为集中。传统经学领域中，最权威的人物当然是孔子。周予同致力于从学术角度恢复真实的孔子形象和轮廓，在他看来，历代经学家的一切分歧和争论，都源于对在传统学术思想史占据绝对权威的孔子的认识不同，所以他专门撰写《孔子》，追本溯源，试图还原孔子，所用的材料则"大部分取自孔子的门弟子所记录的《论语》"，"《论语》以外的书，非万不得已，不胡乱采用"。《孔子》全书共计307条引文，其中采自《论语》者约222条，最后给孔子的总评价是："孔子是一位中国古代人格完满发展的圣人；他是一位实际的教育家，他是一位不得意的政治思想家，他是一位专研道德问题的伦理学家。他对于

---

① 周予同：《僵尸的出祟》，朱维铮编：《周予同经学史论著选集》，上海：上海人民出版社，1996年，第603—604页。

中国文化给与以巨大的影响；而且这影响曾经波及到东亚的其他国家。"①周予同虽然认同孔子是"圣人"，但这仅仅是从人格角度而言的，与传统社会中视孔子为万世导师的圣贤有着根本不同，可以说，这也正是《论语》所记载的真实孔子形象。

从史学角度展开《论语》研究，尤其是致力《论语》辨伪的是古史辨派。自1923年5月顾颉刚发表《与钱玄同先生论古史书》，集中表达了他的"层累地造成的中国古史"说，到1926年《古史辨》第一册问世，标志着该学派正式形成。古史辨派的主要参与者们本着大胆怀疑、小心求证的科学精神，吸收西方社会学、考古学的近代实证方法，同时结合传统学术中乾嘉学派的严密考据方法、今文学派反对泥古的进取精神，即立足于中西学术交融角度，对一直被奉为经典的儒家"六经"、一直被奉为信史的古史系统，都展开了强有力的批驳。尽管古史辨派的一些具体观点和考证仍然值得进一步商榷，但在当时学术界确实起到了辟除榛莽、扫去云雾的巨大思想解放作用。至少自古史大讨论后，再没有人糊里糊涂地将盘古开天辟地视为真实的历史了，传说时代与狭义的历史时代就此得以分开，郭沫若在1930年初版的《中国古代社会研究》中就评价顾颉刚的"层累地造成的古史"说"的确是个卓识"，"觉得他的识见是有先见之明"。②尹达认为顾颉刚"继承了今文学派的传统，吸收了实验主义的方法，大胆怀疑古文经书，从而发展为怀疑

---

① 周予同：《孔子》，朱维铮编：《周予同经学史论著选集》，上海：上海人民出版社，1996年，第339、388页。
② 郭沫若：《中国古代社会研究》附录九《夏禹的问题》，北京：人民出版社，1954年，第337页。

到传统的古史，否定了这些作为神圣不可侵犯的'经'典，这一来就具有反封建的重大意义"①。

古史辨派的主要研究领域是对以儒家文献为核心的先秦文献及其记述的古史传说内容进行考订、辨伪，以《尚书》《周易》《诗经》《春秋》和《左传》等为主，《论语》也有所涉及。古史辨派主帅顾颉刚在1923年与钱玄同讨论古史问题时，就"很想做一篇《层累地造成的中国古史》，把传说中的古史的经历详细一说"，但这个题目的范围实在太宽泛，于是顾颉刚又想缩小范围，"想一部书一部书的做去，如《〈诗经〉中的古史》《〈周书〉中的古史》《〈论语〉中的古史》"。② 当然，顾颉刚对《论语》的辨伪服务于他的"层累地造成的中国古史"说，遵循的研究方法正是胡适"大胆假设，小心求证"的八字真言。1923年，在《致钱玄同：论尧舜伯夷书》一信中，顾颉刚提出《论语·泰伯》所载尧"荡荡乎民无能名"，《论语·卫灵公》所载舜"无为而治"，"这都是没有事迹而加美之辞"，孔子没有列举出尧、舜两人的实际事迹，所以只能含糊地称"无能名"和"无为"。又指出《论语》中提到伯夷、叔齐共有四次，大体可以看出"伯夷叔齐颇似只是隐士"，《季氏》篇载两人"饿于首阳"，当释为"食贫于首阳"，"但后来造伪史的人看得'饿'字太着实了，以为一定是饿死，于是造出'义不食周粟'的一段故事来。这件故事越说越多，于是夷齐只成了殷朝的忠

---

① 杨向奎：《论"古史辨派"·后记》，《中华学术论文集》，北京：中华书局，1981年，第34页。
② 顾颉刚：《与钱玄同先生论古史书》，《顾颉刚全集·顾颉刚古史论文集（卷一）》，北京：中华书局，2010年，第181页。

臣，没有《论语》中'逸民'的气息了"。在顾颉刚看来，伯夷、叔齐本为商朝隐士即"逸民"，这在《论语》中说得很清楚，但后来"伪史"越造越多，两人就只有成为慷慨愤懑的忠烈之臣了。顾颉刚的高足童书业，沿着乃师的路径对儒家津津乐道的"尧舜禅让"说展开考辨，而且走得更远，认为"《论语》中凡说及尧舜的几条大都可疑"①。

民国时对《论语》一书作出专门辨伪的是得到顾颉刚赞赏的赵贞信。赵贞信（1902—1989），原名云端，字肖甫，幼时家道中落而弃学，后刻苦自学、潜心经史，得到顾颉刚引荐任职于中山大学语言历史研究所图书室，学业大进，后任北京师范大学教授，兼《光明日报·历史教学》编辑。赵贞信在顾颉刚和陈垣等史家的影响下，编撰成《论语辨》一书，订伪辨讹、屡出创见，1935年初出版后，得到学界好评。《论语辨》共分为三编，根据赵贞信的《序》，他编辑此书的宗旨"是想把前人辨《论语》的伪的文字收集在一起"，毕竟《论语》是记录作为"儒家宗主"的孔子及其门人言行的"惟一宝典"，又由于清代学者崔述已经"下了苦功去逐章逐句考辨"，是辨伪《论语》的"中心人物"，因此《论语辨》上编和中编主要考辨崔述的著述，下编考辨其他学者的著述。当然，赵贞信的立场仍以传统儒家为主，如认为孔子回答弟子问政有多处，"而答仲弓之语为最精要"，次为答子贡之问。仲弓即冉雍，《论语·雍也》载孔子曾称赞他有"使南面"之才即主政一方之才，仲弓问政

---

① 吕思勉、童书业编著：《古史辨》第七册（下），上海：上海古籍出版社，1982年，第6页。

时，正是为"庶官之长"的季氏宰，孔子的回答是"先有司，赦小过，举贤才"，赵贞信解释称身为长官当然要以身作则，"立之标准"，又能汲汲求贤，"树之风声"，自然人才荟萃，治一国、治天下皆可，赵贞信的这一观点与儒家尚德的传统相一致。还要指出的是，赵贞信在为前人著述加注标点的过程中，注意到前人句读多有舛误，如《论语·学而》所载有子的一段话，一般标点为"有所不行，知和而和，不以礼节之，亦不可行也"，赵贞信认为不妥，改为"有所不行，知和（读）而和不以礼节之（句），亦不可行也"。[①] 如果不合礼制，也难以称为适合之举，赵贞信的这一解读应该说是有道理的。

四、马克思主义指导下的《论语》研究

新文化运动之后，马克思主义开始得到普遍传播，李大钊是最早接受马克思主义的学者和革命家，最早用唯物史观考察中国历史。1920年1月，李大钊在《新青年》上发表《由经济上解释中国近代思想变动的原因》一文，开篇即提出"凡一时代，经济上若发生了变动，思想上也必发生变动。换句话说，就是经济的变动，是思想变动的重要原因"[②]。循此出发，李大钊指出中国传统社会以农业立国，两千年来社会的基础构造就是"大家族制度"，由此形成的"表层构造"就是支配中国人精神的孔门伦理和纲常，西方工业文明传入后，中国的农业经济遭受冲击而崩溃，大家族制度和孔子主义也势必跟着"崩颓

[①] 赵贞信：《论语辨》上编，北平：朴社，1935年，第6—7、13页。
[②] 李大钊：《李大钊全集》第三卷，北京：人民出版社，2006年，第143页。

粉碎"。和五四前后其他深刻批判传统的新阵营学者一样，李大钊同样将矛头指向以孔子为代表、以强调尊卑等级为特点的纲常伦理，但运用的却是社会存在决定社会意识的马克思主义唯物史观，因而具有强大的理论说服力，完全够得上"新探"之称，同时也预示了民国时期站在唯物主义立场的学者研究《论语》的基本方向。

当然，民国时期是一个西方各种理论学说纷涌而进的特定时期，一种理论学说缘于某个契机突然间提出，报纸杂志上的介绍连篇累牍，大街小巷妇孺皆知，但很快又有新的理论学说冒出并风行一时，于是原先的理论学说渐渐归于沉寂。马克思主义唯物史观传入后，同样面临诸多理论学说的挑战和冲击，至少在20世纪二三十年代，马克思主义唯物史观在学界并未占据主流地位，这是正常的。也正是在与其他学理的碰撞与交流中，马克思主义唯物史观逐渐得到广泛传播，得到越来越多学者的关注和认可。冯友兰曾在《三松堂自序》中回忆称，1927年他在燕京大学讲授中国哲学史时，正面临着"随着马克思主义在中国的传播，在历史工作中，唯物史观也流传开了"[①] 的情形，即便冯友兰没有参与相关论争，但唯物史观的一般原则，也对冯友兰产生了影响，并直接导致他撰写的《中国哲学史》与胡适的《中国哲学史大纲》有显著的不同。郭沫若就是在这一时代成长起来的马克思主义史学家，他在《中国古代社会研究》一书中系统提出中国同样经历过原始社会、奴隶社会和封

[①] 冯友兰：《冯友兰文集》第一卷《三松堂自序》，长春：长春出版社，2017年，第136页。

建社会，其《先秦天道观之进展》与《十批判书》之《孔墨的批判》，均是站在唯物史观立场对《论语》作出的新诠释。

民国时期运用唯物史观解读《论语》的代表作之一是赵纪彬的《论语新探》。赵纪彬（1905—1982），原名济焱，字象离，河南内黄人，幼时接受私塾教育，能背诵《论语》《孟子》等，17岁入大名直隶省立第十一中学就读，后因为学潮被开除，辗转求学北京，日益受到新思潮和早期马克思主义的影响，并著有《与人论"孔学"书》。1926年，赵纪彬加入中国共产党，并积极投身国民革命运动，1932年任中共陕西省委宣传部部长，后不幸被捕入狱，1934年经保释出狱后转入文化教育界，后在川北三台东北大学、上海东吴大学、山东大学等高校任教，其间接受著名学者侯外庐的邀请，合写《中国思想通史》。1949年后历任山东大学校委会副主任委员、平原省政府副秘书长、开封师范学院院长、中国科学院河南分院副院长等，后调中央党校任教。在东北大学任教时，赵纪彬有三门课的授课讲义都在中华书局出版，分别是《哲学要论》《中国哲学思想》和《论语新探》。其中，《论语新探》1950年夏由中华书局出版时，出版社考虑到原书名太冷，妨碍销路，改名为《古代儒家哲学批判》。此后，《论语新探》数次再版，在不少地方都对最早的版本进行了增补，表明赵纪彬的历史唯物主义思想体系更加成熟缜密。

赵纪彬对《论语》的定位，首先接续民国前期学者的研究成果，他认为《论语》不仅是研究古代儒家的直接文献，"在中国哲学史上，亦是先秦诸子中唯一可靠的最古私家著作"，胡适视孔子为诸子之一的影响在这里清晰可见。不过，这只是赵纪彬研究《论语》的起点,接下来他的方向与新儒家、古史辨派等全然不同,他试图通过《论语》这部书,"对于春秋时期社会性质问题,给以探索","进而对于古代前期儒家的阶级基础、哲学体系及历史地位问题,略为阐明"。可见,赵纪彬关注的重心其实不是《论语》本身,春秋时期的社会性质、儒家学说的阶级基础和哲学体系等,才是他要论述的重点所在,这是新文化运动以来,学界视孔子为真实的人、视《论语》为第一手的真实史料的逻辑结果。具体而言,《论语新探》分为上、下两部,上部侧重历史考证,指明《论语》中的"'人'与'民'是当时社会的两大主要对立阶级,亦即奴隶主与奴隶的关系","人"又可以分成君子、小人两大分裂的内部派别,分别代表奴隶主阶级中的维新派和革命派,作为古代前期儒家的孔门正是"人"中的"君子"学派,"企图通过改良道路过渡到封建制社会为自觉的历史任务"。下部侧重于儒家哲学体系问题的研究,视《论语》一书"为古代儒家的原始经典,并先秦诸子的思想母体",综合探讨孔子的世界观、认识论和逻辑学。[①]

就方法而言,赵纪彬较为擅长分析归纳法,他在展开论证时,常对相关概念采用赅括无遗、耙梳殆尽的统计归纳法。在《论语新探》一书的开始,就对《论语》中的"人""民"两字的出现频次作了统计,分别是"二百一十三见"和"三十九见"[②],随后根据需要,又统计了"君子""小人""士""贫"

[①] 赵纪彬:《论语新探·绪论》,北京:人民出版社,1962年,第2—4页。又参见赵纪彬:《古代儒家哲学批判·自序》,上海:中华书局,1950年。
[②] 1976年版的《论语新探》中,"民"字"五十见",参见赵纪彬:《论语新探》,北京:人民出版社,1976年,第1页。

"富""教""诲"等概念的出现频次。统计归纳法的使用，使得《论语新探》的很多论述缜密细致，不乏粲然可观之处，成为后世学者进行文本分析时所仿效的对象。再就观点而言，赵纪彬有着唯物史观和阶级分析的先验立场，这既是《论语新探》的新意所在，也是一些观点有过于绝对化嫌疑的源头所在。例如《论语新探》的核心观点是认为"人"与"民"是不可混同的统治阶级与被统治阶级，这确实是前人所未见的高明之论，但进一步将两者断定为"奴隶主与奴隶"，"民"为"斯巴达式的农业奴隶"，似乎忽略了中国古代社会迥异于西方的自身独特性。①

---

① 赵纪彬：《论语新探》，北京：人民出版社，1962年，第71页。

主要参考文献

一、历史文献

[汉]司马迁:《史记》,北京:中华书局1959年版。

[汉]班固:《汉书》,北京:中华书局1962年版。

[晋]陈寿撰,[宋]裴松之注:《三国志》,北京:中华书局2000年版。

[南朝宋]范晔:《后汉书》,北京:中华书局1965年版。

[后晋]刘昫等:《旧唐书》,北京:中华书局2000年版。

[宋]欧阳修、宋祁:《新唐书》,北京:中华书局2000年版。

[元]脱脱等:《宋史》,北京:中华书局2000年版。

[清]张廷玉等:《明史》,北京:中华书局2000年版。

赵尔巽等:《清史稿》,北京:中华书局1977年版。

[晋]何晏等撰,[清]黎庶昌编:《论语集解》(古逸丛书),上海:华东师范大学出版社2017年版。

[魏]王弼著,楼宇烈校释:《王弼集校释》,北京:中华书局1980年版。

[魏]嵇康撰,戴明扬校注:《嵇康集校注》,北京:人民文学出版社1962年版。

[晋]郭象注，[唐]成玄英疏：《庄子注疏》，北京：中华书局 2011 年版。

[梁]皇侃撰，高尚榘校点：《论语义疏》，北京：中华书局 2013 年版。

[唐]陆德明撰，张一弓点校：《经典释文》，上海：上海古籍出版社 2012 年版。

[唐]颜师古：《匡谬正俗》，王云五主编：《丛书集成初编》第 1170 册，上海：商务印书馆 1935 年版。

[唐]韩愈、李翱：《论语笔解》，《景印文渊阁四库全书》第 196 册，台北：台湾商务印书馆 1986 年版。

[唐]柳宗元：《柳河东集》，北京：中华书局 1979 年版。

[唐]韩愈撰，马其昶校注，马茂元整理：《韩昌黎文集校注》，上海：上海古籍出版社 1986 年版。

[宋]刘敞：《七经小传》，《景印文渊阁四库全书》第 183 册，台北：台湾商务印书馆 1986 年版。

[宋]王安石著，秦克、巩军标点：《王安石全集》，上海：上海古籍出版社 1999 年版。

[宋]苏辙：《栾城集》，上海：上海古籍出版社 1987 年版。

[宋]张载著，章锡琛点校：《张载集》，北京：中华书局 1978 年版。

[宋]周敦颐著，陈克明点校：《周敦颐集》，北京：中华书局 1990 年版。

[宋]程颢、程颐著，王孝鱼点校：《二程集》，北京：中华书局 1981 年版。

[宋]朱熹：《四书章句集注》，北京：中华书局 1983 年版。

[宋]朱熹撰，朱杰人等主编：《朱子全书》，上海：上海古籍

出版社2010年版。

［宋］陆九渊著，钟哲点校：《陆九渊集》，北京：中华书局1980年版。

［宋］陈亮著，邓广铭点校：《陈亮集》，北京：中华书局1987年版。

［宋］叶适：《习学记言序目》，北京：中华书局1977年版。

［金］王若虚著，胡传志、李定乾校注：《滹南遗老集校注》，沈阳：辽海出版社2006年版。

［元］许衡著，淮建利、陈朝云点校：《许衡集》，郑州：中州古籍出版社2009年版。

［元］虞集著，王颋点校：《虞集全集》，天津：天津古籍出版社2007年版。

［元］郝经著，秦雪清整理：《郝文忠公陵川文集》，太原：山西人民出版社2006年版。

［元］陈天祥：《四书辨疑》，《景印文渊阁四库全书》第202册，台北：台湾商务印书馆1986年版。

［元］金履祥：《论语集注考证》，王云五主编：《丛书集成初编》第490册，上海：商务印书馆1937年版。

［明］杨慎：《升庵全集》，上海：商务印书馆1937年版。

［明］胡广等纂修，周群、王玉琴校注：《四书大全校注》，武汉：武汉大学出版社2015年版。

［明］高拱撰，岳金西等校注：《问辨录》，郑州：中州古籍出版社1998年版。

［明］王守仁著，吴光等编校：《王阳明全集》，上海：上海古籍出版社2015年版。

［明］陈献章著，孙通海点校：《陈献章集》，北京：中华书局

1987 年版。

[明]刘宗周著，吴光主编：《刘宗周全集》，杭州：浙江古籍出版社 2007 年版。

[明]李贽著，张建业主编：《李贽文集》，北京：社会科学文献出版社 2000 年版。

[明]王世贞著，罗仲鼎校注：《艺苑卮言校注》，济南：齐鲁书社 1992 年版。

[明]蔡清：《四书蒙引》，《景印文渊阁四库全书》第 206 册，台北：台湾商务印书馆 1986 年版。

[清]黄宗羲原著，[清]全祖望补修，陈金生等点校：《宋元学案》，北京：中华书局 1986 年版。

[清]顾炎武著，陈垣校注：《日知录校注》，合肥：安徽大学出版社 2007 年版。

[清]王夫之：《船山全书》，长沙：岳麓书社 1996 年版。

[清]戴震撰，汤志钧校点：《戴震集》，上海：上海古籍出版社 1980 年版。

[清]陈鼎编著：《东林列传》，扬州：广陵书社 2007 年版。

[清]颜元著，王星贤等点校：《颜元集》，北京：中华书局 1987 年版。

[清]孙奇逢：《孙奇逢集》，郑州：中州古籍出版社 2003 年版。

[清]阎若璩：《四书释地》，《景印文渊阁四库全书》第 210 册，台北：台湾商务印书馆 1986 年版。

[清]惠栋：《九经古义》，王云五主编：《丛书集成初编》第 255 册，上海：商务印书馆 1937 年版。

[清]钱大昕：《嘉定钱大昕全集》，南京：江苏古籍出版社 1997 年版。

[清]陆陇其著，王群栗点校：《陆陇其集》，杭州：浙江古籍出版社2018年版。

[清]宋翔凤：《论语说义》，[清]王先谦编：《清经解续编》，上海：上海书店1988年版。

[清]刘宝楠撰，高流水点校：《论语正义》，北京：中华书局1990年版。

[清]全祖望著，朱铸禹汇校集注：《全祖望集汇校集注》，上海：上海古籍出版社2000年版。

[清]崔述撰著，顾颉刚编订：《崔东壁遗书》，上海：上海古籍出版社1983年版。

[清]魏源著，赵丽霞选注：《默觚：魏源集》，沈阳：辽宁人民出版社1994年版。

[清]龚自珍：《龚自珍全集》，杭州：浙江古籍出版社2014年版。

[清]王先谦撰，沈啸寰、王星贤点校：《荀子集解》，北京：中华书局1988年版。

[清]焦循撰，沈文倬点校：《孟子正义》，北京：中华书局1987年版。

苏舆：《春秋繁露义证》，北京：中华书局1992年版。

康有为著，楼宇烈整理：《论语注》，北京：中华书局1984年版。

杨伯峻：《春秋左传注》，北京：中华书局1990年版。

程树德撰，程俊英、蒋见元点校：《论语集释》，北京：中华书局1990年版。

杨伯峻：《论语译注》，北京：中华书局1980年版。

杨伯峻：《孟子译注》，北京：中华书局1960年版。

王利器：《新语校注》，北京：中华书局1986年版。

黄晖：《论衡校释》，北京：中华书局1990年版。

二、研究论著

[清]皮锡瑞著，周予同注释：《经学历史》，北京：中华书局2004年版。

汤用彤：《汉魏两晋南北朝佛教史》，北京：北京大学出版社2011年版。

梁启超著，汤志钧、汤仁泽编：《梁启超全集》，北京：中国人民大学出版社2018年版。

陈独秀著，任建树主编：《陈独秀著作选编》，上海：上海人民出版社2009年版。

李大钊：《李大钊全集》，北京：人民出版社2006年版。

萧一山：《清代通史》，北京：中华书局1986年版。

曹廷杰著，丛佩远、赵鸣岐编：《曹廷杰集》，北京：中华书局1985年版。

马宗霍著，王婧之、蔡梦麒点校：《中国经学史》，长沙：湖南师范大学出版社2018年版。

熊十力：《十力语要》，长沙：岳麓书社2011年版。

马一浮著，吴光主编：《马一浮全集》，杭州：浙江古籍出版社2012年版。

钱穆：《钱宾四先生全集》，台北：联经出版事业公司1998年版。

徐复观著，李维武编：《徐复观文集》，武汉：湖北人民出版社2002年版。

胡适：《先秦名学史》，上海：学林出版社1983年版。

金岳霖：《金岳霖集》，北京：中国社会科学出版社2000年版。

吴学昭：《吴宓与陈寅恪》，北京：清华大学出版社1992年版。

顾颉刚：《顾颉刚全集》，北京：中华书局2010年版。

萧公权：《中国政治思想史》，北京：商务印书馆2017年版。

赵纪彬：《论语新探》，北京：人民出版社1962年版。

冯友兰：《中国哲学史新编》，北京：人民出版社2001年版。

嵇文甫：《嵇文甫文集》，郑州：河南人民出版社1985年版。

侯外庐等：《中国思想通史》（第二卷、第四卷、第五卷），北京：人民出版社1957，1960，1956年版。

邓广铭：《邓广铭治史丛稿》，北京：北京大学出版社1997年版。

王素：《唐写本论语郑氏注及其研究》，北京：文物出版社1991年版。

张岂之主编：《中国思想史》，西安：西北大学出版社2016年版。

潘桂明：《中国居士佛教史》，北京：中国社会科学出版社2000年版。

朱汉民、肖永明：《宋代〈四书〉学与理学》，北京：中华书局2009年版。

吴雁南主编：《清代经学史通论》，昆明：云南大学出版社2001年版。

朱维铮：《中国经学史十讲》，上海：复旦大学出版社2002年版。

周予同著，朱维铮编：《周予同经学史论著选集》，上海：上海人民出版社1996年版。

周予同等著，傅杰选编：《论语二十讲》，北京：华夏出版社2009年版。

王晓毅：《王弼评传》，南京：南京大学出版社1996年版。

李开：《惠栋评传》，南京：南京大学出版社1997年版。

柳宏：《清代〈论语〉诠释史论》，北京：社会科学文献出版社2008年版。

唐明贵：《论语学史》，北京：中国社会科学出版社2009年版。

戴维：《论语研究史》，长沙：岳麓书社2011年版。

王鹏凯：《历代论语著述综录》，台北：花木兰文化工作坊2005年版。

刘斌：《20世纪中国〈论语〉学论要》，台北：花木兰文化事业有限公司2018年版。

臧知非：《人伦本原：〈孝经〉与中国文化》，开封：河南大学出版社2005年版。

臧知非注说：《论语》，开封：河南大学出版社2008年版。

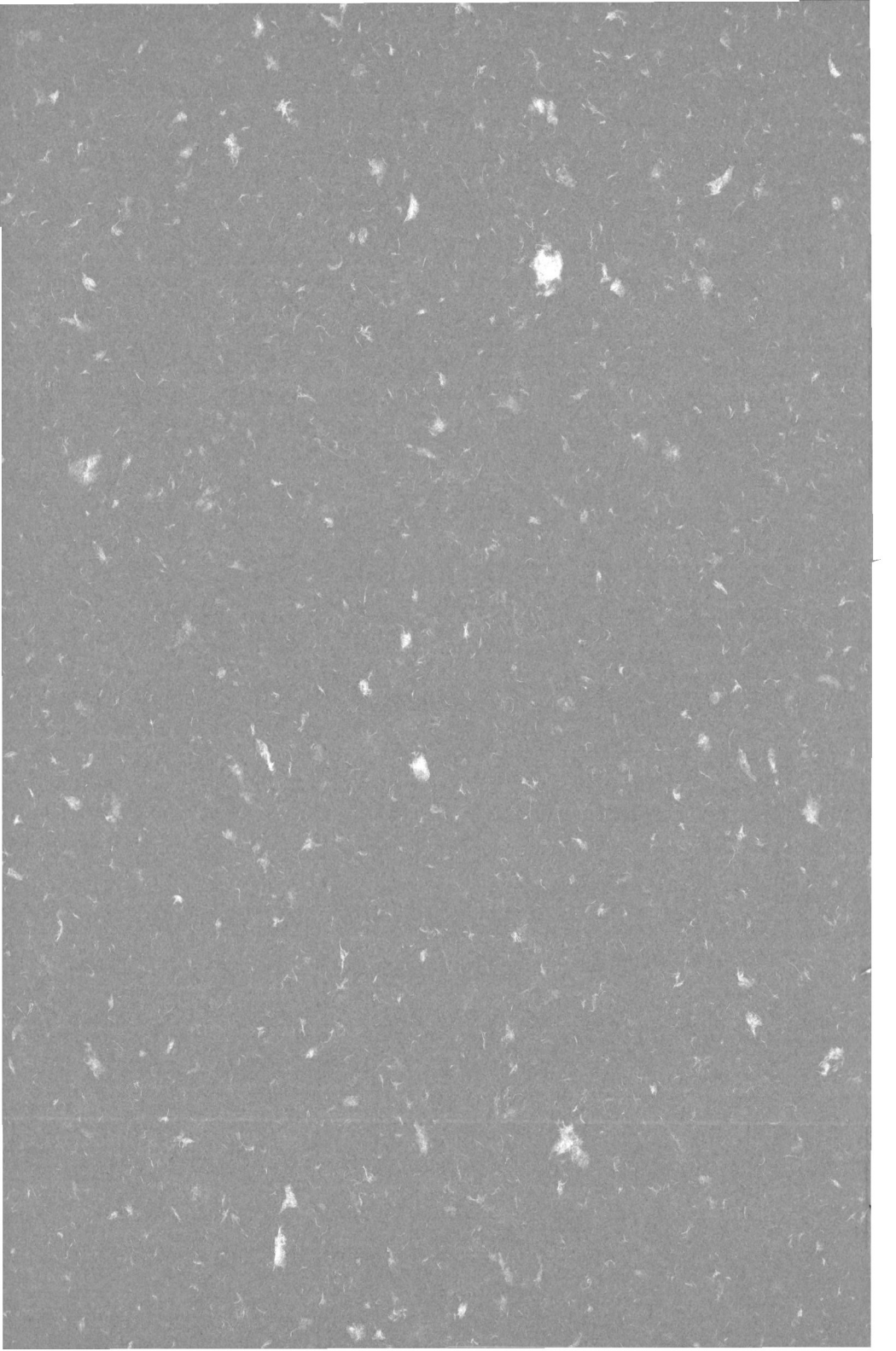